à Monsieur Alfred Maury.

ÉTUDES
SUR LA LANGUE
ET
SUR LES TEXTES ZENDS

ÉTUDES
SUR LA LANGUE
ET
SUR LES TEXTES ZENDS

PAR E. BURNOUF

MEMBRE DE L'INSTITUT, DE LA SOCIÉTÉ ASIATIQUE, ETC

TOME I

PARIS

IMPRIMERIE NATIONALE

—

1840 — 1850

AVERTISSEMENT.

Je me propose d'examiner, dans une suite d'observations détachées, un certain nombre de termes zends qui par leur importance, soit pour la connaissance de la doctrine du Zend Avesta, soit pour l'étude comparative des langues de la famille arienne, me paraissent mériter l'attention des orientalistes. La plupart de ces termes sont obscurs, et Anquetil en a rarement saisi le véritable sens; souvent même la tradition des Parses, qui a servi de base à son travail, se tait sur leur signification précise, et l'analyse philologique peut seule en faire soupçonner l'origine et l'application. Ici, comme dans mon Commentaire sur le Yaçna, je ferai amplement usage de ce dernier moyen; mais j'aurai l'avantage d'y joindre les secours que fournit la connaissance plus avancée aujourd'hui du dialecte vèdique. Grâce aux travaux d'un savant à jamais regrettable (Fr. Rosen), nous pouvons maintenant étudier une portion assez étendue du Rigvêda, et mettre à profit, pour l'intelligence des livres zends, un texte qui n'était pas accessible au moment où j'ai publié le commencement de mon Commentaire sur le Yaçna. Les analogies nombreuses qu'offrent les Vêdas avec ce que nous possédons du Zend Avesta, sous le rapport du langage et des idées, ne seront, je le pense, méconnues de personne, et par là sera mis hors de doute un fait que, dans le principe, je n'avais pu que soupçonner, limité comme je l'étais à quelques phrases et à quelques mots isolés des Vêdas.

J'aurais voulu pouvoir présenter le résultat de mes études d'une manière systématique et suivie; mais je n'ai pu découvrir d'ordre qui me satisfît complétement. Les remarques qui vont suivre portent, en général, plutôt sur le lexique que sur la grammaire, et, sous ce rapport, l'ordre alphabétique serait celui qu'il conviendrait d'adopter. Je ne l'ai cependant pas suivi, parce que mon intention n'est pas de donner aujourd'hui un dictionnaire zend, pour lequel j'ai rassemblé des matériaux nombreux, mais qui n'est pas encore assez achevé pour être livré au public. Il m'a semblé que des remarques détachées, distinguées les unes des autres par un numéro qui en marque la succession, assuraient à ce travail quelques-uns des avantages d'un dictionnaire.

AVERTISSEMENT.

D'ailleurs, lorsque j'aurai parcouru le cercle des termes qui me paraîtront les plus propres à jeter du jour sur quelques-unes des parties encore obscures du Zend Avesta, je réunirai dans un index alphabétique tous les faits et tous les mots qui auront été expliqués ou examinés dans ces remarques. Les lecteurs familiarisés avec les travaux lexicologiques qui ont été exécutés sur les langues grecque et latine, me pardonneront, j'ose l'espérer, d'avoir adopté cette méthode; et en se rappelant qu'un homme aussi éminent par le talent et le savoir que Buttmann n'en a pas suivi d'autre dans son *Lexilogus*, ils s'étonneront moins de la voir appliquée à un idiome dont l'étude ne date encore que de quelques années.

Juillet 1840.

Les articles que j'annonçais dans le précédent avertissement ont successivement paru dans le *Journal asiatique* de 1840 à 1846. La Société asiatique a bien voulu m'autoriser à les faire tirer à part, au fur et à mesure de la publication, et c'est la réunion de ces tirages qui a formé ce volume. J'ai cru nécessaire d'indiquer ici ce fait, pour expliquer comment j'ai pu me décider à réunir ces articles sans les accompagner

AVERTISSEMENT

de quelques corrections nécessaires que les récents progrès de la philologie indo-persane ont rendues faciles. Les juges compétents auront déjà fait d'eux-mêmes ces corrections; et si je donne suite à ces Études, les additions et rectifications relatives à ce premier volume trouveront naturellement leur place à la fin du second.

Août 1850.

ÉTUDES
SUR LA LANGUE
ET
SUR LES TEXTES ZENDS.

1. ‏𐬫𐬀𐬭𐬈 𐬫𐬀𐬎𐬎𐬀𐬙𐬁𐬌𐬙𐬉‎, Yaré, yavatâité.

Quand on parcourt le Zend Avesta d'Anquetil, on rencontre assez fréquemment la mention du dogme de la résurrection, dogme qui forme un des traits les plus frappants de la doctrine morale et religieuse de Zoroastre. C'est, en effet, une tradition constante et universellement admise parmi les Parses, que la croyance à la résurrection est indiquée en termes exprès dans les textes zends dont se compose le recueil du Zend Avesta. Anquetil, en ce point, n'a fait que se conformer à l'opinion de ses maîtres, et son témoignage n'est que l'expression du leur. Il est aisé de comprendre de quel intérêt sont, pour l'histoire de la religion des anciens peuples ariens, les textes où est exposé un dogme de cette importance. Aussi avais-je depuis longtemps choisi les plus clairs de ces textes pour en faire l'objet d'un travail spécial, que j'avais annoncé dans le premier volume de mon Commentaire sur le Yaçna[1]. Tous les passages où Anquetil a cru reconnaître l'idée de *résurrection* ne sont malheureusement pas également intelligibles; et, s'il en est un assez grand nombre sur lesquels il m'a été possible d'arriver à une certitude complète, il en reste plusieurs dont l'incorrection des manuscrits ou la difficulté intrinsèque du langage m'a jusqu'à présent dérobé le sens véritable. Je ne puis donc, en ce moment, remplir que d'une manière partielle l'engagement que j'avais pris d'examiner tous les textes où il est question de la résurrection. Peut-être serai-je en état plus tard de reprendre cette question curieuse; je ne veux pas cependant retarder plus longtemps l'examen de plusieurs passages dont l'analyse jette un grand jour sur quelques points obscurs du Zend Avesta.

En comparant entre eux les textes zends où Anquetil a cru pouvoir retrouver le dogme de la résurrection, on n'est pas longtemps sans reconnaître qu'il a donné une interprétation uniforme de locutions ou de termes très-variés. Cette circonstance, sur laquelle Anquetil ne s'est pas suffisamment expliqué, conduit immédiatement, ce me semble, à cette double conclusion : ou bien la langue zende possédait un grand nombre de mots ou de locutions pour rendre l'idée de résurrection, ou la tradition, et d'après elle Anquetil, ont eu tort de voir toujours cette même idée dans un aussi grand nombre

[1] *Comment. sur le Yaçna*, t. I, p. 101, note 75.

de textes fort différents les uns des autres. C'est à cette dernière conclusion que j'avais été conduit à l'égard du terme zend *fracha*, qu'Anquetil traduit très-fréquemment par *résurrection*. Aujourd'hui, je vais examiner une locution différente, qui n'exprime certainement pas davantage l'idée qu'y voient les Parses, mais qui renferme une notion de durée sur la valeur de laquelle ils se sont mépris.

On rencontre, à la fin du chapitre XXIX du Yaçna, une expression qui est rare dans ce livre, mais qui se représente beaucoup plus fréquemment dans le Vendidad Sadé, où elle est accompagnée d'un mot qui sert à l'explication de celui que nous allons citer. Je donne ici ce passage, qui ne doit paraître que dans une portion encore très-reculée de mon Commentaire. Voici comme le lit le Vendidad Sadé :

[1]

Le n° VI S. lit le dernier mot de ce texte comme le Vendidad Sadé; mais il est évident que la séparation est fautive, et qu'il faut écrire, au moins quant à l'unité du mot, *yavaétâité*, comme font les deux Yaçnas zend-sanscrits. L'édition de Bombay a *yavaétâiti*, avec une désinence qui se présente comme celle d'un verbe : nous verrons tout à l'heure que cette leçon est fautive. Quant au sens qu'Anquetil assigne à ce passage : « Conservez les saints et purs « de cœur jusqu'à la résurrection[2], » il s'éloigne d'une manière notable de celui de Nériosengh ; mais

---

[1] *Vendidad Sadé*, p. 169; édit. de Bombay, p. 167.
[2] *Zend Avesta*, t. I, II° part., p. 162.

ici l'interprète indien s'est manifestement trompé, ainsi que je le démontrerai plus tard. Le seul terme de sa version qui ait, en ce moment, de l'intérêt pour nous, c'est celui par lequel il représente le dernier mot du texte zend précité; ce terme est सदा पवृत्तये. Si maintenant, à la traduction que fournit l'analyse philologique des autres termes de notre passage, nous joignons celle que nous suggère Nériosengh pour le seul mot de ce texte qui nous soit inconnu, *yavaétáité*, nous devrons l'interpréter ainsi: « Toi qui conserves par eux la pureté et le cœur « bienveillant pour l'action à toujours. » Quoique ces derniers mots soient encore vagues, il est déjà possible de reconnaître qu'ils forment une expression destinée à indiquer une longue durée, un temps auquel on ne fixe pas de terme. Une conclusion plus positive encore qu'on en peut déduire, c'est que Nériosengh, ou plutôt la traduction pehlvie sur laquelle a été rédigée sa glose sanscrite, n'y voyait pas l'idée de résurrection. Mais, je dois me hâter de le dire, l'inexactitude manifeste de la version de Nériosengh infirme gravement l'argument négatif que je me crois en droit de tirer de son texte.

De la comparaison de ce texte même avec celui d'Anquetil, il résulte toujours que, pour traduire le mot *yavaétáité*, nous avons le choix entre ces deux idées : celle de *résurrection*, et *l'action* (ou *la durée*) *pour toujours*. Ce sera à l'analyse étymologique de déterminer laquelle de ces deux significations convient le mieux au terme encore obscur qui nous occupe.

Avant de tenter cette analyse, il importe de signaler un mot qui se rencontre quatre fois dans le Yaçna, sous des orthographes diverses, et qui offre, avec celui dont je viens de parler, une ressemblance extérieure que l'on ne peut méconnaître. C'est le mot ‿‿‿ *yavé*, que nous trouvons dès le chapitre vii du Yaçna, précédé de ‿‿‿, et formant la locution *viçpâi yavé*, que Nériosengh remplace par सदैव यावत् सर्व: dans ce passage, nos trois Yaçnas manuscrits lisent ‿‿‿ *yaové*, et l'édition de Bombay ‿‿‿ *yavóaé*[1]. Le même terme se représente, et dans le même passage, à la fin du chapitre xl du Yaçna, où les manuscrits le lisent diversement : le Vendidad Sadé, ‿‿‿ *yavé*; l'édition de Bombay et les deux Yaçnas zend-sanscrits, ‿‿‿ *yaové*; le n° vi S.. ‿‿‿ *yaové*[2]. Ici encore Nériosengh traduit ce mot par *toujours*, et en ce point Anquetil s'accorde avec lui d'une manière remarquable, puisqu'il le rend par *continuellement*. Le chapitre xlv du Yaçna nous présente encore la même expression, mais avec une différence d'orthographe qui n'est pas sans intérêt, parce qu'elle ne laisse aucun doute sur la forme véritable de ce terme; c'est ‿‿‿ *yavói*, qui, au lieu d'être précédé de *viçpâi*, est suivi de ce mot. Nériosengh n'a pas, ici encore, d'autre traduction que celle de *toujours*; la version d'Anquetil, au con-

---

[1] *Vendidad Sadé*, p. 36; édit. de Bombay, p. 38; n° ii F., p. 72; n° vi S., p. 31; n° iii S., p. 45.
[2] *Vendidad Sadé*, p. 312; édit. de Bombay, p. 313; n° ii F., p. 266; n° iii S., p. 169; n° vi S., p. 150.

traire, est un peu confuse, et je n'y trouve que *aussitôt* qui réponde au *yavôi viçpâi* du texte zend [1]. Cette nouvelle orthographe est suivie, dans ce passage, par tous les Yaçnas; l'édition de Bombay, seule, lit par erreur ⸺ *yavô*. Enfin, cette même orthographe se rencontre encore au chapitre L du Yaçna, où les trois Yaçnas manuscrits lisent, comme dans le Vendidad Sadé, ⸺ *yavôi*, tandis que l'édition de Bombay a encore ⸺ *yavô* [2].

Du rapprochement de ces textes il résulte, pour le mot sur lequel je désire appeler l'attention du lecteur, trois orthographes différentes dont la comparaison favorise singulièrement la recherche du thème duquel elles partent; ce sont *yavé*, *yaoré*, *yavôi*. Premièrement, *yavôi* revient à *yavé*; car nous savons que la diphthongue *ôi*, à la fin d'un mot, représente la voyelle *é*, employée comme désinence dans les noms substantifs : je ne rappellerai ici que ⸺ *maidhyôi*, pour le sanscrit *madhyé* (dans le milieu). D'une autre part, *yavé* et *yaoré* se présentent l'un et l'autre comme le datif d'un nom monosyllabique en *u*, et ils sont entre eux dans le même rapport que les orthographes *fchavé* et *fchaové*, que j'ai rattachées avec certitude au thème *fchu* [3]. Si ce rapprochement est fondé, il en résulte que *yavé* et *yaové* sont deux formes (la première, à mon sens,

---

[1] *Vendidad Sadé*, p. 362; édit. de Bombay, p. 367; n° VI S., p. 171; n° II F., p. 313; n° III S., p. 198.

[2] *Vendidad Sadé*, p. 473; édit. de Bombay, p. 500; n° VI S., p. 197; n° II F., p. 356; n° III S., p. 226.

[3] On trouvera plus bas un article spécial sur ce mot.

plus régulière que la seconde) du datif d'un substantif *yu*, que je n'hésite pas à comparer au sanscrit *âyus*, me fondant en cela autant sur le témoignage de la version de Nériosengh que sur la convenance du sens qui résulte de ce rapprochement, et sur l'analyse étymologique. L'explication que les grammairiens indiens donnent du sanscrit *âyus*, qu'ils tirent du radical *i* (aller), avec un suffixe *us*, ne rend sans doute pas compte du zend *yu*, dans le sens de *longue vie, durée*, que je lui donne; mais, si *yu* n'est pas formé des mêmes éléments que *âyus* (où j'aimerais à voir avec M. Pott[1] le préfixe *â*, plus le radical *i* modifié par le suffixe *us*), c'est du moins un substantif d'une origine analogue. Car, si l'idée d'*aller*, avec celle d'*addition*, d'*accession*, fait le fonds du sanscrit *âyus*, du latin *ævum*, ainsi que de *ætas* et du grec αἰών, celle de *joindre*, c'est-à-dire la notion de continuité et par suite de durée, forme la base du substantif zend que je viens d'analyser.

De tout ceci je me crois en droit de conclure que l'expression zende *viçpâi yavê* doit se traduire avec certitude par *pour toute la vie;* mais je suppose en même temps qu'on peut prendre ici *vie* dans un sens plus étendu que celui qui s'attache à ce mot, en tant que désignant la vie de l'homme, et que, d'accord avec Nériosengh, il faut regarder cette expression comme synonyme de *toujours* (tous jours), et comme répondant au latin *in omne ævum*.

[1] *Etymol. Forschung*. t. I, p. 114 et 201, et t. II, p. 306. Voyez cependant Benfey, *Griech. Wurzellexic*. t. I, p. 7.

Si maintenant nous faisons l'application de ce résultat à l'examen du mot que nous avons cité le premier, *yavaétâité*, nous y reconnaîtrons sans peine deux parties parfaitement distinctes, savoir : *yavaé* et *tâité*. Les passages du Vendidad proprement dit, que je vais indiquer tout à l'heure, prouvent que l'orthographe la plus fréquemment usitée est ⟨zend⟩ *yavaétâité*, ou ⟨zend⟩ *yavatâité*. Je pense que *yavaé* n'est autre chose que le *yavé* du Yaçna, devant la voyelle finale duquel s'insère la voyelle *a*, à cause de l'addition des deux syllabes *tâité*, qui rendent l'*é* de *yavé* médial : c'est, comme je l'ai déjà remarqué ailleurs, une particularité orthographique qui se rencontre régulièrement, quand les datifs en *é* sont suivis de *tcha*. Quant aux syllabes *tâité*, je n'y puis voir autre chose que le datif du suffixe *tât*, lequel, comme on sait, sert à former des noms abstraits qui se représentent fréquemment en zend. En réunissant ce suffixe *tât* au primitif *yavaé* (datif de *yu*), on obtient un substantif féminin qui doit signifier littéralement « l'état de vie ou de durée, » et par suite *la durée*, et qui répond, du moins pour le suffixe, au latin *ætas* (*aetât*). Il y a cependant ceci à remarquer, que *yu*, devant le suffixe *tât*, ne devrait pas se présenter avec une désinence de cas, et qu'il en devrait être de ce dérivé comme de *haurva-tât*, *amĕrĕta-tât*, *paoarva-tât*, mots dont les divers primitifs sont, comme cela est nécessaire, à la forme absolue. J'en conclus que la leçon *yavaétâité* est moins régulière que celle de *yavatâité*, qui est cependant moins commune. La première vient, ce me semble, de l'analogie qu'offre ce mot avec *yavaé*, duquel il est très-souvent rapproché, ainsi que nous l'allons voir tout à l'heure. Les copistes, accoutumés à écrire *yavé*, et, avec la conjonction *tcha*, *yavaétcha*, ont pu se laisser aller à transporter cette orthographe à un mot qui offrait avec *yavé* une analogie aussi frappante. Quant à la leçon *yavatâité*, il faudra regarder *yava* comme un substantif dérivé de *yu*, au moyen du suffixe *a*, de sorte que nous aurons le substantif auquel *yu* donne naissance, avec le sens de *durée*, sous une double forme : la première, qui est identique au radical même, *yu*, datif *yavé*; la seconde, qui dérive de ce même radical, à l'aide du suffixe *a*, et qui figure dans le dérivé *yavatât*, datif *yavatâité* (ætate).

Les deux expressions que je viens d'analyser se trouvent réunies dans divers passages du Vendidad, et je dois rappeler ici ces passages, non-seulement pour justifier les assertions que j'ai avancées dans le cours de cette discussion, mais encore pour montrer jusqu'à quel point Anquetil a tort d'y vouloir retrouver la notion de résurrection.

Un de ces passages, qui se représente quatre fois dans le Vendidad, forme une sorte de refrain qui est exprimé toujours dans les mêmes termes, à la fin de textes où il est question des diverses espèces d'impureté. Voici comme je crois pouvoir le lire d'après la comparaison des manuscrits :

[Avestan text] [1]

Anquetil traduit ce texte de deux manières très-différentes l'une de l'autre, d'abord au fargard III du Vendidad : « Le mort même sur lequel le Daroudj « Nesosch se promène, élèvera la voix contre cet « homme, qui ne sera ensuite purifié de ce crime « qu'à la résurrection [2]; » et ensuite au fargard VII : « Cela n'empêcherait pas le Daroudj Nesosch de s'en « emparer depuis la tête jusqu'aux pieds. Il sera en-« suite impur, tant que les siècles couleront [3]. » Ce même passage, qui se représente aussi au fargard VII et au IX° [4], y est, sauf un ou deux termes qui n'ont pas d'importance ici, traduit conformément à la seconde version d'Anquetil [5]. On voit, par la com-

---

[1] *Vendidad Sadé*, p. 140 et 236; édit. de Bombay, p. 138 et 235. Les seuls mots de ce texte sur lesquels il y ait quelque intérêt à comparer entre elles les variantes des manuscrits, sont d'abord çrui, que le Vendidad Sadé lit çraôi et çraôui; l'édition de Bombay, çraoi et çraovi; les n°ˢ 1 F. et v S., çraoé, dans les deux passages; le n° 11 S., çruyé et çrui. Le Vendidad Sadé lit yavaétcha yavaétâtaétcha dans les deux passages, ainsi que l'édit. de Bombay, le n° 1 F. et le n° v S.: ce dernier a, dans le second passage, yavaétiâtaétcha; le n° 11 S. a yavaétâtaétcha, et, en deux mots, yavaétâ taétcha.
[2] *Zend Avesta*, t. I, II° part., p. 282.
[3] *Ibid.* p. 320.
[4] *Zend Avesta*, t. I, II° part., p. 321 et 361.
[5] *Vendidad Sadé*, p. 237 et 333; édit. de Bombay, p. 236 et 335. Le Vendidad Sadé lit ici çraôi; l'édit. de Bombay, çraoui; le n° 1 F. et v S., çraoé; le n° 11 S., çrui. Le Vendidad Sadé lit encore yavaétcha yavaétâtaétcha; l'édit. de Bombay, yaévratcha yaévavalâtaétcha: le n° v S. est le seul qui ne suive pas le Vendidad Sadé, et qui lise

paraison de ces deux traductions d'un seul et même texte, combien la tradition des Parses, qu'Anquetil a prise exclusivement pour guide, est incertaine et flottante : l'expression *yavaétcha yavatâtaétcha* signifie dans un cas, selon Anquetil, « jusqu'à la résurrec- « tion; » dans un autre, « tant que les siècles coule- « ront : » deux notions qui sont, jusqu'à un certain point, contradictoires, ou du moins dont la conciliation ne paraît pas facile; car, *tant que les siècles couleront*, c'est-à-dire *éternellement*, est une formule qui embrasse, et la partie de la durée qui précède, et celle qui suit l'époque de la résurrection. Pour moi, après l'analyse que j'ai donnée de chacun de ces deux mots en particulier, il me semble que je puis les représenter approximativement en latin par *et in ævum, et in ætatem*, ce qui forme une expression indiquant la plus longue durée, et rendant l'idée de *toujours* avec une certaine emphase.

Quant au sens qu'il faut donner à ce texte qu'Anquetil traduit de deux façons aussi différentes, il n'est pas facile de le déterminer d'une manière précise, à cause de l'obscurité d'un mot qui s'y trouve, mot dont il serait cependant intéressant de posséder la forme et le sens véritables. Notre premier soin doit être d'examiner si les passages au milieu desquels se présente ce texte sont de nature à l'é-

---

yavatâ taétcha. Dans le passage du fargard IX, le Vendidad Sadé et l'édit. de Bombay lisent *çrui*; le n° 1 F. et le n° 11 S., *çraoé*, et le n° v S., *çraoi*. Le Vendidad Sadé et l'édit. de Bombay lisent *yavaétcha yavaétâtaétcha*; le n° 1 F., *yavatcha*; le n° 11 S., *yaévatâ taétcha*, et le n° v S., *yavaétâ taétcha*.

claircir; puis ensuite de rendre compte des motifs qui ont pu décider Anquetil à proposer deux interprétations aussi éloignées l'une de l'autre.

Au fargard III du Vendidad, Ormuzd, auquel Zoroastre avait demandé quel est le moyen de se rendre la Terre favorable, répond qu'on fait une chose agréable à la Terre, en détruisant les édifices sur lesquels ont été déposés les morts[1]. Ormuzd défend ensuite au Parse de porter seul un mort, parce que le démon des cadavres s'emparerait des

---

[1] Je suis ici la tradition conservée par Anquetil, quoiqu'il ne fût pas impossible de trouver dans le texte un sens différent : par exemple, de le regarder comme recommandant l'érection des Dakhmas (édifices consacrés à recueillir les cadavres), sur le sommet desquels on sait que les Parses sont dans l'usage d'exposer les morts. Ce qui m'empêche d'adopter cette dernière supposition, c'est le verbe ⟨zend⟩, qu'Anquetil nous apprend avoir été traduit en pehlvi par *il détruit* (*Zend Avesta*, t. I, II° part., p. 283). Je trouve, en effet, le radical ⟨zend⟩ (le sanscrit *khan* et le grec χαίνω) avec les trois préfixes ⟨zend⟩, ⟨zend⟩ et ⟨zend⟩, et recevant de ces additions les diverses acceptions de : 1° creuser pour enfouir; 2° creuser pour extraire; 3° creuser pour détruire. Voici, au reste, le texte en question; le lecteur pourra en juger par lui-même : ⟨zend text⟩
⟨zend text⟩ (*Vendidad Sadé*, p. 140.) ⟨zend text⟩

« Ahura Mazda dit alors : C'est certainement lorsqu'on détruit, en
« aplanissant le sol, les Dakhmas construits sur la terre, au sommet
« desquels on dépose les morts. »

L'adverbe *paiti fraéstem*, que je traduis comme s'il représentait le sanscrit *prati prastham*, peut signifier aussi « dans chaque endroit « uni; » l'interprétation que j'ai adoptée a pour elle la tradition des Parses. J'avoue cependant que je ne saisis pas encore la raison de l'orthographe *fraésta* pour *prastha* : existerait-il en zend un préfixe *fraé*, espèce d'adverbe de *fra* (sansc. *pra*)? Je suis encore l'autorité de la tradition pour le mot *uzdaéza*, de *uz* (s. *ut*) et de *daéza* (s. *déha*), que

diverses parties de son corps; et c'est après l'énumération de ces parties que vient le texte que j'ai transcrit tout à l'heure.

Au fargard VII, Ormuzd déclare à Zoroastre que ceux qui ont mangé de la chair d'un animal mort ne peuvent être purifiés de cette souillure; et aussitôt il ajoute le texte qui fait l'objet de la présente discussion. Le même texte est répété pour le cas où des hommes ont souillé l'eau en y portant un cadavre. Dans le fargard IX, Ormuzd insiste sur la nécessité de satisfaire le purificateur; car, s'il ne se retirait content, le Dêv Naçu s'emparerait des diverses parties du corps de celui qui n'aurait pas satisfait à ce qu'il doit au prêtre; et l'énumération de ces parties, qui est la même que celle du fargard III, est immédiatement suivie du texte en question [1].

J'avoue que je ne trouve rien dans ces passages

---

je traduis conjecturalement par *construction*, du radical *dih*, pris dans le sens d'*accumuler, amonceler*. Je conviens cependant qu'à s'en tenir à la signification du sanscrit *déha*, on traduirait bien *uzdaéza* par « le lieu d'où les corps ont été enlevés. » Les autres mots de ce texte ne présentent pas de difficulté; je suppose que ⲙⳝ *bá* est le mot qu'on rencontre souvent écrit *bát*, et que c'est le védique *bat*, dont le *t* final est tombé et la voyelle allongée, comme cela se voit fréquemment dans les monosyllabes zends. Le Nighaṇṭu (ch. III, art. 10) place le monosyllabe *bat* au nombre des *satyanâmâni*; il signifie donc *véritablement, en effet*, et c'est dans ce sens que je crois qu'on doit traduire le zend *bá* et *bát*. Je n'ai pu, jusqu'à présent, découvrir d'une manière certaine la synonymie sanscrite du zend ⲙⲅⳝⲉⲟ *dakhma*, à moins qu'on ne dérive ce substantif du radical sanscrit *dhakk* (détruire) et qu'on ne le traduise par « l'endroit où se dé- « truisent les corps. »

[1] La partie du fargard IX à laquelle est emprunté notre texte

qui jette du jour sur notre texte. Il est cependant de quelque intérêt de remarquer qu'il est, jusqu'à un certain point, lié à une énumération des princi-

renferme des détails curieux, qui ne sont malheureusement pas toujours parfaitement intelligibles, à cause du peu de correction des manuscrits. Je crois utile cependant de signaler ici quelques traits relatifs à ce passage, sur lesquels l'examen attentif du texte permet d'arriver à une précision plus grande que celle dont Anquetil s'est contenté dans sa traduction. Immédiatement après le passage transcrit au commencement de cette discussion, on lit le paragraphe suivant, que je corrige d'après la comparaison de nos trois manuscrits et de l'édition lithographiée de Bombay.

(*Vendidad Sadé*, p. 333, 334; éd. Bombay, p. 334.)

Anquetil traduit comme il suit ce passage : « Le soleil, ô Sapet-« man Zoroastre, la lune, les étoiles, sont fâchés de luire sur celui « qui meurt en cet état. Faites en sorte de plaire au feu, de plaire « à l'eau, de plaire à la terre, de plaire aux bestiaux, de plaire aux « arbres, de plaire à l'homme pur, de plaire à la femme pure. » (*Zend Avesta*, t. I, II° part., p. 361.) Anquetil ne s'est pas aperçu qu'il avait omis la partie du texte comprise entre les mots ⸺ et ⸺; mais, comme cette proposition se représente plus bas dans le même fargard, nous ne sommes pas privés de l'opinion d'Anquetil, qui la traduit ainsi la seconde fois qu'elle paraît : « Cet « homme qui a été (souillé par) un mort, et dont le Daroudj Ne-« sosch se sera emparé (de nouveau). » Je crois qu'on peut traduire plus exactement tout le passage comme il suit : « Malgré lui, en « effet, ô Spitama Zarathustra, le soleil éclaire ceux qui ont été en « contact avec un cadavre; malgré elle la lune, malgré elles les « étoiles les éclairent. En effet, le purificateur, ô Spitama Zarathustra,

pales parties du corps, sauf dans deux passages où il n'y a pas d'énumération de ce genre. C'est vraisemblablement cette circonstance qui a suggéré à Anquetil la seconde de ses traductions, celle qui est

« lorsqu'il délivre de Naçu celui qui a été en contact avec un cada-
« vre, satisfait l'eau; il satisfait le feu, il satisfait la terre, il satisfait la
« vache, il satisfait l'arbre, il satisfait l'homme pur, il satisfait la femme
« pure. » Quelques mots de ce texte méritent une attention particulière. Premièrement *anuço*, que plusieurs manuscrits lisent à tort *anuchô*, et dont le sens n'a pas échappé à Anquetil, nous offre un exemple de la contraction du radical *vaç* (vouloir) en *uç*, contraction qui est tout à fait dans le génie du langage védique, ainsi qu'on peut s'en convaincre en se reportant aux observations que ce fait a fournies à Rosen (*Rigvéda*, lib. I, adnot. p. v). Ce mot garde sa forme de nomin. sing. masc. dans toutes les propositions où il se trouve, et quel que soit le genre du terme auquel il se rapporte: on serait tenté d'en conclure que c'est un adverbe, si déjà on n'était accoutumé aux graves incorrections de la syntaxe des textes zends. Une forme plus rare et plus anomale, au moins du point de vue de la grammaire sanscrite, est l'emploi du pronom *aêcha*, pour l'accusatif plur. masculin et neutre; mais cette anomalie n'est, en réalité, qu'un des restes d'une déclinaison ancienne du pronom *êcha*, dans laquelle ce thème passait par tous les cas. Le langage védique offre un fait analogue dans la déclinaison du pronom plur. de la première personne. Le mot *ya*, qui suit *aṛaṭ*, est une irrégularité beaucoup plus grave qui vient du fait des copistes; il faudrait ici *yaṭ* au neutre, en rapport avec le nom *hvarē* (soleil) et avec le pronom *aṛaṭ* (cela). Le mot *hâo* est la modification zende de *sâu*, l'ancienne forme du pronom classique sanscrit *a-sâu*; nous le trouvons également en zend, écrit *châo*. Je traduis par « celui qui a été en
« contact avec un cadavre, » le composé *paiti iristēm*, et au pluriel *paiti irista*; il signifie peut-être seulement « celui qui s'est trouvé
« en face ou en présence d'un cadavre. » Quant à *frânaçûm*, j'y vois le préfixe *fra* (s. *pra*), dont la voyelle est vraisemblablement augmentée par l'accent: c'est, en effet, sur la préposition que l'accent devait porter dans le composé possessif *frânaçûm*, puisque c'est la préposition qui en constitue presque à elle seule le sens. Je ne puis admettre avec Anquetil que cet adjectif désigne celui dont le Daroudj

ainsi conçue : « Le Daroudj Nesosch s'en empare de-
« puis la tête jusqu'aux pieds. » Quant à la première,
qu'il exprime ainsi : « Le Daroudj Nesosch élèvera
« la voix contre cet homme, » il est probable qu'elle
lui a été inspirée par la grande ressemblance que
le mot *çruî* ou *çraoé* offre avec plusieurs des dérivés
du radical *çru* (entendre). J'épargne au lecteur l'exposé des tentatives que j'ai faites pour arriver, dans
cette direction, à une explication satisfaisante, et je
passe immédiatement à l'indication des motifs qui
m'engagent à croire qu'il est ici question d'une partie quelconque du corps humain.

Je rencontre, au fargard XVII du Vendidad, les
deux propositions suivantes : [zend script]
¹ [zend script], et [zend script]² , sur le sens desquelles Anquetil ne s'est pas mépris ; il a bien vu
qu'il s'agissait des précautions à prendre quand on
se coupe les ongles, pratique à laquelle un Parse
donne toujours de l'attention, à cause de l'impureté à laquelle elle l'expose ³. Or, le mot qu'avec
Anquetil je traduis par *ongle* est écrit fort diversement par nos divers manuscrits, savoir : [zend] *çrvai*,
par le Vendidad Sadé, par le n° II S. et par le n° I F. ;
[zend] *çravai*, par le n° V S. ; [zend] *çravé*, par le Ven-

---

Nesosch s'est emparé ; il est plus conforme au sens général du passage, comme à l'analyse étymologique, de croire qu'il caractérise
celui duquel s'est retiré Naçu, le démon des cadavres. Le préfixe
fra exprime, en effet, un mouvement en avant.

¹ *Vendidad Sadé*, p. 450 ; éd. de Bombay, p. 470.
² *Ibid.* p. 450 ; éd. de Bombay, p. 471.
³ *Zend Avesta*, t. I, II° part., p. 400.

didad Sadé, par l'édition de Bombay, par le n° ⅠⅠ S. et le n° ⅴ S.; enfin ⟨⟩ çravaé, par le n° Ⅰ F. J'omets à dessein l'enclitique ⟨⟩ tcha, qui force les finales ⟨⟩ é et ⟨⟩ i à s'augmenter d'un a. Si maintenant je choisis la leçon çravé, c'est que je trouve au ch. ⅠⅠ de l'Iescht de Behram l'épithète de ⟨⟩ ⟨⟩[1] qu'Anquetil traduit par : « qui a des cornes d'or, » et qu'il applique au taureau sous la figure duquel apparaît Behram[2]. Je n'hésite pas à regarder la leçon çaravahé comme légèrement fautive, et à lire çravahé; et de cette leçon, qui est un gén. singul. masc., je déduis le thème çrava, auquel je rattache la forme çraoé du fargard ⅠⅠⅠ du Vendidad. En effet, si çravahé est bien le génitif de çrava, la forme çraoé en peut être le locatif, puisque la voyelle zende ao est la contraction du sanscrit ava. Je dis que çraoé est plutôt un locatif sing. qu'un nom. ou un acc. plur., parce que les variantes que donnent pour ce mot nos autres manuscrits indiquent toutes un locatif. Je n'insiste pas sur celle de çraoi, parce qu'elle est rare et suspecte; mais je cite en preuve de ce que j'avance l'orthographe çrui, qui se représente plus souvent qu'aucune autre, et qui nous offre la désinence du locatif i jointe immédiatement au thème çru, sans qu'il subisse aucune modification. Nous nous trouvons ainsi en possession d'un thème nouveau, çru, auquel je rattache la leçon çruyé, qui existe non-seulement dans un de nos manuscrits du

[1] Ms. Anq. n° ⅠⅠⅠ S., p. 603.
[2] Zend Avesta, t. Ⅱ, p. 288.

Vendidad, mais aussi au ch. II de l'Iescht de Behram, dans le passage qui suit : ܣܪܘ. ܣܘܐܢ. ܗܘܐܢܝ. ܗܘܐܢܦܘ. « Il le frappa en haut à la corne. » Il est clair que *crayé* est, quant à la forme, un datif de *cru*, dans lequel *é* est joint au thème par l'intermédiaire d'un *y* de liaison. Nous arrivons donc, en résumé, à deux substantifs, *crava* et *cru*, qui, de l'aveu d'Anquetil, signifient *corne* et *ongle;* et, sans rechercher si ces deux thèmes ne doivent pas se ramener à la forme unique *cru*, dont *crava* ne serait qu'un développement, nous sommes en droit de conjecturer que, dans les passages du Vendidad relatifs au Dêv Naçu, ce mot a la même signification que dans le fargard XVII et dans l'Iescht de Behram. Il suit de là que, si l'on réunit au locatif *crai* la préposition distributive *paiti*, on traduira ce composé par « sur « chaque ongle, » expression qui vient bien à sa place après l'énumération des diverses parties du corps dont s'empare le Dêv des cadavres. Je pense donc, dans l'absence de tout autre moyen d'interprétation, que le texte qui a donné lieu à la discussion précédente signifie : « La cruelle Naçu les en-« vahit jusqu'au bout des ongles; ensuite ils sont « impurs pour toujours et à jamais. » Cette traduction rend compte, si je ne me trompe, de la seconde version d'Anquetil; car elle revient à dire que le Dêv Naçu s'empare de la totalité du corps des coupables. On pourrait même aller jusqu'à dire que, si *cru* signifie *corne*, il peut avoir aussi le sens d'*extrémité, sommet*, comme le *cornu* latin et le קרן hébreu; de sorte que le composé *paiti çrai* signifierait peut-être « sur chaque extrémité. » Quoi qu'il en soit de la tradition qui a guidé Anquetil, il faut convenir qu'elle n'est pas assez clairement indiquée dans sa traduction pour que nous renoncions au sens que nous fournit l'étude des passages parallèles où *çru* se présente avec le sens de *corne* et d'*ongle*. Je n'hésite pas à considérer ce sens comme définitivement acquis à ce monosyllabe, et j'y vois le radical sanscrit ऋ *çru* (aller) qui, devenant le substantif zend çru, désigne probablement « ce qui va en haut, « ce qui s'élève, » comme le conjecture M. Pott du sanscrit शृङ्ग *çrĭgga* (corne), c'est-à-dire « ce qui part « de la tête[1]. » Je pense encore que ce monosyllabe est la base de tous les mots qui, soit avec une gutturale, soit avec une aspirée *h*, désignent la corne dans les langues européennes, comme le grec *κέρ-ας*, le latin *cor-nu*, le gothique *haur-ns*, peut-être même le sémitique קרן. Je remarquerai, en passant, que c'est de ce radical *çru* (plutôt que de शृङ्ग *çróga*) que dérive le sanscrit श्रोणि *çróni*, le zend *craona* (hanche) et le latin *clunis*.

Je reprends maintenant la suite des textes où je trouve l'expression qui représente, suivant Anquetil, l'idée de *résurrection*, et, suivant moi, celle de *durée*. Après un passage qui est indiqué deux fois, l'une à la fin du fargard III du Vendidad, l'autre dans le VII°, et qui se termine par ces mots : « Il n'y

[1] *Etymol. Forschung.* t. I, p. 129.

« a pas pour lui d'expiation, » passage que j'ai amplement expliqué dans le premier volume de mon Commentaire[1], on lit ce qui suit :

[2] ⸻

Anquetil traduit encore ici : « Cette action l'empêchera de passer le pont jusqu'à la résurrection[3]; » mais, si je ne me suis pas trompé dans l'analyse que j'ai donnée du commencement de ce passage, et si j'ai saisi le véritable sens du mot *yu*, tant sous sa forme primitive que sous sa forme dérivée, il faudra traduire : « A cause de cette action qui est inexpiable pour toujours et à jamais. »

On rencontre, aux fargards III et IX du Vendidad, un texte qui termine la description d'une peine indiquée comme servant d'expiation pour diverses fautes; ce texte se retrouve encore au fargard V, mais après un morceau différent. Le voici tel que la comparaison des manuscrits me permet, si je ne me trompe, de le corriger :

⸻
[4] ⸻

---

[1] *Comment. sur le Yaçna*, t. I, p. 499 et 501.

[2] *Vendidad Sadé*, p. 147 et 263; édit. de Bombay, p. 146 et 262. Le Vendidad Sadé sépare une fois en deux mots *yavaé têtaétcha*; le n° V S. lit *yavaëtitaétcha* avec l'édit. de Bombay; le n° II S., *yavaëtitaétcha*; le n° I F., *yavaëtê taétcha*. Dans le second passage, le Vendidad Sadé lit *yavaëtitaétcha*; le n° V S., en deux mots, *yavaëtê taétcha*, et le n° II S., *yavaëtitaétcha*.

[3] *Zend Avesta*, t. I, II° part., p. 286, 334 et 335.

[4] *Vendidad Sadé*, p. 143, 185 et 336; édit. de Bombay, p. 140, 183 et 337. Les variantes que fournissent les manuscrits sont ici

Anquetil traduit ce texte comme il suit : « Si cet
« homme avoue ainsi le mal qu'il a fait, (cet aveu)
« ce repentir en sera l'expiation : mais, s'il n'avoue
« pas le mal qu'il a fait, il aura lieu de s'en repentir
« jusqu'à la résurrection [1]. » Le sens littéral me parait devoir être : « Et si, ayant commis d'autres actions coupables, il avoue qu'il les a faites, c'est là
« son expiation ; mais si, ayant commis d'autres ac« tions coupables, il n' [avoue pas qu'il] les a faites,
« il s'en repentira pour toujours et à jamais. » Placé
à la suite d'un texte indiquant la punition qui doit
être infligée à de grands crimes, notre passage veut
dire que, pour les autres actions coupables qu'aurait
pu commettre le condamné, il suffit d'un acte de pénitence, mais que, dans le cas où il ne les avouerait
pas, ces actions sont pour lui l'objet d'un repentir
perpétuel. Je n'aurai besoin, pour justifier cette interprétation, que d'un petit nombre de remarques.

sans intérêt ; je remarquerai seulement que l'édition de Bombay lit partout, en un seul mot, *yézisé*, considérant le pronom *sé* comme enclitique, ce que fait aussi le manuscrit v S., p. 57, tandis que les autres manuscr., avec le Vendidad Sadé, écrivent en deux mots *yézi sé*, excepté le n° 1 F., p. 543, le n° 11 S., p. 305, le n° v S., p. 347, qui ont tous trois *ché*, orthographe toute védique, qui, seule, est régulière, et que j'ai suivie. Les mots qui font l'objet de cette discussion offrent toujours les variantes ordinaires. Le Vendidad lit une seule fois *yavaîcha*, et a partout *yavaëtâtaëtcha*. L'édit. de Bombay lit une fois, p. 183, *yavaîcha yavëtâtëtcha*; le n° 1 F., p. 99, lit une fois *yavaëtcha*; le n° 11 S., p. 49, dans le même passage, *yvaitâtaîtcha*; le n° v S., p 57, *yavaîcha yavaîtâtaîtcha*; le n° 11 S., p. 107, lit *yraëtcha*, et le n° v S., p. 123, *yaëraïcha yaëvaîâ taëtcha*, et p. 348, *yaraëtcha yaraëtâ taëtcha*; le n° 11 S., p. 305, a *yavaîcha yavaëtâtaëtcha*.

[1] *Zend Avesta*, t. I, II° part., p. 283, 302 et 363.

Les premiers mots, jusqu'à *paitita*, ont déjà paru plusieurs fois dans mon Commentaire; il faut seulement observer que *agha* est pris ici comme un adjectif, et non exclusivement comme un substantif, ainsi que cela a lieu en sanscrit. Quant à *paitita*, je n'hésite pas à y voir, avec Anquetil, l'idée de *repentir*; seulement on peut être en doute sur la manière dont cette idée est exprimée par ce terme : premièrement, *paitita*, pour le sanscrit *patita*, qui se présente comme le participe passé passif du radical *pat*, peut avoir en zend le sens de *repenti, qui éprouve du repentir*, si l'on suppose à *pat* ce sens de *se repentir*, en le comparant au latin *pudere* (avoir honte); secondement, *paitita*, pour *patita*, peut, comme le mot sanscrit qu'il représente, signifier *tombé*, et au figuré *dégradé*, et ce n'est peut-être que par extension que l'idée de *repenti* se joint au sens primitif de ce mot, soit que, en partant de l'acception propre, l'expression du repentir consiste à se jeter à terre, et que l'homme *tombé* soit un *pénitent*, soit que, en partant de l'acception figurée, on suppose qu'un homme *tombé* et *dégradé* éprouve du repentir des causes de sa chute. Pour ma part, je pense que *paitita*, qui a dû primitivement, en zend comme en sanscrit, signifier *tombé*, n'a pris le sens de *repenti* que par extension, et sans doute parce que le coupable se jetait à terre devant le juge qui lui reprochait son crime. Quant à l'emploi que font les textes zends de *paitita*, pris dans le sens de *repenti* (qui éprouve du repentir), il me suffira de faire remarquer, en ce moment, qu'on le fait rapporter au nom de la chose sur laquelle porte l'acte de pénitence. Dans le passage précité, il est également vraisemblable que *paitita* se rapporte à *skyaothna*, c'est-à-dire qu'il est, comme ce nom, au nominatif pluriel neutre; car il me semble que la traduction littérale revient à ceci : « Si de lui d'autres coupables actions faites repen- « ties, [c'est] pour lui l'expiation, » pour dire : « Qu'il « en fasse l'aveu avec repentir, c'en est là l'expia- « tion. » Dans la seconde phrase qui termine le texte, *paititĕm* est au neutre sing., et le participe représente ainsi un substantif, « le repenti de cet homme. » Cette construction est peut-être un peu hardie, elle l'est moins cependant que l'ellipse de *paitita*, que je suis obligé de suppléer; mais je ne puis retrouver autrement un sens analogue à celui d'Anquetil.

L'expression de *yavaétcha yavatâtaétcha* se représente encore dans un texte curieux du fargard v du Vendidad, où, non plus que dans ceux que je viens de citer, elle n'a pas le sens de *résurrection*. Voici ce texte, corrigé d'après la comparaison des mss. :

---

[1] *Vendidad Sadé*, p. 189; édit. de Bombay, p. 186. Les manuscrits donnent les variantes suivantes; je ne reproduis que celles qui portent sur les mots importants. Le Vendidad Sadé lit *dămăn*; tous les autres, avec l'édition de Bombay, ont *dămănăm*. Le Vendidad Sadé lit une fois *raêthwayaêti*, et une autre fois *rathwayaêti*; le n° 1 F.

Anquetil traduit ce texte comme il suit : « Le « chien Oropesch, dans le monde de l'Être caché « dans l'excellence, ne (rendra rien impur de l'im- « pureté) Hamrid : quelque chose qu'il frappe, à « quelque chose qu'il s'attache, cette chose (durera) « toujours et jusqu'à la résurrection [1]. » Le sens paraît devoir être : « Ce chien, qui est l'*Urupis*, ne « souille, ne corrompt aucune des créatures de l'Être « intelligent qui est saint; bien différent de celui « qui blesse et qui aboie, il s'attache à ceux-ci et à « ceux-là pour toujours et à jamais. » J'avoue que je ne donne cette traduction qu'avec défiance; le texte contient quelques mots qui sont encore obscurs pour moi. Anquetil, rapprochant du nom zend *urupick* le persan روباه *rubah*, considère le chien, qu'il appelle *Oropesch*, comme un renard. Tout en conservant le nom d'*urupick* comme la désignation d'une espèce de chien, je n'hésite pas à admettre le rapprochement proposé par Anquetil, et parce qu'il est très-naturel de croire que le renard a pu être compris sous le genre du chien, et parce que l'explication qu'il est possible de donner du zend *urupich* s'accorde bien avec le rapprochement sug-

---

lit *raēthwayēiti*; le n° 11 S., *rathwayēti*, et le n° v S., *raēthwyēti*; l'édit. de Bombay a toujours *raēthwyēiti*. Je lis *kuchaiti* avec les trois Vendidads mss.; l'édition de Bombay et le Vendidad Sadé ont *kusaiti*. Je lis *hakhti* avec l'édit. de Bombay, le Vendidad Sadé et le n° v S.; le n° 1 F. lit *kikhti*, et le n° 11 S., *hikhta*. L'édit. de Bombay, le Vendidad Sadé, le n° v S., ont *yaraētcha yaraētātaētcha*; le n° 1 F., *yaraētātaētcha*; le n° 11 S., *yraētcha yraētātaētcha*.

[1] *Zend Avesta*, t. I, II° part., p. 304 et 305.

géré par Anquetil. Je pense, en effet, que le zend *ura-pich* dérive du radical sanscrit *lup* (enlever, dérober) : car, comme le zend ne possède pas la liquide *l*, *lup* ne peut se présenter dans cette langue qu'avec la lettre *r*; et, quant à la voyelle *u*, qui ouvre le mot *u-rup-ich*, elle résulte seulement de la facilité avec laquelle cette voyelle se déplace, quand elle suit la liquide *r*, de manière à l'envelopper en quelque sorte, comme fait aussi la voyelle brève *e*. Il résulte de là que *u-rup-ich* doit signifier *le ravisseur*, épithète qui s'applique aussi bien au loup qu'au renard, mais que je propose de réserver pour ce dernier, car nous avons déjà en zend *vehrka* pour le sanscrit *vrika* (loup). L'application qu'on peut faire de cette épithète au renard, permet de croire que c'est à ce même radical qu'appartient le latin *vulp-es*, par suite d'un déplacement de la voyelle analogue à celui que je viens de remarquer dans *urupich* pour *ulupis*, c'est-à-dire *uulpis* (lat. *uulpes*[1]).

J'ai lu, avec le plus grand nombre des manuscrits, *raéthwayéiti*, parce que je considère ce verbe comme appartenant à la conjugaison qui est la dixième dans la classification des grammairiens indiens : ce mot a, en effet, une forme trop développée pour ne pas être dérivé; mais j'ignore encore le sens de son primitif, et c'est uniquement par conjecture que je traduis ce verbe, joint aux préfixes *hām* et *paiti*, par *souiller, corrompre*. A ne considérer que les prépo-

[1] M. Pott tire *vulpes* de *vi-lup*. (*Etymol. Forschung*. t. I, p. 149, 258, et t. II, p. 485.)

sitions *hām* et *paiti* (con-*greditur*, pro-*pugnat*), on pourrait croire que le mot *attaquer*, pris dans son acception la plus générale, est celui qui convient le mieux aux divers passages où je rencontre *raêthwayéiti*. Anquetil le transcrit plutôt qu'il ne le traduit, quand il dit : « Il rend *hamrid*, il rend *pitrid* ; » expressions qui signifient, selon lui : « Il rend im-« pur, » et qui diffèrent entre elles, en ce que *hamrid* est l'impureté que produit l'attouchement d'un être impur par lui-même, comme le cadavre d'un homme, tandis que *pitrid* est l'impureté communiquée par un être devenu *hamrid*[1]. Je n'ai pas de raisons pour contester ces données qu'Anquetil doit, sans contredit, à la tradition; mais, sauf la forme causale du verbe, je n'ai encore trouvé que le persan آلودن (corrompre) qui les confirme. Comme ces expressions sont le plus souvent employées dans des passages où figurent des êtres impurs, comme Nesosch (Naçu), par exemple, il est possible que l'idée de souillure ne se soit attachée à ce mot qu'après coup, et que celle de *contact*, au contraire, soit primitive : c'est cependant un point que je ne puis encore affirmer. Il m'a semblé que, dans l'ignorance où nous sommes touchant la signification primitive de ce verbe, il valait mieux respecter la tradition des Parses. Quant à la forme même du verbe *raêthwayéiti*, après en avoir retranché la caractéristique verbale et la désinence, il reste *raêthw*, qui est très-probablement un substantif dont le thème est *raêtu*,

[1] *Zend Avesta*, t. I, IIe part., p. 303, note 1.

thème qui d'ailleurs m'est inconnu en sanscrit. Je dis que *raétu* doit être un substantif, parce que ce mot se présente comme formé par le suffixe *tu*, d'un radical *ri* (aller, blesser) ou *rî* (blesser, hurler). Il résulte de là que le verbe *raéthwayéiti* signifie : « Il « met un être dans l'état de celui qu'on nomme « *raétu*. » Je ne connais, dans les langues congénères, que le persan ریسدن (corrompre) et les mots germaniques, island. *ryd* (rouille), angl. *rot* (pourrir), qui ressemblent à *raétu*. Peut-être retrouverons-nous, quelque jour, ce mot dans les Vêdas.

On remarquera encore *djanaiti* (il blesse), au lieu de *djaiñti* pour *hanti*; c'est le radical *djan* pour *han*, conjugué sur le thème de la première classe. Je donne au verbe *kuchaiti* un sens que n'ont pas les racines sanscrites *kuç* et *kuch*; je le suppose synonyme de *kruç* : la convenance du sens est ici pour moi la raison décisive, dans le silence complet des listes de radicaux sanscrits [1]. Anquetil me paraît avoir bien rendu le sens distributif de la locution *ádim, ákis*, que les manuscrits écrivent le plus souvent ainsi en deux mots, quelquefois en quatre, *á dim, á kis* : je remarquerai seulement qu'elle doit se traduire lit-

[1] Il s'est passé peut-être ici le même fait que celui que je crois remarquer dans le sanscrit védique *dhichtyá* que Rosen traduit par *illustres*, et que le commentateur Sâyana propose de rendre encore par *doués d'audace*. Quelque orthographe qu'on adopte pour ce mot, qu'on le lise *dhichtya* ou *dhichnya*, il est toujours certain que, dans l'opinion des Brahmanes, il dérive du radical *dhich* qui manque dans les listes actuelles, mais que Wilson, sans doute d'après le témoignage des grammairiens originaux, regarde comme ayant été substitué à *dhrich*. (Voy. *Rigvéda*, lib. I, adnot. p. xi.)

téralement par *ad hunc*, *ad has*, *his* (ou plutôt *his*) étant l'accusatif pluriel féminin du pronom *hi*, le *si* des Vêdas; je n'ai pas cru nécessaire de conserver cette différence de genre dans ma traduction. Le préfixe *á* se rapporte au verbe *hakhti*, qui dérive du radical sanscrit *satch* (se joindre, s'attacher), radical qui, dans le style védique, signifie *cultiver*, *aimer*[1]; il est ici conjugué sur le thème de la deuxième classe.

On rencontre encore deux fois l'expression qui fait l'objet principal de cette discussion, dans un passage du fargard vu du Vendidad, qui renferme quelques détails intéressants; je le donne corrigé d'après la comparaison des manuscrits :

[1] Rosen, *Rigvéda*, lib. I, adnot. p. vii.

(29)

[Avestan script text]

Anquetil traduit ce texte de la manière suivante :
« Un Mazdéiesnan qui rend la santé, qui prolonge
« la vie, sur qui apprendra-t-il d'abord (l'effet de

---

[1] *Vendidad Sadé*, p. 240 et 241 ; édit. de Bombay, p. 238 et 239. J'indique ici les variantes les plus importantes des manuscrits. L'édit. de Bombay lit *fravazâoñti* ; je préfère la désinence du moyen (*âté*) avec le Vendidad Sadé et les n°ˢ 1 F. et v S. ; le n° 11 S. lit *fravadhâoñti*. Le Vendidad Sadé lit *âmayâoñti* ; les n°ˢ 1 F. et v S. diffèrent peu ; l'éd. de Bombay, *âmyâoñti* ; le n° 11 S. préfère le moyen *âmâyâoñté*. La seconde fois que ce verbe se présente, le Vendidad Sadé et le n° 1 F. lisent *âmayayañta* ; le n° v S., *âmayâñta* ; le n° 11 S., *âmayayañti*, et l'éd. de Bombay, *âmayâoñti*. La même incertitude existe à l'égard du verbe *mairyâiti*, que lisent de cette manière le Vendidad Sadé, l'édit. de Bombay, le n° 11 et le n° v S., tandis que le n° 1 F. lit deux fois *mairyâiti*, leçon que suit deux fois le n° 11 S. Ce dernier ms. lit seul *yaraêta* ; le Vendidad Sadé a *yaraêtcha yaraêtâtaêtcha* ; le n° 1 F., *yavaêtcha*, etc., et le n° v S., *yavaêtcha yavaêtâtaêtcha*. Les deux passages marqués chacun par deux étoiles manquent dans tous les Vendidads manuscrits ; ils ne se trouvent que dans le Vendidad Sadé et dans l'éd. de Bombay. Le Vendidad Sadé lit la première fois *vimâdhayañta* ; les n°ˢ 1 F. et v S. lisent, le premier deux fois, le second une, *kĕrĕtu* ; le n° 11 S. a *kĕrĕtha*. Je suis pour *irichyât*, l'orthographe des n°ˢ 1 F., 11 S., v S. ; le Vendidad Sadé a *irisyât*, ainsi que l'éd. de Bombay, qui a une fois seulement *irisayât*. Je donne *irichĕñtó*, d'après le n° 1 F. : le Vendidad Sadé a *irisĕñtó* ; le n° 11 S., *arichiñtó* ; le n° v S., *irichĕñta*, et l'édit. de Bombay, *irisĕñta*. Je lis *raéchĕm* avec 1 F. et 11 S. ; le Vendidad Sadé, l'édit. de Bombay et le n° v S. ont *raésĕm*. L'édit. de Bombay, le n° 1 F. et le n° 11 S., ont *tchikayât* ; le Vendidad Sadé, *tchikayât*, et le n° v S., *tchakayat*. Je lis *âmâtó* avec l'édit. de Bombay et le n° v S. ; le Vendidad Sadé et les n°ˢ 1 F. et 11 S. lisent *anâmâtó*. Le n° v S. et l'édit. de Bombay lisent la seconde fois *yavaêtâtaêtcha* ; le Vendidad Sadé, *yavaêtâtaitcha* ; le n° 1 F., *yavaêtâtaêtcha* ; le n° 11 S., *yavaêtó yavaêtâtaêtcha*. Le Vendidad Sadé lit *vimâdhayañtu* ; le n° 11 S., *vi mâdayañtu* ; les n°ˢ 1 F. et v S., *vimâdhayañta* ; l'édit. de Bombay, *vimâdhyâñti*. Je lis *baêchazyât* avec le n° 11 S. ; le n° 1 F. et l'édit. de Bombay ont *baésazyât* ; le n° v S., *baésaziát*, et le Vendidad Sadé, *biszyát*.

« ses remèdes)? Sera-ce sur les Mazdéïesnans ou sur
« les adorateurs des Dews? Ormuzd répondit : Qu'il
« apprenne (son art en l'exerçant d'abord) sur les
« Dewiesnans, et qu'ensuite (il traite) les Mazdéies-
« nans. S'il traite une fois un Dewiesnan, et que le
« malade vienne à mourir; s'il en traite un second,
« et qu'il vienne à mourir; s'il en traite un troisième,
« et qu'il vienne à mourir, ne sachant pas son mé-
« tier, il ne doit jamais l'exercer : qu'il n'aille pas
« ensuite traiter les Mazdéiesnans et leur faire du
« mal. S'il traite après cela les Mazdéiesnans et leur
« fait du mal, pour le mal qu'il leur aura fait, il sera
« lui-même puni du Bodoveresté. Mais, si le méde-
« cin traite d'abord un Dewiesnan, et qu'il le gué-
« risse; s'il en traite un second, et qu'il le guérisse;
« s'il en traite un troisième, et qu'il le guérisse, il
« sait son métier et peut toujours l'exercer : son de-
« voir ensuite est de traiter les Mazdéiesnans. Qu'il
« se perfectionne et se rende encore plus habile :
« son état est de rendre la santé[1]. » Ce passage, qui
est généralement bien entendu dans la version que
je viens de transcrire, peut, si je ne me trompe, être
encore plus exactement traduit de la manière suivante : « Les Mazdayaçnas qui s'appliquent à la mé-
« decine, quels sont ceux sur qui ils s'essayeront d'a-
« bord, les Mazdayaçnas ou les Daêvayaçnas? Ahura
« Mazda dit alors : Qu'ils s'essayent d'abord sur les
« Daêvayaçnas, comme si c'étaient des Mazdayaçnas.
« Si, la première fois qu'un Daêvayaçna emploie [le

[1] *Zend Avesta*, t. I, 1re part., p. 322 et 323.

« médecin], il [le malade] vient à mourir; si, la se-
« conde fois qu'un Daêvayaçna l'emploie, il vient à
« mourir; si, la troisième fois qu'un Daêvayaçna l'em-
« ploie, il vient à mourir, celui-là [le médecin] est
« inhabile pour jamais et à toujours. Qu'ensuite les
« Mazdayaçnas [*ne se servent d'aucun de ses re-
« mèdes, que les Mazdayaçnas ne l'emploient pas*],
« ne l'emploient pas; le malade mourrait. Si, après
« cela, les Mazdayaçnas [*se servent de quelqu'un de
« ses remèdes; si les Mazdayaçnas l'emploient*],
« l'emploient, [et] que le malade meure, que la
« mort soit infligée [au médecin] en retour de cette
« mort, comme châtiment d'une action faite scien-
« ment. Si, la première fois qu'un Daêvayaçna em-
« ploie [le médecin], il en échappe; si, la seconde
« fois qu'un Daêvayaçna l'emploie, il en échappe;
« si, la troisième fois que le Daêvayaçna l'emploie, il
« en échappe, celui-là [le médecin] est certainement
« expert pour jamais et à toujours. Qu'ensuite les
« Mazdayaçnas se servent volontiers de ses remèdes,
« que les Mazdayaçnas l'emploient volontiers, qu'ils
« l'emploient volontiers, il pourra [les] guérir. »

La traduction que je viens de proposer peut encore, sur deux ou trois points, laisser quelque doute
dans l'esprit du lecteur. Je regrette de n'avoir pu
trouver, dans les textes zends qui sont à ma disposition, le moyen d'arriver, sur ces divers points, à
une détermination positive. Les observations suivantes ont pour but de justifier le sens proposé.

Je n'hésite pas d'abord à prendre dans le sens d'*art*

de la médecine le mot *baéchaza*, qui, d'ordinaire, ne signifie que *médicament* ; la vraisemblance de ce sens me paraît une raison suffisante pour le faire adopter. Je regarde *fravazâonte* comme la troisième personne pluriel du présent du conjonctif du radical *raz*, pour le sanscrit *vah* ; la voix moyenne, que suivent ici le plus grand nombre des manuscrits, donne à ce verbe le sens de *se porter en avant*. On remarquera ensuite *katârô*, que je considère comme le nominatif pluriel masculin d'un thème *katâr*, répondant à un sanscrit hypothétique *katrĭ*, et au sanscrit réel *katara* (lequel entre deux ?). Cette formation est digne d'attention en ce qu'elle fait passer un mot dérivé d'un pronom primitif dans la catégorie des noms en *târ*, et qu'elle nous indique un moment où le suffixe du comparatif *tara*, qu'on a déjà rapproché justement du radical *trĭ* (traverser), cédait sa place au suffixe d'agent *trĭ*, et avec vriddhi, *târ*, qu'on doit, selon toute vraisemblance, rattacher à ce même radical, en vertu de l'intime connexion qui unit les idées de *traverser* et d'*instrument*. L'analyse que je donne de *katârô* a pour elle l'existence de l'accusatif singulier masculin *katârem*, qui part du même thème *katâr* (lequel entre deux ?); quoique, je dois l'avouer, on puisse regarder l'allongement de la voyelle de *târ* comme une particularité propre au zend, et dire, conséquemment, que *târô* est un nominatif singulier masculin du suffixe *târa*. Mais la tendance bien connue du zend à abréger la voyelle *â*, étymologiquement longue en sanscrit, m'engage à rejeter cette seconde interprétation. Au reste, que l'on regarde *katârô* comme un singulier ou comme un pluriel, ce sera toujours un nominatif. Or, ici le nominatif trouble toute la syntaxe de ce passage; ce serait le datif qui serait nécessaire ici comme complément du verbe *âmayâoñté* : mais nous rencontrons dans le Vendidad assez d'irrégularités de ce genre, pour ne pas être surpris de celle que nous constatons en ce moment. L'anomalie de notre texte se retrouve, en partie, au commencement du second chapitre du Vendidad, dans un passage sur le sens duquel il ne peut cependant exister aucun doute, malgré la confusion qu'on remarque dans l'expression des rapports grammaticaux :

[texte en zend]¹

Anquetil le traduit ainsi : « Quel est le premier « homme qui vous ait consulté, comme je fais, ô « vous qui êtes Ormuzd? A qui avez-vous montré « clairement la loi du dieu de Zoroastre[2]? » Mais je crois qu'on peut traduire plus littéralement encore : « Quel est le premier entre les hommes, autre que « moi, qui suis Zoroastre, que tu as interrogé, toi « qui es Ahura Mazda? A qui as-tu enseigné la loi « qui est celle d'Ahura, celle de Zoroastre? » On remarquera que la différence qui distingue le passage précité du chapitre II du Vendidad, de celui

---

[1] *Vendidad Sadé*, p. 123; édit. de Bombay, p. 120.
[2] *Zend Avesta*, t. I, IIe part., p. 271.

qui nous occupe, c'est que le pronom interrogatif est, dans le premier, au datif, tandis qu'il est au nominatif dans le second. Cette différence donne cette double traduction : « Auquel le premier... as-tu adressé « des questions ? » et « Quels sont ceux [sur] lesquels « ils s'essayent, sur les adorateurs de Mazda, ou sur « les adorateurs des Daêvas ? »

Entre les variantes qui nous laissent le choix de l'actif ou du moyen pour le verbe *âmayâoñté*, je préfère celles d'où résulte le moyen, parce qu'elles s'accordent mieux avec l'analyse que je vais donner de ce verbe. Le sens que j'adopte pour ce terme me paraît ressortir assez clairement de l'ensemble du texte, outre que c'est celui qu'a choisi Anquetil, d'accord avec la tradition des Parses; cependant ce n'est pas le sens qu'il faudrait assigner à ce verbe s'il existait en sanscrit. Dans cette dernière langue, en effet, *âmaya* signifie *maladie*, et c'est seulement avec la négation que ce mot prend la signification de *santé* (anâmaya). Cette contradiction si manifeste m'a longtemps mis en doute sur la question de savoir si je devais attribuer le sens d'*essayer, s'exercer*, à un verbe qui, d'après le dictionnaire sanscrit, devrait signifier *être malade*. Mais l'impossibilité où je me suis trouvé de tirer un sens satisfaisant du commencement du texte que j'examine en ce moment, dans la supposition que *âmayâoñté* devrait se traduire par *ils sont malades*, m'a décidé d'une manière définitive en faveur de l'interprétation que je propose. Je suis frappé, d'ailleurs, du peu de certitude que présentent les étymologies données, pour le substantif *ámaya*, par les grammairiens indiens, qui tirent ce mot, tantôt de *ama* (rendre malade), tantôt de *áma* (cru), et de *ya* pour *yá* (obtenir). L'analyse du verbe zend *ámayáoñté* conduit, ce me semble, à un autre résultat étymologique. Si l'on retranche, en effet, la désinence *áoñté* (où la voyelle *áo* est le développement de *á*, qui doit ici indiquer le conjonctif, et qui se trouve fréquemment devant *ñ*), on obtient *ámay*, dissyllabe où *á* est manifestement le préfixe *á* (vers). Je pense que *may* est le radical *má*, conjugué suivant le thème des verbes sanscrits de la quatrième classe, c'est-à-dire amplifié par l'addition de la semi-voyelle *y*, qui entraîne l'abrégement de la voyelle primitivement longue. L'existence du participe *ámátó*, et avec la négation *anámátó*, met cette dernière analyse à l'abri de toute contestation. Nous pouvons donc affirmer avec certitude que le verbe *ámayáoñté* dérive du radical *má* (mesurer); et ce qui ajoute à la valeur de cette observation, c'est que ce radical, en sanscrit, se conjugue aussi sur le thème des verbes de la quatrième classe.

Reste maintenant à déterminer le sens qu'il faut donner à *má*, précédé de *á*. J'ai dit tout à l'heure que la vraisemblance de la signification que je préfère était à mes yeux l'argument le plus décisif. J'en tire un autre, qui est également de quelque force, des participes *ámátó* et *anámátó*, mots dont le premier est employé dans le passage où il est permis au Mazdayaçna d'exercer la médecine, tandis que le second l'est dans la partie du texte où défense lui est faite de l'exercer. Il me semble que *ámáta* ne peut signifier, dans ces deux passages, autre chose que *exercé, expert*, signification qui, outre qu'elle convient au texte, n'est pas incompatible avec la forme du participe en *ta*, qui, dans le cas actuel, est celui d'un verbe moyen, et répond ainsi au participe des verbes déponents latins. J'ajouterai que le radical *má*, transformé en *mú*, et précédé du préfixe *áz*, forme en persan le verbe آزمودن *ázmúden*, qui signifie *essayer, expérimenter*, comme l'a bien fait voir M. Pott[1]. Enfin, la considération qui me paraît appuyer le plus la signification de *essayer*, donnée à *á-má*, c'est que nous allons reconnaître tout à l'heure une autre transformation du radical *má*, qui ne peut, selon toute vraisemblance, signifier autre chose que *médicamenter, employer des remèdes*. On aura donc ainsi deux significations distinctes de la racine *má*, significations marquées par la différence du suffixe, et par la modification du radical *má*, lequel veut dire, avec *á, s'essayer, expérimenter*, littéralement, *se mesurer à;* et avec *vi*, plus une certaine modification du radical, *médicamenter, traiter en médecin*.

La seconde modification du radical *má*, que je viens d'annoncer, nous est offerte par le verbe *vimádhayañti*, qui revient deux fois dans le texte que j'analyse, sous la double forme d'un verbe et d'un substantif. Je crois nécessaire de ne pas attendre,

---

[1] *Etymol. Forschung.* t. I, p. 194.

pour examiner ce mot, que j'aie traité de la totalité de ceux qui le séparent de celui que j'ai analysé tout à l'heure. Je n'hésite pas à regarder *vi-mâdh-ayañti* comme un verbe conjugué sur le thème de la dixième classe, et dérivé du radical *mâdh*, qui est manifestement, avec *mâ*, dans le même rapport que le zend *çnâdh* (laver) avec le sanscrit *snâ*[1]. Anquetil donne à ce verbe le sens de *traiter*, quoique, à vrai dire, on ne voie pas bien clairement dans sa version ce qu'il fait de *vimâdhaçtchit*, qui précède le verbe *vimâdhayañti*. Il est très-probable que la signification de ce verbe est générale, et qu'il veut dire *exercer la médecine*, soit pour les autres, soit pour soi-même. Je montrerai tout à l'heure les avantages et les inconvénients qu'il y a dans l'adoption exclusive de l'une ou de l'autre de ces deux nuances de la même signification. Je me contente en ce moment d'insister sur la signification de *traiter à l'aide de médicaments*, que j'assigne au radical *mâdh*, précédé du préfixe *vi*, radical qui est pour moi un développement de *mâ*, et que je regarde comme identique au latin *mederi* et au grec μήδομαι. On voit, par ce qui précède, quels motifs j'ai de rattacher ce dernier verbe au radical *mâ*, à l'aide d'un rapprochement sur la certitude définitive duquel M. Pott hésite encore [2]. J'ajouterai que, quant à l'analogie qu'on remarque entre *mederi* (guérir) et *meditari* (méditer), elle part de l'idée primitive commune à ces deux ac-

---

[1] *Observ. sur la Gramm. comp. de M. Bopp*, p. 37.
[2] *Etymol. Forschung.* t. I, p. 195.

ceptions distinctes, celle de *faire attention;* et qu'elle se retrouve également dans le verbe dérivé sanscrit *tchikits* (guérir), qui n'est autre chose que la forme désidérative du radical *kit*, dont le sens primitif est *connaître, penser,* quand il se conjugue sur le thème de la deuxième classe, et qui signifie *guérir,* quand il se conjugue sur celui de la première.

Je ne m'arrêterai pas à justifier la traduction de « comme si c'étaient des Mazdayaçnas, » que je trouve dans la conjonction *yathá,* et aussi dans *tchit,* qui suit *mazdayaçnaéibyaç,* et qui ajoute la nuance de sens suivante : « comme si c'étaient des Mazda-« yaçnas quelconques. » La signification de *kĕrĕntát,* que je regarde comme la troisième personne de l'impératif de *kĕrĕt,* qui répond au sanscrit *krĭt,* avec la désinence *tát* au lieu de *tu,* me parait plus difficile à préciser. Anquetil traduit les mots *yat paourvîm daévayaçnó kĕrĕntát* par : « s'il traite une fois « un Dewiesnan. » Mais il est manifeste que *daévayaçnó* est le sujet du verbe *kĕrĕntát,* et on doit conclure de là que la signification de *traiter* ne convient pas, dans ce passage, au radical *kĕrĕt.* La seule manière de concevoir que *kĕrĕntát* puisse avoir pour sujet un Mazdayaçna sous-entendu, en un mot le médecin, serait de supposer une très-grande irrégularité de construction, savoir, que *daévayaçnó* est à tort au nominatif, mais que le véritable complément direct de *kĕrĕntát* est *paourvîm,* de sorte qu'il faudrait traduire : « si [quem] primum sanet, [is sit] « Daevarum cultor. » Mais je pense que le lecteur trouvera, comme moi, cette supposition beaucoup trop forte. Les acceptions diverses que possèdent en sanscrit les différentes conjugaisons du radical *krĭt* (couper, envelopper, célébrer), ne fournissent pas une interprétation satisfaisante de la proposition qui nous occupe : si *krĭt* pouvait exprimer simplement l'idée de *appeler*, ce serait la seule qui conviendrait ici; mais alors il faudrait, ce me semble, un complément direct, un pronom désignant le médecin. Il faut donc admettre que *kĕrĕñtát* a un sens très-général, et que le radical *kĕrĕt* (*krĭt*), d'où il dérive, n'est ici qu'un développement d'une racine plus commune encore, de *krĭ*, comme *tchit* paraît l'être de *tchi*. Je propose, en conséquence, de traduire *kĕrĕñtát* par *qu'il emploie*, en sous-entendant, pour plus de clarté, le médecin.

Après ce que j'ai dit sur le verbe *âmayâoñté*, je n'ai pas besoin d'insister beaucoup sur la signification de *inhabile*, que j'assigne au participe *anâmâtó*, qui est le contraire de *âmâtó*. Cette phrase signifie manifestement que le médecin est déclaré inhabile pour toujours, et à jamais incapable de se livrer à la pratique de la médecine. Remarquons, en ce qui touche l'expression *yavaétcha yavatâtaétcha*, qu'ici Anquetil, d'accord sans doute avec la tradition des Parses, renonce à chercher dans cette formule l'idée de *résurrection*, et qu'il la traduit très-exactement, mais un peu brièvement, par *jamais*.

Dans le paragraphe suivant, j'ai marqué de deux étoiles plusieurs mots qui ne se trouvent que dans le Vendidad Sadé et dans l'édition de Bombay, tandis qu'ils manquent dans les trois autres manuscrits du Vendidad. Je les ai reproduits dans ma traduction, mais en les enfermant entre des crochets, parce que je suppose qu'ils sont interpolés; cependant cette certitude n'est pas telle que j'aie cru pouvoir les retrancher tout à fait : ils allongent certainement la phrase sans aucun avantage pour l'idée principale; mais nous sommes accoutumés à rencontrer dans les textes zends des répétitions qui ne sont pas moins frappantes que celle dont il s'agit ici.

C'est par une conjecture qui s'appuie sur l'analyse que j'ai donnée de *vimádhayañti*, que je traduis *vimádhaçtchiṭ* par *médicament quelconque*. Ce mot, qui ne peut être qu'un substantif, est ou l'ablatif d'un nom terminé par une consonne, ou, ce qui me paraît plus vraisemblable, l'accusatif singulier d'un nom neutre dont le thème est en *as*. Il n'est pas rare de voir en zend l'action qu'exprime le verbe, répétée sous la forme d'un substantif placé comme complément direct du verbe lui-même : ici cette expression revient à « medicamen quodcunque medican- « tur. » Au reste, il n'est pas facile de reconnaître dans ce passage si cette expression s'applique au malade qui prend pour lui le médicament, ou au médecin qui le donne. Au premier coup d'œil, la seconde supposition paraît la plus satisfaisante, à cause de la voix active du verbe *vimádhayañti;* mais je trouve que la marche du texte est plus embarrassée dans cette supposition que dans la première. Voici, en effet, comment il faudrait traduire tout ce morceau : « Qu'après cela les Mazdayaçnas [médecins] ne don- « nent aucun médicament; que les Mazdayaçnas « n'exercent pas, qu'ils n'exercent pas, il [le ma- « lade] mourrait. Si, après cela, les Mazdayaçnas « [médecins] donnent quelque médicament, si les « Mazdayaçnas exercent, s'ils exercent, et que le « malade meure, etc. » Or, toute satisfaisante qu'elle paraît être, cette version a le désavantage de rompre le parallélisme qui doit, si je ne me trompe, exister entre les deux parties de ce morceau. Dans la première partie, le législateur ordonne au médecin de s'essayer sur les adorateurs des Daêvas, et il déclare que celui-là est pour toujours un médecin inhabile dans les mains duquel sont morts trois de ces malades. Le texte nous montre le Daêvayaçna s'adressant au médecin, l'employant, si toutefois je ne me suis pas trompé sur le sens de *kĕrĕñtât*. Cela posé, il paraît assez naturel que la seconde partie nous montre les adorateurs de Mazda s'adressant de même au médecin et l'employant à leur tour; et ce qui achève de donner une grande vraisemblance à cette supposition, c'est que le verbe principal de cette seconde partie, *kĕrĕñtu*, est le même, sauf le nombre, que celui de la première. Cette considération m'a paru décisive en faveur du sens que j'ai adopté, et elle m'a fait renoncer aux avantages que je voyais d'ailleurs à faire porter la défense sur les Mazdayaçnas exerçant la médecine, plutôt que sur les Mazdayaçnas qui en réclament le secours. On remarquera que l'on sort plus aisément de cette difficulté si, avec les trois manuscrits du Vendidad de la Bibliothèque royale, on regarde comme interpolés et répétés à tort par le copiste les mots que j'ai enfermés entre deux étoiles; car alors on traduira : « Qu'ensuite les Mazdayaçnas se gardent « d'employer [ce médecin]; le malade mourrait. »

Quant à l'expression par laquelle le texte indique le châtiment qui doit être infligé au médecin entre les mains duquel est mort le malade, elle présente des difficultés que je me suis déjà engagé à examiner à part. Je ne donne pas en ce moment le résultat de la comparaison des textes où Anquetil reconnaît la punition qu'il nomme *Bodoveresté*, parce que la discussion à laquelle je serais obligé de me livrer détournerait trop longtemps l'attention du lecteur de l'objet principal de la recherche présente, qui est l'analyse d'un texte où se rencontre deux fois l'expression *yavaétcha yavatâtaétcha*. J'omets donc à dessein, en ce moment, les mots du texte qui commencent à *para hé*, et qui finissent à *tchithaya*; je les analyserai ailleurs en détail, en les comparant aux autres expressions semblables que l'on rencontre dans le Vendidad.

Au second paragraphe de notre texte, je crois trouver une justification satisfaisante du sens que je donne à *kĕrĕñtât*, dans la facilité avec laquelle s'expliquent les deux propositions *yat paourvim daévayaçnô kĕrĕñtât apa hô djaçât*, « si un Daêvayaçna « emploie [le médecin] une première fois, qu'il

« échappe. » Il n'y a pas ici lieu de douter, pas plus que dans le cas de mort, que le véritable sujet de *kĕrĕñtât* ne soit l'adorateur des Daêvas. Remarquons en outre un tact heureux dans le choix des préfixes *ara* et *apa*, qui modifient de part et d'autre les deux verbes *mairyâitê* (prés. du conjonctif moyen) et *djaçât* (imparf. du conjonctif actif) : *ara* exprimant le mouvement de chute dans un lieu inférieur; *apa*, au contraire, indiquant la marche d'un être qui s'échappe et sort d'un lieu.

Après la troisième et dernière de ces propositions, qui sont répétées ici comme l'est, dans le premier passage, la phrase qui indique le cas de mort du Daêvayaçna, je lis *âmâtô*, quoique, comme on a pu le voir à la note des variantes que donnent les manuscrits pour notre texte, quelques copies lisent *anâmâtô*. Cette dernière leçon me paraît une faute manifeste, qui vient de ce que le copiste a vu dans le premier passage *anâmâtô*, et qu'il s'est trouvé ainsi porté à répéter ce mot, sans comprendre qu'il exprime ici le contraire de ce que veut dire le texte. Je n'hésite donc pas à lire *âmâtô*, quoique cette leçon ne soit pas la plus commune, et je traduis ce mot par *expert, habile*. Quant à l'expression *yavaêtcha*, etc., nous voyons encore ici Anquetil, fidèle sans doute à la tradition des Parses, renoncer à l'idée de *résurrection*, et la traduire par *toujours*, comme il l'a fait plus haut, lorsque, dans la phrase négative du commencement, il l'a rendu par *jamais*.

On remarque encore, dans l'emploi du singulier

raçô (voulant) avec le pluriel *mazdayaçna*, une irrégularité de syntaxe qui nous reporte à un état presque barbare de la langue zende. On pourrait croire que *raçô* est un adverbe sous forme d'ablatif, dérivant d'un thème *vaç*; mais, comme *raçô* se représente assez souvent dans les textes zends avec le rôle d'un adjectif (nomin. sing. masc.) signifiant *le voulant bien, consentant,* j'aime mieux lui conserver ici cette valeur et admettre l'irrégularité syntactique que je viens de signaler, que d'en faire un adverbe : j'ai cru seulement nécessaire de faire cette remarque, parce que, dans ma traduction, j'ai, pour plus de clarté, choisi l'adverbe *volontiers*.

Le dernier passage du Vendidad où se trouve l'expression *yavatâité* termine l'énumération des moyens à prendre pour purifier les soucoupes qui ont touché à un cadavre. Je donne ce texte pour ne laisser aucun doute sur le sens du terme qui nous occupe :

[Zend text]¹

Anquetil traduit ainsi cette phrase : « Si cette « (soucoupe) est de terre, ou (faite) de poussière

---

¹ *Vendidad Sadé*, p. 253; édit. de Bombay, p. 251. Voici les variantes les plus importantes des manuscrits : le n° 11 S., p. 196, lit seul *zèmènus* et *drvaénus*; mais les deux lettres ̇ et ̇ se confondent quelquefois, suivant que le trait inférieur de ̇ est plus ou moins relevé. L'édit. de Bombay lit *daravaéniss* et *fravâkhsanaés*; je lis *fravâkhchaénis* avec le n° 1 F., p. 385; le n° 11 S. a *fravâkhsaénis*, ce qui rentre dans la précédente leçon; le Vendidad Sadé lit plus fautivement *fravâkhsnis*, et le n° v S. *fravâkhsanis*. Je déduis la leçon *yavatâité* des variantes de l'édit. de Bombay, *yavaétâti*; du n° 11 S., *yavaétâité*; du Vendidad Sadé et du n° 1 F., *yavaétâiti*; le n° v S. a fautivement

« d'arbre ou de plomb, elle ne sera pure qu'à la fin
« des siècles [1]. » Il n'y a, dans ce texte, qu'un seul
mot sur lequel il puisse rester quelque incertitude:
c'est *fravákhchaénis*, qu'Anquetil traduit par *fait de
plomb*; mais son interprétation n'est pas tellement
sûre, que, dans un passage du chapitre VI du Vendidad où se trouve l'adjectif ⟨⟨⟩⟩ *fravákhsaéněm* (lisez ....*khchaéněm*), il ne propose encore de le
traduire par *plomb* ou par *la dernière* (*des matières*) [2].
En traitant le mot *fravákhchaéna* d'après les lois de
l'étymologie, on trouve que c'est un adjectif dérivé,
au moyen du suffixe *aéna*, de *fravákhcha*, où je vois
fra et *vákhcha*, de *vakhch* (croître). Il semble donc que
fravákhcha ne puisse signifier autre chose que *croissance*; mais ce sens est très-vague, et il ne donne pas
une interprétation satisfaisante de l'adjectif *fravákhchaéni*, qui détermine le substantif *soucoupe*. En s'attachant strictement à l'étymologie, on pourrait croire
que *fravákhcha* désigne « ce qui croît en avant, une
« pousse; » en un mot, les jeunes branches des arbres
avec lesquelles on tresse des corbeilles. Dans cette
supposition, on traduirait *fravákhchaéna* par « fait
« d'osier. » Cependant, quelque vraisemblable que
paraisse cette explication, l'autorité de la tradition
des Parses, reproduite par Anquetil, m'engage à me

---

yavaṭáiti. Les mss. varient considérablement sur l'orthographe du dernier mot: l'édit. de Bombay et le n° 11 S. ont *ayaojdaya*; le Vendidad Sadé, *ayaôjdaya*; le n° 1 F., *ayaojdyān*, et le n° v S., *yaojdyān*.

[1] *Zend Avesta*, t. I, II° part., p. 329.
[2] *Vendidad Sadé*, p. 208; *Zend Avesta*, t. I, II° part., p. 315, note 4.

rapprocher du sens qu'il propose, et à conserver à *fraråkhchaéna* la signification de *fait de plomb*, signification que possède vraisemblablement ce mot en vertu du principe, assez obscur d'ailleurs, qui du radical sanscrit *vrĭdh* (croître) tire *rardhra* ou *rardha*, un des noms du plomb[1]. En effet, l'analogie de formation du zend *fraråkhcha* et du sanscrit *rardhra* est complète, puisque le terme zend dérive du radical *vakhch* qui a, comme le sanscrit *vrĭdh*, le sens de *croître*. Les autres adjectifs sont plus faciles à expliquer : *zěmaénis* signifie *faites de terre*, et *drvaénis*, dont Anquetil a donné cette traduction singulière : « faite de poussière d'arbre, » doit se rendre littéralement par « venant d'un arbre; » mais je crois pouvoir prendre *dru* comme le nom de ce qu'on tire des arbres, c'est-à-dire du bois. Enfin, il reste le mot principal, *yavatâité*, dont j'ai donné dans une note les diverses orthographes. Ici Anquetil renonce à la sobriété de ses précédentes traductions (*toujours*, *jamais*), pour adopter l'expression « jusqu'à la fin des siècles. » Je ne vois pas de raison pour abandonner la traduction que m'a fournie l'analyse grammaticale, celle de *pour toujours, à jamais*; je traduis donc le texte dont je viens d'analyser les divers termes, de la manière suivante : « Alors, si elle est de terre, de bois ou « de plomb, elle est à jamais incapable d'être pu- « rifiée. »

[1] *Amarakôcha*, p. 237, éd. Colebrooke; Wilson, *Sanscr. Dict.* au mot *rarddha*.

Pour compléter ce que j'ai dit précédemment sur la valeur de l'expression *yaratâité*, je crois nécessaire d'ajouter ici deux passages des Ieschts, les seuls, à ma connaissance, où elle se rencontre. Le premier fait partie de l'Iescht d'Ormuzd, morceau qui contient plusieurs particularités intéressantes, tant pour le fond que pour la forme. Il se trouve au commencement d'un texte qui est fort difficile parce que le plus grand nombre des mots qu'il renferme ne se représentent pas dans d'autres portions des livres zends, et que j'ai ainsi manqué du précieux secours que fournit la comparaison des passages parallèles. Je n'ai pas eu non plus, pour ce texte, l'avantage de pouvoir me servir de la traduction sanscrite de l'Iescht d'Ormuzd, que je dois au zèle et à l'amitié de Manakdjî Cursetdjî, parce que ce passage manque dans le manuscrit qu'il a bien voulu m'envoyer. Heureusement les termes eux-mêmes avec lesquels le mot qui nous occupe est en relation sont très-clairs, indépendamment de ceux qui les suivent; et cette circonstance suffit pour la détermination du sens de *yaratâité*. Voici ce passage, que les deux manuscrits des Ieschts lisent exactement de la même manière :

Anquetil le traduit ainsi : « Je protégerai mon « grand ami jusqu'à la résurrection[1]. » Les seuls changements que je fasse subir à l'orthographe des manuscrits portent sur le mot , qui est lu

[1] Ms Anq. n° III S., p. 450; n° IV F., p. 410. *Zend Avesta*, t. II, p. 150.

avec un ٯ dans les deux leschts, et ܡܦܝܘܣ, qui est lu ܢܦܝܘܣ, également dans nos deux exemplaires. Il me paraît impossible de voir le futur *je protégerai*, dans *nipáyaos*. Si ce mot est un verbe, ce ne peut être qu'une seconde personne d'un temps quelconque; mais alors même la forme en serait irrégulière. L'orthographe que donnent nos manuscrits annonce le génitif singulier d'un nom en *u*, *nipáyu*, qui a certainement le sens de *protecteur*, et dont l'élément fondamental se trouve dans *páyus* (le protecteur), que j'ai cité autre part d'après ce même Iescht d'Ormuzd [1]. Ce substantif est suivi, il est vrai, de deux mots qui sont à l'accusatif; mais on pourrait admettre que la racine *pá* (protéger), d'où dérive le substantif *ni-páyus*, conserve son action verbale même sous la forme de substantif qu'elle reçoit du suffixe *yu*, et qu'elle exerce cette action sur les mots qui servent de complément à ce substantif. Dans l'hypothèse que la leçon *nipáyaos* soit correcte, il faudrait traduire le passage que je viens de citer : « de celui qui protége l'homme son ami « pour toujours, ô Zoroastre! » Mais il me paraît beaucoup plus naturel de chercher ici un verbe; et alors je proposerais de lire, au lieu de ܕ *ao*, ܗ *áo*, *nipáyáos*, qui serait la deuxième personne du potentiel d'un verbe de la seconde classe, dans lequel la désinence *ás* du sanscrit aura conservé sa sifflante finale, quoique cette sifflante, unie à la voyelle *á*, ait déjà été changée en *áo*. Dans cette supposition,

---

[1] *Observ. sur la Gramm. comp. de M. Bopp*, p. 39, note 1.

je traduirai cette phrase : « Puisses-tu protéger « à jamais l'homme qui est ton ami, ô Zoroastre! » Cette conjecture me semble, je l'avoue, très-vraisemblable; mais, quelque opinion que s'en fasse le lecteur, il me suffit de lui avoir signalé le mot *yaratâité*, dans lequel je ne puis voir autre chose qu'une expression signifiant *pour la vie, pour toujours*.

Le second passage des Ieschts dans lequel paraît le terme qui fait l'objet de cet article est beaucoup plus étendu et plus intéressant que ceux que j'ai examinés jusqu'ici. Il renferme, sans doute, quelques mots obscurs; je n'hésite cependant pas à le transcrire ici en entier, parce qu'il forme un tout complet, et que d'autres en expliqueront peut-être les parties sur lesquelles il se peut que je ne sois pas arrivé à une interprétation tout à fait satisfaisante. Il n'est d'ailleurs pas sans quelque utilité de montrer jusqu'à quel point le même manuscrit varie dans l'orthographe d'un morceau qu'il reproduit deux fois: la critique trouve, dans la considération de ces grandes incertitudes des copistes, des raisons excellentes pour agir plus librement avec les textes, et pour se laisser guider plus franchement par les lumières de l'analyse philologique. Le texte dont il s'agit fait partie de l'Afergan Gâthâ, et il forme en même temps le chapitre XIII de l'Iescht des Ferouers. Nos deux manuscrits des Ieschts le donnent donc chacun deux fois, circonstance qui nous met en possession de quatre copies assez différentes de ce morceau. J'ai, de plus, l'avantage de le trouver dans le petit recueil de textes zends que je dois à l'amitié de Manakdji Cursetdji, et il y est accompagné d'une traduction sanscrite qui, si elle n'est pas toujours parfaitement claire, répand cependant quelque jour sur des passages difficiles. Je donne ici ce morceau, tel que je crois pouvoir le rétablir d'après la comparaison de ces cinq manuscrits, et je le fais suivre de la traduction sanscrite, telle que la donne le recueil de Manakdji.

---

[1] Ms. Anq. n° III S., p. 358 et 359; p. 574 et 575; n° IV F., p. 198 sqq et p. 740 sqq.; ms. de Manakdji, p. 62. Voici les principales variantes des mss. précitées. Le n° IV F. lit une fois *fravasyô*; dans l'autre passage, il a *fravasayô* avec le n° III S.; le ms. de Manakdji lit *fravachyô*. Les deux mss. d'Anquetil, avec celui de Manakdji, lisent une fois *riçât*, et une autre fois *viçâta*: la première leçon est la seule correcte, et la seconde vient probablement de ce que, dans quelque copie, *riçât* n'était pas séparé du mot suivant, qui commence par une voyelle. Les deux mss. d'Anquetil lisent en-

मुक्तात्मनां उत्तमानां साधकानां गुरुतराणां वर्द्धाः ग्रा-
ध्वये वा गृह्येषु समायान्ति तमस्पथमइढ़ं उपरि वा गृह्येषु
समायान्ति ॥ यतस्तत्र प्रवर्तन्ति उपरि ठ्याश्रं अभ्यागत-
तया इह सन्ति तान् द्वा द्विसान् सर्वेषु च फाज़ब्र-
ठ्ठिनोजेषु राजगोरेषु च स्वकीये अन्यथा तु यदि निम्-
न्वयन्ति ततो आयान्ति । तत् एतावत् यतो विमातुं हेतोः ॥

semble une fois *araïnti*; dans le second passage, le n° III S. a *ara-yañtai*, le n° IV F. *arayañti*, et celui de Manakdji a *arayéyñti*. Nos deux mss. ont une fois *hamaçpathmaidhïm*, et une autre fois *hamaçpatha maidhēm*; celui de Manakdji lit *hamaçpathmaēdēm*. Ils lisent tous deux une fois *athra*, avec celui de Manakdji, et la seconde fois *itkra*. Le n° IV F. lit une seule fois *ritcharēnti*, avec un *n* au lieu du *ñ* qui est généralement préféré dans les autres passages ainsi que dans le ms. de Manakdji. Nos deux mss. ont une fois *daç*, et l'autre fois *daça*; celui de Manakdji a *dasa*. Nos mss. ont d'abord *pairi* avec celui de Manakdji, puis *pairē*; tous les trois lisent *khsafnô*. Ils lisent une fois *khsnâoghēmanâo*: dans le second passage, le n° III S. lit *khsanâughēmanâo*, et le n° IV F. *khsnâoghēmanâo*; celui de Manakdji lit *snâoghēm mando*. Dans le premier passage, nos deux mss. réunissent ensemble *nôçtarât*: celui de Manakdji sépare ces deux mots. Ils lisent d'abord *fyât* et ensuite *uṣrât*, avec la copie de Manakdji; *frynât* et ensuite *finât* (celui de Manakdji a *frinât*); *ku paiti* et ensuite *kô paiti*, comme celui de Manakdji; *djanât* et *djaçta*, comme la copie de Manakdji, puis *zanât* comme le ms. de Manakdji, et *zaçta*; *vaçtaravata*, puis *vaçirrat* (Manakdji lit *vactra-vata*); *açnâśē naraghat*, puis *asa nâça nēmaghâ*; le ms. de Manakdji lit *achanâça nēmaghâ*. Le n° III S. lit, dans le premier passage, *kahē nôit*, comme le ms. de Manakdji, et le n° IV F. *kaēnôit*; tous deux ont *kēṇôit* dans le second passage. Ils ont l'un et l'autre, dans le premier passage, *nâma*, et, dans le second, *nēma*, comme celui de Manakdji: dans le premier, *aghairyât*; dans le second, le n° IV F. lit *âghairyât*, le n° III S. *âgharyât*; celui de Manakdji lit *âgharayât*. Nos deux mss. lisent d'abord *kahēvô*, et ensuite *kaē rô*; *frâyô zyât* et *frâyañzyât*, celui de Manakdji *frâ yē zyât*; *nôtat*, ce que Ma-

4.

को ऽस्मान् स्तुयात् कः आराधयति कः स्वांकुर्यात् प्रका-
शयेत् कः प्रतिकुर्यात् गोमता हस्तेन बाव्हता किल
गोस्वद्धानेन पुण्ययोग्यतायै प्रणामेन किल यावत्
मह्त्प्रसाद्योग्यां भवति केनापि ध्यानेन को ऽस्माकं
इहनाम गृह्णात् किल अन्तरिजिश्नो नामग्रहं कः कुर्यात्
को युष्माकमात्मनः आराधयेत् किल येन स्वीयं आ-

nakdji sépare en deux mots, et *nôit*; *dyât* et *dayât*, comme Manakdji; *hé*, comme ce dernier, et *ahé*; *qarêthêm*, comme Manakdji, et *qarêtim*; *azyamanêm* et *adjyamnêm*, celui de Manakdji *adjyamanêm*; *yaratcha yaratâtaetcha* et *yaraetcha yaraetâitaetcha*, celui de Manakdji *yaraetcha yaraetâitaetcha*. Ce dernier ms. omet *dat*; ceux d'Anquetil ont d'abord *nâis*, et ensuite *nâ kis*, celui de Manakdji *nâ kûs*. Ils ont tous deux *djaçta*, comme ce dernier, et *zaçta*. Dans le premier passage, ils ont *rastruvat*; dans le second, le n° III S. lit *raçtruvat*, et le n° IV F. *raçtarrata*; celui de Manakdji lit *raçtrarata*. Le n° III S. lit d'abord *açnâsé* et le n° IV F. *asnâsé*; dans le second passage, le n° III S. lit *aça nâ khsa*, et le n° IV F. *aça nâkhsa*; celui de Manakdji a *achanâça*. Nos deux mss. lisent d'abord *namagha*, puis *nêmajka*, comme Manakdji; *âfrinanti* et *âfrayênti*, celui de Manakdji a *âfrî nênti*; *khsnûtâo*, comme celui de Manakdji, et *khsnaotâo*; *aénatâo* et *anaitâo*, celui de Manakdji lit *ainitâo*; *ughrâo* et *ughrâo*, comme celui de Manakdji: dans les deux passages, *fravasayô*, où celui de Manakdji préfère avec raison *ch*; *namâné* et *nmâné*, comme celui de Manakdji; *gêuçtcha*, comme ce dernier, et *gêusa*; *darêzaçtcha* et *drêzaçtcha*, celui de Manakdji a *darêzraçtcha*: dans les deux passages, *vâkhsa*, celui de Manakdji *vâçô*; *nâçtâhyô*, comme ce dernier, et *nâ açtâhyô*; *viâkhnô* et *viâkhanô*, celui de Manakdji *vyâkhanô*; *yô nô*, comme ce dernier, et *yônô*; *bât*, comme celui de Manakdji, et *bâta*. Le n° III S. lit *frâyazâita*, le n° IV F. *frâyazâiti*; dans le second passage, ils lisent ensemble *frâyazâitê*, celui de Manakdji lit *frâyazâyatê*. Ils lisent *gunata* et *gnomata*, comme celui de Manakdji; *djaçta* et *zaçta*, comme ce dernier; *raçtrarata*, comme ce dernier, et *raçtruvat*; *açnâçnamagha* et *aça nâ çanêmagha*, celui de Manakdji lit *achanâça nêm ghâ*, comme plus haut.

(53)

ज्मनः [1. स्वीय आत्मा] आराधितः तेन वयं आराधिताः भवामः ॥ को अस्मभ्यं तत् ध्रानं दद्यात् यद्य भवति आलाये अनघरः सद्या च सद्याप्रवृत्तौ च ॥ ॥ अथ यो नरः ताः प्रकृष्टं आराधयति गोमता दृष्टेन वस्त्रवता किल गोवस्त्रद्यानेन पुण्ययोग्यतायै प्रणामेन किल यावत् मह्त्प्रसाद्योग्यो भवति केनापि ध्रानेन तस्मै आशीर्वाद्ययन्ति संतुष्टाः अधिष्ठाः [1. अदृष्टाः] अपीडिताः बलिष्ठाः मुक्तात्मनां वृद्धयः ॥ भूयात् अस्मिन् गृहे गवां च संचयः वीराणां च भूयात् तेजस्वी च अथः चमत्कारी च रथः भूयात् नर[ः] स्तुतिकरो रंजमानि [sic] किल ये [1. यथ] उत्तमां स्तौति [1. स्तुतिं] रंजमनं च ज्ञानाति कर्तुं ॥ यो अस्मान् नित्यं प्रकृष्टं आराधयति गोमता दृष्टेन वस्त्रवता किल गोवस्त्रद्यानेन पुण्ययोग्यतायै प्रणामेन किल यावत् मह्त्प्रसाद्योग्यो भवति केनापि ध्रानेन ॥

Voici maintenant la traduction qu'Anquetil donne de ce texte : « Je fais Izeschné aux forts, purs et « excellents Ferouers des saints, qui viennent dans « les rues au Gâhanbar Hamespethmédem ; ils y « viennent pendant dix nuits (et disent :) L'homme « qui veut nous plaire, qu'il nous fasse Sétaesch, « qu'il nous fasse Izeschné, qu'il nous célèbre, qu'il « nous fasse des vœux, qu'il mette dans la main (du

« prêtre) de la viande et un habit (neuf), pour que
« sa prière soit exaucée. Ne prenez pas notre nom
« avant que d'avoir prié pour votre propre âme, et
« nous vous donnerons la pureté, nous vous (don-
« nerons) à manger une nourriture vivante et éter-
« nelle. L'homme qui fait Izeschné en (mettant) dans
« la main (du prêtre) de la viande et un habit
« (neuf), pour que sa prière soit exaucée, nous
« faisons des vœux pour lui, nous lui sommes fa-
« vorables, nous qui sommes éloignés du mal, forts
« et saints Ferouers. Qu'il y ait dans le lieu (qu'il
« habite) des troupeaux de mâles et de femelles,
« qu'il y ait des chevaux vifs, grands et prompts.
« Qu'il soit loué dans l'assemblée, cet homme qui
« nous fait Izeschné, à nous morts, en mettant dans
« la main (du prêtre) de la viande et un habit, pour
« que sa prière soit exaucée [1]. »

Je crois qu'en s'aidant et de la version sanscrite
et de l'analyse philologique, on peut traduire ce
passage de la manière suivante, sauf quelques
points obscurs que je discuterai tout à l'heure :
« Nous offrons le sacrifice aux bons, aux forts et aux
« saints Ferouers des justes, eux qui descendent de
« leur demeure vers le temps de Hamaspathmaêdha.
« Alors ils se répandent ici-bas pendant dix nuits,
« exprimant leur désir par les questions suivantes :
« Qui nous louera? Qui nous offrira le sacrifice?
« Qui répandra (pour nous l'offrande?) Qui nous
« plaira? Qui nous invitera, en portant à la main

[1] *Zend Avesta*, t. II, p. 256.

« (le lait de) la vache et un vêtement, avec la
« prière qui fait obtenir la pureté (à celui qui la pro-
« nonce)? Quel est celui d'entre nous dont on pronon-
« cera le nom? Quel est celui d'entre vous dont l'âme
« sera l'objet d'un culte? Quel est celui d'entre nous
« auquel sera donnée l'offrande, pour qu'il ait à man-
« ger une nourriture qui ne manque ni jamais ni
« à toujours. — Alors l'homme qui leur offre le sa-
« crifice, en portant à la main (le lait de) la vache
« et un vêtement, avec la prière qui fait obtenir la
« pureté (à celui qui la prononce,) ils le bénissent, sa-
« tisfaits, favorables, bienveillants, les forts Ferouers
« des justes (en disant :) Qu'il y ait dans cette mai-
« son un troupeau (formé) d'une vache et de ses
« veaux! Qu'il y ait un cheval rapide et un taureau
« vigoureux ! Que ce soit un homme respecté, un
« homme sage, que celui qui nous offre sans cesse
« le sacrifice, en portant à la main (le lait de) la
« vache et un vêtement, avec la prière qui fait ob-
« tenir la pureté. »

L'analyse suivante est destinée à indiquer les raisons que j'ai de m'éloigner du sentiment d'Anquetil
sur plusieurs points, et les motifs que j'ai de conserver des doutes sur quelques autres. Je prends
riçāt dans son sens générique d'*habitation*, et, comme
ce mot est à l'ablatif, je traduis le verbe *àrayañti*
(littéralement *advolant*), par *ils descendent*. Il me semble que le texte est tout entier consacré à indiquer
les prières que les âmes des justes viennent, pendant les dix derniers jours de l'année, adresser aux

vivants, suivant la croyance encore subsistante des Parses : or cette remarque est décisive en faveur du sens que j'ai choisi pour le commencement de notre passage. La glose sanscrite, sans tenir compte du cas ablatif de *viçát*, traduit « qui arrivent dans les « maisons, » et elle ajoute : « les Ferouers sont ici « présents pendant ces dix jours, » détail suivi d'un texte fort incorrect et fort obscur, duquel je crois pouvoir tirer le sens suivant : « (ils sont présents) « et dans tous les jours Farvardins, et dans les temps « qui leur sont consacrés; cependant, si on les appelle « autrement, alors ils arrivent. » Cela veut dire, autant que je puis le croire, que non-seulement les âmes des justes écoutent les invocations des hommes et se mettent en communication avec eux pendant les dix derniers jours de l'année qui leur sont consacrés spécialement, mais qu'elles répondent à leur appel pendant chacun des jours de l'année, et peut-être aussi pendant le mois qui porte leur nom. Pour obtenir cette interprétation, je lis कऱवर्दीन् *farvardin*, écrit avec l'orthographe gouzaratie, au lieu de कऱजर्दीन् *fardjardin*, mot dont je ne puis rien faire. Mais, je me hâte de le remarquer, cette glose, qui n'est qu'un souvenir du rituel, ne nous apprend rien sur le sens du passage qui nous occupe.

Les mots *araṭ aró zichnâoghěmanáo* offrent certainement plus de difficulté que les précédents; toutefois la glose sanscrite, qui traduit, quoique avec un peu de confusion, ces trois termes par : « pour connaître cependant cela, » fait, si je ne me trompe, cesser toutes les incertitudes dans lesquelles nous jettent les variantes des manuscrits relatives au dernier. En effet, si l'on retranche de ce long terme, *manâo*, que quelques manuscrits séparent par un point des syllabes précédentes, et qui annonce un participe présent moyen au nominatif pluriel féminin, en rapport avec *fravachayô* (les Ferouers), on trouve *zîchnáoğhĕ*, leçon que j'emprunte en partie au manuscrit de Manakdji, sauf la suppression du *m* final, le changement du *s* en *ch*, à cause de l'influence du *i* précédent, et la réunion de *zî* aux syllabes suivantes. Cette leçon, que je préfère à celle des autres manuscrits, *khchnáuğhĕ*, laquelle nous conduirait au radical *khchnu* (satisfaire), me paraît être exactement la transformation zende du sanscrit *djidjñása*, forme désidérative du radical *djñá* (connaître); de sorte que notre participe zend signifie « exprimant le désir de con-« naître. » En effet, *zî*, qui se présente d'ordinaire dans les textes comme la conjonction sanscrite *hi* (car), est l'adoucissement de la syllabe de redoublement *dji*, avec un allongement de la voyelle, qui n'est pas rare dans les formes redoublées; aussi, quoique tous nos manuscrits séparent ce *zî* du mot suivant, je n'hésite pas à l'y rattacher et à le regarder comme en faisant partie intégrante. De même *chnáoğhĕ* revient à *djñása*, puisque le groupe *djñ* est inconnu en zend et que le sanscrit *djñátá* y devient *jnátá* (connaisseur): or le *j* s'échange très-aisément avec son élément congénère *ch*, sous l'influence de la voyelle *i*, qui recherche particulièrement cette sifflante ; *áo* est l'augmentation très-commune en zend du *á* sanscrit, lorsqu'il tombe sur une nasale, et enfin *ŏhê* représente la sifflante dentale précédée d'une voyelle et suivie d'un *a* bref.

Si l'on accepte le résultat de cette analyse, il faudra conséquemment admettre que *aró* est la préposition ou plutôt l'adverbe sanscrit *avas* (en bas), dont j'ai déjà constaté l'existence en zend. Le choix de cet adverbe n'est pas indifférent ici : car les Ferouers, dont la demeure est dans le ciel, sont ainsi représentés descendant vers les habitations des hommes, et laissant tomber en bas les demandes qu'ils leur adressent. Or, une fois *aró* rattaché au participe qui le suit, le mot *avat*, qui le précède, doit être reconnu comme le neutre du pronom *avat* (tel, comme cela), sur lequel je me suis expliqué ailleurs en détail [1]. Les trois mots que je viens d'examiner doivent donc se traduire littéralement comme il suit : « exprimant en bas le désir de con-« naître cela. »

Je ne m'arrêterai pas à relever les inexactitudes de la traduction d'Anquetil, et je passe de même les deux premières propositions, ayant la forme interrogative, que les Ferouers sont représentés comme adressant aux hommes. Après ce que j'ai dit dans mon Commentaire sur le Yaçna, touchant les formes verbales qui y figurent, je ne crois pas nécessaire d'y insister davantage ici. Il me suffit de

---

[1] *Comment. sur le Yaçna*, t. I, note A, p. x sqq.

remarquer que *çtarât* est l'imparfait du conjonctif de *çtu* (louer); *yazâité*, le présent du même mode au moyen; *frinât*, l'imparfait de ce mode du radical *fri* (satisfaire), et *zanât*, le même temps et le même mode de la racine *zan* (frapper).

Dans la troisième proposition, il se trouve un verbe qui présente quelque difficulté : nos manuscrits le lisent *fyât* ou *ufyât*, leçons dont la dernière seule est correcte; car je ne puis voir ici que le potentiel de *rap*, où le radical souffre la contraction qui aurait lieu en sanscrit à ce mode même. Mais il n'est pas aisé de déterminer la signification qu'il convient d'assigner à ce mot. Anquetil le traduit par : « qu'il nous fasse des vœux, » et la glose sanscrite : « qui nous adoptera, nous pro-« clamera ? » J'ai déjà rattaché autre part le zend *uf* au radical sanscrit *rap*, à l'occasion d'un passage où le fait n'est pas douteux[1]. Ici les idées de *semer*, *produire* (*semen emittere*), ne me paraissent pas convenir, et c'est sans doute dans une autre acception qu'est pris le verbe *ufyât* de la prière des Ferouers. Cette acception se trouve peut-être dans l'emploi que font des textes sanscrits incontestablement anciens, du radical *vap*, avec le sens de *répandre*, puis *déposer*, quand il s'agit d'offrande et de sacrifice[2]; et, dans l'absence de toute autre auto-

[1] *Comment. sur le Yaçna*, t. I, II.ᵉ part. p. 500, note, et p. 505, note.
[2] Voyez dans les *Radices* de Rosen, au radical *vap*, les passages cités de Manu qui établissent cette signification, que confirme la lecture des Sûtras de Kâtyâyana sur le Yadjurvéda.

rité, je n'hésite pas à en faire ici l'application : seulement je sous-entends le mot *offrande*, qui était peut-être suffisamment indiqué par la seule force du radical *vap*, tel que je suppose qu'a dû l'employer le zend. On peut, du reste, préférer le sens de la glose sanscrite, celui de *proclamer*, *faire connaître*, si l'on accorde à cette glose, qui paraît ici composée avec soin, une autorité plus grande qu'au rapprochement avec le sanscrit *vap* que je viens d'indiquer.

J'étends encore un peu la signification de *paiti zanât* (imparf. du conjonctif), du verbe *zan* (sanscr. *han*), « tuer. » Littéralement interprété, ce verbe devrait se traduire par : « qui rendrait coup pour coup; » je ne crois cependant pas que cette acception puisse être admise en ce moment, et, si le participe sanscrit *pratihata* a, d'après M. Wilson, le sens des mots anglais *sent, dispatched*, ce n'est pas faire une hypothèse trop hardie que de supposer que le même radical a pu signifier en zend « inviter, éveiller, en-« gager à paraître. » Dans un verbe précédé d'une préposition, il n'est pas rare de voir la valeur de la préposition l'emporter sur celle du verbe, et, comme le préfixe zend *paiti*, pour le sanscrit *prati*, a le plus souvent la signification de : « en présence, en face, à l'en-« contre, vers, » l'interprétation que je propose n'est pas absolument sans vraisemblance. Il est probable qu'ici, comme dans tant d'autres passages, la glose sanscrite a traduit trop fidèlement l'original pehlvi; car le verbe qu'emploie cette glose, *pratikuryât*, ne signifie ordinairement en sanscrit que : « il rendrait « pour, » comme quand on rend le bien pour le bien, ou le mal pour le mal. Peut-être le traducteur parso-indien a-t-il eu en vue le persan پديدار کردن *exciter, faire lever.*

Les trois mots suivants *gaomata zaçta vaçtravata* ne peuvent, quant à leur sens radical, faire la moindre difficulté; mais l'application précise n'en est pas moins sujette à quelques doutes. Anquetil pense qu'il s'agit de la viande et d'un vêtement neuf que l'adorateur des Ferouers met dans la main du prêtre; la glose sanscrite entend beaucoup mieux, du moins pour la grammaire, « avec une main qui « tient une vache, un vêtement; » et, comme il ajoute : « avec le don d'une vache et d'un vêtement, » le prêtre a dû naturellement recueillir cette offrande. Mais la main dont il s'agit est, non plus la sienne, mais celle de l'adorateur des Ferouers; c'est là un point qui ne me paraît pas douteux. Il n'est pas si facile de savoir si *gaomata* signifie « tenant une « vache, » ou tenant un produit quelconque de la vache, son lait, comme je le suppose, ou sa chair, comme le veut Anquetil. J'ai préféré le sens de *lait*, parce que c'est celui qu'a souvent, dans les Vêdas, le mot *gâu*.

Vient ensuite le mot *achanâça*, terme sur la lecture duquel les manuscrits nous laissent dans une grande perplexité, et que j'avoue être encore assez obscur pour moi. Il est cependant à peu près certain que ce mot doit être regardé comme un adjectif se rapportant à *nĕmagha* (avec une prière); mais l'orthographe et le sens en sont fort douteux, et, si l'on fait attention que, sur le mot *nĕmagha* lui-même, terme qui doit être si familier aux copistes, il a pu exister assez d'incertitude pour qu'on ait écrit deux fois *navaghas*, on ne s'étonnera pas que j'éprouve de la difficulté à retrouver, sous des variantes aussi nombreuses, la forme véritable du mot, qu'avec le manuscrit de Manakdjî je lis *achanáça*. Si ce mot est un adjectif en rapport avec *nĕmagha*, sa finale doit être ‑ *a*, plutôt que ‑ *ĕ*, comme le veulent quelques variantes. La présence de cette voyelle décide à peu près certainement du choix de la sifflante qui doit la précéder : ce ne peut sans doute être ‑ *s*, comme le donnent les manuscrits d'Anquetil, parce que la sifflante dentale entre deux voyelles, dont la première est un ‑ *á*, est nécessairement changée en ‑ *h*. Nous n'avons donc le choix qu'entre ‑ *ç* et ‑ *ch* : or, comme nos manuscrits, une fois, et celui de Manakdjî, toujours, adoptent la première sifflante, c'est celle que je crois devoir préférer, d'autant plus qu'elle est recherchée de la voyelle *á*. Le reste du mot, dans l'hypothèse qu'il ne faut voir ici qu'un mot unique, est également justifiable. Quelques variantes, il est vrai, peuvent nous laisser encore en doute sur la question de savoir si le commencement de ce mot doit être écrit *açhaná*, *açaná*, ou *açná* : heureusement la glose sanscrite vient à notre secours; car, en traduisant le commencement de ce terme par *punya* (pureté, vertu), elle ne nous permet pas de douter qu'il ne faille le lire *acha*, puisque c'est à ce dernier mot zend que répond d'ordinaire, dans la version sanscrite du Yaçna par Nériosengh, le mot *puṇya*. La glose dont j'invoque le témoignage ne semble pas faire du mot qui nous occupe un adjectif en rapport avec *nĕmăgha* : en effet, si je ne me trompe pas sur ce qu'elle veut dire, elle me paraît signifier littéralement : « avec une adoration destinée à donner la capacité « d'être pur, » c'est-à-dire, comme l'ajoute l'interprète parso-indien, « afin qu'il devienne digne d'une « grande faveur par une offrande quelconque. » Je ne m'arrête pas à remarquer qu'il faudrait lire महाप्रसाद plutôt que महत्प्रसाद, que porte le manuscrit de Manakdjî ; je n'ai à examiner ici que le sens de cette glose. Or le sens me paraît être que les Ferouers demandent que l'offrande du lait et celle du vêtement qui leur sont présentées, soient accompagnées d'une prière capable d'assurer à leur adorateur le mérite de la pureté. De ce sens, il ne paraît clairement dans le terme zend qui nous occupe, que *acha* (pureté) ; les deux autres syllabes *nāçu* me sont inconnues, et je ne vois que le radical sanscrit नश् *naç* (qui, dans la langue classique, ne signifie que *détruire* et *méditer*, mais qui, dans le dialecte védique, a, suivant Sâyaṇa, le sens d'*obtenir*, comme le latin *nac-tus*) auquel il soit possible de rapporter le zend *nāçu*. Le Rigvêda, liv. II, ch. I, h. 2, st. 11, me fournit un exemple de *naç* ainsi employé, dans ce passage : न तत् ते अन्यो अप्रो नशन्त « les

« autres aurores n'ont pas atteint à ta splendeur, » passage sur lequel Sâyaṇa remarque न व्याप्नन्ति नभिव्यापिकर्मा, en renvoyant au Nighaṇṭu, qui, en effet, donne, ch. II, art. 18, naçat comme l'un des synonymes de vyâpnôti (il obtient). J'ajouterai que, si on lit notre mot zend nácha au lieu de náça, il faudra le rapprocher, non plus de naç, mais de नक्ष, nakch, qu'on trouve au même article du Nighaṇṭu, et dans le Rigvêda, l. I, h. 30, st. 20; h. 33, st. 14; h. 66, st. 5; h. 95, st. 10; et h. 122, st. 3, avec le sens d'aller, obtenir, atteindre.

L'incertitude qui existe encore sur la signification précise de ce mot n'altère, du reste, en rien le sens du passage. La proposition suivante n'en est pas moins intelligible, sauf le doute que fait naître la forme du verbe ághairyát. La glose sanscrite traduit ainsi cette phrase interrogative : « Qui prononcera ici notre nom, c'est-à-dire, qui, dans l'Izichni (le Yaçna), fera la prise de notre nom ? » Il résulte de la comparaison de cette glose avec le texte zend, que ághairyát est la meilleure des variantes de ce verbe, ou du moins celle qu'a eue en vue l'interprète pehlvi dont la version est l'original de notre glose sanscrite. En effet, ághairyát, d'où il faut retrancher le préfixe á, se présente comme le précatif d'un radical ghar, dans lequel il est à peu près certain qu'on a la forme première du sanscrit hri, pour ghri (prendre). D'une autre part, on ne peut nier que la variante ágairyát ne soit également justifiable, puisqu'on en peut faire le précatif du verbe *gar*, répondant au sanscrit *gri* (prononcer); mais, la première leçon étant appuyée par le plus grand nombre des manuscrits, je n'hésite pas à la préférer. Je pense que le sujet de ce verbe est sous-entendu, et que c'est celui même auquel les Ferouers se sont adressés en employant le pronom interrogatif *kô* (qui); ils supposent que les offrandes qu'ils sollicitent leur seront présentées, et ils disent : « Quel est celui d'entre nous dont notre « adorateur prendra le nom? » Par là il faut certainement entendre que les Ferouers demandent que les hommes prononcent ces invocations dont on a tant d'exemples dans l'Iescht des Ferouers, dont on trouve quelques-unes dans le Yaçna, et qui sont généralement ainsi conçues : « Nous offrons le sacri-« fice au Ferouer de tel et tel. » C'est, je ne puis en douter, à de pareilles invocations que fait allusion le texte qui nous occupe.

Il en faut dire autant de la proposition suivante, que la glose sanscrite traduit d'une manière un peu confuse, quoique je n'hésite pas à y voir le sens qui suit : « Quel est celui d'entre vous qui rendra « un culte à son âme? c'est-à-dire, nous sommes « nous-mêmes l'objet d'un culte de la part de celui « qui en rend un à sa propre âme. » Ce sens fait manifestement allusion à ces invocations fréquentes dans le Yaçna : « J'invoque le Ferouer de ma propre « âme. » Mais la construction du texte zend n'est pas très-claire dans ce sens, car la traduction à laquelle le texte se prête au premier coup d'œil est : « Quel

« est celui d'entre vous dont l'âme offrira le sacri-
« fice? » Or l'accord de la version d'Anquetil et de
la glose sanscrite, comme aussi la vraisemblance du
sens, me paraissent démontrer qu'il faudrait dire :
« Quel est celui d'entre vous dont l'âme est l'objet
« du sacrifice? » Pour obtenir cette traduction, il
faut, ou supposer que *fráyézyát* est une forme pas-
sive du conjonctif, dans laquelle *y* est la caractéristique du passif, ou que le complément de *fráyézyát* (au précatif actif) est sous-entendu, de cette
manière : « Quel est celui d'entre vous dont l'âme
« offre le sacrifice [à elle-même]? » J'avoue que la
seconde supposition me semble plus vraisemblable
que la première; mais, pour exprimer dans ma traduction le sens avec plus de netteté, j'ai, d'accord
avec Anquetil et avec la glose sanscrite, traduit
de manière qu'on voie clairement que les Ferouers
expriment le désir que l'âme de celui qu'ils appel-
lent soit, de sa part, l'objet d'un culte.

La glose sanscrite et l'analyse philologique sont
encore mes guides pour la traduction de la proposition suivante; la glose sanscrite signifie, il
est vrai, littéralement : « Qui nous donnera cette
« offrande [afin] qu'il existe pour lui une nourri-
« ture éternelle, et toujours et à jamais; » mais, si
l'on compare cette version avec le texte zend, on
trouvera que ce dernier ne peut se traduire autrement que comme il suit : « Quel est celui d'entre
« nous auquel sera donnée l'offrande, pour qu'il ait
« à manger une nourriture qui ne manque ni jamais

« ni à toujours? » Il me paraît à peu près certain que les mots *taṭ dâthrēm* se rapportent à *yaṭ*, littéralement « cette offrande qu'[il ait....], » et que le pronom *hé* rappelle *kahmâi*. Ce sens me semble préférable à celui qu'on obtiendrait en faisant rapporter *hé* au donateur, c'est-à-dire au sujet sous-entendu du précatif *dayâṭ* (pour *dáyâṭ*), ce qui donnerait cette traduction : « Auquel d'entre nous donnera-« t-il cette offrande, pour avoir à manger une nour-« riture qui ne manque ni jamais ni à toujours? » Cette traduction est, sans aucun doute, grammaticalement et logiquement soutenable ; je préfère cependant la première, parce que c'est seulement dans la seconde partie de notre texte que doit se trouver l'indication des récompenses promises à l'homme qui honore les Ferouers.

Les mots qui composent la proposition que je viens de traduire sont généralement clairs, et ceux qui méritent plus particulièrement l'attention du lecteur sont *ahê aġhaṭ qairyān qarēthēm*. Je remarquerai que tous les manuscrits lisent ici *qairyān*, comme je l'ai fait d'après leur autorité; mais je préférerais une orthographe qui nous donnerait un accusatif, comme *qairyām*, car je suis à peu près convaincu que les mots *ahê aġhaṭ qairyām qarēthēm* forment une expression où figurent les éléments autrement disposés du temps passé périphrastique *qairyām aġhaṭ*, et je me persuade que cette locution revient à ceci : « huic sit in manducationem alimen-« tum. » J'ai expliqué suffisamment, dans diverses parties de mon Commentaire sur le Yaçna, les mots dont cette locution se compose; il me sem cependant peut-être permis de faire remarquer ici l'heureuse confirmation qu'apporte le Nighaṇṭu védique aux conjectures que j'ai déjà émises sur l'origine du zend *qar*, pris dans le sens de *manger* [1]. Je trouve, en effet, dans le Nighaṇṭu, à la fin des dix mots nommés *attikarmâṇaḥ* ou « verbes exprimant l'action « de manger, » le présent क्षरति *hvarati* (il mange) [2], dont l'orthographe zende est exactement *qaraiti*. Quant au mot *azyamanĕm*, j'ai expliqué autre part comment j'y reconnais la forme sanscrite du radical *hâ* (abandonner, manquer) au passif, et comment ce mot zend serait en sanscrit *ahíyamâna*. Enfin les termes qui suivent ne peuvent, pas plus ici que dans les autres passages qui font l'objet de cet article, signifier autre chose que *toujours et à jamais*.

La seconde partie de notre passage offre bien moins de difficultés, non-seulement parce qu'on y retrouve un certain nombre de propositions déjà expliquées dans la première, mais encore parce que les mots obscurs y sont isolés, et que, dût-on ne les entendre qu'imparfaitement, l'ensemble du discours n'en est pas moins tout à fait intelligible. Le premier de ces mots difficiles est *aénatâo*, ou, comme lit le manuscrit de Manakdjî, *ainitâo*. Il n'existe, à ma connaissance, dans aucun des textes zends que nous possédons à Paris; et, quoiqu'il se présente

---

[1] *Comment. sur le Yaçna*, t. I, II° part., p. 463-468.
[2] *Nighaṇṭu*, ch. II, art. 8.

avec une forme tout à fait régulière, il n'en est pas d'une explication plus facile. Premièrement, il est impossible de reconnaître comment Anquetil a entendu ce terme, tant sa traduction est confuse. On pourrait croire que les mots : « nous qui sommes « éloignés du mal, » le représentent, si l'on ne trouvait dans le texte l'adjectif *aḍbistâo*, auquel ce sens convient assez bien. La glose sanscrite n'offre pas plus de secours, car le mot अभिता: n'a, du moins pour moi, aucun sens, et c'est uniquement par conjecture que j'y substitue *advěṣṭâḥ* (non haïs), mot qui n'est autre que le zend *aḍbistâo*.

La leçon *aênatâo* fait penser au sanscrit *énas* (péché), que nous avons en zend sous la forme de *aênagh* et avec le sens de *naissance;* mais il faudrait une négation comme celle que l'on remarque dans le mot précédemment cité, *aḍbistâo*. Sous ce rapport, la variante *ainitâo* paraît plus régulière, car il est facile d'y reconnaître un *a* privatif : soit que l'on divise ainsi ce mot, *a-initâo*, ou ainsi, *ain-itâo*, de part et d'autre le premier *i* est épenthétique, mais le sens n'en est pas plus facile à découvrir. Je suppose, faute de tout autre moyen d'interprétation, que ce mot doit se couper ainsi *an-itâo*, et qu'il pourrait se traduire en latin par *presentes*, littéralement « qui ne sont pas parties, » en d'autres termes, qui restent quand on les invoque et qui sont favorables. Le terme employé par la glose sanscrite, quoique très-vague, et quoique se rapportant mieux, si toutefois ma correction est fondée, au zend *aḍbistâo*, ne contredit pas mon interprétation. Je dois cependant avouer que c'est tout à fait conjecturalement que je traduis l'adjectif *ainitâo* par *favorables*.

La proposition suivante, qui doit être placée dans la bouche des Ferouers, ne présente d'autre particularité que l'emploi du mot *gèus* au singulier; aussi je ne crois pas qu'il faille traduire, avec la glose sanscrite, « un troupeau de vaches, » encore moins, avec Anquetil, « des troupeaux de femelles. » Je suppose que le texte désigne « un troupeau [formé] d'une « vache et de ses veaux, » car *vîra* signifie souvent en zend, comme dans les Vèdas, « le produit mâle « d'un animal. » Cette interprétation me paraît bien mieux convenir à la simplicité des idées exprimées dans tout notre passage, comme aussi à l'état de civilisation qu'indiquent les vœux qui suivent.

La glose sanscrite nous offre, dans la phrase qui vient ensuite, un sens nouveau pour un terme que, sans ce secours, il était facile d'entendre d'une autre manière. Je veux parler de *vâkhcha*, que le manuscrit de Manakdji lit *vâçô*. Analysé d'après les lois de comparaison qui doivent nous guider, on trouve que *vâçô*, dont le thème est *vâça*, répond au sanscrit *vâha*, par suite de la substitution de ç (remplaçant de z) au h dèvanâgari, et cette supposition devient presque une certitude, quand on voit notre glose sanscrite expliquer ce mot par रथ (char). On en peut conclure que le *vâça* zend signifie *chariot*, ou, plus généralement, « moyen de transport, » et, comme *darĕzaç* (thème de *darĕzaç-tcha*) est réellement un adjectif dérivé du radical sanscrit *drih*, et signifiant *solide*, il est permis de traduire, avec la glose sanscrite, « un chariot solide. » Je dois dire cependant qu'en l'absence de cette glose, j'avais pris la leçon des manuscrits d'Anquetil *rákhsa* (ou plus exactement *rákhcha*) pour le nomin. sing. masc. d'un thème répondant au sanscrit *vakchas*, mot ancien qui désigne le taureau considéré comme bête de somme. Malgré l'autorité de la glose sanscrite, j'avoue que j'aime mieux encore ce sens, auquel l'emploi de l'adjectif *darëza* ne change absolument rien. J'ajoute que le *ráço* du manuscrit de Manakdji se prête très-bien à cette explication : car, si ce mot est, comme j'ai cherché à l'établir, le sanscrit *váha*, il peut sans doute se traduire par *véhicule;* mais il doit également signifier *taureau*, *bœuf*, ou, en général, toute bête de somme.

La fin du passage que nous examinons ne contient plus que deux mots difficiles, et pour l'explication desquels la glose sanscrite et la version d'Anquetil n'offrent que de faibles secours. La glose sanscrite traduit comme il suit les mots *buyât ná çtâhyó vyákhnó* : « qu'il y ait un homme prononçant des « louanges, » et il ajoute un mot qui n'est pas sanscrit, et qui n'est que la transcription d'un terme zend. C'est *hamdjamani*, qu'il faut très-probablement lire *hamdjamaní*, en le considérant comme un adjectif formé de *hamdjamana*, qui se trouve plus bas dans la suite de la glose. Ce terme, qui se présente assez souvent dans le Yaçna, y a, si je ne me trompe, le sens de *entretien, conversation;* de sorte que, si le glossateur indien a eu ce sens en vue, l'adjectif *hamdjamaní* qu'il a employé, devra se traduire par « un homme avec lequel on a des entre-« tiens. » A cette traduction si vague, il ajoute cette glose qui ne l'est pas moins : « c'est-à-dire, un homme « qui sait faire une louange et un entretien excel-« lent. » Il résulte cependant déjà de cette version que le souhait des Ferouers est que leur adorateur possède les dons de la piété et de l'intelligence, et ce vœu me paraît bien placé après les souhaits d'un ordre plus matériel qui précèdent. La traduction d'Anquetil : « qu'il soit loué dans l'assemblée, » se compose certainement des mêmes éléments ; mais ces éléments sont disposés d'une autre manière, et le sens en est moins étendu. Cependant les deux mots *loué* et *assemblée* y répondent aux mots de la glose sanscrite : « qui prononce une louange, qui a un en-« tretien, » et, par suite, aux termes de l'original zend *çtáhyó* et *vyákhnó*. Mais, malgré cet accord de la glose et d'Anquetil, j'oserai proposer, pour le premier de ces deux termes, un sens différent de celui qu'ils indiquent. Je remarquerai d'abord que, pour voir le sens de *louer* dans *çtáhyó*, il faudrait admettre que ce terme appartient au radical sanscrit et zend *stu* et *çtu* (louer) : cela peut paraître vrai à un interprète parsi, et les mots ⁂ *çtáim*, ⁂ *çtáem* (je loue), et ⁂ *çtáichni* (louange), qui se rencontrent fréquemment dans les fragments pazends du Zend Avesta, offrent assez d'analogie avec çtáhyô pour qu'on croie que ce dernier dérive du même radical que les deux premiers. Mais, en supposant même qu'il faille voir dans çtáhyô la transformation d'une voyelle *u* primitive, ainsi que cela a lieu dans çtáim (je loue), de çtu, et comme l'a déjà fait remarquer M. Müller [1], il restera le *h* de çtáhyô, dont on ne donne pas l'explication. La présence de cette aspirée, qui ne peut répondre ici qu'à la sifflante स् *s* du sanscrit, me semble être un argument décisif contre l'analogie qu'on voudrait établir entre çtáhyô et les formes parsies précitées; aussi, jusqu'à ce qu'on produise un thème comme çtáh, qui veuille dire *louer*, j'aurai de la peine à croire que le mot qui nous occupe ait cette signification. Si, dans l'insuffisance de la glose sanscrite et de la traduction d'Anquetil, nous nous adressons directement à la langue sanscrite, nous trouverons le radical स्थस् *sthas* (habiter, résider), radical qui n'est, selon toute apparence, qu'une autre forme de la racine plus générale et plus commune, *sthá* (se tenir debout). De cette racine *sthas* peut très-bien se dériver, au moyen du suffixe *a*, le substantif *sthása* (demeure, habitation); et de ce substantif, qui manque, il est vrai, dans le dictionnaire de M. Wilson, mais que je n'hésite pas à regarder comme parfaitement régulier, peut se former l'adjectif *sthásya*, que je propose de prendre dans l'acception du sanscrit सभ्य *sabhya*, « homme digne de figurer dans une assemblée,

[1] *Essai sur la langue pehlvie*, dans le *Journ. Asiat.*, III° sér., t. VIII, p. 304.

« homme respectable, » de *sabhá* (assemblée). C'est, jusqu'à présent, la seule explication que j'aie trouvée de notre mot zend *çtâhyô*, et c'est dans ce sens que je l'ai traduit par *respecté*.

Le terme suivant, et le dernier qui me reste à expliquer, *vyâkhnô*, n'est pas plus facile que le précédent; il se trouve cependant répété dans un autre passage du Vendidad, et beaucoup plus fréquemment dans diverses parties des Iescht. Dans le Vendidad, Anquetil le traduit par « chef de l'assemblée [1]. » Dans l'Afrin de Zoroastre, il le développe plutôt qu'il ne le traduit : « savant et intelligent dans l'assemblée [2]. » La traduction de « chef de l'assemblée » reparaît encore dans la portion du Néaesch du feu, qui fait partie du Yaçna [3]. Ces deux versions se combinent sous cette forme, « la science de l'assemblée, » au chapitre XVIII de l'Iescht de l'eau [4]. Au chapitre XXIV de l'Iescht des Ferouers, cette épithète, qui est celle du feu, est traduite ainsi : « (principe) de « l'excellente assemblée [5]. » Dans ce même Iescht, au chapitre XXV, la traduction d'Anquetil est très-vague; on y retrouve cependant encore le mot d'*assemblée*; mais Anquetil n'est pas tellement sûr de sa version qu'il ne se croie obligé d'en indiquer une autre en note, de cette manière, *fils de Viâkhné* [6].

---

[1] *Zend Avesta*, t. I, IIᵉ part., p. 129.
[2] *Ibid.*, t. II, p. 93.
[3] *Ibid.*, t. I, IIᵉ part., p. 236.
[4] *Ibid.*, t. II, p. 174.
[5] *Ibid.*, t. II, p. 263.
[6] *Ibid.*, t. II, p. 269 et note 5.

C'est encore, et d'une manière plus explicite, le mot *assemblée*, qui est, selon Anquetil, la traduction de ce terme, dans un passage du chapitre XVI de l'Iescht de Mithra, que je citerai tout à l'heure [1], puis au chapitre VII de ce même Iescht [2]; au chapitre XV, où Anquetil commente ainsi sa version : « germe de « l'assemblée [3]; » au commencement du Néaesch du soleil [4]; du Néaesch de Mithra [5]; à la fin de la prière intitulée *Gâh Rapitan* [6], et au chapitre XXIX de l'Iescht des Ferouers [7]. Dans les passages zends généralement très-brefs où se trouve le mot dont je viens de rappeler les diverses interprétations, il se présente invariablement avec le rôle d'un adjectif, excepté peut-être dans un seul endroit, celui de la prière au Gâh Rapitan; mais là même, si le terme en question paraît être un substantif, cette fonction n'est que secondaire, et ce mot est, à proprement parler, un adjectif pris substantivement. Quant aux orthographes diverses sous lesquelles il se montre, je remarquerai d'abord qu'il ne sera pas question ici des désinences avec lesquelles il paraît dans les passages auxquels j'ai renvoyé tout à l'heure, parce que ces désinences ne nous apprendraient rien de nouveau. Je réduis immédiatement les divers cas de ce mot au thème

---

[1] *Zend Avesta*, t. II, p. 216.
[2] *Ibid.*, t. II, p. 209.
[3] *Ibid.*, t. II, p. 215.
[4] *Ibid.*, t. II, p. 10.
[5] *Ibid.*, t. II, p. 15.
[6] *Ibid.*, t. II, p. 106.
[7] *Ibid.*, t. II, p. 279.

vyâkhna, que nos deux manuscrits des Ieschts écrivent d'ordinaire ⟨⟩ *viâkhna*, ou ⟨⟩ *viâkhana*, orthographes qui reviennent certainement à celles de *vyâkhna*, ou *vyâkhana*. Un seul manuscrit du Vendidad[1] lit ce mot ⟨⟩ *viâkhchna*, pour *vyâkhchna*. Au premier abord, c'est de cette variante qu'il paraît le plus facile de retrouver l'analogue en sanscrit; ce mot se présente, en effet, comme formé des deux éléments *vi* et *âkhchna*, où il est possible de reconnaître les mots sanscrits *vi* et *akchi* (œil), mot dont plusieurs cas se forment, comme on sait, du thème *akchan*. Le mot *vyâkchna*, selon cette explication, semble être un terme analogue, pour le sens comme pour la forme, au sanscrit *adhyakcha* (inspecteur). Cependant, quelque vraisemblable que paraisse être cette analyse, en ce qui touche la leçon *vyâkhchna*, je crois devoir l'abandonner, à cause de la rareté de cette leçon même, laquelle ne peut prévaloir contre l'orthographe ordinaire de *vyâkhna*. Je dis que c'est là l'orthographe la plus ordinaire, parce que je n'hésite pas à y ramener la leçon *vyâkhana*, dans laquelle l'aspiration de la gutturale est inexplicable, tandis que, pour *vyâkhna*, cette aspiration a sa source dans le voisinage de la nasale. Je pense, en résumé, que le zend *vyâkhna* répond, sauf le suffixe *na* pour *ta*, au sanscrit *vyakta*, pris dans le sens de *sage, intelligent*, et que l'allongement de la première voyelle vient sans doute de l'accent qui, dans ce mot dissyllabe, ne pouvait, selon toute

---

[1] Ms. Anq., n° v S., p. 569.

apparence, être mis qu'à cette place. J'abandonne donc les sens de *chef de l'assemblée* et *assemblée*, donnés par Anquetil, pour me rapprocher de celui de *savant, intelligent,* qu'il préfère lui-même quelquefois; et, par là, j'ai le double avantage de m'appuyer sur la tradition des Parses, et de ramener le mot *vyâkhna* à ses éléments sanscrits, sauf la préférence accordée par le zend au suffixe *na* sur le suffixe *ta*, préférence qui s'explique par l'emploi bien connu qu'on fait en sanscrit de *na*, pour former des participes parfaits passifs de même sens que ceux où figure le suffixe plus ordinaire *ta*.

Maintenant que l'analyse philologique, autant du moins que j'ai pu m'en servir, a mis au jour le sens de chacune des parties de ce texte, le lecteur me permettra de ne pas le quitter avant d'avoir résumé en peu de mots les résultats les plus généraux qu'on en peut déduire. Relativement à l'expression qui fait l'objet spécial du premier article de ces Études, à celle de *yavaétcha yavatâtaétcha*, on ne peut contester le résultat auquel je suis parvenu, savoir : qu'elle n'a aucun rapport avec l'idée de la résurrection. On peut ensuite affirmer avec une égale certitude que, si cette expression ne signifie pas *à jamais et pour toujours*, elle doit avoir une valeur très-rapprochée de celle-là. Quant à ce qui regarde le dernier texte cité, celui de l'Iescht des Ferouers, il en résulte non moins évidemment que la fête des âmes, que les Parses célèbrent pendant les dix derniers jours de chaque année, c'est-à-dire pendant les cinq derniers jours du mois Sapandomad, et pendant les cinq jours épagomènes, est positivement indiquée dans un texte ancien et parfaitement authentique, dans un texte qui ne porte aucune trace, à mon sens du moins, des réformes qui peuvent avoir modifié l'ancien système de Zoroastre. Ce texte n'est pas, comme ceux que j'ai cités dans le premier volume de mon Commentaire sur le Yaçna, noyé dans une glose pazende qui ne peut guère prétendre à une plus haute antiquité que l'époque des Sassanides[1]. Et cependant la preuve que je tirais des textes auxquels je fais allusion, quant à l'existence, dans les livres zends, de la véritable forme de l'année persane, c'est-à-dire d'une année de 360 jours avec cinq épagomènes, était déjà tellement forte que personne n'avait été tenté de la contester. Maintenant il n'est pas permis de révoquer en doute ce fait : qu'une portion importante de la prière aux âmes des morts fait mention de la dernière des époques de création dans lesquelles est divisée l'année religieuse des Persans, époque dont le terme aboutit aux derniers jours du mois Sapandomad, et qui est suivie des cinq épagomènes, lesquels sont compris au nombre des dix jours rappelés dans le texte en question. Je me crois en droit de conclure de ces faits qu'on s'est trop hâté, quand on a dit que Quinte-Curce était le seul auteur de l'antiquité qui fournît le moyen d'établir que l'année persane ancienne était composée de 365 jours, et que rien dans les textes

---

[1] *Comment. sur le Yaçna*, t. I, p. 333, sqq.

zends ne nous instruisait de la forme de cette année. Les deux données si importantes de la prière des Ferouers, savoir : le nom de l'époque dite *Hamaspathmaédha*, et la mention des cinq jours épagomènes implicitement contenue dans l'indication des dix jours que dure la fête; ces deux données, dis-je, rapprochées des textes nombreux où sont invoquées les six époques qui divisent l'année religieuse des Persans, et surtout des passages pazends où est exprimée en nombre de jours la durée de ces époques, ne permettent pas de douter que l'année, telle qu'elle ressort des textes zends les plus authentiques, n'ait été réellement composée de 360 jours avec cinq épagomènes. Ce résultat explique l'attention que j'ai dû apporter à interpréter le texte qui nous le donne : il fallait montrer que le passage de la prière des Ferouers que je viens d'analyser appartenait, par le langage et par l'exposition des idées, aux textes les plus incontestablement anciens que nous ait conservés le recueil du Zend Avesta. Je crois ce fait solidement établi par les précédentes recherches, et je pose comme un point qui est à l'abri de toute contestation, que la prière des Ferouers est du même âge que les vingt-deux chapitres du Vendidad, que les Ieschts les plus développés, ceux de Mithra, de Behram, d'Ormuzd et autres, et que la plus grande partie du Yaçna, tous morceaux sur l'authenticité et l'ancienneté desquels il ne me paraît pas permis d'élever le moindre doute.

Sous le point de vue religieux, je crois que le

lecteur exempt de préjugés sera frappé du caractère pur et simple de cette naïve prière qu'adressent aux vivants les âmes des morts. Je sens bien tout ce que ma traduction lui a enlevé de sa grandeur antique : le vague qui reste encore sur quelques termes du texte original s'est répandu quelquefois sur l'expression française, qui n'est pas, par elle-même, la mieux faite pour la traduction d'idées aussi primitives. Mais ce défaut vient de la difficulté du texte et du peu de secours que j'ai à ma disposition, surtout quand il s'agit d'interpréter des mots aussi rares que quelques-uns de ceux qui se présentent dans ce passage. Il est à peu près certain que ce culte des Ferouers est, pour l'ancienne Arie et pour la Perse proprement dite, ce qu'est, pour l'Inde, le vieux culte des Pitris ou des Manes : nous ne connaissons cependant jusqu'ici, dans les textes sanscrits, rien qui nous montre ce culte pieux sous un aspect aussi touchant que le fait la prière zende des Ferouers. Il est vrai que, tant qu'on ne possédera pas le rituel des Vêdas, on ne pourra pas affirmer que des prières semblables soient inconnues aux Brâhmanes, et l'on devra d'autant plus soigneusement se garder sur ce point de toute conclusion trop précipitée, que les mémoires de Colebrooke, relatifs aux cérémonies religieuses des Indiens, et que de nombreux passages du premier livre du Rigvêda, nous ont révélé l'existence d'hymnes dont l'élévation et la pureté égalent ce qu'aucune religion possède de plus beau en ce genre. Il est toutefois permis de conjecturer, d'après ce qu'on connaît déjà des productions du génie brâhmanique comparées aux rares débris de l'antique civilisation arienne, que le culte des âmes a pu se présenter chez les anciens Persans avec un caractère plus individuel et plus moral que chez les Brâhmanes. C'est un des traits les plus apparents et les mieux connus du système dont on rattache l'origine à Zoroastre, que la place qu'y occupe le sentiment de la personnalité et de la moralité humaines. Les proportions de ce système, autant du moins que nous l'entrevoyons dans les fragments qui nous restent des livres zends, sont sans doute moins larges que celles du Brâhmanisme, tel qu'il apparaît dans les vastes conceptions du naturalisme védique. Mais, en se détachant plus franchement de Dieu et de la Nature, le Zoroastrisme a certainement tenu plus de compte de l'homme que n'a fait le Brâhmanisme, et on peut dire qu'il a, jusqu'à un certain point, regagné en profondeur ce qu'il perdait en étendue. Il ne m'appartient pas d'indiquer ici ce qu'un système qui tend à développer les instincts les plus nobles de notre nature, et qui impose à l'homme, comme le plus important de ses devoirs, celui de lutter constamment contre le principe du mal, a pu exercer d'influence sur les destinées des peuples de l'Asie, chez lesquels il a été adopté à diverses époques. On peut cependant déjà dire que le caractère religieux et martial tout à la fois, qui paraît avec des traits si héroïques dans la plupart des Ieschts, n'a pas dû être sans action sur la mâle discipline sous laquelle ont grandi, s'il en faut croire l'antiquité classique, les commencements de la monarchie de Cyrus. Plus nous avancerons dans la connaissance des textes zends, plus nous trouverons de motifs en faveur de cette conjecture, qui recevra peut-être une confirmation nouvelle des détails relatifs à l'état ancien de la Perse, qu'on ne peut manquer de découvrir dans la grande inscription de Bisoutoun, monument précieux dont on devra bientôt l'explication au zèle et au savoir de M. Rawlinson.

II. ⁂⁂⁂⁂⁂, *Yazata.*

L'analyse que j'ai donnée de ce nom, qui est, comme on sait, le titre générique des êtres divins auxquels s'adresse l'adoration des hommes, n'a dû laisser subsister aucun doute sur la nature des éléments dont il se compose [1]. Je n'ai pas hésité à y reconnaître un suffixe *ata*, donnant, au mot qu'il modifie, le sens de *digne de*. Mais j'ignorais encore qu'il existât en sanscrit, et notamment dans la langue des Vêdas, une formative qui ajoute au radical auquel on la joint la valeur d'un participe grec en *τος* ou d'un adjectif latin en *bilis;* d'où il résulte que l'on doit traduire maintenant avec certitude *yazata*, comme j'avais proposé de le faire conjecturalement, par « digne d'être honoré du sacrifice. » C'est ce dont

[1] *Comment. sur le Yaçna*, t. I, p. 218 et 219.

on peut se convaincre en parcourant le livre I" du Rigvêda de Rosen. C'est ainsi qu'on trouve au commencement du l. I", ch. I", hymne 2, st. 1, दर्शत *darçata*, que Rosen traduit par *conspiciendus*[1]. Ce même mot se représente encore ch. III, h. 36, st. 9; ch. IV, h. 50, st. 4; ch. VII, h. 102, st. 2; ch. VIII; h. 117, st. 5. Enfin on rencontre यजत *yadjata*, c'est-à-dire le *yazta* zend même qui nous occupe, et Rosen le traduit par *sacris celebrandus*[2]. Dans le savant commentaire auquel il n'a malheureusement pas pu mettre la dernière main, Rosen renvoie au Siddhânta Kâumudi de Bhaṭṭôdji Dikchita, pour la preuve de l'existence de ce suffixe, que les grammairiens indiens nomment *atatch*, ainsi que je l'avais indiqué. La règle de Bhaṭṭôdji établit, en effet, que dix radicaux, parmi lesquels se trouve *yadj* (honorer par le sacrifice) prennent ce suffixe *ata*, et elle donne pour synonyme de *yadjata* le nom du prêtre officiant, ou le Ritvidj[3]. L'application toute spéciale que les Brâhmanes ont faite de l'adjectif *yadjata* n'infirme pas le témoignage du Rigvêda, ou plutôt des commentateurs qui, comme Sâyana, remplacent le terme archaïque *yadjata* par यज्य « digne

---

[1] Cette traduction repose sur l'autorité du Nirukta de Yâska, cité dans Sâyana, sur le passage même du ch. I", que je rappelle en ce moment.

[2] *Rigvêda Samhitâ*, l. I, ch. III, h. 34, st. 7.

[3] *Siddhânta Kâumudi*, fol. 198 v. et 199 r. Cette règle doit être plus ancienne que Bhaṭṭôdji, car elle se trouve déjà dans le commentaire de Sâyana, au ch. I" et au ch. IV, dans le passage auquel renvoie la note suivante.

« qu'on lui offre le sacrifice[1]. » L'existence de termes comme *darçata*, *yazata*, dans le plus ancien sanscrit, est une preuve manifeste des rapports intimes qui unissent l'idiome vêdique avec celui du Zend Avesta. Des exemples aussi frappants sont bien faits pour confirmer dans l'opinion qu'il n'y a presque aucune dénomination importante, parmi celles qui forment le fonds des croyances indo-persanes, qui ne se retrouve également en zend et en sanscrit.

III. ⁕⁕⁕. *Fchu*.

La lecture des portions du Rigvêda publiées par Rosen fournit, pour ce terme, un rapprochement du plus grand intérêt, en ce qu'on y trouve la confirmation de la valeur assignée par la glose sanscrite de Nériosengh au composé zend ⁕⁕⁕ *frâdaṭ fchu*, c'est-à-dire, selon Nériosengh, « celui qui fait « croître les troupes de bestiaux[2]. » Dans la discussion que j'avais consacrée à ce terme curieux, j'étais arrivé à cette conclusion que le *fchu* zend devait être le ⁕ ou le ⁕, *su* et *chu* sanscrit, et que ce monosyllabe exprimait « l'action d'engendrer, la produc-« tion. » J'étais bien éloigné de m'attendre à trouver dans les Vêdas le mot *fchu*, sous une forme indienne, ⁕ *psu*, et avec deux significations différentes. Il y a, en effet, premièrement celle de *corps*, dans l'épi-

[1] Sâyaṇa, sur *Rigvêda Samhitâ*, t. I, ch. III, h. 34, st. 7.
[2] *Comment. sur le Yaçna*, t. 1, p. 225 sqq.

thète de अह्रुतप्सवः *ahrutapsavaḥ* [1], par laquelle le Rigvêda caractérise les Maruts ou les vents, considérés comme les auxiliaires d'Indra dans sa lutte avec Vritra, et que Rosen traduit par « non curvata cor-« pora habentes, » d'après Sâyana, qui commente ainsi cet adjectif : अकुटिलरूपाः शोभनावयवाः « dont le « corps n'est pas de travers, c'est-à-dire dont les « membres sont beaux. » Il a ensuite le sens de *vache*, dans l'adjectif *aruṇapsavaḥ* de ce vers : वह्न्वरुणप्सव उप त्वा सोमिनो गृहं « vehunto rubicundæ vaccæ te ad liban-« tis domum [2]. » La première de ces deux significations, celle de *corps*, est positivement donnée par le Nighaṇṭu, qui cite le mot प्सुः (nomin.) comme synonyme de रूप *forme* [3]. La seconde est établie d'une manière également positive par la glose de Sâyana, qui commente ainsi le composé vêdique *aruṇapsavaḥ* अरुणवर्णा गावः : « des vaches de couleur « fauve, » et qui, pour donner l'étymologie de *psu*, ajoute cette glose : प्सा भक्षणे व्यान्ति भक्षयन्ति स्तनं पिबन्तीति प्सवो वत्साः औणादिकः कुप्रत्ययः आतो लोप इति चेत्याकारलोपः ; c'est-à-dire : « Le radical *psá* signifie *manger*; le mot « *psavaḥ* désigne les veaux (ou les génisses), parce « qu'on dit d'eux *psânti*, c'est-à-dire : ils mangent, ils « boivent à la mamelle. Ce mot *psu* est formé au « moyen de *ku*, suffixe de la classe *uṇâdi*, et par la « suppression de l'*á* long du radical *psá*, laquelle a « lieu en vertu de la règle de Pâṇini (VI, 4, 64), qui

---

[1] *Rigvéda Samhitâ*, l. I, ch. IV, h. 52, st. 4.
[2] *Ibid.* h. 49, st. 1.
[3] *Nighaṇṭa*, ch. II, art. 7.

« veut que l'*á* final d'un thème se supprime devant les
« voyelles des suffixes des classes *it*, *kit* et *ğit*. » Dans
le passage de l'hymne 52, où Sâyana donne à *psu* le
sens de *corps*, il se contente de rappeler la première
partie de cette explication : « le radical *psâ* signifie
« *manger*; *psu* en est formé au moyen du suffixe *u*,
« de la classe *unâdi*; » mais il ne dit pas comment le
sens de *corps*, *forme*, peut, aussi bien que celui de
génisse, sortir d'un radical qui signifie *manger*. Il
est probable que *psu*, dans la première de ces deux
acceptions, exprime *la forme*, *le corps* que les êtres
animés reçoivent de la nourriture qu'ils prennent. Quoi qu'il en soit, le *psâ* sanscrit se retrouve peut-être dans le grec ψωμός, qui ne peut
être un mot premier, et où l'on remarque le radical ψω (ψα), *psá*, et le suffixe bien connu *ma*. Mais,
une fois établie l'identité matérielle du *psu* vêdique
et du *fchu* zend, il reste à vérifier si l'explication étymologique des commentateurs indiens peut rendre
compte du *fchu* zend; en d'autres termes, si ce dernier substantif ne se prête pas à une autre explication étymologique.

Avant de nous livrer à cette recherche, il importe
d'examiner si les significations que les commentateurs assignent au vêdique *psu* sont de nature à jeter quelque jour sur les textes zends où se trouve
le mot *fchu*; 2° de rassembler toutes les formes sous
lesquelles se présente ce mot.

Et d'abord je dirai que les rapports frappants qui
se découvrent tous les jours entre le zend et le plus

ancien dialecte sanscrit, nous autorisent certainement à faire au *fchu* zend l'application de l'un des deux sens, au moins, que les commentateurs indiens reconnaissent au vêdique *psu*. On peut donc traduire *frâdat fchu* par : « celui qui multiplie les génisses, » comme le pensait Nériosengh lui-même, et il est facile de démontrer que cette traduction s'accorde bien avec l'ensemble des textes où ce composé se présente. Quant à la forme première de *fchu*, je crois avoir établi, dans la discussion que j'ai consacrée à ce mot [1], que son thème doit être *fchu* ou *fchû*; mais, pour mettre cette assertion hors de doute, je vais réunir le petit nombre de formes que les textes nous fournissent pour ce mot. Je le trouve à l'acc. sing. masc. et en composition avec *frâdat* dans *frâdat fsaom*, que le Vendidad Sadé et les n°ˢ II F. et III S. lisent de la même manière, tandis que le n° VI S. le lit *fchâum*, et deux mss. de Londres, le n° II et le n° III, *fsûm* [2]. C'est cette dernière leçon qui me paraît la meilleure, car elle sort directement du thème *fchu*; seulement il faut l'écrire *fchûm*: les leçons comme *fchaom* et *fchâum*, au contraire, ne sont régulières que si l'on admet un thème *fchava*, qui sans doute est possible, mais auquel ne nous conduisent pas les autres cas de ce nom. Je le trouve encore au même cas dans le morceau adressé au Gâh Rapitan,

---

[1] *Comment. sur le Yaçna*, t. I, p. 225, sqq.
[2] *Vendidad Sadé*, p. 15; ms. Anquetil, n° II F., p. 26; n° III S., p. 15; n° VI S., p. 11.

et lu ͜͜ ͜͜ dans nos deux manuscrits des Ieschts[1], ce qui confirme la leçon des manuscrits de Londres. J'ai expliqué amplement le datif *fchavé* ou *fchaové* dans mon Commentaire sur le Yaçna[2]; j'en rencontre un exemple écrit ͜͜ ͜͜ *fràdaṭ fsavé*, que je lis *fchavé* dans le Neaesch du Soleil[3], et un autre, au commencement de la prière au Gâh Rapitan, écrit fautivement ͜͜ ͜͜ *fràdaṭ fsavaé*, pour *fchavé*[4]. Le génitif singulier est ͜͜, que je trouve diversement écrit dans les divers mss. du Yaçna, et qui est en composition avec ͜͜ *drva* ou ͜͜ *drvô*, comme il suit : ͜͜, n° III S.; ͜͜, Vendidad Sadé, p. 72; ͜͜, dans les n° II et III de Londres; ͜͜, dans le n° VI S. d'Anquetil; ͜͜, dans l'édit. de Bombay, p. 78, et enfin ͜͜, dans le n° V des mss. de Londres. Voici le passage même où se rencontre ce mot :

͜͜ ͜͜ ͜͜ ͜͜ ͜͜ ͜͜ ͜͜ ͜͜ ͜͜ ͜͜ ͜͜ ͜͜[5].

Anquetil le traduit ainsi : « Je vous fais Izeschné, « pur Ormuzd, dont les pensées sont élevées, « qui de loin (conservez) tout, qui de loin veil- « lez (sur tout), qui de loin donnez aux corps de « pures productions[6]. » Mais je crois qu'on doit

---

[1] Ms. Anq. n° III S., p. 411; n° IV F., p. 318.
[2] *Comment. sur le Yaçna*, t. I, p. 226, sqq.
[3] Ms. Anq. n° III S., p. 285; n° IV F., p. 29.
[4] Ms. Anq. n° III S., p. 410; n° IV F., p. 316.
[5] *Vendidad Sadé*, p. 72; ms. Anq. n° III S., p. 86; n° II F., p. 139; n° VI S., p. 71.
[6] *Zend Avesta*, t. I, II° part., p. 133.

traduire : « Nous te présentons l'offrande, ô Ahura
« Mazda, ô pur maître de [cette] demeure, qui con-
« serves les bestiaux, qui conserves les hommes,
« qui conserves les pures semences. » Nériosengh
qui, si je ne me trompe, n'a pas saisi le vrai
sens de ce passage, traduit le composé *drvô fchaos*
par ब्रह्मवन् पशुसमूहान्, « les troupes d'animaux en
« bonne santé, » ce qui nous apprend que la tradition des Parses donne ici à *fchu* le sens d'*animal
domestique*. Je n'ai pas besoin d'insister sur les formes
fchaos et *fchèus*, qui sont toutes deux des génitifs
réguliers de *fchu*, quoique la première me paraisse
plus admissible en composition que la seconde.

Enfin ce même mot se présente à l'accusatif pluriel seul et avec le même adjectif *drvô*, sous les
formes de ⳽⳽⳽ *fsavô* et ⳽⳽⳽ *fsrô*, dans le Vendidad
Sadé; ⳽⳽⳽ *fsvô*, dans l'édit. de Bombay, et ⳽⳽⳽
fcharô, dans le n° vi S.[1]. De ces diverses orthographes, la plus régulière doit être vraisemblablement
celle de *fchrô*, car elle nous montre d'une manière
parfaitement visible tous les éléments de ce cas, savoir, *fchu*, thème, plus ĉ==as, désinence. Cependant
la leçon *fchavô* n'est pas impossible; car il n'est pas
rare de voir la forme augmentée, qui ne sort pas en
sanscrit du nominatif, s'étendre, en zend, jusqu'à
l'accusatif. Quoi qu'il en soit, l'élément qui subsiste sous ces formes diverses, c'est toujours *fchu*,
que tout nous autorise à regarder comme un subs-

---

[1] *Vendidad Sadé*, p. 525; éd. de Bombay, p. 562; ms. Anq., n° vi
S., p. 215.

tantif auquel Nériosengh, c'est-à-dire une tradition déjà ancienne, donne deux fois au moins la signification de « troupe d'animaux domestiques. » Rapprochée du témoignage des commentateurs indiens qui assignent au védique *psu* le sens de *génisse*, *veau*, la tradition parsie acquiert une très-grande autorité, et il semble que nous pouvons, sans trop nous hasarder, traduire les deux épithètes *frâdat fchu* et *drvô fchu* par : « qui multiplie et qui conserve les « bestiaux. »

Faudra-t-il conclure de là qu'on doit aussi faire au zend *fchu* l'application de l'étymologie que Sâyana propose pour le *psu* védique, pris dans le sens de *génisse*? J'avoue pour ma part que cette étymologie me paraît fort contestable, et je crains qu'en la proposant, les grammairiens indiens n'aient cédé à l'habitude où ils sont d'expliquer tous les mots sanscrits, quels qu'ils soient, par les seules racines qu'ils possèdent. Il se peut que *psu* ne vienne pas de *psâ*, et que le rapport qu'offrent ces deux monosyllabes soit purement accidentel. Or, une fois mis de côté le radical *psâ*, les listes actuelles de racines n'offrent plus aucun secours pour l'explication de *psu*. Si nous nous adressons au premier sens de ce nom, celui de *forme*, que constate le passage cité du Nighantu, nous n'y trouverons aucune lumière nouvelle. Mais, en partant de celui de *génisse*, que donne Sâyana, on est conduit à cette supposition que *psu* pourrait bien n'être qu'une contraction ancienne de *paçu* (bétail). Quelque singulier que ce résultat puisse paraître, il se présente cependant appuyé de quelques preuves. Premièrement, c'est un fait constaté par un grand nombre d'exemples, que le dialecte védique contracte souvent des mots au moyen de la suppression d'un *a* médial, et cela non-seulement dans la conjugaison, mais encore dans le corps des thèmes, et qu'il ne recule pas devant des accumulations de consonnes résultant de cette contraction, qui paraîtraient insolites et presque barbares au sanscrit classique. Le texte publié par Rosen, et les notes qui l'accompagnent, offrent trop de preuves de ce fait, en ce qui regarde la conjugaison, pour que je croie nécessaire de m'y arrêter : d'ailleurs, on pourrait objecter que la suppression d'un *a* médial dans la conjugaison tient ou à l'accent ou à quelque influence encore peu connue de la désinence sur le thème. J'aime mieux citer des mots premiers, comme ceux par lesquels s'ouvre le Nighaṇṭu, savoir : ज्मा *gmá* et क्ष्मा *kchmá*, mots qui désignent la terre et qui sont manifestement des contractions de *gamá* (celle sur laquelle on marche), et de *kchamá* (celle qui supporte), nom qui est encore employé dans la langue classique, et qui suffirait à lui seul pour établir le fait dont je parle. Je rappellerai encore ग्ना *gná* (femme), pour *ganá*, de *gan* (et plus tard *djan*), *engendrer*, ainsi que सुम्न *sumna* (approbation), où il faut probablement rétablir le radical *man*, et धिष्ण्य *dhichnya*, qui est certainement pour *dhichanya*[1]. Si de telles contrac-

---

[1] *Rosen ad Rigvéda Samhitá*, t. I, annot., p. xi.

tions existent déjà dans la langue védique, on peut, ce me semble, étendre par analogie le principe, quel qu'il soit, d'où elles partent, jusqu'au mot *psu*, pour *paçu*, surtout si l'on fait attention que ce mot, placé ainsi qu'il l'est en sanscrit et en zend, comme seconde partie d'un composé, se trouve dès lors soumis à la loi de l'accent propre de ce composé, loi qui doit ici passer avant toutes les autres, car elle résulte d'ordinaire de l'idée qu'on veut exprimer par le composé même. La seule objection que l'on pourrait faire contre cette explication, c'est que la sifflante n'est pas la même dans *psu* que dans *paçu* : cette objection n'est cependant pas aussi forte qu'elle paraît l'être; car, comme ç appartient à une autre classe de consonnes que *p*, il était naturel que cette sifflante se transformât en *s*, lettre qui a beaucoup plus d'analogie avec *p*; et cela devait se faire d'autant plus facilement que, dans la langue classique elle-même, la distinction qui existe entre ç et *s* est loin, pour quelques radicaux, d'être nettement tranchée.

Je n'hésite pas à faire l'application de cette analyse au zend *fchu*, qui est le védique *psu* avec la seule différence qu'on remarque dans la sifflante : car l'existence du *f* pour le *p* est un fait propre à l'orthographe zende; et, quand même on écrirait notre mot avec un ‌ *s*, comme le font d'ordinaire les manuscrits, le *f* serait encore nécessaire, et il faudrait toujours le lire *fsu*. Mais, avant d'adopter définitivement cette explication, il importe d'examiner s'il ne serait pas possible de trouver à *fchu* une racine zende dans les parties qui nous restent du Zend Avesta.

La racine dont je parle se présente dans les textes sous des formes très-intéressantes, mais qui ne sont pas toutes également claires : je commence par celles qui appartiennent évidemment à un thème verbal. On lit, dans deux passages du Yaçna, une phrase qui termine une prière en l'honneur de la vache, prière qui forme le chapitre xx⁵ de l'Iescht de Behram; elle est ainsi conçue[1] : ۔۔۔, et traduite par Anquetil : « Ce sont eux [les « animaux] qui me (donnent) la nourriture et ce « qui est nécessaire à la vie. » Le Vendidad lit deux fois ce mot ۔۔۔ *fsuyô*, comme fait l'édit. de Bombay; le n° II F. le lit ۔۔۔ *fchyô* et une fois ۔۔۔ *fsyô*, orthographe qui est toujours celle du n° III S.; enfin le n° VI S. le lit deux fois ۔۔۔ *fchnyô*: d'autre part, les deux manuscrits des Iesehts l'écrivent avec une autre finale ۔۔۔ *fsuyê*. Je ne crois pas que Nériosengh ait saisi le sens de ce passage, qu'il a traduit ainsi : « Il augmente pour nous la nourriture, « c'est-à-dire il augmente notre corps; » mais ce qu'il nous importe de remarquer, c'est le sens qu'il donne au mot principal de ce texte, à celui qu'avec notre plus ancien manuscrit je lis *fchuyô*. Il le remplace en effet, dans deux passages, par le verbe nominal स्फीतयति *sphîtayati*, c'est-à-dire : « il fait grossir, il rend

---

[1] *Vendidad Sadé*, p. 53 et 387; éd. de Bombay, p. 57 et 393; ms. Anq., n° II F., p. 112 et 322; n° III S., p. 70, 204 et 612; n° VI S., p. 52 et 177; n° IV F., p. 839.

« abondant, il fait prospérer. » Si Nériosengh a fidèlement reproduit la tradition ancienne, et nous verrons que la vraisemblance est pour l'affirmative, il faudra traduire le texte précité de la manière suivante : « Tu l'as engraissée pour notre nourriture, » en considérant *fchuyô* comme la 2ᵉ pers. imparf. de *fchu*, conjugué suivant le thème de la 4ᵉ classe des radicaux sanscrits, et privée d'augment, selon une habitude aussi fréquente en zend que dans le sanscrit védique.

Cette analyse s'applique au participe ⸺ *fchuyās*, dont j'ai cité déjà le nomin., le vocat. et l'acc. singuliers dans mes notes sur le Yaçna[1]. Ces formes, qui sont ⸺ *fchuyās*, ⸺ *fchuya*, et ⸺ *fchuyañtĕm*[2], dérivent toutes du radical *fchu*, conjugué (comme l'imparfait cité tout à l'heure) sur le thème de la 4ᵉ classe. Le nomin., que je n'avais fait que rappeler en passant, sans indiquer les passages qui me le fournissent, se trouve dans le Yaçna et dans le Vendidad, dans des morceaux qu'il me paraît suffisant de rapporter en note, parce qu'ils seront en général expliqués ailleurs[3]. Nos Yaçnas le lisent ⸺ *fsuyāç*, excepté

---

[1] *Comment. sur le Yaçna*, t. I, note A, p. XVIII, n° 46 ; et note B, p. CXXVII.

[2] Ce mot se retrouve à ce cas dans le Vendidad Sadé, p. 56, 212 et 458, et dans le volume des Ieschts, n° III S., p. 415 et 528.

[3] *Vendidad Sadé*, p. 55 ; éd. de Bombay, p. 58 ; n° VI S., p. 54. *Vendidad Sadé*, p. 85 ; éd. de Bombay, p. 89 ; n° II F., p. 157 ; n° III S., p. 97 ; n° VI S., p. 82. *Vendidad Sadé*, p. 186, 231, 410, 418 ;

le n° vi S. qui a ⸺ *fchuyās*, ce qui est la véritable orthographe. Le datif est, ainsi qu'on doit s'y attendre, ⸺ *fchuyañtê*, comme cela est établi par les passages que je rappelle en note [1]; je remarquerai seulement que, dans le premier des passages auxquels je renvoie, ce participe (que nos mss. lisent à peu près uniformément ⸺ *fsuyañtê*, au lieu de ⸺ *fchuyañtê*), est employé seul et sans être accompagné du nom du laboureur ⸺ *vâçtryâi*. Le génitif est ⸺ *fchuyañtô*, que nos mss. lisent en général ⸺ *fsuyañtô*[2]: ces formes qui, en sanscrit, seraient irrégulières, sont moins anomales en zend, où le suffixe *añt* paraît avec sa nasale dans les cas indirects, qui la perdent en sanscrit. Il en faut dire autant de l'accusatif pluriel, qui est également ⸺ *fchuyañtô* ou, comme le lisent nos mss., ⸺ *fsuyañtô*[3]. Enfin j'en trouve à la fois le nomin. et le locat. pluriels dans un passage du chapitre xlvii du Yaçna, dont je ne citerai en ce moment que les mots relatifs à

éd. de Bombay, p. 184, 230, 420, 430. *Ieschts*. ms. Anq., n° iii S., p. 582; n° iv F., p. 759. Ces deux mss. lisent *fusuyās*.

[1] *Vendidad Sadé*, p. 171, 195, 196, 234; éd. de Bombay, p. 169, 192, 193, 233. *Ieschts*. ms. Anq., n° iii S., p. 582.

[2] *Vendidad Sadé*, p. 65, 171, 410, 418; éd. de Bombay, p. 70, 169, 421, 430. Il faut seulement observer que dans le passage de la page 171, qui appartient au Yaçna, tous les mss., excepté le *Vendidad Sadé*, lisent avec raison au datif le mot qui nous occupe.

[3] *Vendidad Sadé*, p. 58 et 65; éd. de Bombay, p. 61 et 71. Dans ces deux passages, l'édition de Bombay lit par erreur ⸺ *fsuyañtu*: je note cette variante pour montrer combien aisément les copistes confondent les voyelles *ô* et *u*.

la discussion présente, en les corrigeant d'après la comparaison de nos mss. du Yaçna[1] : ⟨zend⟩ ⟨zend⟩ ⟨zend⟩ ⟨zend⟩. Il n'est pas facile de voir comment Anquetil traduit ce passage, tant sa traduction bouleverse les rapports qui paraissent unir entre elles les parties du texte auquel nous empruntons cette proposition; je suppose qu'il veut la rendre par : « et anéantit (à leur tour) ces violents « qui veulent tout détruire[2]. » On retrouve en effet dans ces paroles quelques traces de la version de Nériosengh, qui signifie : « Que la destruction qui « est dans sa langue soit la non destruction, c'est-à- « dire qu'il ne désire plus détruire. » Nous sommes, il faut l'avouer, jetés bien loin du sens que Nériosengh lui-même assigne, dans les autres passages, au participe du radical *fchu*. Il n'est cependant pas permis de douter que les deux formes dont il s'agit ici n'appartiennent à la même catégorie que celles que je viens d'examiner tout à l'heure. En effet, le mot que le n° III S. lit ⟨zend⟩ *afsuyañtô*, le n° VI S., ⟨zend⟩ *afchayañtô*, et l'éd. de Bombay, ⟨zend⟩ *afsuyañtu*, mais dont la véritable orthographe est certainement ⟨zend⟩ *afchuyañtô*, est exactement le nomin. plur. masc. *fchuyañtô*, plus l'*a* privatif; et, de même, le mot que le Vendidad Sadé, l'éd. de Bombay, le n° II F. et le n° III S. lisent ⟨zend⟩ *fchuyésú*, et le n° VI S. ⟨zend⟩ *fchuia*-

---

[1] *Vendidad Sadé*, p. 390; éd. de Bombay, p. 396; ms. Anq., n° VI S., p. 180; n° II F., p. 329; n° III S., p. 208.
[2] *Zend Avesta*, t. I, II° part., p. 202.

chu, mais dont l'orthographe véritable doit être ڢشویَچُو *fchuyachû* (ou, si l'on admet l'influence du ی *y* médial sur l' ـَ *a* suivant, qui alors se change en ـِ *é*, *fchuyéchû*); ce mot, dis-je, se présente comme le locat. plur. masc. du participe dont il s'agit ici; car un mot dont le thème est terminé par ـَت *at* doit perdre en zend son ت *t* final, le groupe *ts* ne se rencontrant pas dans cette langue : de sorte que de *fchuyat-chû* il est naturel que nous ayons *fchuyachû*. Si, maintenant, nous faisons à ces deux termes l'application du sens que Nériosengh lui-même assigne aux autres dérivés jusqu'ici cités du radical *fchu*, il faudra traduire comme il suit la proposition qui nous occupe : « Empêchant par leurs langues [c'est-« à-dire par leurs discours] la prospérité de ceux « qui prospèrent. » Quoi qu'il en soit de cette dernière interprétation, nous pouvons toujours affirmer positivement : 1° que les textes zends nous offrent des exemples du participe présent d'un verbe que Nériosengh traduit par : « il engraisse; » 2° que ce participe, joint (excepté dans deux passages seulement) au nom du laboureur, peut se traduire, conformément à la donnée de Nériosengh, par : « celui qui engraisse [les bestiaux], ou, qui fait « prospérer [les biens de la terre]; » 3° enfin que toutes ces formes se laissent ramener par l'analyse au primitif *fchu*.

Le participe parf. pass. de ce même radical, ou tout au moins un mot qui rappelle bien cette forme, se trouve une seule fois, à ma connaissance, dans le

Vendidad Sadé; c'est ﻓﺸﻮﻃ *fchuta*, qu'on lit à la fin du fargard VII. Voici ce passage même, tel que je crois pouvoir le corriger d'après la comparaison des manuscrits :

[Avestan text, 5 lines] (1. [Avestan]?)

¹ [Avestan]

Anquetil traduit ainsi ce passage : « Si, dans un « troupeau, une bête mange du cadavre d'un chien « ou de celui d'un homme, comment sera-t-elle « pure? Ormuzd répondit : Elle est impure, ô saint « Zoroastre. Dans le courant d'une année entière, « le prêtre tenant le Barsom ne pourra manger en

---

¹ *Vendidad Sadé*, p. 253 ; éd. de Bombay, p. 252. Je me contente d'indiquer ici les variantes des seuls mots qui peuvent faire naître quelque doute. Les n°ˢ II S., p. 196, et V S., p. 226, lisent *fraĝhurát*; le Vendidad Sadé et l'éd. de Bombay, *fraĝuharát*; le n° I F., p. 386, *fraĝharát*. C'est là un des mots sur lesquels on trouvera un article spécial dans ces Études. Je suis le n° V S., pour *ayaojdayūn*, que les autres mss., y compris l'éd. de Bombay, lisent sans l'a privatif. Les n°ˢ I F., p. 387, et V S., lisent *fchuta*; le n° II S., *chutô*; le Vendidad Sadé et l'éd. de Bombay, *fsuta*. Je lis *zaothré* avec le n° I F., qui a deux fois cette orthographe, avec l'éd. de Bombay qui l'a une fois et l'autre fois *zaothraé*, tandis que le Vendidad Sadé a *zaóthrĕ* et *zaothraé*; le n° V S. lit deux fois *zaothra*, le n° II S. une fois *zuthra* et l'autre fois *zaothraé*. Le Vendidad Sadé, l'éd. de Bombay et le n° II S. ont *barĕçmainé*; le n° I F lit *barĕçmaéné*, et le n° V S., *barĕçmané*. La forme de ce mot est obscure, et il sera examiné en détail dans ces Études. Tous nos mss. lisent *baraiti*, excepté le Vendidad, qui a *bairé*; je préférerais *bĕrĕté*, conformément à la formule du ch. III du Yaçna, [Avestan text].

« Zour du lait ni de la chair de cet animal [1]. » Je crois qu'on peut traduire plus littéralement ce texte ainsi qu'il suit : « Est-ce qu'elles sont pures, ô saint « Ahura Mazda, les vaches qui viendraient à tou- « cher à un chien ou à un homme mort? Ahura « Mazda dit alors : Elles ne peuvent plus être pures, « ô saint Zoroastre, tant que dure l'année, ni « pour l'offrande de lait caillé, ni pour l'offrande « de lait [faite avec] le Barsom élevé. » Je ne présente qu'avec réserve la traduction de ce texte difficile; plusieurs des mots qui en font partie reparaîtront, d'ailleurs, plus tard. Je remarquerai seulement que la version d'Anquetil est inadmissible, et qu'il y a un contre bon sens à dire que le prêtre restera pendant un an sans manger de la chair d'une vache souillée. Il me semble que par *gêus zaothra*, littéralement « offrande de la vache, » il faut entendre « offrande de ce qui vient de la « vache, » c'est-à-dire, du lait : c'est de cette manière que, dans les Védas, le mot गो *gô* est synonyme de क्षीर *kchîra* (lait) [2]. Je voudrais être aussi sûr du sens de *payô fchuta*, mots qu'Anquetil propose en note de traduire, d'après le pehlvi, « du lait (devenu) « fromage. » Ma traduction repose en partie sur la tradition que cette glose pehlvie nous a conservée, et en partie sur le sens que, d'après Nériosengh, je crois devoir assigner au radical *fchu*. En effet, si *fchu* a la valeur du sanscrit स्फाय् *sphây*, comme le

---

[1] *Zend Avesta*, t. I, IIe part., p. 329.
[2] Rosen, *Rigvéda*, lib. I, annot., p. xviii.

pense Nériosengh, et si *fchuta* vient de *fchu*, les mots *payô fchuta*, où je ne puis voir qu'un composé de dépendance, signifieront : « la partie solide du « lait, » c'est-à-dire le caillé ou la crème; en un mot, le *dadhi*, ou caillé des Vêdas. Quoi qu'il en soit du sens de ces deux termes, il faut toujours admettre que, grammaticalement parlant, *fchuta* se présente comme le part. parf. passif de *fchu*.

C'est encore à ce même radical *fchu* que je rattache l'adjectif *fchaonim*, que je trouve dans l'Iescht des sept Amschaspands, et que les deux manuscrits écrivent avec un s [1]. Ce mot est donné dans une invocation qui suit immédiatement une courte prière adressée à l'Amschaspand Amerdad (Amĕrĕtât̤), et il est manifeste qu'elle se rapporte à cette prière, observation qui est confirmée par ce fait, que l'Amschaspand Amerdad passe pour le génie de la vie animale. Voici le passage même :

Anquetil le traduit ainsi : « Je fais Izeschné à « Amerdad Amschaspand; lui qui (donne) tout, les « troupeaux, je lui fais Izeschné ; lui qui multiplie « les grains, je lui fais Izeschné [2]. » Je crois qu'on doit traduire plus exactement : « Nous offrons le « sacrifice à Amĕrĕtât̤, l'Amschaspand; nous l'of-

---

[1] Ms. Anq. n° III S., p. 455; n° IV F., p. 424.
[2] Zend Avesta, t. II, p. 154.

« frons au gras troupeau; nous l'offrons aux deux
« jeunes cavaliers. » J'ajoute que ce même mot est
encore écrit ⟨⟨⟨⟩⟩ *fsunim* au commencement de
l'Iescht de Gosch, mais dans une longue suite
d'épithètes, relatives à Drvâçpa, qui ne nous en
expliquent pas le sens [1].

En disant que le second terme de l'énumération
précédente se rapporte à l'Amschaspand Amerdad,
j'ai particulièrement en vue un passage de l'Iescht
des sept Amschaspands, où les mots que renferment
les trois invocations précédentes se présentent au
génit. duel, cas qui est appelé, 1° par le mot ⟨⟨⟩⟩
⟨⟨⟩⟩ (et à la louange de), qui termine la célèbre
prière commençant par ⟨⟨⟩⟩ (puissé-je prier, ou
je prierai [2]); 2° par une invocation à l'Amschaspand
Khordad (Haurvatât). Or, on sait que ce génie précède d'ordinaire, dans les prières de la liturgie, le
nom d'Amerdad, de sorte que ces deux Amschaspands marchent souvent ensemble dans les textes.
Cela posé, omettant l'invocation relative à Khordad,
qui ne nous apprendrait rien de nouveau, je trans-
cris uniquement le passage qui contient le mot,
objet spécial de cette discussion :

(⟨⟨⟩⟩) ⟨⟨⟩⟩ ⟨⟨⟩⟩ ⟨⟨⟩⟩ (l.)
(⟨⟨⟩⟩) ⟨⟨⟩⟩ ⟨⟨⟩⟩ (l.?) ⟨⟨⟩⟩ ⟨⟨⟩⟩ (l.)
(l.) [3]

[1] Manuscrits d'Anquetil, n° III S., p. 510; n° IV F., p. 566.
[2] *Comment. sur le Yaçna*, t. I, p. 37. J'indiquerai ailleurs les
motifs qui m'engagent à modifier la traduction de cette prière,
dont je n'ai pas assez marqué le rapport avec ce qui suit.
[3] Ms. Anq. n° III S., p. 453; n° IV F., p. 420. Ces deux mss.

Anquetil traduit ainsi ce texte : « Amerdad, grand, « qui (produit) tout, les troupeaux, qui multiplie les « grains [1]. » On peut, je crois, traduire avec certitude : « [Je prierai à la louange de Khordad et] « d'Amerdad le chef, de ces deux [Amschaspands], « maîtres des gras troupeaux, de ces deux jeunes « cavaliers. » Je remarque, en passant, qu'Anquetil, après avoir omis le mot *açpanibya*, qu'on peut lire aussi *açpinibya*, et qui a certainement la signification que je lui assigne, (des deux cavaliers), s'est laissé tromper par l'analogie que présente le mot *yavanibya* avec le substantif ⟶ *yava* (orge). La comparaison du présent passage avec celui que je citais tout à l'heure, et où nos deux manuscrits lisent correctement *yavanó* (l'á étant abrégé devant *n* par une règle d'euphonie zende), ne laisse aucun doute sur la valeur de ce terme. C'est également sur la comparaison de ce passage que je me fonde pour lire *fchaonibya*, au lieu de *fsunibya*, que donnent les manuscrits des Jeschts, et pour traduire les deux adjectifs *fchaonibya vâthwânibya* par : « maîtres des gras « troupeaux, » quoique, détachés l'un de l'autre, ces deux termes puissent se traduire : « qui sont gras, « qui possèdent des troupeaux. » La manière dont sont groupés les deux termes *fchaoním vâthwãm* me paraît démontrer que les adjectifs *fchaonibya vâthwânibya* sont dans le même rapport l'un avec l'autre.

sont ici identiques; j'ai cependant la certitude qu'ils ne sont pas la copie l'un de l'autre.

[1] *Zend Avesta*, t. II, p. 153.

Je trouve encore ce même terme *fchaoni*, modifiant le même mot *râthwa*, dans une prière du chapitre II de l'Iescht de Gosch, que Djemschid adresse à Drvâçpa, le génie des troupeaux. Voici le passage :

[Avestan text]¹

Anquetil traduit ainsi ce texte : « Accordez-moi, « que j'obtienne, ô pur et bienfaisant Drouasp, de « porter une assemblée pure au milieu du peuple « d'Ormuzd ². » Mais le sens véritable de ce passage est le suivant : « Accorde-moi, pure, bienfaisante « Drvâçpa, cette faveur que j'apporte les gras trou- « peaux pour les créatures de Mazda. » Ici encore les deux termes *fchaoni râthwa* sont manifestement en rapport l'un avec l'autre, comme ils le sont dans le premier des trois passages que je viens de citer à l'occasion du mot *fchaoni*.

C'est encore le même mot, au même cas et au même genre, que je remarque dans une prière adressée par Djemschid à la source Ardouisour, dans le chapitre VII de l'Iescht de l'Eau ; le voici :

[Avestan text]³

Anquetil le traduit comme il suit : « Accordez-

---
¹ Ms. Anq., n° III S., p. 511 ; n° IV F., p. 569. Les deux mss. s'accordent complètement, sauf le n° IV, qui lit *çêristé* et *dâmaibyê*.
² *Zend Avesta*, t. II, p. 201.
³ Ms. Anq., n° III S., p. 471 ; n° IV F., p. 466. Nos deux mss.

« moi cette grâce, pure et bienfaisante source Ar-
« douisour....... Lorsque j'élève (que j'offre) ce
« qu' (Ormuzd m') a donné, que je fais un Iescht
« enflammé, (que j'offre) tout ce que je possède,
« mes troupeaux[1]. » Voici comme je crois qu'il faut
l'entendre : « Accorde-moi, pure, bienfaisante Ar-
« dvî-çûra, [cette grâce...] que je puisse enlever aux
« Daêvas, je dis les biens et les plaisirs, je dis les
« gras troupeaux. » C'est à dessein que je ne m'arrête
pas sur les mots ⸺, ⸺, ⸺, que j'examinerai
ailleurs en détail; je n'ai à discuter en ce moment
que le terme manifestement fautif et presque illi-
sible ⸺, dans lequel je n'hésite pas à remplacer ⸺ *y* par ⸺ *i*, et ⸺ *u* par ⸺ *ao* : j'obtiens ainsi
⸺ *fchaonisa*, mot dans lequel je regarde la
voyelle finale ⸺ *a* comme une addition fautive, appelée par la prononciation. Ainsi analysée, la leçon
⸺ revient à ⸺, *fchaonis*, acc. plur. fém.
régulier, moins l'abrégement de la voyelle *i* du
thème en *i* dont nous avons l'acc. sing. fém. dans
fchaonim. C'est exactement, plus la sifflante finale,
le *fchaoni* (acc. plur. fém.) de l'Iescht de Gosch
cité tout à l'heure, où cette sifflante manque probablement par la faute du copiste.

Or, de ces quatre passages, il résulte que nous
avons, dans les textes des Ieschts, trois formes dis-

lisent exactement ce passage de la même manière : il me paraît
résulter de là qu'ils dérivent d'un même original. Les corrections
que je propose sur le texte me semblent trop fondées pour que
je croie nécessaire de m'y arrêter.

[1] *Zend Avesta*, t. II, p. 167.

tinctes de ce mot, savoir : *fchaonim*, acc. sing. fém.: *fchaonit̊ a*, gén. duel fém., et *fchaoni* ou plutôt *fchaonis*, acc. plur. fém. Je n'hésite pas à considérer ces trois formes comme appartenant à un thème *fchaoni*, terminé par *i* ou plutôt par *ì*. Ce thème *fchaoni* est le féminin de *fchaona*, adjectif qui dérive de *fchu* au moyen du suffixe *ana*. Si *fchu* est bien traduit par Nériosengh, le mot *fchaona* devra signifier *gras*, ainsi que je l'ai supposé.

Le thème *fchaona*, auquel nous conduit l'analyse précédente, n'est pas le produit d'une théorie arbitraire; son existence est, au contraire, prouvée de la manière la plus positive par un terme du Yaçna, sur l'orthographe duquel nos manuscrits diffèrent considérablement, mais dont il est cependant possible de saisir la véritable forme. Je le trouve au chapitre xi du Yaçna, écrit, par le Vendidad Sadé, ༄༅༅༅[1]; ༄༅༅༅ par le n° ii des mss. zends de la Compagnie des Indes; ༄༅༅༅ par le n° iii S. d'Anquetil; ༄༅༅༅ par le n° ii F. d'Anquetil et par le n° v des mss. de Londres, et ༄༅༅༅ par le n° iii de ces derniers mss.: le n° vi F. de ceux d'Anquetil lit ༄༅༅༅, leçon qui, sauf le *r* inséré par l'inattention du copiste, me paraît être la véritable. Je lis donc *fchaonahyéhé* dans le passage du chapitre xi du Yaçna, que j'examinerai plus tard en détail, et dont je me contente en ce moment de donner le texte et la traduction. Il y est question des trois êtres qui ont à se plaindre de l'homme,

---

[1] *Vendidad Sadé*, p. 54.

et on y fait parler la vache, qui le maudit et souhaite qu'il n'ait pas d'enfants, par la raison suivante : [Avestan text], ce qu'Anquetil traduit : « Vous qui ne me donnez pas les choses dont « j'ai besoin, je ferai mourir tout ce que vous avez, « votre femme, vos enfants; » et ce qui signifie, selon Nériosengh : « Toi qui ne me donnes pas le bon-« heur, mais qui m'engraisses, soit pour ta femme, « soit pour ton fils [1]. » Il est facile de voir qu'Anquetil s'est tout à fait mépris sur le sens de ce passage : *fchaonahyéhé* est un verbe nominal (2ᵉ pers. indic. moyen), où la désinence est *hé* (pour *sé*), la formative *hyé* (pour *sya*), et le thème *fchaona*; et, quant à la signification de ce verbe nominal, ce sera, si je ne me suis pas trompé sur le sens de *fchaona*, celle de « rendre gras. »

Je n'hésite pas davantage à dériver de cette même racine *fchu* le mot *fchúcha*, que je trouve employé rarement seul, tandis qu'il l'est d'ordinaire en composition avec le mot *mâthra* (parole sacrée). En voici un exemple, que j'emprunte à une des invocations du Vispered [2] [Avestan text], qu'Anquetil traduit ainsi : « J'invoque « et je célèbre la parole, (source) de tout, sainte, « pure et grande [3], » mais qui doit plutôt signifier : « Je glorifie la parole qui fait croître, pure, maî-

---

[1] Ms. Anq., n° II F., p. 114.
[2] Ms. Anq., n° III F., p. 15; *Vend. Sadé*, p. 20; éd. de Bomb., p. 21.
[3] *Zend Avesta*, t. I, IIᵉ part., p. 86.

« tresse de pureté. » Le Vendidad Sadé lit ⸺ *fsusô*, et l'édition de Bombay, ⸺ *fsúsó*; mais je crois que l'orthographe de ce mot est assez solidement établie pour que je ne m'arrête pas sur de telles variantes, qui ne sont que de simples fautes de copistes. Ce même composé est encore à l'accusatif dans deux autres passages du Vendidad Sadé [1], et au génit. sing. ⸺ *fchúchó mãthrahé*, dans trois autres textes du Vendidad Sadé [2]. Si je traduis *fchúchó mãthra* par : « la parole qui fait croître, » et non par : « celui dont la parole fait croître, » c'est que je rencontre ce composé résolu, si je puis m'exprimer ainsi, dans ses éléments fondamentaux, 1° à l'acc. sing. masc., ⸺, « Nous adorons la parole qui fait croître [3]; » 2° au gén. sing. masc., ⸺ *fchúchahétcha mãthrahétcha* [4], expression qui ne peut signifier autre chose que : « et de la parole et de celle qui fait « croître, » et où vraisemblablement le second ⸺ *tcha* est explétif. Enfin, ce qui met l'explication que je propose à l'abri de toute contestation, c'est le passage suivant du chapitre LXII du Yaçna : ⸺ [5], qu'Anquetil traduit ainsi : « la

---

[1] *Vendidad Sadé*, p. 76 et 527; éd. de Bombay, p. 566.
[2] *Ibid.*, p. 8, 97 et 108; éd. de Bombay, p. 9.
[3] Ms. Anq., n° III S., p. 411; n° IV F., p. 318. Ces deux mss. lisent *fasúchĕmtcha*.
[4] *Vendidad Sadé*, p. 303 et 522.
[5] *Ibid.*, p. 518; n° VI S., p. 208. Ce texte fait partie de l'Iescht de Serosh, et il est répété dans le n° III S., p. 557; or les deux mss. des Ieschts publient *mãthró* et n'ont que *fchúchaçtcha*.

« parole, principe de tout [1], » mais qui signifie plutôt : « et la parole qui fait croître, laquelle est victo-« rieuse. »

Le seul passage où j'aie rencontré ce mot isolé, fait partie du chapitre LXVII du Yaçna, où il est, si je ne me trompe, le complément direct du réduplicatif de ⵎⵎ *kĕrĕ* (faire), en rapport avec *nĕmĕ*, comme il suit : ⵎⵎⵎⵎⵎⵎ [2], « nous répétons « souvent les [adorations] qui font croître. » Le dernier texte auquel je fais allusion est obscur, et je ne présente qu'avec défiance cette traduction, sur laquelle j'espère pouvoir revenir plus tard. Quant à présent, l'existence du mot *fchúcha* est suffisamment démontrée par les passages précédents, ainsi que sa qualité d'adjectif, et j'oserais presque dire sa signification, laquelle repose non-seulement sur la traduction que, d'accord avec Nériosengh, j'ai donnée des dérivés précédemment cités de ce radical, comme *fchaona* (gras) et *fchuyās* (engraissant ou faisant prospérer), mais encore sur la version d'Anquetil, d'après laquelle les notions de *produire*, *être la source de*, appartiennent à l'adjectif *fchúcha*. Je reconnais dans ce mot le suffixe *sa* (changé en *cha* par l'influence de la voyelle qui précède), suffixe qui ne paraît en sanscrit que parmi les formatives de dérivation secondaire, mais qui n'en doit pas moins être rangé, quoique plus rarement, parmi les suffixes qui se joignent immédiatement à un ra-

[1] *Zend Avesta*, t. I, II° part., p. 228.
[2] *Vendidad Sadé*. p. 523 : n° VI 8., p. 214.

dical. Dans *fchúcha*, la voyelle *ú* est vraisemblablement allongée par l'influence de l'accent. Je ne rappellerai le rapprochement que j'ai fait ailleurs entre ce mot et le grec ψυχή [1], que pour exprimer quelques doutes sur son exactitude. La ressemblance, et l'on pourrait dire l'identité presque complète, de ces deux termes, n'est peut-être qu'accidentelle, ou du moins le sens d'*âme* (anima) sort si bien de celui de *respiration*, qui est la signification première de ψυχή (mot qui se présente comme une sorte d'onomatopée), qu'il n'est pas besoin, à ce qu'il semble, d'abandonner la langue grecque pour en rendre raison. Le rapprochement proposé ne pourrait acquérir une valeur nouvelle que si l'on parvenait à démontrer que le radical zend *fchu* a le sens de *respirer, souffler*.

Le dérivé de *fchu* que je viens d'analyser se représente encore avec un autre adjectif qui est formé du même radical, comme je l'apprends par l'Iescht d'Ormuzd, dont je dois une traduction sanscrite à la bienveillante amitié d'un Parse plein de zèle, Manakdji Cursetdji, de Bombay. Dans le curieux passage où Ormuzd énumère ses noms divins, on lit ces deux propositions : ⸺⸺ [2], ce qu'Anquetil traduit : « Mon nom « est l'auteur de tout, mon nom est la parole (prin-

---

[1] *Comment. sur le Yaçna*, t. I, notes, p. XVIII, n. 46.
[2] Ms. Anq., n° III S., p. 448; n° IV F., p. 405; ms. de Manakdji, p. 47. Les deux manuscrits d'Anquetil lisent ce passage exactement de la même manière; celui de Manakdji lit *fsnsé mâthré*.

« cipe de tout [1], » et, suivant la glose sanscrite : वृद्धिमान् नाम अस्मि किल उन्नमेभ्य बलं वृद्ध्य । वृद्धिः प्रमाणो नाम अस्मि किल यत् प्रमाणेन श्रंयसे ता च ता च वृद्ध्य ॥ . Cette glose n'est ni correcte, ni claire; je suppose qu'il faut lire तत्र तत्र. Il me semble qu'on ne peut tirer de ce passage que le sens suivant : « Je suis nommé *celui qui croît*, « c'est-à-dire que je crois abondamment pour les « hommes vertueux. Je suis nommé [*celui dont*] le « *commandement est la croissance*, c'est-à-dire que, « quelle que soit la chose que j'aie en vue, par mon « commandement je la fais croître. » De la comparaison de cette glose avec le texte zend, il résulte, en ce qui touche *fsûmáo* (que je propose de lire *fchúmáo*), que c'est un adjectif dérivé du radical *fchu* (dont la voyelle est ici allongée peut-être à cause de l'accent), au moyen du suffixe *man*, dont nous savons que le nominatif est, en zend, *máo*. Le traducteur parso-indien semble avoir eu le sentiment de cette analyse, quand il a choisi *vriddhimán* pour remplacer le terme original. Nous retrouvons ici, comme je l'indiquais tout à l'heure, la notion de *croissance*, que j'ai assignée ci-dessus au dérivé *fchúcha*. La version de Nériosengh me paraît confirmer ma conjecture : je remarquerai seulement qu'elle n'est intelligible que si l'on fait de वृद्धिः प्रमाणः un composé possessif comme il suit : वृद्धिप्रमाणः, lequel ne peut avoir un autre sens que celui que j'ai proposé. Mais cette supposition tend à masquer le véritable

---

[1] *Zend Avesta.* t. II, p. 147.

rapport des deux mots zends *fchúcha māthra* qui sont ici au pluriel, comme l'indique encore la variante du manuscrit de Manakdji, ܫܘܚܦ ܕܘܫܘܥ *fsûsé māthré*, et qui sont dans la relation d'un adjectif à un substantif. Je propose donc de traduire la seconde des propositions dont il s'agit en ce moment comme il suit : « Mon nom est *les paroles qui font croître*; » et par là j'entends la parole divine et les textes sacrés. Aussi pensé-je qu'en employant le mot वचन (autorité), le traducteur parso-indien a eu en vue le persan فرمان (ordre). Cette épithète d'Ormuzd fait manifestement allusion aux passages du Vendidad et du Vispered que j'ai rapportés tout à l'heure, et dans lesquels « la parole qui fait croître » est invoquée directement; c'est exactement comme si Ormuzd disait : « Quand, dans les textes sacrés, on adore la « parole qui fait croître, c'est mon nom qu'on in- « voque. »

Il n'est pas aussi facile de dire précisément quel est le sens de *fchúmâo*, cet autre dérivé de *fchu*, qui ouvre le texte cité tout à l'heure, et dont l'analyse ne peut donner lieu à aucun doute. Signifie-t-il au propre « celui qui croît, » à peu près comme on dit de Brâhma que c'est l'être qui se répand et se développe; ou bien exprime-t-il cette idée d'une manière figurée, de la même façon que, dans les Vêdas, on dit du dieu Indra qu'il croît par les hymnes qu'on chante en son honneur et par les sacrifices qu'on lui adresse, c'est-à-dire que la jouissance des sacrifices dont il recueille les offrandes l'élève au-dessus des autres Dieux? Ou bien encore ce mot signifie-t-il simplement *fortuné, heureux?* Tous ces sens sortent bien du radical *fchu*, tel que je le déduis des exemples précités, et ce ne sont que des nuances d'une seule et même signification fondamentale. Pour dire quelle est exactement celle qu'a eue en vue le texte de l'Iescht d'Ormuzd, il faudrait disposer d'un plus grand nombre de passages que ceux que je puis consulter. Je ne le retrouve que deux fois au chapitre LXVII du Yaçna, dans un texte auquel j'ai déjà emprunté *fchûché* [1], toujours au nomin. sing. masc., c'est-à-dire sous la forme même qu'il a dans l'Iescht d'Ormuzd. Rien dans ce texte, d'ailleurs difficile, ne m'autorise à supposer que *fchûmâo* ait une autre signification que celle de « celui qui croît, » ou de « fortuné, prospère; » on peut donc regarder ces sens comme établis, au moins d'après le témoignage de Nériosengh et d'Anquetil. Quoi qu'il en soit de la détermination précise dont on aurait encore besoin, il n'en est pas moins constant que *fchûmâo*, comme *fchûcha*, appartient au radical duquel j'ai déjà dérivé *fchaona* et les diverses formes qui s'y rattachent.

Dirons-nous maintenant que ce radical *fchu*, qui se retrouve sous les dérivés divers analysés jusqu'ici, n'est autre que le *fchu* qui figure à la fin de quelques composés, et que je crois devoir iden-

---

[1] *Vendidad Sadé*, p. 523 et 524; ms. Anq., n° VI S., p. 214; *Zend Avesta*, t. I, p. 232 et 233.

tifier avec le sanscrit *paçu?* Cela est rigoureusement possible, quoiqu'on ne puisse pas affirmer que cela soit démontré. Rien n'empêche, au contraire, qu'on n'admette à la fois l'existence de *fchu* (pour *fçu*), contraction de *paçu*, employée comme seconde partie d'un composé, et celle d'un radical *fchu*, n'offrant avec *fchu* (pour *paçu*) qu'un rapport accidentel. Déjà, dans mon Commentaire sur le Yaçna, lorsque je ne connaissais pas encore le vêdique *psu*, signifiant *vache*, j'avais cru que le zend *fchu*, du composé *frâdaṭ fchu*, signifiait *la vie*, et je le tirais du sanscrit *su* et *chu* (engendrer). Mais aujourd'hui je renonce à cette explication pour deux motifs : le premier, c'est que le radical sanscrit *su* et *chu* existe dans quelques dérivés zends sous la forme régulière *hu*; le second, c'est que l'on trouve dans les Vêdas le *psu* que je rappelais tout à l'heure. Les grammairiens indiens, ainsi que je l'ai dit au commencement de cet article, tirent ce *psu* du radical *psá* (manger); mais, comme je l'ai encore remarqué, ils peuvent avoir oublié la véritable origine de ce monosyllabe, sur la forme première duquel la comparaison du zend nous donne des lumières qu'ils n'avaient pas.

Ces deux radicaux, *fchu* (pour *psu*) et *psá*, se tiennent autant par l'idée que par le son, et la différence de leur voyelle n'est peut-être que l'indice de la nuance de sens qui les distingue, *psá* signifiant *manger*, et *fchu* (pour *psu*), *engraisser, croître*. Je ne dois pas non plus omettre de citer ici deux autres radicaux qui me paraissent des transformations l'un de l'autre, et qui ne sont probablement pas fort éloignés de ceux que j'examine en ce moment; ce sont, 1° स्फाय् *sphây* (s'augmenter), radical qui n'en est pas un à proprement parler, et qui revient à la forme causale d'un primitif *sphi*; 2° श्रि *çri* (croître, prendre de la vigueur), radical dont nous n'avons probablement pas davantage ici la forme véritable. En effet, si स्फीत *sphíta* (grossi, prospère, part. parf. pass. de स्फाय् *sphây*), qui se présente comme la contraction possible de *sphayita*, nous conduit à un primitif *sphi*, de même शून *çûna* (grossi, accru, part. parf. pass. de श्रि *çri*), qui se présente comme la contraction possible de *çavana*, nous conduit à un primitif *çu*. Dans son état actuel, le radical *çri*, que l'on dégage de la conjugaison de श्रयामि *çrayâmi*, se rapproche assez de *sphi*, primitif supposé de *sphây*, pour être regardé comme identique avec ce primitif, les significations étant d'ailleurs absolument semblables. Quant à l'analogie que ces deux formes *sphi* et *çri* (de *çu-i*) peuvent avoir avec le *psu* védique, le *fchu* zend et le *psâ* du sanscrit classique, elle me paraît justifiable par la métathèse si facile de la sifflante, élément essentiellement mobile et aisé à déplacer. Si l'on transforme d'après cette supposition *psu* et *psâ*, on a *spu* et *spâ*, thèmes bien voisins de *sphi* et de *çri*, qui n'en diffèrent que par les voyelles finales, et dont le développement a pu se faire, sous l'influence des antiques lois de la variation des radicaux, de la manière suivante : 1° *çu* ; 2° *spu* (et, par métathèse, *psu*), augmentation de la racine *çu*, opérée par le changement de la voyelle radicale *u* en sa labiale congénère *p*, laquelle continue d'être vocalisée par *u* ; 3° *fchu* (métathèse de *chfu*), aspiration zende du précédent *psu* ; 4° *spá* (et, par métathèse, *psá*), augmentation de la racine *çu*, par le changement de *u* en la labiale *p*, mais en admettant une nouvelle voyelle, *á* ; 5° *sphi*, augmentation de la même racine par le changement de la voyelle *u* en la labiale *p*, qui s'aspire ici, mais en admettant une nouvelle voyelle, *i*. Je n'ai pas besoin de faire remarquer que ces transformations ne sont pas présentées ici comme historiques ; elles ont pu se produire toutes à la fois, lorsque s'opérait le travail de formation dont les plus anciennes langues de la famille indo-européenne nous laissent apercevoir de loin en loin de si curieuses traces.

IV. LE DIEU HOMA.

Je me propose de rassembler et d'expliquer dans cet article plusieurs textes propres à faire juger du caractère de cette Divinité, qui joue un rôle considérable dans le Zend Avesta. Le Yaçna renferme trois chapitres qui sont consacrés à sa louange, et c'est principalement à ces chapitres que je compte emprunter les textes sur lesquels je désire appeler l'attention des philologues et des mythographes. Lorsque ces passages auront été expliqués, j'essayerai d'en faire un résumé mythologique, destiné à mettre en lumière le rôle de cette Divinité. Je commence mes emprunts par l'analyse d'une portion considérable du chapitre IX du Yaçna. Je distinguerai ces passages par des numéros, pour la facilité des recherches.

§ 1. Texte zend.

[Zend text]¹

Version de Nériosengh.

लाऊग्रनायाः गुरूतायां किल लाऊग्रनसंध्यायां हूमः उपेयिवान् जरथुश्त्रं प्राप्रवान् अग्निं पति: पावयन्तं किल अग्निस्थानं पवित्रतुलं स्थापितुमभीप्सन्तं गाथाश्च समुद्गिरन्तं तत् अश्विनोद्गयं ब्रुवाणं य [1. यत्?²] फ्रऊग्राने प्राक्॥ तस्माद्ग्रापृच्छत् असुरन्:को नरोऽसि अहो इष्ट्रतो³ न प्राक् बभूव पुरः प्रकटत्वात् अहो गर्हितवान् यत् हूमोऽयं समेति। यदि च समागतो

¹ Ms. Anq. n° II F. pag. 78; n° VI S. pag. 35; n° III S. pag. 49. *Vendidad Sadé*, pag. 38; éd. Bombay, p. 42; ms. Manakdji, pag. 170.
² Le *fra* du mot suivant est surchargé dans le manuscrit de Manakdji, ce qui justifie ma conjecture.
³ Le manuscrit de Manakdji est encore surchargé en cet endroit; on y peut deviner इष्ट्रते «dans le Yaçna.»

ऽभृत् एनं प्रष्टुं¹ समीदत्त [sic]. ⁕⁕⁕⁕⁕⁕ . ⁕⁕⁕⁕ . ⁕⁕⁕ तत् परिस्फुटमेव यथेनं सन्मार्यवानितिदृष्टो:² यत् समय: सर्म इज्जेढ: प्रभृतेरासीत् तस्य इज्जेढाष्य प्रकटतया आसन् इयं प्रकृतिश्च कोमलाभृत् असौ अभीप्सितत्वात् सर्मं हूमेन उचैर्बभाषे। यं अहं विश्वस्मात् जगत: सृष्टिमत: सुन्दरानां दर्शं निजेन जीवेन सुन्दकृतेन श्रमेण किल येन निजो जीव: सट्टापास्तया श्रमा: कृताऽस्ते³ न एवं यथा तैर्मास्ति धर्मशेऽस्य साद्धिं त्वया निजो जीव: मुदृताया अन्तर्वपुषि बुद्धिमरा कृता⁴ आस्ते अन्यथा कृतेन नौ: [sic] सर्वस्य कस्यापित् श्रम: ⁕⁕⁕⁕⁕
⁕⁕⁕ ⁕ ⁕⁕⁕⁕⁕⁕

Traduction.

« Au moment de la journée nommé Hâvani, Homa vint trouver Zoroastre, qui nettoyait le feu, et qui chantait les Gâthâs. Zoroastre lui demanda : Quel homme es-tu, toi qui dans tout le monde

---

¹ Les manuscrits ont प्रष्टुं पृच्छन्; mais, dans le manuscrit de Manakdji, le premier mot est surchargé, ce qui donnerait lieu de faire la conjecture de प्रश्नं प्रष्टुं, répétition qui est dans le génie de la langue persane.

² Pour avoir un sens, je propose de remplacer cette forme barbare par सन्मानितवान्.

³ Je lis, pour faire un sens : श्रम: कृत.

⁴ Codd. बुद्धि श्रम: कृत.

existant apparais à ma vue comme le plus parfait, avec ton corps beau et immortel? »

Je n'aurai pas besoin de longs développements pour justifier cette traduction, qui ne s'éloigne pas beaucoup de celle d'Anquetil. Si même je ne possédais pas la glose de Nériosengh, je ne me serais arrêté que sur un ou deux mots; mais l'étendue que le commentateur pehlvi, dont Nériosengh est l'interprète, a donnée à son explication, me force d'entrer dans quelques détails qui d'ailleurs seront moins grammaticaux que critiques.

Il n'est pas nécessaire d'insister sur le début de ce paragraphe, qui n'offre aucune difficulté, et que la seule connaissance du sanscrit suffit pour faire comprendre. Les manuscrits diffèrent sur la manière d'écrire ⟨...⟩ áratúm ou ⟨...⟩ á ratúm [1]; un des plus anciens que je possède, celui qu'a bien voulu me donner Manakdji Cursetdji, l'édition de Bombay, le numéro VI S. et le numéro III S. ne font qu'un seul mot. J'ai suivi cette leçon, considérant la préposition ⟨...⟩ á (vers) comme un proclitique [2]. Deux Yaçnas zends-sanscrits lisent fautivement ⟨...⟩ pour ⟨...⟩, que donnent le numéro VI S. le numéro III S. deux manuscrits de Londres et l'édition de Bombay. La préposition ⟨...⟩ á, qui précède ce mot, doit se rapporter au verbe ⟨...⟩ upáit, vé-

---

[1] *Vendidad Sadé*, p. 38, en deux mots á ratúm, et de même deux manuscrits de Londres, et le numéro II F. d'Anquetil.

[2] Voyez *Études sur la langue zende*, dans le Journal Asiatique, III⁰ série, tom. X, pag. 33 et 34; et ci-dessus, pag. 27.

ritable imparfait de *i* (aller), précédé du préfixe *upa*. Le Vendidad Sadé lit ⟨⟨⟨⟩⟩⟩, *upáiat*, leçon plus correctement écrite ⟨⟨⟨⟩⟩⟩ *upáyat* dans deux manuscrits de Londres et dans l'édition de Bombay. Cette dernière forme est l'imparfait régulier du radical *i*, conjugué suivant le thème de la 1re classe, ou, si l'on préfère l'analyse des grammairiens indiens, de *ay*, radical qui n'est en réalité qu'une modification de *i*. Enfin le numéro III S. d'Anquetil lit ⟨⟨⟨⟩⟩⟩ *upáyát*, ce qui est l'imparfait régulier de *yá*. J'ai expliqué ailleurs la formation du verbe d'où dérive le participe présent ⟨⟨⟨⟩⟩⟩, savoir : *yaoj*, pour *yaoch* (pur), et *dath*, forme augmentée de *dá*[1]; j'écris maintenant le suffixe de ce participe *añtĕm* plutôt que *ĕñtĕm*, qui ne paraît que dans les manuscrits plus modernes.

J'ai conservé dans ma traduction le terme original de *Gáthá*, parce qu'autrement il eût fallu traduire « qui chantait les chants ou les hymnes. » Le terme zend *gátháoç* (acc. plur. fém.) est en effet le sanscrit गाथा *gáthá* (stance ou chant mesuré); j'ignore seulement si le sens de *chant versifié*, propre au sanscrit, est également attaché au mot zend. Jusqu'ici je n'ai pu découvrir la moindre trace de mesure dans les morceaux que l'on peut regarder comme des *Gáthás*. Or Nériosengh nous en cite ici deux : c'est le *Achĕm vóhú* et le *Fravaráni*; et sa glose nous représente Zoroastre prononçant trois fois la première de

---

[1] *Observ. sur la Gramm. compar. de M. Bopp*, pag. 37. *Comment. sur le Yaçna*, t. I, p. 358, 2me col.

ces deux prières, ainsi que la profession de foi du Parse dont *Fravaráni* est, comme on sait, le premier mot [1].

J'écris, d'après le principe indiqué tout à l'heure, ᚢ *ádĕm* en un seul mot, pour ᚢ *á dĕm* (vers lui), et je persiste à regarder *dĕm* comme un adoucissement du sanscrit *tam*, analogue au latin *dem* dans *i-dem* [2]; les plus anciens manuscrits sont en faveur de cette leçon [3]. La même autorité me décide pour ᚢ *narĕ*, qui est le vocatif régulier de *nĕrĕ*, en sanscrit, *nri* (homme) [4]. On pourrait lire *naró*, nominatif du thème *nara*, et le sens reviendrait au même; car il est clair que, dans la pensée de l'auteur, c'est sous une forme humaine que Homa se présente à Zoroastre.

La glose de Nériosengh est ici écrite dans un sanscrit des plus barbares, et qui se prête même à divers sens, selon que l'on divise les petites phrases dont elle se compose. Il est cependant nécessaire de nous y arrêter, ne fût-ce que pour y apprendre de quelle manière les glossateurs pehlvis commentaient ces textes antiques. Voici le sens qui me paraît le plus probable : « Homa n'avait pas paru auparavant dans le Yaçna (c'est-à-dire pendant le sacrifice); mais, dès qu'il se fit voir à Zoroastre, celui-ci reconnut

---

[1] C'est ainsi que commence le *Vendidad Sadé*.
[2] *Observ. sur la Gramm. compar.* etc. pag. 10, note.
[3] *Vendidad Sadé*, l'édition de Bombay; deux manuscrits de Londres; le manuscrit de Manakdji, et le numéro VI S. qui lit *ádĕm*.
[4] La seule édition de Bombay a *naró*; je crois cette leçon fautive.

que c'était Homa qui venait le visiter; et, aussitôt qu'il fut arrivé, il se mit à lui adresser une question. »

Après ce passage, viennent les trois mots zends ⟨⟨⟨ . ⟨⟨⟨ . ⟨⟨⟨, que donnent tous les Yaçnas zends-sanscrits [1], mais qui manquent dans le plus ancien des manuscrits d'Anquetil, lequel renferme le Yaçna seul et sans commentaire, ainsi que dans le Vendidad Sadé [2]. Je n'hésite pas à y voir un passage ou plutôt le commencement d'un passage zend emprunté par le glossateur pehlvi à un texte que nous n'avons plus, et cité par lui au milieu de sa glose. L'absence de ces trois mots dans le plus ancien Yaçna n'est pas le seul argument que je puisse produire en faveur de ce sentiment; je remarque encore que Nériosengh ne les a pas traduits, et qu'il les a seulement cités comme il les trouvait dans l'original pehlvi. Dans l'état où nous sont parvenus les Yaçnas zends-sanscrits, il ne serait pas aisé de reconnaître cette interpolation, si, d'une part, l'attention n'était pas éveillée par quelques manuscrits qui ne la donnent pas, et si, de l'autre, on n'était conduit à

---

[1] Mss. Anq. n° II F. pag. 79; n° III S. pag. 49; édit. de Bombay, pag. 42; ms. Manakdji, p. 171; le numéro III S. et le numéro IV S. ont seuls zyât. (Voyez, en ce qui touche ce dernier manuscrit, la note suivante.)

[2] *Vendidad Sadé*, pag. 39. Ce passage se trouve bien dans le plus ancien manuscrit du Yaçna que nous possédions à Paris; mais il y est écrit d'une autre main que le corps du volume, et ajouté après coup entre les lignes. L'édition de Bombay et les trois manuscrits de Londres ont admis dans le texte cette phrase, que je tiens pour une interpolation manifeste.

reconnaître qu'on ne peut regarder comme appartenant au texte original que les passages que Nériosengh a plus ou moins exactement traduits dans sa glose, image de la glose pehlvie. Enfin, et ceci est décisif, de quelque manière que l'on retourne ces trois mots et quelque sens qu'on y trouve, ils troublent manifestement la pensée générale, et ne peuvent en aucune manière s'y placer.

Quant au sens qu'ils doivent avoir, ce n'est pas un point facile à déterminer. Ils forment une proposition complète qui semblerait se prêter à cette interprétation : « Que Mithra protége Zoroastre! » En effet, *zayât*, que l'on rencontre aussi, mais plus rarement, écrit ﺯ *zyât*, doit être la transformation zende du radical sanscrit *hi*, lequel a, entre plusieurs autres significations, celle de *protéger*. Toutefois, pour admettre cette analyse, et en même temps expliquer cette forme de potentiel de la 2ᵉ classe, il faut supposer que ce radical a été en zend, *zâ* au lieu de *zi*, dont le potentiel serait régulièrement *za-yât*. D'une autre part, si l'orthographe de *zyât* était préférée, il n'y aurait rien à changer au radical, car *zyât* serait pour *zi-yât*, lequel aurait été contracté par une loi de l'euphonie zende, qui ne permet pas qu'un *i* précède un *y*[1]. Je ne dois pas non plus omettre de dire que *zayât* peut aussi, en vertu d'une loi euphonique non moins générale que celle que je viens d'invoquer, se rattacher au sanscrit जि *dji*,

---

[1] *Comment. sur le Yaçna*, tom. I, pag. 493. note. col. 2; pag. 531 note. col. 1.

(vaincre), de sorte que *zayát* serait exactement le potentiel *djayát* (qu'il triomphe); mais pour que ce mot convînt ici, il faudrait de toute nécessité lui donner un sens causal et traduire : « que Mithra fasse triompher Zoroastre [1]. » Après tout, ce serait sans doute perdre sa peine que de chercher le sens de ces trois mots, dont nous ignorons la source, et qui sont isolés de ce qui les suit et de ce qui les précède. Qu'on les traduise ou qu'on les omette, le sens de la glose de Nériosengh n'en est pas moins apparent. En effet, ce qui la termine se rattache bien au commencement donné plus haut. Je la reprends à la dernière proposition de la partie déjà interprétée, et je continue : « Et aussitôt qu'il fut arrivé, il se mit à lui adresser une question [conformément au texte qui dit :] *Mithró zayát Zarathustrèm*, que Mithra protége ou fasse triompher Zoroastre [2]! Cela veut dire qu'il l'honora, parce qu'il avait eu des rencontres avec beaucoup d'Izeds, que les Izeds se manifestaient à lui, et qu'il était d'un beau

---

[1] Il est certain que l'on trouve en zend un dérivé au moins du radical sanscrit *dji* (vaincre) dans le mot *zaya*, qui me paraît avoir le sens de *victorieux*, et qui se trouve, quoique rarement, dans le Vendidad Sadé. Voici un passage où le sens en est à peu près démontré :

« J'invoque Mithra, chef des troupeaux, bien victorieux, le plus resplendissant des vainqueurs, le plus héroïque des vainqueurs. » (*Vendidad Sadé*, p. 481; édit. de Bombay, p. 510.)

[2] Il est probable que ce texte est emprunté à un passage où est rapporté un entretien de Zoroastre avec Mithra.

naturel. Or comme il était très-recherché de Homa, il se mit à parler avec lui à haute voix. »

Je n'ai plus qu'un petit nombre d'observations à faire sur la fin du texte. Les manuscrits sont peu unanimes sur ⟨⟩ *dádarĕça*, que l'on trouve écrit ⟨⟩ *dádarĕs*[1]. Le n° vi d'Anquetil et l'édition de Bombay donnent la leçon véritable, qui est exactement le sanscrit ददर्श *dadarça*, sauf l'allongement, souvent védique, de la syllabe du redoublement. Remarquons encore ⟨⟩ *qahé* pour le sanscrit स्रस्य *srasya*, adjectif pronominal employé pour représenter les trois personnes; ici il remplace la seconde.

Enfin ⟨⟩ *qanvató* est le seul mot réellement difficile de ce passage; je le lis de cette manière avec le plus grand nombre des manuscrits[2], quoique la leçon de ⟨⟩ *qanavató* ait en sa faveur d'anciennes copies[3]. Mais si l'on rassemble les passages, d'ailleurs peu nombreux, où ce mot se représente, on reconnaîtra que la leçon *qanvat-ó* a l'avantage sur celle de *qanavat-ó*. Je n'hésite pas à y voir le génitif sng. msc. d'un participe présent *qanvat*, lequel appartient à un radical *qan*, conjugué sur la 8ᵉ classe, *qan-u-at*. Sauf le texte qui nous occupe, je ne rencontre plus ce mot dans le Vendidad que sous deux formes : 1° ⟨⟩ *qanvañtĕm*, acc. sng. msc.; 2° ⟨⟩ *qanvaitis*, acc. plr. fmn.

[1] Mss. Anq. n° ii F. pag. 79; n° iii S. pag. 5o; ms. Manakdji, pag. 172.
[2] Le *Vendidad Sadé*, l'édition de Bombay, deux manuscrits de Londres, et le numéro iii S. d'Anquetil, qui a *qanvató*.
[3] Ms. Anq. n° vi S. n° ii F. et un manuscrit de Londres

La première forme est jointe au mot *açmanem* (le ciel) dans le Fargard xix du Vendidad, et ailleurs encore, de cette manière : [1] ~~~~, ce qu'Anquetil traduit ainsi : « J'invoque le ciel créé pur. » Anquetil est ici conséquent avec lui-même, car c'est également par *pur* qu'il traduit le *qanvató* du Yaçna. Nous n'avons pas ici l'avantage de pouvoir consulter Nériosengh; heureusement nous le retrouvons à l'occasion de la seconde forme de ce participe.

Cette forme, qui est *qanraitis*, acc. plr. fmn. se lit dans cette phrase du chapitre xvii du Yaçna : [2] ~~~~, qu'Anquetil traduit : « Je fais Izeschné à celui qui fait le pur Khétoudas, » et que Nériosengh interprète ainsi : ~~~~. Je ne m'arrête pas à critiquer la version d'Anquetil, qui voit dans ce passage ce qu'il appelle le *Khétoudas*, c'est-à-dire le mariage entre cousins germains; c'est un terme sur lequel je reviendrai ailleurs. Je remarque seulement que le sens de *pur* reparaît encore ici, comme nous l'avons vu dans le passage précédent. Anquetil traduit donc constamment *qanvat* par *pur* ou *créé pur*, et Nériosengh le rend une fois par *sundara* (beau), et une autre fois par *çubha* (brillant et beau). Nous pouvons conséquemment tenir pour certain que le

---

[1] *Vendidad Sadé*, pag. 79, 112, 487; n° iii F. pag. 50; n° ii S. pag. 461; n° v S. pag. 535; n° i F. pag. 825. Quelques-uns de ces manuscrits lisent *qanvaintēm*, ce qui est évidemment fautif.

[2] *Vendidad Sadé*, pag. 71; n° ii F. pag. 137; n° vi S. pag. 70; n° iii S. pag. 85; ms. Manakdji, pag. 300; voyez encore *Vendidad Sadé*, pag. 395; n° iii F. pag. 68, n° v S. p. 603; n° v F. p. 212.

participe *çanraṭ* signifie *beau* ou *pur*, de sorte que nous traduirons les deux phrases citées tout à l'heure plus exactement que ne l'a fait Anquetil : « J'invoque le beau ciel, » et « nous honorons par le sacrifice les belles actions de pureté. » Il n'est pas aussi facile de retrouver en sanscrit la forme correspondante de notre mot zend; cependant, les lois de permutation, dont l'autorité est si rarement trompeuse, nous conduisent au radical स्वन् *svan*, qui a parmi ses significations celle de *parer, orner*. Ne serait-il même pas possible de rattacher à ce radical le sanscrit सुन्दर *sundara* (beau), dont les lexicographes indiens donnent une étymologie fort obscure, pour ne pas dire inadmissible?

Je n'ai pas besoin d'insister sur le mot *gayéhé* (vie), que j'ai expliqué ailleurs, non plus que sur le génitif, cas auquel sont employés les mots qui terminent ce paragraphe. Je suppose que le génitif a ici le sens du cas d'attribution, et qu'il doit être construit de la manière suivante avec l'adjectif *çraésta*, « qui est le plus parfait de tout le monde existant *pour* sa belle et immortelle vie. »

Je ne puis, avant de terminer, passer sous silence la glose de Nériosengh, qui, malgré sa barbarie, contient plus d'un renseignement curieux. Après avoir traduit fort littéralement, et tout à fait dans le sens que je propose, les mots du texte zend qui viennent de nous occuper, il ajoute : « Toi dont la vie a été rendue immortelle par la vertu, et non pas comme ceux qui ont mangé la chair dont s'est nourri Djemschid; c'est la pureté qui a rendu immortelle ta vie, c'est-à-dire l'âme que renferme ton corps. Autrement la vie du premier d'entre nous serait immortelle [en vertu du texte qui dit]: *Amaraza gayéhé... çtûn.* » Les lecteurs qui prendront la peine de rapprocher cette interprétation du texte si confus de Nériosengh, la trouveront, je l'espère du moins, suffisamment justifiée. Le passage le plus obscur est celui où il est dit que Homa n'a pas soutenu son existence comme ceux qui se sont nourris de viande à l'exemple de Djemschid; or, nous verrons ailleurs une confirmation complète de cette tradition en ce qui touche cet ancien monarque.

Quant aux trois mots zends qui terminent l'explication de Nériosengh, ils appartiennent indubitablement à la glose pehlvie, et non au texte du Yaçna. Le Vendidad Sadé et le plus ancien Yaçna d'Anquetil ne les donnent pas; ils manquent également dans un manuscrit de Londres, et le manuscrit de Manakdjî les marque de points pour indiquer qu'ils doivent être supprimés. Ces mots font partie d'un passage qui n'est pas complet, et dont nous n'avons ici que le commencement et la fin. Cela est prouvé par la présence du signe ა, qui précède *çtûn*, et dont la destination est de remplacer des mots en plus ou moins grand nombre, qui sont supprimés. Nos manuscrits diffèrent sur l'orthographe de ce fragment. Le numéro vi S. d'Anquetil, qui le donne entre les lignes, écrit ⟨⟩ *amĕrĕza*[1] au lieu de ⟨⟩

[1] Cette leçon est aussi celle d'un manuscrit de Londres, du

(128)

amaraba, et ~~~ géyéhé au lieu de ~~~ çayéhé, qu'ont les Yaçnas zends-sanscrits. Ces deux dernières orthographes peuvent aisément se confondre. Il suffit de supposer que le mot gayéhé a été écrit avec un ~ g, et que cette lettre a été prise pour un ~ ç, signe avec lequel elle a, en réalité, une grande ressemblance. Je crois que la leçon gayéhé « de la vie, » est préférable à celle de çayéhé « du lit, » car c'est de la vie qu'il est ici question; cette leçon est d'ailleurs donnée par cinq manuscrits contre un. On voit également que l'idée d'immortalité est exprimée par le mot amaraza, qui répond, je crois, au sanscrit amará ha « immortales enim. » La leçon, beaucoup plus rare, amaraba, s'expliquerait dans la supposition que la finale ba est pour bât (véritablement, en effet [1]). Nos manuscrits diffèrent encore plus en ce qui touche l'orthographe du dernier mot, qui est lu ~ çtûna [2], ~ çtûn [3], ~ çtûné [4], et enfin ~ çtavanô [5]. Il est bien difficile de choisir avec connaissance de cause entre ces variantes, car le mot

---

numéro III S. qui lit amaraza, et de l'édition de Bombay, p. 42, qui unit ce mot au suivant de cette manière : amarazagayahé. Un manuscrit de Londres lit amaraga, leçon qui peut avoir une double origine : ou le copiste aura pris amaraga pour le parsi amarg (exempt de la mort), ou le ga final, attiré par le voisinage de gayéhé, aura été substitué à za.

[1] *Études sur la langue zend*, dans le Journal asiatique, IIIe série, t. X, p. 19, note, et p. 241, et ci-dessus p. 13 note, et p. 52 note.
[2] Ms. Anq. n° VI S. n° III S. édit. de Bombay.
[3] Ms. Anq. n° II F.
[4] Un manuscrit de Londres.
[5] Un autre manuscrit de Londres.

sur lequel elles portent est isolé et séparé des mots précédents par le signe ⁕, qui indique, ainsi que je l'ai dit tout à l'heure, la suppression de plusieurs termes. La variante isolée çtún, se présente comme la troisième personne plurielle d'un aoriste du verbe çtu (louer), dont la désinence ě est supprimée et compensée par l'allongement de la voyelle radicale : j'ai déjà essayé d'appliquer cette théorie à la forme bun, où cependant la voyelle est restée brève [1]. Ce qui me confirme dans l'opinion que ces formes çtún, çtúna, çtúné, appartiennent au radical çtu (louer), c'est la leçon çtavanó, qui se présente comme un nmn. sng. msc. du participe présent moyen de ce radical même. Je suppose donc que çtúna est pour çtún, et que l'adoption de cette variante est due à la tendance qu'ont quelquefois les copistes à terminer par une voyelle les mots dont n est la finale. En résumé, si ces analyses étaient exactes, il faudrait rendre ainsi ces trois mots en latin : « immor-« tales enim vitæ... laudaverunt. » Tant qu'on n'aura pas le passage entier, il est impossible de deviner ce que signifient ces mots, dont le rapport aux opinions dont s'occupe le commentateur ne peut cependant être méconnu. C'est, au reste, le second texte fourni par la glose de Nériosengh, que nous ne retrouvons plus dans les livres zends que nous possédons. J'en conclus que la glose primitive où ils ont pris place a été rédigée dans un temps où

---

[1] *Commentaire sur le Yaçna*, tom. I, p. 492, note, colonne 1, et note S, pag. CXLV et CXLVI.

les Parses possédaient des ouvrages qui nous sont actuellement inconnus.

Je termine en plaçant ici la traduction d'Anquetil, pour ceux des lecteurs qui souhaiteraient d'avoir cette interprétation qui passe pour autorisée par la tradition des Parses. Les philologues qui prendront la peine de la comparer avec le texte reconnaîtront pourquoi je ne m'arrête pas à la critiquer; il semble qu'elle ait été rédigée avec des fragments mal compris de la glose de Nériosengh. « Au Gâh Hâvan, Hom vint d'en haut vers Zoroastre, qui nettoyait le tour du feu et qui prononçait la parole (d'Ormuzd). Zoroastre le consulta (en lui disant :) Quel est l'homme qui, vivant avec justice comme Zoroastre, comme moi, qui suis (le mortel) le plus pur de tout le monde existant, a obtenu de vous (de conserver) son âme pure et immortelle? »

§ 2. Texte zend.

Version de Nériosengh.

ततो मयि अयं प्रत्युत्तरं बभाषे द्रुमो भुक्तिमान् दुसृत्युः

[1] Ms. Anq. n° vi F. pag. 35; n° ii F. pag. 79; n° iii S. pag. 50; ms. Manakdji, pag. 173; *Vendidad Sadé*, pag. 39; édit. Bombay, pag. 42.

अस्य दूरमृत्युता च इयं यत् मृत्युं आत्मनो मनुष्याणां दूरे दृध्मति¹ अत्र उवाच यत् अक्षयत्वं दूमेन भवति। अहं अस्मि जरथुश्र दूमो मुक्तिमान् दूरमृत्युः। तन्मां समीहस्व स्पितम प्रकृष्टं मां परिसंस्कारं कुरु² व्याघ्नाय आह्वार्थं सन्मानय³ उपरि मां स्तुतौ स्तुहि अन्तरिजिष्णो यथा मां पश्चात् लाभं समीहन् कुर्वन्ति त्वत्तः॥

Traduction.

« Alors Homa, le saint, qui éloigne la mort, me répondit : Je suis, ô Zoroastre, Homa, le saint, qui éloigne la mort. Invoque-moi, ô Çpitama; extrais-moi pour me manger; loue-moi pour me célébrer, afin que d'autres, qui désirent leur bien, me louent à leur tour. »

Je commence par reproduire la traduction d'Anquetil, qui est en partie exacte. Puisque je le cite quand il se trompe, il est juste que j'en fasse autant quand il approche du but. « Alors Hom pur et qui éloigne la mort me répondit : Je suis, ô Zoroastre, Hom pur et qui éloigne la mort; celui qui me parle, ô Sapetman, qui me mange, en m'invoquant avec

---

¹ Pour धनति. Cette forme serait régulière dans les Védas.
² Nos manuscrits sont très-confus en cet endroit : celui de Manakdji a संस्कार्ह्य, mais je ne suis pas sûr du ह्य; le numéro 11 F. lit संस्कारं avec ह्य au-dessus de la ligne.
³ Codd. मन्मार्थं.

ardeur, qui m'adresse humblement sa prière, reçoit de moi les biens dans le monde. » Il n'est pas nécessaire que je m'arrête à discuter les différences qui distinguent ma version de celle d'Anquetil; les courtes observations qui vont suivre suffiront pour justifier celle que je propose.

La première remarque porte sur la présence du pronom ‍‍‍ mé (à moi), qu'Anquetil, du reste, a bien reconnu, et qui prouve que c'est Zoroastre qui parle, quoique, dans le premier paragraphe, son nom soit mis à la troisième personne, comme dans un récit historique. J'en conclus que les autres dialogues où il figure s'entretenant avec Ormuzd sont également rapportés par lui, et que c'est conformément à l'usage de l'antiquité qu'il les présente sous cette forme : « Zoroastre interrogea Ormuzd » au lieu de dire : « J'interrogeai Ormuzd. » J'ai expliqué ailleurs, dans ses éléments, l'épithète attribuée à Homa, ‍‍‍ dûraochô [1]; je persiste dans cette explication, qui est celle de Nériosengh, et que sa glose développe ainsi : « La vertu qu'il a d'éloigner la mort consiste en ce qu'il souffle la mort loin de l'âme des hommes; et Raçna (Rasné Rast) a dit que l'indestructibilité vient de Homa. »

Je regarde ‍‍‍ yâçaṅuha [2] comme la 2ᵉ personne de l'impératif moyen de yâç, qui répond au sanscrit याच् yâtch (demander). J'avoue cependant

---

[1] Comment. sur le Yaçna, tom. I, note A, pag. xvj, note 39.
[2] Ms. Anq. n° vi S. pag. 35; n° ii F. p. 80; le manuscrit de Manakdji lit yâçaṅha, le Vendidad Sadé et l   méro iii S. yaçaṅuha.

que le changement d'un 𑀘 *tcha* non aspiré en ç est assez rare dans les textes zends. De même 𐬵𐬎𐬧𐬬𐬀𐬔𐬵𐬀 *hunvaǧuha*[1] est l'impératif moyen de 𐬵𐬎 *hu*, pour le sanscrit सु *su*, « extraire par la pression pour le sacrifice. » Comme en sanscrit, ce radical appartient à la 5ᵉ classe par sa formative *nu*; mais ici cette syllabe est suivie anomalement de l'*a* caractéristique de la 1ʳᵉ classe; de sorte que le verbe *hu* porte les signes distinctifs de deux conjugaisons; ce qui est encore plus fréquent en zend que dans le sanscrit védique[2]. Je ne puis croire que le radical zend, auquel appartient la forme *hunvaǧuha*, vienne du sanscrit *hu* pris dans le sens de *sacrificando deos colere*[3], ainsi que l'avance M. Bopp dans plusieurs endroits de ses écrits[4]. Il est de règle que le *h* sanscrit soit remplacé en zend par un *z*, et nous connaissons beaucoup de formes du radical indien *hu* qui ont en zend un *z*, témoin *zaothra* pour *hôtra*. J'ajoute que Nériosengh confirme d'une manière bien heureuse le sens que je préfère, en se servant du mot *parisamskâra* (préparation), mot où figure le même élément que dans l'expression védique इमे सोमा अलंकृताः .

Quant à *qarëṭhê*, « pour la nourriture, » la glose de Nériosengh laisse dans le vague une question qui, au premier abord, paraît obscure; c'est celle de sa-

---

[1] Ms. Anq. n° VI S. n° III S. ms. Manakdji, et l'édition de Bombay, *hunvaǧha*.
[2] *Observ. sur la Gramm. compar. de M. Bopp*, pag. 40 et 42.
[3] Westergaard, *Radic. sanscr.* pag. 51, col. 2.
[4] *Gramm. sanscr.* pag. 330. éd. 1832; *Vergleich. Gramm.* p. 782.

voir si ce mot signifie « pour ta nourriture, » c'est-à-dire « pour que tu obtiennes de la nourriture, » ou bien « pour me manger, c'est-à-dire pour que tu te nourrisses de moi. » Ce dernier sens est celui qu'adopte Anquetil, et il se fonde sur ce qu'en effet Hom, ou le Homa figure dans les cérémonies du Yaçna, et que le suc qu'on en extrait est bu par l'officiant. Je n'hésite pas à croire que cette seconde interprétation est la meilleure, et quelque vague que soit l'expression de Nériosengh, à cause de l'absence d'un pronom nécessaire, je crois qu'on y retrouve assez facilement le sens d'Anquetil, puisqu'après les corrections que je propose sur le texte de nos manuscrits, elle signifie « prépare-moi bien pour manger, honore-moi pour la nourriture. » Nous avons donc ici, dans le Homa, l'extrait d'une plante nommée *Haoma*, de sorte que ce nom zend désigne à la fois et la plante et le suc qu'on en tire par la trituration pour les usages du sacrifice. C'est exactement comme le *Sóma* du plus ancien sacrifice indien des Vêdas; et cette circonstance met hors de doute le sens que je propose pour le verbe *hu*, à la forme *hunvaguha*. L'invitation que Homa adresse ici à Zoroastre revient donc à celle-ci : « Célèbre le sacrifice avec le suc que tu extrairas de moi. »

Il faut remarquer dans ⟨⟩ *çtaomainê* [1], dat. sng. de *çtaoman*, la voyelle *i* attirée par l'*é* caractéristique du datif; le suffixe *man* est joint au radical *çtu*, dont nous avons l'impératif dans ⟨⟩ *çtúidhi*.

[1] Ms. Anq. n° vi S. n° ii F. n° iii S. ms. Manackdji. p. 174.

pour स्तुहि *stuhi*. Cette désinence *dhi*, qui ne paraît que dans une classe en sanscrit, est d'un usage beaucoup plus fréquent dans la conjugaison védique. C'est encore au dialecte du Vêda qu'appartient l'emploi de *tchit* après l'adjectif pronominal ⟨⟩ *apara*, « d'autres quels qu'ils soient. » Le participe ⟨⟩ *çaochyantô*, qui dans la plupart des manuscrits a un ⟨⟩ *s* au lieu du ⟨⟩ *ch*[1], est quelquefois écrit avec un ⟨⟩ *sk*, et il se peut que le ⟨⟩ *ch*, et par analogie le ⟨⟩ *s*, n'ait dominé dans l'orthographe de ce mot que par suite de la confusion facile de ces trois signes entre eux, ⟨⟩ *s*, ⟨⟩ *ch* et ⟨⟩ *sk*. Si donc on reconnaissait qu'il faut écrire *çaoskyantô*, j'inclinerais à voir dans le thème *çaoskya* une métathèse de *çaoksya*, véritable futur du radical dont nous avons un dérivé dans le substantif ⟨⟩ *çaoka* (bien). Si, au contraire, on persiste à préférer la leçon *çaochyantô*, que j'ai adoptée avec le plus grand nombre des manuscrits, le *ch* sera le substitut du *sk*, ainsi que je le disais tout à l'heure.

La glose de Nériosengh, quelque barbare qu'elle soit, ne laisse aucun doute ni sur le sens de ce terme en particulier, ni sur celui de la proposition à laquelle il appartient. Les mots *lâbham samîhêt* « qu'il désire le gain, » représentent *çaochyantô*, et la proposition tout entière doit signifier : « afin que, dans la suite, ceux qui voudront leur bien agissent à ton exemple. » On voit comment je ne puis adopter l'opinion de M. Bopp, qui traduit ainsi

---

[1] Ms. Anq. n° VI S. *çaochyantô* ; n° II F. et manuscrit Manakdji, *çaosyantô* ; n° III S. *çaosayantô* ; éd. de Bombay, *caoskyantô*.

a fin de notre paragraphe : « Etiam me in collauda-
« tione collauda, sicut me antea..... collaudabant [1]. »
J'ajoute, pour terminer, que ~~~ çtavān, 3ᵉ pers.
plr. de l'imparfait du conjonctif, qu'ont le n° vi S.
le Vendidad sadé et l'édition de Bombay, est une
meilleure leçon que ~~~ çtvān, que donnent quelques manuscrits, comme le numéro ii F. [2]

S 3. Texte zend.

[Zend text]

Version de Nériosengh.

तमभाषत जरथुश्त्रो नमो हूमाय। कस्त्वां पूर्वं हूम मनु-
ष्यसृष्टिषु [4] संस्कृतवान् जगति। कां तस्मै उपकृतिं
चकृषे तत् शुभं यथा किल मे भवेत्। किं तस्मिन् संप्राप्
समृद्धत्वं॥

Traduction.

« Alors Zoroastre dit : Adoration à Homa ! Quel
est, Homa, le mortel qui le premier dans le monde

---

[1] *Gramm. sanscr.* pag. 330, éd. 1832.
[2] *Études sur la langue zend*, dans le Journal Asiatique, IIIᵉ série,
tom. X, pag. 249; *Comment. sur le Yaçna*, tom. I, note S, p. cxlviij.
[3] Ms. Anq. n° ii F. pag. 81; n° vi S. pag. 35; n° iii S. p. 50;
ms. Manakdji, pag. 174; *Vendidad Sadé*, pag. 39; édit. de Bombay,
pag. 43.
[4] Codd. मनुष्ये. Il faut lire मनुष्येषु सृष्टिमति.

existant t'a extrait pour le sacrifice? Quelle sainteté a-t-il acquise? Quel avantage lui en est-il revenu?»

Voici maintenant la traduction d'Anquetil, qui, lors même qu'elle n'est pas totalement fautive, n'est cependant jamais complétement exacte. « Alors Zoroastre dit : J'adresse ma prière à Hom. Quel est, ô Hom, le premier mortel qui, dans le monde existant, vous ayant invoqué et s'étant humilié devant vous, ait obtenu ce qu'il désirait?» La comparaison de ces deux versions suffirait presque pour montrer de quel côté est l'exactitude; je me restreindrai donc aux observations absolument indispensables.

J'ai déjà signalé ailleurs l'orthographe *kaçĕthwām*[1], au lieu de *kô thwām*, qu'on pourrait s'attendre à trouver ici. Cette orthographe, où la voyelle *ĕ* est employée comme un son très-bref servant de liaison entre les deux consonnes *ç* et *th*, vient probablement de ce que l'interrogatif *kaç* est proclitique à l'égard de *thwām*. Tous nos manuscrits ont *paoiryô* (le premier), adjectif qui est employé concurremment avec *paouryô*, lequel répond au पूर्व *pûrvya* des Vêdas. On peut être plus en doute sur l'orthographe des finales *âi* dans le mot *gaêthayâi*, et dans l'adjectif qui s'y rapporte. Les manuscrits hésitent quelquefois entre *âi* et *âo*, qui sont formés d'éléments congénères. Or, la première désinence serait celle du datif et la

[1] Comment. sur le Yaçna, tom. I, note R, pag. cxxxiij sqq.

seconde, celle du génitif. J'ai préféré la première, d'abord à cause de l'unanimité des manuscrits, ensuite parce que cette désinence peut servir également pour le locatif, cas qui, dans les mots féminins, n'a souvent d'autre finale que celle du datif. J'avoue cependant qu'on pourrait faire valoir avec un égal avantage cet argument en faveur du ‿ *âo* du génitif, puisque la formative de ce dernier cas, même dans les noms masculins et neutres, sert aussi à caractériser le locatif.

J'ai préféré la leçon ‿‿‿ *hunûta*[1] à celle de ‿‿‿ *haonûta* du numéro II F. et du manuscrit de Manakdji. C'est la 3ᵉ pers. de l'imparfait moyen de *hu*, dont nous avons vu tout à l'heure une autre forme; l'augment est supprimé, et la voyelle de la caractéristique *nu* allongée d'une manière anomale, sans doute sous l'influence de l'accent. Le numéro III S. en lisant ‿‿‿ *hunvata*, combine à la fois, dans cet imparfait, la caractéristique de la 5ᵉ classe et celle de la 1ʳᵉ. On reconnaît avec une égale facilité dans ‿‿‿ *ěrěnâvi* la 3ᵉ pers. de l'aoriste passif du radical *ěrě*, en sanscrit ऋ *ri* (aller, arriver), conjugué comme dans les Vêdas, suivant le thème de la 5ᵉ classe. J'ai expliqué ailleurs ‿‿‿ *djaçat* « il vint, il arriva, » de *djaç* pour le sanscrit गच्छ् *gatchh*[2], et ‿‿‿ *âyaptěm* « ce que l'on désire d'obtenir, » et, par suite, *avantage*[3].

[1] Ms. Anq. n° VI S. pag. 36; *Vendidad Sadé*, pag. 39; éd. de Bombay, p. 43; le numéro II F. et le manuscrit Manakdji, p. 176, ont *haonûta*.

[2] *Comment. sur le Yaçna*, tom. I: *Alphabet zend*. p. LXX.

[3] *Ibid.* p. 428, note, col. 2.

§ 4. Texte zend.

[Avestan script text, 7 lines]

Version de Nériosengh.

ततो मयि त्र्रयं प्रत्युत्तरमभाषत ह्रमो मुक्तिमान् ह्रमृत्यु-
र्वीवंघानो मां पूर्वं मनुष्येषु सृष्टिमति संस्कृतवान् जगति
तां तस्मै उपकृतिं चक्रे तत् तस्मिन् संप्राप समृद्धत्वं
यस्य पुत्रो ऊर्ध्वजातो यो जमशेदो दीप्तिमान् सुसंचयी
श्रीमत्तमः जातेभ्यः सत्कार्यतमः श्रीः त्र्रस्ति सत्कार्यता
त्र्रस्ति च या वपुषा मनुष्यस्य तस्यां च या यमशेदस्य
एकमतीवभूवुः यतः सत्कार्यता रोशनश्च उवाच यतः श्रीः
त्र्रस्ति या वपुषा मनुष्यं श्रीमन्त्तमं धत्ते सत्कार्यता च
तां प्रवर्तमानां कुरुते ॥ सूर्यनिरीक्षणतमः मनुष्येभ्यः
सुलोचनतमः इत्यर्थः ॥ यस्मत्कार तस्य राज्ये त्र्रमरान् पशु-
वीरान् त्र्रशोषीणि उदकानि वनस्पतीन् किल यत्

[1] Ms. Anq. n° vi S. pag. 35; n° ii F. pag. 81; n° iii S. pag. 51;
ms. Manakdji, p. 175; *Vendidad Sadé*, pag. 39; éd. Bombay, p. 43.

अभीप्सते तम शुष्कं । बुधितानां क्षायं अनवसाद् अवि-
नाशि किलस्वित् एकं साक्षिसमभूत् द्वितीयमेकं प्राप्नम-
वासीत् ।

Traduction.

« Alors Homa, le saint, qui éloigne la mort, me répondit : Vivanghvat est le premier mortel qui, dans le monde existant, m'a extrait pour le sacrifice. Il a acquis cette sainteté, cet avantage lui en est revenu, qu'il lui est né pour fils Yima le brillant, le chef des peuples, le plus resplendissant des hommes nés pour voir le soleil; car il a, sous son règne, affranchi de la mort les mâles des troupeaux, de la sécheresse les eaux et les arbres, et il a rendu inépuisables les aliments dont on se nourrit. »

Commençons par reproduire la traduction d'Anquetil. « Alors Hom pur et qui éloigne la mort me répondit : Vivenghâm est le premier mortel qui, m'ayant invoqué dans le monde existant, et s'étant humilié devant moi, ait obtenu ce qu'il désirait, lui qui a engendré un fils distingué, Djemschid, père des peuples, le plus brillant des mortels nés à la vue du soleil. Sous le règne de ce (prince), les animaux ne moururent point; l'eau, les arbres fruitiers, les choses que l'on mange ne manquèrent pas (dans le monde). »

Les seuls mots qui méritent quelque attention,

sont heureusement ceux qui offrent le plus d'intérêt pour la connaissance de l'ancienne tradition ario-persanne. En premier lieu, on doit à M. Bopp le précieux rapprochement du *Vivaṅhâo* zend, et du *Vivasvân* sanscrit, nomin. de *Vivasvat*[1]. On sait que Vivasvat est une des formes du soleil, et qu'il est le père de Yama. Et de même, dans les livres de Zoroastre, *Vivaṅhâo* est le père de *Yima*, dont le nom, joint à l'adjectif *khchaéta* (brillant), a fait celui de *Djemschid*, le monarque le plus célèbre de la tradition persane, et le fondateur de l'ancienne société, dont Zoroastre passe pour avoir accompli la réforme. Il est sans contredit fort curieux de voir une des Divinités indiennes les plus vénérées, donner son nom au premier souverain de la dynastie ario-persanne; c'est un des faits qui attestent le plus évidemment l'intime union des deux branches de la grande famille qui s'est étendue, bien des siècles avant notre ère, depuis le Gange jusqu'à l'Euphrate.

J'ai préféré la leçon de ⟨⟩ *uçazayata*[2], que donnent nos plus anciens manuscrits, à celle de ⟨⟩ *uç zayata*[3]; la voyelle *a*, placée entre le ç et le z, outre qu'elle est l'augment de cet imparfait passif, facilite le voisinage de ces deux sifflantes, dont la rencontre immédiate ne me paraîtrait pas ré-

---

[1] *Nalus*, pag. 201, éd. 1832.
[2] Ms. Anq. n° II F. pag. 81; n° III S. pag. 51; ms. Manakdji, pag. 176.
[3] Ms. Anq. n° VI S. pag. 36 et l'édit. de Bombay; le *Vendidad Sadé* lit *nszayata*.

gulière. Le terme ⟨⟨⟨⟨⟩⟩⟩⟩ hvâthwó, qu'Anquetil traduit d'ordinaire par *chef de l'assemblée*, et ici par *père des peuples*, a été expliqué suivant les données des Parses et d'Anquetil, c'est-à-dire dans la supposition qu'on y doit trouver *hu râthwa* « qui a une bonne assemblée. » Mais des recherches attentives, exécutées sur un nombre très-considérable de variantes, m'ont appris qu'on devait se mettre en garde contre la tendance qu'ont les copistes à contracter en *hva*, d'une manière anomale, les syllabes *ha va*; de sorte qu'il ne serait pas impossible que *hvâthwa* ne fût que la contraction de *havâthwa* « qui est accompagné d'une assemblée, ou, qui a une assemblée, un peuple avec lui. » Je ne propose cependant pas de substituer cette interprétation à celle qu'Anquetil a reçue de la tradition persane; je veux seulement éveiller l'attention des philologues sur une contraction inorganique, dont le résultat doit être de masquer la véritable origine de quelques termes. J'ai d'ailleurs l'intention d'y revenir dans ces Études à l'occasion de deux mots qui, sans cette remarque, pourraient être facilement confondus.

Quoique le plus grand nombre des manuscrits lisent le titre qui vient après *hvâthwó*, sans ‚ *u*, de cette manière, ⟨⟨⟨⟨⟩⟩⟩⟩ *qarĕnâghaçtĕmó*[1], je n'ai pas hésité à rétablir la voyelle *u*, qui est le reste du suffixe *vat*, transformé en *u-aç*, premièrement, par le déplacement du *v* et par son retour à son élément voyelle primitif; secondement, par le chan-

[1] Tous nos manuscrits omettent ici l'*n*, qui est nécessaire.

gement du *t* du suffixe *vat* devant un autre *t*, la rencontre des deux dentales étant plus impossible encore en zend qu'en latin; je me suis, du reste, suffisamment expliqué ailleurs sur ce mot[1]. Il devient ici pour Nériosengh, ou plutôt pour la glose pehlvie que Nériosengh a traduite, l'occasion de développements confus et bien peu utiles. Le sens général qu'ils expriment, c'est que la splendeur est ici la même chose que la vertu, et qu'elle en est l'effet. C'est ce que veut dire le commencement et la fin de cette glose obscure. « Le plus resplendissant des hommes, c'est-à-dire le plus vertueux. La splendeur est la vertu. Or la vertu est [l'œuvre] du corps de l'homme, et dans la vertu est la splendeur. Toutes deux conspiraient en Djemschid; de là vient [que la splendeur exprime ici] la vertu. En effet, Raçna a dit : Car la splendeur est ce qui rend le corps de l'homme très-resplendissant, et c'est la vertu qui fait exister la splendeur. » J'avoue que, pour obtenir cette traduction, je donne au texte une précision qu'il n'a pas; mais qui pourrait interpréter à la lettre un passage aussi confus? La correction la plus forte est celle que je fais subir au terme inintelligible रोशनशु *róçanaçu* : je suppose que les signes des voyelles ont été déplacés, et शु substitué à श, de cette manière : राशनश्र. La présence du nom de *Raçna*, le génie de la rectitude, qu'Anquetil nomme *Rasné Rast*, n'a rien de surprenant ici; car nous l'avons déjà vu cité par

[1] *Comment. sur le Yaçna*, t. I, p. 126 et 127.

la glose de Nériosengh sur le paragraphe 3 qu'on vient de lire.

Dans le mot qui suit, ⁧زاتنام⁩ zâtanãm, on reconnaît sans peine le sanscrit जातानाम् djâtânâm, dont le zend abrége la seconde voyelle. Les éléments indiens sont également reconnaissables dans cette épithète ⁧هوارذدرشو⁩ hrarĕdarĕçó [1], que j'entends à l'actif, comme Nériosengh, « qui regarde le soleil, » et non au passif, comme le veut Anquetil, « à la vue du soleil. » Il est vrai que, selon que l'on dispose les éléments de ce composé, on y trouve l'un ou l'autre sens. Car on en peut faire un adjectif signifiant « qui a la vue du soleil, » ou un composé qualificatif, où le sujet est patient, « qui est l'objet de la vue du soleil ; » mais le premier sens me paraît plus vraisemblable et plus antique. Je ne conserve pas plus de doute sur le terme auquel cet adjectif doit se rapporter. Nériosengh l'attribue à Djemschid et le rend ainsi : « celui qui regarde le mieux le soleil d'entre les hommes, c'est-à-dire celui qui a les plus beaux yeux. » Mais Anquetil me paraît bien plus exact, quand il rattache cette épithète au mot ⁧مشیانام⁩ maskyânãm de cette manière : « des mortels nés à la vue du soleil ; » seulement, ce n'est pas « à la vue du soleil » qu'il faut dire, mais bien « qui voient le soleil. »

La proposition qui termine le présent paragraphe est rattachée à ce qui précède par le relatif yat, ayant

---

[1] Cette épithète est écrite en deux mots dans le numéro VI S. dans le *Vendidad Sadé* et dans l'édition de Bombay.

ici le sens de *pour que*. Cette conjonction veut après elle le subjonctif, et c'est aussi à ce mode qu'est le verbe ࿇࿇࿇ *kĕrĕnôit*, ainsi que je l'ai prouvé ailleurs [1]. Une traduction parfaitement littérale devrait donc dire : « Un fils lui naquit lequel fut Yima.... pour qu'il fît, etc. » J'ai cependant cru qu'on pouvait, à l'exemple de Nériosengh, détacher l'une de l'autre ces deux propositions. Le substantif ࿇࿇࿇ *khchathrât*, signifie ici non pas *roi*, sens qu'il a souvent dans les textes zends, mais *empire*, *domaine*, comme le mot *kchatra* des Vêdas. Il ne faudrait pas, pour expliquer le participe ࿇࿇࿇ *amĕrĕchañta* [2], s'arrêter à l'analogie extérieure que cette forme présente avec celle qui lui serait identique en sanscrit, *amrichanta* de मृ *mrich* (supporter); car il est évident que notre participe zend dérive du radical *mĕrĕ*, sanscr. मृ *mri* (mourir); et je suppose que la sifflante *ch* qui suit, est un reste de la caractéristique du futur, en sanscrit स, et après un *ri* र, de sorte qu'*amĕrĕchañta* signifie littéralement « ceux qui ne doivent pas mourir. » Cette explication me paraît préférable à celle qui ferait du *ch* zend la caractéristique d'un verbe désidératif, sans redoublement. Quant au composé ࿇࿇࿇ *paçu vîra* [3], que le numéro vi S. le numéro ii F. et le numéro iii S.

---

[1] *Observ. sur la Gramm. comp. de M. Bopp*, pag. 42, note 1.

[2] Ms. Anq. n° vi S. pag. 36, *amĕrĕchañta*; n° ii F. pag. 82; n° iii S. pag. 51; ms. Manakdji, pag. 178, *amĕrĕsañta* ; le *Vendidad Sadé* lit *amĕrĕçañti*, et l'édition de Bombay *amĕrĕs añti*.

[3] Lu en un seul mot, ms. Manakdji, pag. 178; *Vendidad Sadé*, pag. 40; et en deux mots, n° vi S. et édit. de Bombay.

lisent en deux mots, je donne au mot *víra* le sens de *produit mâle*, qu'il a en zend comme dans les textes védiques ; je remarque seulement qu'on pourrait lui assigner aussi le sens d'*homme*, de manière à traduire « les troupeaux et les hommes. »

Le terme qui vient ensuite est le plus difficile de ce passage, et peut-être même serait-il tout à fait inintelligible sans la version de Nériosengh. L'orthographe que j'en donne, *aṅhuchamané*, est suffisamment claire par elle-même ; mais elle résulte de la combinaison de variantes très-éloignées les unes des autres et singulièrement obscures. J'en présente ici le relevé pour que le lecteur ait le moyen d'apprécier la légitimité de ma correction : n° II F. *aṅhèusĕmna* ; n° III S. *aṅhaosĕmna* ; un manuscrit de Londres *aṅhaosĕmané* ; n° VI S. *anṅhaó chĕmĕné* ; Vendidad Sadé *aṅhaosĕmné* ; éd. Bombay *aṅhusĕmana* ; ms. Manakdji *aṅhèus mana* ; un autre ms. de Londres *aṅhèusĕmné*. On voit que les manuscrits suivent une double méthode pour la transcription de ce mot ; tantôt ils en font deux parties, tantôt ils réunissent ces deux parties en une. Dans le premier cas, les copistes paraissent avoir été trompés par la ressemblance qu'offre le commencement de ce terme avec *aṅhèus*, génitif d'*aku*. Toute hésitation doit cesser si l'on rapproche ces diverses orthographes de la traduction de Nériosengh : « qui ne se dessèchent pas. » En effet, pour retrouver en zend ce sens que nous savons être exprimé sous une de ses formes, par l'adjectif *huchka* (sec), il faut nécessairement supposer un radical *huch*, qui serait en sanscrit *suck* (au lieu de छुच् *çuch*), ainsi que je l'ai déjà dit ailleurs [1]. Or, entre deux voyelles, le *s* sanscrit est représenté en zend, non pas seulement par le *h*, mais par le *g͡h*, de sorte que *a + such* doit devenir en zend *a + g͡huch*. Le reste s'entend de soi-même; c'est la formative du participe présent moyen *mana*, qui est ici au duel féminin, pour une raison que je dirai tout à l'heure. Si l'on veut admettre la supposition que je développais plus haut, à l'occasion du mot *amërëchañta*, et qui consiste à faire ici du *ch* zend le substitut de la même sifflante sanscrite, suivie de य *y*, *ag͡huchamané* sera exactement le sanscrit *asuchyamáné* (pour *açuchya....*). Quant aux variantes où *ao* remplace *èu*, elles annoncent un verbe qui suit la 1re classe.

J'ai lu la formative de ce participe avec un *é* final, comme le font le numéro VI S. le Vendidad Sadé et deux manuscrits de Londres. C'est, selon moi, la désinence du duel féminin, qui est appelée par le composé au duel *ápa urvaré*. Les manuscrits donnent beaucoup de variantes pour ce dernier mot; le numéro VI S. a *urvairi*, le numéro II F. et le

---

[1] C'est manifestement du zend *huchka*, plutôt que du sanscrit *çuchka* que vient le persan خشك *khuchk* : il faut, en outre, admettre que le radical de ces diverses formes a eu un *s* plutôt qu'un *ç*, pour expliquer le latin *siccus*, car on sait que le *ç* sanscrit devient ordinairement *c* en latin.

manuscrit de Manakdji اورواراٍ *urvarât*, le numéro III S. اورواراٍ *urvarê*, le Vendidad Sadé اورواراٍ *urvarê*, un manuscrit de Londres اورواراٍ *urvairé*, et l'édition de Bombay اورواراٍ *urvara*. Je m'appuie, pour lire *urvarê*, sur la confusion fréquente des voyelles ٍ *i*, ٍ, ê et é.

Restent les trois derniers mots : *qairyān garĕthĕm adjyamanĕm*, dont j'ai tenté l'explication dans un article de ces Études mêmes[1]. J'y proposais de lire *qairyām*, au lieu de قٮرٮاں *qairyān* que donne cependant le plus grand nombre des manuscrits; et le joignant au mot *aĝhaṭ* (il était), j'en faisais une locution périphrastique, *qairyām aĝhaṭ* (il mangeait). J'aime mieux croire aujourd'hui que *qairyān* est une forme verbale, la 3ᵉ pers. plur. du précatif du radical *qar*; et quelque singulière que puisse paraître cette construction, les mots *qairyān garĕthĕm* me semblent revenir à ceux-ci : « [quod] manducent alimentum, » proposition dont on supprime le relatif, et où l'on juxtapose *manducent* et *alimentum*, pour dire « aliment destiné à être mangé. » C'est en ce sens que je traduirais maintenant la phrase : *ahé aĝhaṭ qairyān garĕthĕm*, « ei sit [quod] manducent alimen-« tum. »

§ 5. Texte zend.

[1] *Journal Asiatique*, IIIᵉ série, tom. X, pag. 258; ci-dessus p. 67.

(149)

ܝܡܗܫܬܪܝ ܐܝܫܢܕܐ ܚܫܬܪܗ ܦܐܝܪܝܘܡܢܐ ܢܘܝܕ ܐܟܗܪܦܬܘ[^1]

Version de Nériosengh.

यमश्येत्स्य राज्ये उत्कृष्टतरे न शीतमासीत् न च उष्णाः
न जरा यासीत् न च मृत्युः न च ईर्षा देवदत्ता अहो
सर्वमप्यमृतपां पापकर्मकृत्वादन्यथाधृतमासीत्॥ पञ्च-
दशवार्षिकी प्रचरतः पितापुत्रस्य योतिः पूज्ञाविनयको-
चित् तुल्या पितृपुत्रयोः भर्तुं यत् पुत्रं एवं शोभनोऽभूत्
यः पिता एवं शोभनोऽभूत् यथा पुत्रः सैठव राजानः
सुसंचयिनि यमश्येठ वीवंघवानस्य पुत्रे॥

Traduction.

« Pendant le glorieux règne de Yima, il n'y eut ni froids ni chaleurs [excessives], ni vieillesse ni mort, ni envie produite par le Dêv... Les pères et les fils avaient également tous la taille d'hommes de quinze ans, tant que régna Yima, le chef des peuples, fils de Vivanghvat. »

Voici maintenant la traduction d'Anquetil : « Pendant le brillant du règne de Djemschid, il n'y eut ni froid, ni chaud, ni vieillesse, ni mort, ni passions déréglées, productions des Dews. Les (hommes)

[^1]: Ms. Anq. n° II F. p. 81; n° VI S. pag. 36; n° III S. pag. 51; ms. Manakdji, pag. 178; *Vendidad Sadé*, pag. 40; éd. Bombay, p. ?

frais et éclatants paraissaient n'avoir que quinze ans. Les enfants crûrent (sur la terre) tant que régna Djemschid, père des peuples et fils de Vivenghâm. »

Comme je continue à faire de *khchathra* un substantif signifiant *empire*, je subordonne à ce mot celui qui commence notre paragraphe, et je traduis avec Nériosengh : « du règne glorieux de Yima, » pour dire : « pendant le règne glorieux de Yima, » ou encore « dans le vaste domaine de Yima. » Ici le génitif est employé dans le sens du locatif, comme en grec. Je traduis, d'accord avec Anquetil et Nériosengh, l'adjectif *urvahé* par *glorieux*, et je fais de ce mot l'analogue du sanscrit *uru* (large), avec un autre suffixe; de sorte que *urva* zend est à *uru* sanscrit comme *puru* à *pûrva*. L'emploi de l'un ou de l'autre de ces suffixes peut apporter une modification plus ou moins considérable au sens du radical auquel on les unit; mais il s'agit ici surtout de l'explication étymologique, puisque nous ne connaissons le sens du zend *urva* que par la tradition.

Le mot qui suit est beaucoup plus difficile; plusieurs manuscrits nous donnent même des variantes embarrassantes. Ainsi, le numéro VI S. le numéro II F. le manuscrit de Manakdjî et un manuscrit de Londres lisent *aokhtĕm*, exactement avec l'orthographe du participe passé passif, répondant au sanscrit *ukta* (dit). Mais il me paraît difficile de concilier cette leçon avec le sens de *froid*, que Nériosengh et Anquetil attribuent au mot zend et que le contexte appelle en effet ici. D'un autre côté, quelques manuscrits, tels que le Vendidad Sadé, le numéro III S. l'édition de Bombay et deux manuscrits de Londres, lisent aotĕm, qui n'est pas beaucoup plus facile; car, au premier aspect, cette orthographe paraît répondre au sanscrit ôtam (tissu). Il est manifeste qu'aucun de ces deux sens ne convient à notre passage, et que, conséquemment, la véritable étymologie du terme zend nous échappe encore. Dans l'incertitude où nous laissent ces variantes, et avec la difficulté d'en concilier le sens apparent avec celui qu'exige ici le texte, je propose de regarder le zend *aokhtĕm* comme le participe d'un radical identique au sanscrit ukh ou ókh, qui a le sens de *être aride, se dessécher*. Il ne sera pas difficile de passer de ce sens à celui de l'adjectif *frigidus* : d'abord, parce que les deux phénomènes du froid et de la sécheresse vont souvent ensemble; ensuite, parce que ce double sens se trouve dans le radical sanscrit *çi* (se coaguler), dont le participe signifie en même temps *froid* et *aride*.

Les mots qui suivent offrent moins d'obscurité : *âogha* est le parfait sanscrit *âsa*, régulièrement transformé d'après les lois euphoniques du zend. Le substantif *garĕmĕm*, que je lis ainsi avec mes plus anciens manuscrits [1], plutôt que *gĕrĕmĕm* [2], est exactement le sanscrit *gharma*, moins l'aspiration de la consonne initiale. On reconnaît,

---

[1] Ms. Anq. n° VI S. n° III S. le *Vendidad Sadé*, p. 40; l'édition de Bombay et deux manuscrits de Londres.
[2] Ms Anq. n° II F. ms. Manakdji, p. 179.

avec une égale facilité, le radical auquel appartient le sanscrit जरा *djará* (vieillesse), dans زَورْو *zaurva*, que nos manuscrits donnent avec des orthographes différentes : d'abord زَورْو *zaurva*[1], puis زَاورْو *zaorva*[2]. Je n'hésite pas à préférer la première, parce qu'elle laisse voir plus clairement les éléments étymologiques de ce mot où *zar* est guṇa de ऋ *djrī*, *va* suffixe, et *u* intercalé par l'action de ce suffixe. Pour que la leçon *zaorva* pût être admise, il faudrait supposer un radical *zar*, qui n'a rien à faire ici, ou changer l'orthographe et lire *zôurva* pour *zarva*. Ce mot est du reste un substantif féminin, et Nériosengh s'accorde avec Anquetil sur le sens qu'il lui faut donner. On ne peut admettre, avec Benfey[3], que le thème de ce mot soit *zaourvagh*, thème formé du même radical avec le suffixe *vas*; l'accord des manuscrits qui lisent *zaurva* contredit cette supposition, à laquelle Benfey a été conduit par la leçon du Vendidad Sadé, qui lit en un seul mot زَاورْوَاوغَه *zaourvâogha*, comme s'il y avait *sandhi* ou réunion euphonique des deux mots *zaourva âogha*[4].

Je retrouve de même dans اَرَشکو *araçkó* les éléments du sanscrit ईर्ष्या *irchyá* (envie); en effet, *ka* est un suffixe, et *ara-ç*, le développement de *ar-ç*, (guṇa de *ṛi*), qui répond au sanscrit ईर्ष् *irch* (du radical ऋष्

---

[1] Ms. Anq. n° VI S. et un manuscrit de Londres.
[2] Ms. Anq. n° II F. n° III S. ms. Manakdji, pag. 179.
[3] *Griech. Wurzellex.* t. II, p. 372.
[4] L'édition de Bombay, qui suit d'ordinaire notre Vendidad Sadé, même quand il se trompe, ne fait de même ici qu'un seul mot. *zrcâoghé*, leçon tout à fait inintelligible.

ircky), où la sifflante pourrait bien n'être que la formative du désidératif. Peut-être même devrait-on voir dans *araçka*, thème d'*araçkó*[1], un substantif d'agent, *l'envieux*, au lieu de *l'envie*; mais, de toute façon, le sens de *passions déréglées* que donne Anquetil à ce mot, convient moins que celui que nous fournit Nériosengh. La glose de ce dernier, qui est ici écrite moins en sanscrit qu'en persan, du moins quant à la composition des mots, a un terme que j'ai reproduit tel que le donnent nos textes; c'est *asútparam*, qu'il faut sans doute écrire *asúyáparam*. On reconnait en cet endroit la tendance du glossateur à commenter en détail les passages moraux; c'est une glose religieuse qu'il a voulu écrire quand il a fait suivre les mots « ni envie créée par le Dêva, » de cette addition, « tout était exempt de calomnies, c'est-à-dire, on s'abstenait d'actions pécheresses. »

Le terme suivant, qui est manifestement un verbe et sur le sens duquel Nériosengh ne se trompe pas, est écrit de plusieurs manières dans nos manuscrits; et, suivant que l'on combine les variantes, on obtient deux formes, dont l'une est très-reconnaissable. Je commence par celles où la désinence est *thé*. Le numéro VI S. lit ﻓﺮﺗﺨﺮﻭﻳﺘﻪ *fratchróithé*, ce que l'on peut sûrement corriger par l'addition d'un *a*, *fratcharóithé*; le numéro III S. et l'édition de Bombay lisent en deux mots ﻓﺮﺗﺨﺎ ﺭﺍﻭﻳﺘﻪ *fratcha raoithé*, leçon où la correction est également facile; car les copistes substituent sou-

---

[1] Ms. Anq. n° VI S.; n° II F.; ms. Manakdji, p. 179. Un manuscrit de Londres et l'édition de Bombay lisent *arskó*.

vent *ao* à la voyelle *ó*. Enfin, le Vendidad Sadé a : ܥܕܒ ܒܕܐ *fratcha róithi*, leçon qui revient aux précédentes. Or, cette leçon *fratcharóithé* est certainement le sanscrit प्रचरेते *pratcharété*, 3ᵉ pers. duel du présent moyen du radical चर् *tchar* (ils vont, marchent tous deux). Les particularités peu importantes qui distinguent le zend du sanscrit sont toutes justifiables par les règles que j'ai posées ailleurs; *ói* est pour *é*, et *th* pour *t* entre deux voyelles. Passons maintenant aux variantes où la finale est *thré*. On trouve ܥܕܒܕܐܕܒ *fratcharóithré*, dans le numéro II F. et le manuscrit de Manakdji, forme qui annonce par sa finale un parfait à redoublement. Mais, tout en convenant que ce temps irait mieux que le présent au sens de notre passage, on doit reconnaître que *fratcharóithré* ne pourrait devenir un parfait de *tchar* sans de fortes corrections que n'autorisent pas suffisamment nos manuscrits. Ainsi, pour que ce parfait reproduisît la forme sanscrite aussi complétement que le fait le présent analysé tout à l'heure, il faudrait la lire *fratchóiriré*. J'avoue que cette correction me paraît trop forte; elle a d'ailleurs le désavantage de faire disparaître le duel, qui est nécessaire pour le sens. L'inconvénient d'avoir ici un présent au lieu d'un parfait me paraît peu de chose en comparaison du changement qu'il faudrait apporter au texte pour obtenir ce dernier temps.

Je me suis expliqué ailleurs [1] sur les orthographes ܥܕܒ *paita* et ܥܕܒ *paiti* qu'on trouve pour ex-

---

[1] *Observ. sur la Gramm. comp. de M. Bopp*, pag. 7.

primer le mot *père*[1]. Je préférerais lire *paiti* plutôt que *paita*, parce que je supposerais que le mot *paiti* (maître) a servi en même temps à exprimer l'idée de *père*. Il n'y aurait pas à hésiter sur le choix de cette leçon qui a pour elle le plus grand nombre des manuscrits, si je trouvais quelque part *paitis*. mais l'absence de la désinence nécessaire me décide pour la correction de ‮ pita (pour पिता *pitá*) que j'adopte, quoiqu'elle ne soit appuyée que par un manuscrit. Nos copies ne diffèrent, en ce qui touche le mot ‮ *raodhaéchra*, que sur le choix peu important du ‮ s pour ‮ ch, et du ‮ d pour ‮ dh. Ce mot est un locatif pluriel avec la désinence développée *chva* pour *chu*; il doit signifier *croissance* et *taille*, comme l'allemand *Wuchs*; nous le retrouverons avec la signification de *habitus corporis* ou d'*extérieur*. On ne voit pas clairement dans la glose de Nériosengh par quel mot le commentaire pehlvi le remplace. Ce ne peut être le terme correspondant à योति *yóti*, qui signifie *couple* et qui indique que le père et le fils dont il est parlé doivent être considérés comme un couple. Ce ne peut être davantage *púdjá-vinaya* (ou *púdjá-vinayakáu*), qui signifient *respect* et *modestie*; car ces termes font partie de la glose, glose confuse et barbare, de laquelle on peut tout au plus extraire cette idée, qu'on rendait les mêmes respects au fils qu'au père,

[1] Ms. Anq. n° vi S. et le *Vendidad Sadé*, *paita*; n° ii F. n° iii S. l'édition de Bombay, le manuscrit Manakdji et un manuscrit de Londres *paiti*, un autre manuscrit de Londres *pati*, et un troisième *pita*.

et que le père était aussi beau que le fils. Anquetil, qui donne le sens général avec trop de diffusion, sans doute parce que ses Parses ont suivi une glose analogue à celle de Nériosengh, ne nous apprend à peu près rien quant aux détails. Malgré le vague de ces diverses explications, le texte zend considéré en lui-même est suffisamment intelligible. Il faut cependant admettre une certaine concision de construction qui nous rapproche de l'époque védique de la littérature indienne. On en peut juger par cette traduction latine barbare, mais littérale : « quindecim « incedunt pater filiusque incrementis uterlibet. » Il est clair que l'idée d'*année* est implicitement exprimée par le rapprochement de *pañtcha daça* (quinze, ou ayant quinze) et de *raodhaéchva* (en croissance, *incrementis*); et quant au singulier ⸺ *kataraçtchiṭ* (lequel entre deux), il ne fait aucune difficulté, puisque la notion de deux personnes rapprochées l'une de l'autre et formant un groupe, est exprimée par ce singulier même, tandis que la notion de distinction et d'individualité l'est par le suffixe du comparatif *tara*, suivi du pronom facultatif *tchiṭ* (quelconque). Ainsi ce passage pourrait se traduire très-littéralement : « Le père et le fils s'avançaient ayant quinze ans pour la taille, quel que fût celui [qu'on regardât]. »

Les autres mots ne font aucune difficulté. L'adverbe ⸺ *yavata*, dont la finale est certainement abrégée, a la forme d'un instrumental de *yaṭ* pour le sanscrit यावत् *yávaṭ* : ce mot est fort bien employé

(157)

ici pour dire : « autant que, pendant autant de temps que. » Cet adverbe relatif veut après lui le verbe à un mode subordonné, ici au potentiel, *khchayôit* pour le sanscrit क्षयेत् *kchayêt*. La glose de Nériosengh est en cet endroit très-confuse, probablement à cause de quelque idiotisme pehlvi qui n'a pu être facilement rendu en sanscrit, comme सदैव *sadâiva*, qui remplace *yarâta*, qu'on aurait fort bien pu rendre par यावत् *yâvat*.

§ 6. Texte zend.

[Zend text]

Version de Nériosengh.

कस्यां द्वितीयो भूम मनुष्येषु सृष्टिमति संस्कृतवान्
जगति कां तस्मै उपकृतिं चक्रुषे तत् शुभं किल यथा

[1] Ms. Anq. n° 11 F. p. 83; n° vi S. p. 37; n° iii S. p. 52; *Vendidad Sadé*, p. 40; éd. Bombay, p. 44; ms. de Manakdji, p. 180.

मे भवेत् किं तस्मिन् संप्राप्त समृद्धत्वं॥ ततो मयि अयं प्रत्युत्तरमभाषत ह्रोमो मुक्तिमान् ह्रूमृत्युः। आश्चीआनो मां द्वितीयो मनुष्येषु सृष्टिमति संस्कृतवान् जगति तां तस्मै उपकृतिं चक्रे तत् तस्मिन् संप्राप्त समृद्धत्वं यस्य पुत्रः उच्चैर्जातः विशमशस्त्रः फ़ेतून्। अस्य विशमशस्त्रत्वं इदमभूत् यत् वेश्मनि अन्वयात्¹ पितॄणां बहून्यासन् तच्च यत् ह्रूाकस्य लेठेन जमाह समग्राणि च तानि यानि स्वर्गस्य न प्रकाशीन्यासन् असौ उद्धे [marg. उद्धृतवान्]॥ यो जघान अहिं ह्रूाकं विलपनं त्रिमस्तकं षडुलोचनं सहस्रप्रणिधिं महाबलं देवं ह्रूं दुहं लोकेषु दुर्गतिनं हानिकामित्यर्थः यं महाबलत्तमं ह्रूं पस्करोत् [1. प्राकरोत्] अंग्रो मइनिश्रोश्च आत्मार्मनः उपरि एतस्मिन् सृष्टिमति जगति मृत्यवे पुण्यलोकस्य किल ह्रूोभ्यो जगत्याः एकः स बलिष्ठतरो हूतः ૭་ઞ·ઃ༐ྱ· ৬ঙ·৬ঃ৬্৹৯ अपरे गणना यतः समग्रामपि हानिं यां असौ सृष्टिषु होर्मिज्दस्य शक्तो बभूव कर्तुं वञ्चको ऽसौ अभूत् किंचिदपि तत् यदसौ शक्तो बभूव कर्तुं परं न चक्रे॥

---

¹ N° 11 F. अन्वायात् d'une première main, अन्वयत् après correction; manuscrit de Manakdji, अन्ययत्.

Traduction.

« Quel est, Homa, le mortel qui, le second, dans le monde existant, t'a extrait pour le sacrifice ? Quelle sainteté a-t-il acquise ? Quel avantage lui en est-il revenu ? Alors Homa, le saint, qui éloigne la mort, me répondit : Âthwya est le second mortel qui, dans le monde existant, m'a extrait pour le sacrifice. Il a acquis cette sainteté, cet avantage lui en est revenu, qu'il lui est né pour fils Thrêtôna, [ce guerrier] issu d'une famille brave, qui a tué le serpent homicide aux trois gueules, aux trois têtes, aux six yeux, aux mille forces; cette Divinité cruelle qui détruit la pureté; ce pécheur qui ravage les mondes, et qu'Ahriman a créé le plus ennemi de la pureté, dans le monde existant, pour l'anéantissement de la pureté des mondes. »

Il est indispensable de reproduire ici la traduction d'Anquetil, car elle renferme certainement des éléments traditionnels dont il nous faudra tenir compte. « Quel est, ô Hom, le second mortel qui, dans le monde existant, vous ayant invoqué et s'étant humilié devant vous, ait obtenu ce qu'il désirait ? Alors Hom, pur et qui éloigne la mort, me répondit : Athvian est le second mortel qui, m'ayant invoqué dans le monde existant et s'étant humilié devant moi, ait obtenu ce qu'il désirait, lui qui a engendré un fils célèbre, le très-fort Féridoun, qui a frappé Zohâk à trois bouches, trois ceintures, six yeux, mille forces, plus violent, plus puissant que les Dews, que les Daroudjs livrés au mal, que les Darvands de ce monde; Daroudjs très-violents, qu'Arhiman a créés, qui rôdent toujours dans ce monde existant et qui y multiplient la mort. »

Je n'ai pu retrouver jusqu'à présent en sanscrit de mot qui corresponde au nom du héros persan, que notre texte nomme *Âthwya*, et que Nériosengh transcrit *Âthriâna*, conformément à l'orthographe persane. Je ne connais que le sanscrit अटवि *aṭavi* (forêt) qui ait quelque analogie avec ce nom propre; mais *aṭavi* est écrit avec un *ṭ* cérébral, genre de lettre qui manque tout à fait en zend. S'il était possible de rattacher ces deux mots l'un à l'autre, *âthwya* serait pour le sanscrit *aṭavíya*, et signifierait « l'homme des forêts, » ou le chasseur. Mais il est peut-être plus prudent d'attendre que l'on découvre dans les Vêdas ou dans les recueils qui s'y rapportent quelque nom ou quelque mot encore plus rapproché. Je n'ai pas besoin d'insister sur l'adjectif numéral *bityô*, transformation régulière du sanscrit द्वितीयः *dvitîyaḥ*; je me suis suffisamment expliqué ailleurs sur ce changement de *dvi* en *bi*, commun à plusieurs langues de l'Inde et au latin[1].

Je lis, comme le plus grand nombre des manuscrits, *viçô*, avec un *î* long. Il est clair que ce mot se rapporte à *çûrayâo*, gén. fém. sing. de *çûra*; mais le sens qui résulte de ce rapport n'est

---

[1] *Observ. sur la gramm. comp. de M. Bopp.* pag. 16.

pas facile à déterminer à cause de l'incertitude de la tradition sur la valeur de ces termes. La leçon actuelle de notre plus ancien Yaçna zend-sanscrit remplace *viçô çûrayâo* par *viçamaçastraḥ*, sans doute pour *vichama*.... « celui qui a un glaive terrible. » Ce sens peut se retrouver à la rigueur dans *riçô çûrayâo*. où *riçô* (du thème *riça*) peut se rattacher à la racine विश् *viç* (pénétrer) et signifier *pénétrant, tranchant*. Je ne trouve pas, il est vrai, que le substantif *çûra* ait en sanscrit le sens d'*épée*. Ce sens toutefois ne s'éloigne pas trop de celui du radical शूर् *çûr* (frapper, être brave), et le féminin *çûra*, qui est primitivement un adjectif, signifiant *fort*, doit se traduire par *la forte, la brave*, et peut, employé comme substantif, désigner une épée.

Voilà ce qu'on tire de la glose de Nériosengh en acceptant les corrections introduites dans nos manuscrits par une main moderne. Mais, quand on examine de près cette glose, on reconnaît qu'elle se prête à une autre interprétation qui cadre mieux avec la suite du texte et qui résulte d'une leçon plus ancienne. Ainsi, au lieu de विशमशस्त्र: le premier copiste avait écrit वेशमशस्त्र: « celui qui a un ou des glaives dans sa demeure; » et ce mot était expliqué par ce commentaire : « La qualité qu'on lui attribue d'avoir des glaives dans sa demeure venait de ce que, dans sa maison, par le fait de la succession de ses ancêtres, il y avait beaucoup d'épées. Or il s'empara de force de celle qui appartenait à Dahâka; et toutes les épées de sa race qui n'étaient pas brillantes, il les rejeta. » Les variantes dont j'ai accompagné la version de Nériosengh justifient suffisamment mon interprétation ; on voit que l'auteur de la glose croyait que *viçó çûrayáo* signifiait « celui qui a des épées dans sa demeure, » et qu'il développait ainsi ce sens, en disant qu'Âthwya possédait dans sa maison un grand nombre de glaives qu'y avait accumulés la succession de ses ancêtres, mais que, quand il eut enlevé par force le glaive de Dahàka, il rejeta toutes ces armes qui ne brillaient pas, comme font les guerriers qui préfèrent à leur épée celle de l'ennemi qu'ils ont vaincu.

On pourrait croire qu'il ne nous reste qu'un choix à faire entre l'ancienne et la nouvelle interprétation de Nériosengh. Il n'en est cependant pas ainsi, et je n'hésite pas à m'éloigner de l'une et de l'autre. Je traduis beaucoup plus simplement *viçó çûrayáo* par « d'une maison, d'une famille brave. » J'avoue que ce sens ne me paraît pas douteux ; cependant, il n'était pas inutile d'exposer d'abord l'interprétation traditionnelle. Elle me confirme dans la signification que j'attribue ici au mot *viçó*, génitif de *viç* (maison), sens justifié par un nombre très-considérable de passages, aussi bien que par l'étymologie [1] ; et, quant à *çûra*, on sait que la tradition lui donne également la signification de *fort*, *héroïque*.

Le mot zend ᚁᛋᚁᚔᛐ *thraétaonô* est le nom original

[1] *Observ. sur la gramm. compar. de M. Bopp*, pag. 48.

du célèbre héros que les Parses nomment *Féridoun*, ou, comme écrit Nériosengh, *Phredoun*. On reconnaît bien dans l'altération persane la forme primitive; mais il n'est pas aussi facile d'analyser cette forme elle-même. On a cru que ce mot signifiait « celui qui a trois corps, » à cause des éléments *thraé* (pour *thri*), trois, et *taonô* (pour *tanu*), corps. Mais je ne crois pas ces assimilations légitimes, parce que le thème de ce mot est *thraétaona*, et que *taona* n'offre pas la moindre analogie avec *tanu* (corps).

Les manuscrits, d'ailleurs, ne sont pas unanimes sur l'orthographe de ce nom propre; les uns, comme l'édition de Bombay, et trois manuscrits de Londres, lisant ⟨⟩ *thraétaonô*; les autres, comme le Vendidad Sadé, nos trois Yaçnas et le manuscrit de Manakdji, lisant ⟨⟩ *thraétanô*. Cette inconstance des manuscrits n'ajoute pas peu à la difficulté de ce terme. La seconde variante *thraétanô*, du thème *thraétana*, donne, à ce qu'il semble, un nom patronymique, dans lequel *thraé* est la modification de *thri* (trois). Ce nom a quelque analogie avec celui d'un ancien personnage appelé *Trita* dans les Vêdas brâhmaniques, personnage auquel peut se rattacher, par d'antiques liens, le *Thraétana* ario-persan[1]. D'autre

---

[1] *Rigvéda*, I, 105, 9 b; Colebrooke, *Miscell. Essays*, t. I, p. 28. Ce nom de *Trita* n'est pas le seul dans lequel paraisse le nom de nombre *tri* (trois); Colebrooke cite encore, d'après les Vêdas, un roi qui se nommait *Trayyaruṇa*. (*Ibid.* p. 23.) Quelques recherches faites depuis l'impression de mon travail m'ont permis de donner un peu plus de précision à cette partie de mes Études; je les exposerai dans une note spéciale sur le nom de *Feridoun*, à la fin de ce volume.

part, la leçon *Thraétaonô*, dont le thème est *Thraétaona*, se prête à une explication plus facile, si l'on regarde *taona* comme une autre forme du sanscrit तूण *túṇa* (carquois); dans ce cas, en effet, *Thraétaona* se traduirait par « le héros aux trois carquois. » C'est, jusqu'à ce que je rencontre mieux, l'opinion à laquelle je m'arrête, et je m'y vois encore confirmé par l'orthographe persane du nom de *Féridoun*, où la dernière voyelle fait supposer soit un *u* soit un *o* dans le primitif.

Nous trouvons un nom également célèbre dans la tradition persane, celui de *Daháka*, comme le transcrit Nériosengh ; mais cet auteur prend, à l'exemple des Persans, pour un nom propre, ce qui n'est qu'une épithète devenue plus tard le nom d'un guerrier dont s'est emparée la tradition héroïque. J'ai montré ailleurs que ce nom n'était complet que si l'on réunissait les deux mots ici à l'accusatif ‌ *ajim dahákëm*, mots que je traduis par « le serpent qui mord. » Je crois, en effet, pouvoir dériver *daháka* du radical दंश् *daç* ou दश् *das* (mordre); la seule irrégularité que présente cette dérivation, c'est qu'on s'attendrait à voir une nasale devant le *h*; mais j'ai déjà fait la même remarque sur le mot *ahura*, qu'on devrait voir écrit *aĝhura*[1]; je compte du reste y revenir ailleurs.

Les termes suivants, sans être d'une aussi grande importance que ceux que nous venons d'analyser,

---

[1] Un seul manuscrit, le numéro VI S. d'Anquetil, écrit avec deux *á* longs, *dáhákëm*.

ne sont cependant pas sans intérêt pour l'étude du zend. Dans l'adjectif ﹅﹅ *thridjafněm*, je vois le substantif *djafna*, bouche ou gueule, de *djaf* pour *djap*, identique au sanscrit जप् *djap* (parler). Je lis ﹅ *djafněm*[1], plutôt que ﹅ *djafaněm*, que donnent quelques manuscrits[2], parce qu'avec cette dernière orthographe, on ne se rend pas compte de l'aspiration du *f*, laquelle, dans l'autre leçon, est appelée par le voisinage du *n*. Anquetil traduit inexactement le composé ﹅ *thrikaměrědhěm* « aux trois ceintures; » et cependant, tout inexacte qu'elle est, cette interprétation repose sur un des sens qu'il est possible de retrouver dans le primitif *kaměrědha*. Ce mot est pour moi formé de *kaměrě* et de *dha*; *kaměrě*, à son tour, est exactement le grec καμέρα ou καμάριον, *voûte* ou *partie voûtée du crâne*, de sorte qu'en réunissant à ce substantif l'adjectif *dha* dérivé de *dhâ*, on a le composé *kaměrědha*, « ce qui a une voûte, ce qui est en forme de voûte, » et par extension le *crâne*. C'est exactement cette dernière signification que Nériosengh donne à ce mot[3].

Je passe d'autres termes très-faciles et déjà connus pour arriver à ﹅ *yaokhstim*, que je lis ainsi

---

[1] *Vendidad Sadé*, pag. 41; ms. Anq. n° II F. pag. 84; ms. Manakdji, p. 183.

[2] Ms. Anq. n° VI S. p. 37; n° III S. p. 53; édit. Bombay, p. 44, et trois manuscrits de Londres.

[3] M. Benfey traduit ici ce mot par *repli* ou *serpent entortillé* (*Griech. Wurzellex.* tom. II, pag. 384). Je consacrerai un article spécial à ce mot dans ces Études.

avec le plus grand nombre de nos manuscrits[1]. La seule manière dont je puisse jusqu'ici expliquer ce terme, consiste à le tirer du radical युज् *yudj* (joindre, appliquer), dont la forme porte ici le caractère d'un radical désidératif, moins le redoublement.

Dans cette supposition *yaokhsti* signifierait « le désir de se joindre, de s'appliquer, » et, par extension, l'*effort* ou la *force*. C'est de cette dernière manière que l'entend Anquetil, et Nériosengh fait exactement de même, si l'on admet que le terme de प्रणिधि *pranidhi*, qu'il emploie ici, soit synonyme de प्रणिधान *pranidhána*. Il n'y a rien de trop hardi à chercher, dans ce mot *yaokhsti*, le sens d'*effort*, d'*action*; car on a déjà, dans le sanscrit védique, des dérivés du radical *yudj*, qui se rapprochent de cette interprétation, tout en se tenant très-près du sens primitif du radical; je fais allusion aux mots योक्त्राणि *yóktráni* et योजनानि *yódjanáni*, qui signifient « les doigts[2]; » mais peut-être aussi ce sens vient-il de ce que les doigts sont unis à la main.

Les manuscrits sont peu unanimes sur l'orthographe du mot suivant, que je n'hésite pas à lire ⁕⁕⁕ *achaodjaghĕm*, avec le numéro vi S.[3] On le trouve souvent divisé en deux mots ⁕⁕⁕ ⁕⁕

---

[1] Ms. Anq. n° vi S. n° ii F. n° iii S. ms. de Manakdji, p. 183; édit. Bombay, p. 44.

[2] *Nighanta*, chap. ii, art. 5.

[3] Le *Vendidad Sadé* lit *asnódjaghĕm*; l'édition de Bombay *asaodjaghĕm*.

as aodjaġhĕm [1] ; mais cette orthographe, évidemment fautive, n'a aucune autorité contre celle de *achaodjaġhĕm*, où je crois reconnaître les éléments qui suivent: *acha*, qui nous est bien connu, et *aodjaġhĕm* acc. sing. d'un adjectif, dont le thème *aodjó*, me paraît dériver du radical उह् *uh* (tourmenter, tuer). Le composé entier doit donc se traduire : « celui qui détruit la pureté ; » sens qui ne se trouve guère dans la traduction d'Anquetil, *le plus violent*, et qui paraît moins encore dans celle de Nériosengh, *qui a une grande force* [2].

Je n'ai pas besoin de m'arrêter sur les mots daévím, pour *dêvim* (Divinité), et drudjĕm (cruel), de *drudj* que j'ai rapproché ailleurs de *trux*. Je remarque seulement que les Parsés font toujours du mot *drudj* une Divinité du mal, qu'ils nomment *Daroudj*, et cela même dans les cas où, comme ici, ce mot, qui conserve le sens et le rôle d'un adjectif, se rapporte manifestement à un terme exprimé dans la proposition. J'en ai déjà dit autant du participe drvañtĕm, dont ils font le nom de *Darvand*, même lorsque la fonction grammaticale de ce terme est celle d'un véritable adjectif. Il est clair qu'il n'est pas autre chose ici, et la glose de Nériosengh ne laisse à cet égard aucun doute. Je fais également du

---

[1] Ms. Anq. n° 11 F. p. 84, ainsi que le numéro 111 S. et le manuscrit de Manakdji.

[2] Les lois de la contraction des voyelles propre au zend permettent encore de diviser *achaodjaġhĕm* en *achara* et *djaġhĕm*, lequel serait en sanscrit जसं *djasam*, de *djas* (blesser, frapper).

mot ࿋ *aghĕm* un qualificatif qui se rapporte à Dahâka, et, le réunissant à *drvañtĕm*, je traduis le tout « ce pécheur qui ravage les mondes; » on comprend qu'en prenant *dra* dans le sens de *courir*, on pourrait traduire ainsi : « ce pécheur qui fait invasion dans les mondes ou qui se précipite sur les mondes, » mais les manuscrits nous laissent dans l'incertitude touchant l'orthographe de *drvañtĕm*[1], qui est lu quelquefois *dravañtĕm*, et plus souvent *drvañtĕm*. La première orthographe nous conduit au radical ࿋ *dru* (courir), conjugué suivant le thème de la 1ʳᵉ classe; la seconde, au contraire, nous donne un verbe de la 2ᵉ classe, qu'il est possible de rapprocher du ࿋ *dru* sanscrit (5ᵉ classe), qui a le sens de *blesser, tourmenter*. C'est ce dernier sens que, à l'exemple de Nériosengh, j'ai cru devoir adopter. J'ai agi avec un peu de liberté à l'égard du terme intermédiaire entre *aghĕm* et *drvañtĕm*, en lisant ࿋ *gaéthábyô*, au lieu de ࿋ *gaethávyô*, que donnent tous les manuscrits; je ne doute pas que cette dernière orthographe ne soit une faute résultant de la substitution d'un ࿋ *v* à un ࿋ *b*.

Il y a, dans ce qui suit, un mélange en apparence irrégulier de genres qu'il est nécessaire de conserver, parce qu'il repose sur une opinion des Parses, et qu'il est unanimement appuyé par nos manuscrits. Cette opinion, c'est que, quand ils rencontrent le mot zend *dradj*, à quelque cas et à

[1] *Vendidad Sadé*, pag. 41; ms. Anq. n° vi S. pag. 37; n° iii S. p. 53; éd. Bombay, *drvañtĕm*; n° ii F. ms. Manakdji, *dravañtĕm*.

quelque nombre qu'il se trouve, ils en font une Divinité femelle. Anquetil, sans tenir compte du genre, puisqu'il fait toujours le Daroudj du masculin, suit cependant les Parses, en ce qu'il personnifie, comme eux, un simple adjectif. Je persiste à croire que *drudj* est un terme dérivé du radical sanscrit द्रुह् *druh* (agir avec l'intention de faire du mal), et je pense que, si les Parses en font un féminin, c'est qu'ils le trouvent souvent dans les textes, avec *daéví* (Divinité), mot qui est le féminin de *daéva*, et qui est devenu un substantif. Et, comme il arrive assez souvent que *daéví* est supprimé par ellipse, de façon que l'on dit *la cruelle*, au lieu de *la Divinité cruelle*, on comprend sans peine que l'habitude de regarder *drudj* comme le nom propre d'une Divinité femelle se soit aussi universellement établie. Le passage commençant par *yăm* se rapporte donc à *drudjĕm*, qui vient après, de cette manière : « laquelle [Divinité] cruelle, » et l'ellipse de *daévím* est d'autant plus facile à expliquer que ce mot paraît avec *drudjĕm* même dans une des parties de l'énumération que nous venons d'analyser.

On n'a donc pas lieu d'être surpris de trouver au féminin l'adjectif *achaodjaçtĕmām*, acc. sing. du superlatif de l'adjectif *achaodjagh* (pour *achaodjas*), expliqué tout à l'heure. Il est gouverné par le verbe *kĕrĕntat*, imparfait sans augment du radical *krĭt*, conjugué suivant la 6ᵉ classe, avec une nasale, exactement comme le कृत् *krĭt* sanscrit ; seulement, il faut donner au *kĕrĕt* zend le sens de *faire*, *produire*, surtout avec la préposition *fra*, sens que n'a plus le *krit* brâhmanique. Il est permis d'être en doute sur le rôle du *tcha* qui suit cette préposition. Est-ce, comme cela paraît être au premier coup d'œil, la conjonction *tcha* (et), qui se joint à la préposition *fra*, de cette manière : *proque creavit?* Ou bien *tcha* est-il le redoublement d'une forme anomale de l'aoriste qui serait en sanscrit अचीकृतत् *atchikritat?* Dans ce cas, il faudrait renoncer à l'explication que je proposais tout à l'heure, pour *kĕrĕntat* pris isolément. Mais, comme cette dernière forme se trouve assez souvent seule dans le texte, j'ai préféré, jusqu'à plus ample preuve du contraire, faire de *tcha* la conjonction *et*.

Je ne crois pas nécessaire d'insister sur la fin de ce paragraphe ; les mots qu'il renferme sont tous également connus. Remarquons seulement ‍ *aoi* pour *ari*, qui me paraît être congénère à la préposition ‍ *ava*, comme अपि *api* l'est à अप *apa*, et qui doit signifier *au-dessus, sur*, puisque *ava* signifie *en bas, sous*. Cette préposition complète les développements du dissyllabe pronominal *ava*. Je ne crois pas que, comme l'a dit quelque part M. Bopp, cet *aoi* corresponde au sanscrit अभि *abhi;* cette dernière préposition est représentée en zend par ‍ *aiwi*.

Je ne puis cependant quitter ce paragraphe sans noter les développements que prend ici la fin de la glose de Nériosengh. Après avoir traduit littéralement les derniers mots de notre texte, il ajoute : « Cela veut dire qu'il a été créé plus fort à lui seul que les Darudjs du monde, [comme dit le texte] *kô thwām yim ahurĕm mazdām* (quis te qui Ahuramazda es). » Ici encore nous avons un passage emprunté à quelque texte qui se rapportait sans doute à l'opposition qu'Ahriman avait faite aux œuvres d'Ormuzd, en créant contre lui des êtres méchants et impurs. Ce passage ne se trouve ni dans notre Vendidad Sadé, ni dans le numéro vi S. et, s'il se lit dans nos Yaçnas zends-sanscrits, dans deux manuscrits de Londres et dans l'édition de Bombay, c'est qu'il y a été interpolé et pris de la glose pehlvie, à laquelle il appartient incontestablement. La fin du commentaire de Nériosengh, quelque confuse qu'elle soit, se rapporte évidemment à l'impuissance à laquelle fut réduit Dahâka, après que Féridoun l'eut vaincu. Ce trompeur fut désormais incapable de faire le mal dont il accablait auparavant les créations d'Ormuzd.

§ 7. Texte zend.

[1] Ms. Anq. n° ii F. p. 85; n° vi S. p. 38; n° iii S. p. 53; *Vendidad Sadé*, p. 41; édit. Bombay, p. 44; man. de Manakdji, p. 185.

Version de Nériosengh.

कस्त्वां तृतीयो त्ऊम मनुष्येषु सृष्टिमति संस्कृतवान् जगति [etc. comme ci-dessus, § 4.] श्रीतो तृतीयो सामानो लाभेप्तुः अस्य श्रीतलं इं यत् पुत्रः तृतीयो बभूव अस्य लाभेप्सुता च इयं यदसौ लाभं सृष्टीनां सुन्दरं विवेद [sic] समीप्सितुं। तृतीयो मां मनुष्येषु सृष्टिमति संस्कृतवान् जगति [etc. comme ci-dessus, § 4.] यदस्य पुत्रौ उच्चैर्जातौ ऊरुत्रस्तः केशास्पम्र न्यायाधिपः अन्यो ऽ भूत् किल न्यायं न्यायाधिपत्यं चक्रे आचार[म]चयत किल आचारं शुद्धतया सनि[हि]तवान्। तस्मादन्यः उत्कृष्टकायः उत्साही गासूरो गदाधरः किल कार्यं गद्या प्रभूतं चकार गासूर्जातो ताजिकानां बभूव अत एव गासूरः॥

Traduction.

« Quel est, Homa, le mortel qui, le troisième dans le monde existant, t'a préparé pour le sacrifice? Quelle sainteté a-t-il acquise? Quel avantage lui en est-il revenu? Alors Homa, le saint, qui éloigne la mort, me répondit : Le troisième des Çâmas, [cet homme] très-bienfaisant, est le troisième mortel qui, dans le monde existant, m'ait préparé pour le sacrifice. Il a acquis cette sainteté, cet avantage lui en est revenu, qu'il lui est né deux fils, Urvâkhchaya et Kĕrĕçáçpa : l'un, religieux, qui fit régner la justice; l'autre, haut de taille, actif et armé de la massue [à tête] de bœuf. »

Il nous faut commencer par reproduire la traduction d'Anquetil, quoiqu'elle soit, en général, bien peu exacte. « Quel est, ô Hom, le troisième mortel qui, dans le monde existant, vous ayant invoqué et s'étant humilié devant vous, ait obtenu ce qu'il désirait? Alors Hom, pur et qui éloigne la mort, me répondit : Sam, le juste, est le troisième mortel qui, m'ayant invoqué dans le monde existant et s'étant humilié devant moi, ait obtenu ce qu'il désirait, lui qui a engendré (deux) enfants grands (et distingués), Ourouakhsch et Guerschasp. Le premier fut chef et rendit la justice; le second haut de taille et toujours armé de la massue (à tête de bœuf)…. » Je ne donne pas la suite de cette traduction qu'Anquétil joint à tort au paragraphe suivant; je l'examinerai tout à l'heure.

Le commencement de ce paragraphe ne présente aucune difficulté nouvelle, puisque c'est la répétition de la formule des articles précédents, moins le nom de nombre. Tous les manuscrits, sauf celui de Manakdji et le numéro 11 F. d'Anquetil, qui ont ⸺ *thrětyó*, lisent ⸺ *thrityó*, forme que je regarde comme d'autant mieux comparable au sanscrit *tritíya*, que le ⸺ n'est pas aspiré en ⸺ *th*, ainsi qu'il le devient ordinairement en zend devant *y*. Sans doute cette absence d'aspiration vient de ce que le *t* ne tombait pas primitivement sur *ya*, mais sur *íya*, et qu'alors il était naturellement soustrait à l'influence de la règle de l'aspiration d'un *t* devant *y*. Or, comme les syllabes *íya* n'existent pas dans la langue zende, et qu'elles se contractent nécessairement en *ya*, on peut, sans irrégularité, écrire *thritya*, comme on écrit ‏‎ *dáitya* (devant être donné).

La seconde fois que ce mot se représente, tous nos manuscrits, moins le Vendidad Sadé et l'édition de Bombay, lisent ‏‎ *thritô* ou ‏‎ *thrëtô*, et il paraît que cette orthographe est ancienne, puisque Nériosengh la transcrit de manière à en représenter la prononciation : श्रीतो *çrítô*, en la faisant suivre de तृतीया *trïtïyó*, qu'il ajoute ici pour le sens. L'accord des manuscrits et l'autorité de Nériosengh m'ont décidé à conserver cette leçon de *thritô* au lieu de *thrityó*, que donnent deux manuscrits seulement. Je pense que le zend *thrita* est une forme antique dans laquelle le suffixe adjectif *ta* se joint immédiatement au nom de nombre *thri*, pour lui donner la valeur d'un ordinal, ainsi que cela se voit dans les noms de nombre védiques. एकत *ékata*, द्वित *dvita*, त्रित *trita*, premier, second, troisième.

Anquetil a méconnu ici complétement les rapports qui unissent les mots du commencement de cette phrase, quand il a traduit *thritô çámanãm çèvistô* par « Sam, le juste. » Il est clair que ces trois mots signifient « le troisième des Çâmas, très-bienfaisant; » et la glose de Nériosengh ne laisse aucun doute à cet égard, puisqu'elle ajoute : « La qualité qu'il a d'être *Thrita* vient de ce qu'il fut un troisième enfant, » et quant à la qualité de çêvistô, qu'il interprète par lâbhépsu (désireux d'obtenir du bien), Nériosengh l'explique ainsi : « Elle lui vient de ce qu'il sut bien faire le bonheur des créatures. » Nous devons donc tenir pour certain que la tradition, exprimée par le texte zend qui nous occupe, reconnaissait l'existence de trois personnages nommés Çâma, dont le dernier fut père d'Urvâkhchaya et de Guerschasp.

Il est à regretter que les passages où il est question de Çâma ne soient ni plus détaillés ni plus nombreux. Je ne trouve plus ce nom que deux fois dans tout ce qui nous reste du Zend-Avesta. C'est aux chapitres XIX et XXIX de l'Iescht des Férouers. Voici le premier passage :

¹.

Anquetil le traduit ainsi : « Je fais Izeschné au saint Férouer de Sâm (père) de Guerschâsp, armé de la massue (à tête) de bœuf. » Mais je crois qu'il faut dire plus exactement : « Nous adorons le Férouer du saint Çâma [père de] Kĕrĕçâçpa [qui parcourait] les mondes en tenant haute la massue. » Je ne m'arrêterai pas à critiquer ce texte, que je crois altéré, et qui me paraît s'expliquer par le suivant, que j'emprunte au même Iescht :

².

---

¹ Ms. Anq. n° III S. p. 596; n° IV F. p. 797.
² Ms. Anq. n° III S. p. 577; n° IV F. p. 746.

Suivant Anquetil : « Les Férouers des saints qui veillent sur le corps de Sâm (père de) Guerschasp, armé de la massue à tête de bœuf; » et plus littéralement, afin de mieux faire sentir les rapports vrais des mots : « Les Férouers qui veillent sur ce corps, qui [est celui] du Çâma [père] de Kĕrĕçâçpa, qui [parcourait] les mondes, la massue haute. » En comparant ces deux passages, on reconnaîtra que ⸺ gaéthâonç et ⸺ gaéthâus doivent se diviser ainsi, gaéthâo, acc. plr. de gaétha (monde), et ⸺ nç (en haut). Mais comme, pour expliquer cet accusatif, on est obligé d'admettre l'ellipse un peu forte d'un verbe, tel que parcourir, peut-être arriverait-on plus près du sens, que, du reste, je ne crois pas douteux, en lisant gaéthâhva nç (dans les mondes, en haut...), leçon qui a pu aisément, tant est grande l'inattention des copistes, se confondre ainsi en un seul mot, gaéthâonç. Quoi qu'il en soit, il résulte toujours clairement des deux passages cités tout à l'heure que le nom des Çâmas, dont le troisième est le père de Kĕrĕçâçpa, est Çâma, et non Çâman. Un tel nom est parfaitement authentique aussi bien en zend qu'en sanscrit; et il se rattache aisément au radical शम् çam (être calme, paisible).

Je n'ai cependant trouvé jusqu'ici, dans ce que je connais des traditions indiennes, aucun nom qui rappelle cette famille des Çâmas, sauf celui de *Samyama*, que le Bhâgavata purâna donne pour le nom d'un roi de Vâiçâlî, père d'un Krîçâçva[1]. Il est sans

[1] *Bhâg. pur.* l. IX. ch. II. st. 34; *Vishnu. pur.* p. 354, note 27.

doute assez singulier que ce roi indien, Kriçâçva, ait un père dont le nom (celui de *Saṁyama*) signifie « qui se dompte, » appellation dont le sens se rapproche de celui du *Çâma* zend (qui est calme), le père de Kërëçâçpa. Mais rien ne m'autorise jusqu'ici à donner à ce rapprochement plus de valeur que n'en mérite une coïncidence probablement accidentelle. Il ne me paraît pas non plus qu'on doive penser à शमयु *Çamyu*, ancien sage cité une ou deux fois dans le Rïgvêda, et sur l'existence duquel je ne sais rien autre chose, sinon qu'il dut sa félicité à Rudra[1].

Quant à l'épithète de ~~~ *çêvistô*, que Nériosengh traduit par « désireux d'obtenir du bien, » et qu'il commente comme si elle signifiait « désireux de faire le bien des autres, » je l'ai rendue, conformément à cette glose, par « très-bienfaisant, » ainsi que je l'ai fait ailleurs à l'occasion du nom de Drouasp[2]. Je renvoie le lecteur aux nombreux éclaircissements par lesquels j'ai essayé d'expliquer ce terme difficile[3]. Mais je dois en même temps reconnaître que le rapport que j'ai cherché à établir entre le primitif *çavô* et le radical *chu* (engendrer) d'une part, et le superlatif *çêvista* et le sanscrit *çiva* de l'autre, ne me paraît plus aussi probable que je le croyais autrefois. Ce que je tiens pour démontré par les discussions auxquelles je me suis livré à l'occasion de ce terme, c'est, premièrement, que dans *çêvista* les

---

[1] *Rïgvêda*, I, 43, 4.
[2] *Comment. sur le Yaçna*. tom. I, pag. 429.
[3] *Ibid.* pag. 205, 259, 459, et surtout pag. 476 sqq.

deux dernières syllabes *ista* sont une formative de superlatif, et secondement, que ces syllabes n'ont aucun rapport avec le radical इष् *ich* (désirer), comme pourrait le faire croire la version de Nériosengh. Il suit de là que *çèvista* est le superlatif d'un adjectif dérivé de *çavô*, à l'aide d'un suffixe qui jusqu'ici ne m'est pas connu, et que la modification de la voyelle radicale, modification qui en a fait un *è*, est sans aucun doute le résultat de l'influence exercée par l'*i* du suffixe *ista*, ainsi qu'on le voit dans le sanscrit *nédichtha* (le plus proche), qui dérive d'un primitif où la voyelle *a* doit être radicale.

En ce qui touche le substantif *çavô*, duquel dérive au second degré le superlatif *çèvista*, les interprètes Parses, la glose de Nériosengh et Anquetil s'accordent à le traduire par « bien. » Cependant, l'identité de son qui existe entre le *çavô* zend et le शवस् *çavas* vêdique pourrait bien s'étendre jusqu'au sens; et alors il faudrait interpréter *çavô* par « puissance, vigueur, » comme le font Rosen et Stevenson[1]. L'analogie que je constate entre ces deux primitifs s'étend jusqu'au dérivé qui nous occupe; car des textes du Rigvêda et du Sâmavêda nous donnent le superlatif शविष्ठ *çavichtha*, dans des passages où Rosen et Stevenson le traduisent par *robustissimus, fortissimus* et *all-powerfull*[2]. S'il devenait possible d'établir que le zend *çavô* a la signification du sanscrit *çavas*, il

---

[1] *Rigvêda*, I, 8, 5 et pass. *Sâmavêda*, p. 14, st. 2; *Transl.* p. 31, 2.
[2] *Rigvêda*, I, 77, 4 b: 80, 1 b; *Sâmavêda*, pag. 19, st. 5 a; Stevenson, *Translat. etc.* p. 45. 5.

faudrait interpréter des expressions comme *çavô maz-dadátĕm*, non plus par « le bien donné d'Ormuzd, » mais par « la puissance donnée d'Ormuzd, » et de même dans le passage du Yaçna, objet de ces remarques, il faudrait dire : « le troisième Çâma, cet homme très-puissant. »

Je passe aux termes de ce paragraphe non encore expliqués ailleurs. Et d'abord je lis ⟨⟩ *puthra*, avec un seul manuscrit, le numéro VI S. et non ⟨⟩ *puthró*, que donnent tous les Yaçnas et les Vendidads de Paris, de Londres et de Bombay. Les copistes comprennent si peu les textes qu'ils ont entre les mains, qu'un seul, dans le nombre de ceux auxquels nous devons nos manuscrits, a vu qu'il fallait ici un duel, ou tout au moins un pluriel. Il est probable que *puthra*, pour *puthrá*, est un de ces duels védiques dont la présence n'est pas rare dans le Zend-Avesta; cela est prouvé par la forme du verbe suivant, ⟨⟩ *zayóithé*, qui est exactement le sanscrit जयेते *djayété* (ils naissent tous deux). Six manuscrits lisent régulièrement *zayóithé*; un seul, à Londres, lit ⟨⟩ *zayaéthé*, variante qui confirme mon explication, loin de la contredire. Le copiste du Vendidad Sadé, entraîné par l'analogie de ce passage avec les précédents, lit ⟨⟩ *zayata* au singulier. Le seul point qui mérite une remarque, c'est l'emploi du présent au lieu de l'imparfait ou de tout autre temps du passé; mais, on le sait, rien n'est plus commun et plus naturel, dans les récits, que cet échange du passé contre le présent.

J'ai longtemps cru que le nom propre 𐬎𐬭𐬎𐬎𐬀𐬑𐬱𐬌𐬌𐬋 *Urvâkhchayó*, que l'édition de Bombay lit, avec deux manuscrits de Londres, 𐬎𐬭𐬎𐬎𐬀𐬑𐬱𐬌𐬋 *Urvâkhsyó*, était composé de 𐬎𐬭𐬎 *uru* (large) et d'un dérivé du sanscrit अक्षि *akchi* (œil); mais je suis revenu de cette interprétation à cause de la difficulté que fait naître la dernière syllabe de ce nom propre. Il me paraît plus simple d'y voir 𐬎𐬭𐬎𐬀 *urvâ*, pour *urva*, autre forme de l'adjectif *uru* (large), et 𐬑𐬱𐬀𐬌𐬌𐬋 *khchayó*, du thème *khchaya* (empire), de sorte que *urvâkhchaya* se traduira par « celui dont l'empire s'étend au loin. » Le nom du frère d'Urvâkhchaya ne donne matière à aucun doute, car 𐬐𐬆𐬭𐬆𐬯𐬁𐬯𐬞𐬀 *Kĕrĕçâçpaç* est exactement le sanscrit कृशाश्व *kriçâçva* (celui qui a des chevaux maigres ou élancés), nom qu'on sait être celui d'un saint célèbre dans la plus ancienne tradition indienne; c'est un rapprochement que j'ai déjà signalé ailleurs[1].

Il n'est pas aussi facile de se rendre compte des rapports qui unissent entre eux les mots qui suivent, quoique je sois à peu près certain d'en posséder le sens général. Mais par quelles relations rattacher ces termes, placés tous au nominatif? Je ne vois pas d'autre moyen que de supposer que 𐬚𐬀𐬉𐬱𐬋 *tkaéchó* est un adjectif aussi bien qu'un substantif, et de traduire « l'un, religieux, fut donné ami de la justice. » Dans le composé *ahura tkaécha*, que j'ai expliqué ailleurs[2], j'ai, sur l'autorité de Nériosengh, pris

---

[1] *Observ. sur la gramm. comp. de M. Bopp,* p. 42 et 43.
[2] *Comment. sur le Yaçna,* t. I, p. 9.

tkaécha pour un substantif signifiant *précepte, instruction;* il faudrait, suivant la même autorité, en faire autant ici, puisque, d'après la glose sanscrite, *tkaéchô* est remplacé par न्यायाधिपः *nyâyâdhipah*, « chef de la doctrine. » Mais je ne trouve pas l'idée de *chef* dans *tkaécha*, et il me paraît plus simple d'y voir un adjectif. On pourrait donc traduire, dans cette hypothèse, *ahura tkaécha* par « religieux, ou obéissant à Ormuzd. » D'un autre côté, s'il était absolument prouvé que *tkaécha* est exclusivement un substantif, il serait nécessaire, pour obtenir une construction intelligible, de réunir ce mot en composition avec ܕܐܬܐ *dâtô*, participe auquel on donnerait un sens actif, de cette manière : « qui a établi les préceptes. » Mais il faudrait en même temps supposer que le composé *tkaéchô dâtô*, « le fondateur ou l'instituteur des préceptes, » aurait été séparé en deux parties par l'adjectif ܐܢܝܐ *anyô* (l'un ou l'autre), en vertu d'une de ces tmèses que favorise la forme déclinée sous laquelle se présente d'ordinaire la première partie des composés zends. J'avoue qu'entre ces deux explications je préfère la première, parce qu'elle me paraît moins forcée.

On remarquera que le pronom distributif ܐܢܝܐ *anyô*, qui est exactement le sanscrit अन्य *anya* (autre) ne prend pas le suffixe du comparatif *tara*, comme cela serait nécessaire en sanscrit, puisqu'il n'est ici question que de deux personnes. Conservant ma première explication, je ne change rien à la signification de *dâtô*, qui est le passif de *dâ*, en sanscrit दा

dhá (poser, créer). Je rattache ﺭﺍﺯﻭ *rázô* à 𐬀𐬴𐬈𐬰𐬎 *ĕrĕzu*, qui est le sanscrit ऋजु *ridju* (droit); ce doit être un adjectif dérivé, à un autre degré, de ce radical ऋज् *ridj*, qui appartient aux principales branches de la famille indo-européenne. Je vois dans le développement de la première voyelle l'analogue du *vriddhi* indien, et j'en conclus que si *ĕrĕzu* signifie *droit, juste*, le mot *ráza*, thème de *rázô*, doit signifier « celui qui rend juste, qui applique la justice; » c'est donc dans ce sens que j'ai traduit. J'aurais désiré reconnaître ici une transformation du sanscrit *rádja* (roi); mais je n'ai pas trouvé que les passages très-peu nombreux, où se présentent des formes de ce *rázô*, justifiassent ce rapprochement. Nériosengh ne l'appuie pas non plus, puisque dans sa glose, assez confuse d'ailleurs, il n'y a que le mot आचार *âtchâra* (coutume et pratique morale et religieuse), qui représente *rázô*. Il est cependant possible d'extraire de cette glose ce sens, qu'Urvâkhchaya établit les pratiques et les règles dans toute leur pureté, sens qui revient exactement à celui que j'ai adopté, me fondant et sur l'analyse grammaticale, et sur le sens traditionnel conservé par Anquetil.

Je passe aux attributs de Guerschasp, ou, comme le texte le nomme, *Kĕrĕçáçpa*. Le premier nous le représente haut de taille, sens que donnent Nériosengh et Anquetil, et qui se retrouve facilement dans les deux premiers mots 𐬎𐬞𐬀𐬭𐬋, 𐬐𐬀𐬌𐬭𐬌𐬌𐬋 *uparô kairyô*. L'un est l'adjectif dont nous avons la préposition dans le sanscrit *upari*; il est clair qu'il signifie

(183)

élevé, *supérieur*, et Nériosengh le rend aussi par अत्कृष्ट *utkrĭchta*, qu'il faut prendre au sens physique plutôt qu'au sens moral. L'autre, کهیریو *kairyô*, qui appartient clairement au radical *kĕrĕ* (faire), donne moins facilement sans doute le sens de *corps* ou de *stature*; mais il ne faut pas oublier que les radicaux dont la signification est aussi générale et aussi peu déterminée que celle de *faire*, sont affectés, si je puis m'exprimer ainsi, à des sens très-divers et très-spéciaux par la seule force du préfixe qu'ils reçoivent. Qui, par exemple, pourrait expliquer, à l'aide de la seule signification radicale, le sens de *monceau, amas*, que prend un dérivé du radical *krĭ*, avec le suffixe *pra*, dans प्रकर *prakara*? Le rapport qui rattache l'idée de *forme* à celle de *faire*, suffit d'ailleurs à expliquer celui que nous cherchons entre l'idée de *créer* et celle de *corps*; et c'est en vertu d'une analogie de ce genre, qu'il faut expliquer la ressemblance si frappante du zend *kĕhrp*, lat. *corpus*, avec le radical sanscrit कॢप् *klrĭp* ou *krĭp* (faire), ainsi que l'a bien fait voir Benfey [1]. Rien ne s'oppose donc à ce que nous conservions le sens traditionnel de *corps élevé* ou de *haute stature* au composé *uparô kairyô*, et que nous en concluions même que *kairya* signifie *corps* ou *taille* [2].

---

[1] *Griech. Wurzell.* tom. II, pag. 171.

[2] J'ai déjà eu occasion de m'occuper de ce mot, qui figure dans le nom d'une montagne citée plus d'une fois par le Zend-Avesta : je veux parler du mont Houguer, en zend *Hukairya*; et j'ai rendu cet adjectif par *bienfaisant*, en cherchant même à y voir la traduction du grec Εὐεργέται. (*Comment. sur le Yaçna*, t. I, notes, p. XCIX.) Cette hypothèse, quoique présentée avec toutes les précautions

Le mot suivant, ⟨⟩ *yava*, n'est pas traduit dans Anquetil, ou plutôt il est mal traduit par *toujours*; il est probable qu'Anquetil ou ses Parses auront été trompés par l'analogie apparente que présente ce disyllabe avec le substantif ⟨⟩ *yavê* (pour l'âge, pour toute la vie), sur lequel j'ai donné un article étendu dans ces Études. Ce rapprochement ne peut pas se soutenir, et Nériosengh doit être plus près de la vérité, quand il traduit *yava* par उत्साहिन् *utsâhin* (qui fait effort, actif). Ce mot peut être le nmn. de l'adjectif qui est en sanscrit युवन् *yuvan* (jeune), et dont nous avons plusieurs cas en zend, tels que le

que je me fais un devoir d'employer en pareil cas, a fourni à M. Wilson l'occasion d'une remarque à laquelle la sagacité de Benfey me donne le moyen de répondre. Voici la note de M. Wilson : « Suivant Hérodote, ceux qui avaient bien mérité du roi étaient nommés, en persan, *Orosangai*, mot qui n'est pas zend ; d'où il suit ou que M. Burnouf se trompe dans son étymologie, ou que le zend n'était pas la langue de la Drangiane. Il faut cependant ajouter, pour être juste, que M. Burnouf a signalé lui-même cette difficulté. » (*Ariana antiqua*, p. 155, note 3.) Si le lecteur veut bien relire le passage du Yaçna qui a donné lieu à cette observation de M. Wilson, et le comparer à un paragraphe du *Griechisches Wurzellexicon* de M. Benfey, il reconnaîtra que j'ai manqué de pénétration ou de mémoire en ne voyant pas que le mot Ὀροσάγγαι est la transcription aussi exacte qu'il est possible du zend *hvarĕzaghô*, « les bienfaisants, » (ou Εὐεργέται), lequel est formé de *hu* (bien) et *varĕzagh* (action). (Voyez Benfey, t. II, pag. 38.) Mais il admettra en même temps que c'était se trop presser que de dire que le mot Ὀροσάγγαι n'est pas zend. Je renonce donc aujourd'hui au rapprochement que j'avais cherché à établir entre le grec Εὐεργέται et le zend *hukairya*; et même, au lieu de traduire ce dernier adjectif par *bienfaisant*, je proposerais de le rendre par « doué d'une belle forme, » sens qui va bien à une montagne, et qui s'accorde également avec celui que j'essaye d'assigner, dans mon texte, à *kairya* (taille, stature).

datif ◦◦◦ *yûné*, le gnt. plr. ◦◦◦ *yûnãm*, et le nmn. plr. ◦◦◦ *yavónó*. Dans *yava*, il y a *guṇa* de la voyelle du monosyllabe *yu* devant le suffixe *an*, dont la nasale est tombée, sans que la chute en soit compensée par l'allongement de la voyelle; mais cela vient très-probablement de ce que la voyelle finale, primitivement et étymologiquement longue, a été abrégée d'une manière anomale en zend. J'ajoute que ce mot *yava* (jeune) doit se prendre dans un sens très-étendu, et qu'il signifie « doué des qualités de la jeunesse; » c'est bien ainsi que l'entend Nériosengh en le traduisant par *utsâhin*.

Le terme qui vient ensuite présente beaucoup plus de difficultés, et les variantes des manuscrits, qui sont assez nombreuses, ne s'expliquent pas toutes également. Ce mot est écrit ◦◦◦ *gaéçus* [1], ◦◦◦ *gaéuçuç* [2], ◦◦◦ *gaéuçus* [3], ◦◦◦ *gaésis* [4], ◦◦◦ *gèuçus* [5] et ◦◦◦ *gèusuç* dans le Vendidad Sadé lithographié. Il est évident que ces orthographes se divisent naturellement en deux ordres : le premier et le plus nombreux, dont on peut déduire la leçon *gaéçus*, ou plutôt peut-être *gaéchus*; le second, qui se ramène à *gèusuç*, où l'on voit *gèus*, gnt. sng. bien connu de *gáo* (bœuf ou vache), et la préposition *uç*

---

[1] Ms. Anq. n° vi S. n° ii F. et éd. Bombay.
[2] Ms. Anq. n° iii S.
[3] Un manuscrit de Londres.
[4] Un autre manuscrit de Londres.
[5] Un troisième manuscrit de Londres; le manuscrit de Manakdji lit *gaéçus*, ce qui paraît avoir été la leçon primitive du Yaçna, n° ii F.

(en haut). La leçon que fournit le plus grand nombre des variantes répondrait au sanscrit *gêchus*, qui, s'il existe, signifierait « celui qui cherche; » l'autre, *gèus uç*, ne peut s'entendre seule, et il faut la réunir au mot suivant, بعيورودبلا *gadavarô*, que l'étymologie et la tradition nous engagent également à traduire par « qui porte la massue, » ou, peut-être, « éminent par la massue. » Il faut donc grouper ainsi ces trois mots : *gèus uç gadavarô*, en faisant rapporter la préposition *uç* (en haut) à l'adjectif *gadavarô* (porte massue), et traduire littéralement « portant en haut la massue de bœuf, » ce qui est exactement le sens d'Anquetil : « armé de la massue à tête de bœuf. »

J'avoue que c'est l'autorité d'Anquetil qui m'a décidé pour cette explication de notre texte, dont la construction est d'ailleurs embarrassée. La version de Nériosengh ne nous donne presque aucun secours, puisqu'elle remplace le zend *gèusuç* (ou *gaéçuç*) par *gâsûra* ou *gáçûra*, mot que je ne connais, ni en sanscrit, ni en zend, et qui ne rappelle que de loin le persan گاوسار *gávsár*, « semblable à un bœuf, » ou encore « la massue de Féridoun. » Cependant, on en peut conclure que la glose pehlvie, à laquelle appartient peut-être ce mot *gâsûra*, regardait notre terme zend comme un mot unique auquel répondait *gâsûra*, épithète de Guerchasp, comme les mots précédents. Cela résulte, à ce qu'il me semble, de la suite du commentaire de Nériosengh, que je traduis ainsi, sauf ce *gâsûra* : « armé de la massue, c'est-à-dire qu'il fit beaucoup œuvre de sa massue; il naquit

Gâsûra des Tâdjiks : c'est pour cela qu'il est *Gâsûra*. »
Ce mot est-il un titre? C'est ce que je ne puis ni affirmer ni nier; je n'hésiterais cependant pas à le croire, si l'on pouvait établir que le *gâçûra* (ou *gâsûra*) de Nériosengh n'est que la transcription du terme persan كاوزور *gâvzor* (un rude jouteur). Dans cette hypothèse, on traduirait ainsi la fin de la glose de Nériosengh : « Il naquit avec la force d'un taureau parmi les Tâdjiks, c'est pour cela qu'il est *Gâçûra* (fort comme un taureau). » Au reste, la mention des Tâdjiks en cet endroit (car *Tâdjika* ne peut avoir d'autre sens) est assez inattendue, et à mon sens peu explicable. Quoi qu'il en puisse être, si le terme zend que je viens d'examiner doit se lire, en un seul mot, *gaéçus*, et non en deux, *gêus uç*, le sanscrit ne nous fournit que le sens de *celui qui cherche*, et peut-être, par extension, *chasseur*; de sorte que, dans la supposition qu'il faudrait abandonner la tradition recueillie par Anquetil, on devrait ainsi traduire la fin de notre paragraphe : « l'autre, haut de taille, actif, fut un chasseur armé de la massue. »

Je ne dois cependant pas oublier de mentionner ici une observation que me suggère la comparaison du passage qui nous occupe avec celui que j'ai emprunté plus haut à deux chapitres de l'Iescht Farvardin. Ce mot, si diversement écrit et si obscur de *gaéçuç*, ne serait-il qu'une autre orthographe fautive du terme *gaéthâo uç*, que j'ai essayé, plus haut, de restituer et de rétablir? Alors il faudrait traduire : « L'autre, haut de taille, actif, [parcourant] les mondes, la massue haute. » Ou bien faudrait il se servir du présent texte pour corriger celui de l'Iescht Farvardin, en supposant que *gaétháo uç* est une leçon fautive pour *qèus uç*? C'est ce que je ne saurais décider. Nos manuscrits sont tellement incorrects, qu'on doit s'attendre aux altérations les plus divergentes. Mais aussi les textes qui sont à notre disposition sont tellement limités, que, quand on trouve pour un passage difficile une explication suffisante, on a tout avantage à s'y tenir.

§ 8. Texte zend.

[texte en écriture zend/avestique]

Version de Nériosengh.

यो उद्यान अर्हं छूवरं² यं अग्यगिलं नार्गिलं यं विषमन्तं लोहितं यत्रोपरि विषं प्रावर्त्त् मुख्यङ्कुंतुङ् पाटलं यत्रोपरि केशास्प: लोह्कटाहे पाकं पपाच आरपीष-निकालं आमध्याङ्कसंध्यं तप्तश्च स नृशंस: चुचुम्भे किल

---

[1] Ms. Anq. n° II F. p. 87; n° VI S. p. 38; n° III S. p. 54; *Vendidad Sadé*. p. 41; éd. Bombay, p. 45; ms. de Manakdji, p. 188.

[2] Codd. corr. शब्बरं

द्विपाठो बभूव प्रकृषं च लोकुकटाहं त्र्रवाकिरत् मलवती:
त्र्राप: पराङ्गाम पतत्त्वासेन त्र्रपससर्प पौरुषमानसत्वं
केरेशास्प: । त्र्रस्य पौरुषमानसत्वं इदं बभूव यत्तो
चैतन्यं स्थाने दधौ ॥

Traduction.

« C'est lui qui tua le serpent agile qui dévorait les chevaux et les hommes, ce serpent venimeux et vert, sur le corps duquel ruisselait un vert poison de l'épaisseur du pouce. Kĕrĕçâçpa fit chauffer au-dessus de lui de l'eau dans un vase d'airain, jusqu'à midi; et le monstre homicide sentit la chaleur, et il siffla. Le vase d'airain, tombant en avant, répandit l'eau faite pour s'écouler. Le serpent, effrayé, s'enfuit; [et] Kĕrĕçâçpa, au cœur d'homme, recula. »

Commençons par donner la traduction d'Anquetil : « [Il] frappa cette couleuvre d'une grandeur énorme, qui dévorait les hommes, et dont le poison abondant coulait comme un fleuve, tandis que (repliée en elle-même comme) le poing, elle élevait (une tête) menaçante. Guerschasp fit chauffer dessus (cette couleuvre) un grand vase de métal au Gâh Rapitan (à midi). La chaleur (du vase) brisa la couleuvre; le vase de métal tomba de côté; l'eau qu'il contenait s'écoula; et le (Dew) s'enfuit comme l'eau, saisi de frayeur à la vue de ce que venait de faire le vaillant Guerschasp. »

S'il était besoin de prouver, ce qui me paraît

établi d'ailleurs, qu'Anquetil a exécuté sa traduction presque au hasard, et sans chercher à se rendre compte des termes dont se compose le texte, il suffirait de ce passage pour établir cette opinion. En effet, quoique tout n'y soit pas également facile, la forme du discours, qui est celle d'un récit, est cependant un secours manifeste qui nous éclaire sur le rôle grammatical de bien des mots.

Le premier qui mérite notre attention est ﺳﻠﻤﺎﻟﺴ çravarèm, que nos manuscrits reproduisent assez diversement. Ainsi on trouve ﺳﻠﺴ çrvrèm [1], orthographe qui peut à peine être prononcée, mais qui s'explique par la chute d'un ﺎ a; d'où je conclus que le copiste avait sous les yeux un manuscrit portant ﺳﻠﺴ çrvarèm. C'est à cette leçon que nous conduit également celle de ﺳﻠﺴ çrûarèm [2]. D'autres variantes développent ce mot de cette manière : ﺳﻠﻤﺎﻟﺴ çaravarèm [3], ﺳﻠﻤﻠﺴ çarvarèm [4], et ﺳﻠﻤﺎﻟﺴ çravarèm [5]. C'est cette dernière orthographe que je préfère, parce qu'elle se prête le mieux à l'analyse. Je vois, en effet, ici le substantif çrava (l'action de couler ou d'aller) avec le suffixe ra, de sorte que çravara signifie « doué de la propriété d'aller, de couler, de fuir, » ce qui est une épithète parfaitement convenable pour un serpent. L'idée de *grandeur*

---

[1] Ms. Anq. n° vi S. p. 38; n° iii S. p. 54, et un manuscrit de Londres.
[2] Ms. Anq. n° ii F. p. 187; ms. Manakdji, p. 188.
[3] Un manuscrit de Londres.
[4] *Vendidad-Sadé*, p. 41.
[5] Éd. de Bombay et un manuscrit de Londres.

énorme qu'exprime la traduction d'Anquetil n'a rien à faire ici, et quant à Nériosengh, il n'est pas facile de reconnaître s'il traduit ou s'il transcrit le terme original; je crois plutôt que c'est une transcription qu'il en donne, comme il a fait précédemment pour le nom de *daháka*.

Les deux composés ⁕⁕⁕ *açpō garĕm* et ⁕⁕⁕ *nĕrĕgarĕm* ne peuvent faire difficulté; Nériosengh les rend très-exactement par « qui dévore ou avale les chevaux, les hommes. » Le mot final est un adjectif dérivé du radical *gĕrĕ*, en sanscrit ग्री *grī* (avaler). Anquetil a oublié de traduire la première de ces deux épithètes. Je préfère, pour le mot suivant, l'orthographe ⁕⁕⁕ *richavañtĕm* à celle de ⁕⁕⁕ *viçavañtĕm*, que donnent plusieurs manuscrits [1]; le Vendidad Sadé et un manuscrit de Londres lisent seuls ⁕⁕⁕ *visavañtĕm*, ce que je remplace par *richa...*, me fondant sur la confusion ordinaire des signes ⁕ *ch* et ⁕ *s*. Il est clair que cet adjectif signifie « qui a du poison; » c'est le sanscrit विषवत् *vicharat*, dont le sens est le même.

Nériosengh traduit une fois par *rouge*, et une autre fois par *rouge pâle*, le mot ⁕⁕⁕ *zairitĕm*, qu'omet Anquetil. Il me semble cependant que *zairita* ne peut, d'après l'étymologie, avoir d'autre sens que celui de *vert* ou *jaune*, ou encore de *couleur d'or*. Mais la nuance de couleur d'or confine assez à celle de *rouge* pour que *zairita* puisse avoir à la fois les

---

[1] Ms. Anq. n° vi S. n° ii F. n° iii S. ms. Manakdji et un manuscrit de Londres.

significations de *vert*, *jaune* et *rouge*, si l'on pense surtout au peu de précision que mettent les langues à exprimer les nuances des couleurs, et, je puis ajouter, des saveurs et des odeurs. Au reste, j'ai prouvé ailleurs que le zend *zairita* est le sanscrit हरित *harita*.

Nous trouvons ensuite ‎دیش رئودهت‎ *vîs raodhat*, que presque tous les manuscrits lisent de même, à l'exception du Vendidad Sadé, qui a ‎رودهت‎ *rudhat*, forme qui annonce un aoriste au lieu d'un imparfait. Le zend *vîs* répond exactement au sanscrit विष् *vich*, sauf la nuance légère du sens d'*ordure* à celui de *poison* : en sanscrit, les deux sens sont affectés chacun à une forme différente, विष् *vich* (ordure) et विष *vicha* (poison). Je n'ai pas besoin de m'arrêter à ‎رئودهت‎ *raodhat*, imparfait sans augment; j'ai traité ailleurs de ce terme en détail [1].

Le mot suivant est assez diversement lu par les manuscrits; je trouve ‎آرستیو‎ *ârstyô* [2], ‎آرچتیو‎ *ârçtyô* [3], ‎آرچتیو‎ *âraçtyô* [4], ‎آرچتیو‎ *âraçtayô* [5], et enfin ‎ائیرچتیو‎ *âiriçtyô*, que donne le seul numéro VI S. d'Anquetil. Cette leçon isolée me paraît inférieure aux autres, quoiqu'on y reconnaisse encore les éléments étymologiques du mot. Je pense, en effet, qu'*ârstyô* doit être analysé ainsi : *yô* (nmn. de *ya*) est un suffixe de dérivation qui nous prépare à une modification de la

---

[1] *Comment. sur le Yaçna*, t. I, note D, p. 32.
[2] Ms. Anq. n° II F. et ms. Manakdji.
[3] Ms. Anq. n° III S. et un manuscrit de Londres.
[4] *Vendidad-Sadé*, p. 42; un manuscrit de Londres et l'édition de Bombay.
[5] Un troisième manuscrit de Londres.

voyelle initiale du thème; or cette modification se trouve dans la syllabe *âr*, qui, selon la théorie de la dérivation sanscrite, serait un *vrĭddhi* de *ri*. Si donc le mot *ârstya* (pour *ârchtya*) était possible en sanscrit, ce serait un dérivé de ऋष्टि *rĭchṭi*, dérivé désignant « ce qui appartient ou ce qui est relatif au *rĭchṭi* ou au glaive. » Le sens de *glaive* ne paraît pas convenir au terme zend, qui est le primitif de *ârstya*; mais Nériosengh nous fournit une explication satisfaisante en remplaçant dans sa glose *ârstyô* par मुष्ट्यङ्गुष्ठ *muchtya-ģuchṭha*, « le pouce du poing. » Il est donc fort probable que le zend *ĕrĕsti* (auquel se rattache peut-être le *wrist* anglais), primitif supposé de *ârstya*, signifie *poing*, et que *ârstya* lui-même peut se traduire par *pouce*. En réunissant ce mot au suivant, ࿇ *bĕrĕza*, pour en faire un composé, nous traduirons le tout par « de la largeur ou de la hauteur du pouce; » car *bĕrĕza* se présente ici comme un instrumental employé en quelque sorte adverbialement.

Après *zairitĕm*, qui termine cette partie de notre paragraphe, le numéro VI S. donne à la marge, et d'une main moderne, les mots ࿇ ࿇ ࿇ ࿇, qui manquent à tous nos Yaçnas zend-sanscrits et au Vendidad Sadé, mais qui se trouvent dans l'édition de Bombay et dans deux Vendidads de Londres. Je ne balance pas à regarder cette courte phrase comme une interpolation; les textes qui ont servi de base au travail de Nériosengh et à celui d'Anquetil ne la connaissaient évidemment pas. Il n'est, du reste, pas facile d'en déterminer le sens avec certitude. On voit bien que le sujet doit être *barĕsnus*, qu'un seul manuscrit lit ﺑﺎﺭﺷﻨﺲ *barĕsnus*. Cette dernière leçon est vraisemblablement la bonne, car ce mot, où l'on reconnaît le suffixe *nu*, peut appartenir au radical ﺑﺮﺯ *bĕrĕz*, en sanscrit बृह् *vrih* (croître, s'étendre); de sorte que *barĕsnus* signifiera *le grand*, sans doute au physique plutôt qu'au moral. Si on veut le tirer du radical sanscrit वृश् *vrĭch*, ce sera un mot analogue au sanscrit *vrĭchni*, et susceptible, conséquemment, des sens très-divers que reçoivent, dans les Védas, les dérivés de la racine *vrĭch*. Je ne prends que les significations les plus opposées que pourrait avoir ce mot, celle de *violent, passionné*, et celle de *libéral*. Ici j'aime mieux croire, pour une raison que je dirai tout à l'heure, que le zend *barĕsnus* veut dire *furieux*.

Le verbe est bien ﻭﺍﻳﻨﺎﻳﺘﻲ *vainaiti*, mauvaise leçon, pour ﻭﻧﺎﻳﺘﻲ *vanaiti*, que donne l'édition de Bombay; les deux manuscrits de Londres lisent ﻭﺍﻳﻨﺎﻳﺘﻲ *vaênaêté* et ﻭﺍﻳﻨﺎﻳﺘﻰ *vaênaêta*, leçons dont la seconde est seule authentique, en ce qu'elle s'explique comme une 3ᵉ prs. sng. du potentiel moyen d'une racine *vin* ou *vên*. Je ne connais pas la première, en sanscrit du moins; la seconde est sanscrite : mais les sens qu'elle a ne conviennent pas ici. Il faut donc revenir au radical वन् *ran*, qui a la signification de *tuer*, et n'admettre de variantes possibles que sur les désinences, de manière qu'on doive lire ﻭﻧﺎﻳﺘﻲ *vanaiti*, à l'actif, *il frappe*; ﻭﻧﺎﺗﻰ *vanaté* au moyen, avec le même sens, et ﻭﻧﺎﻳﺘﺎ *vanaêta* au potentiel moyen, *qu'il frappe.* Je crois qu'il est plus simple de nous en tenir à l'une ou à l'autre des deux premières variantes.

Reste ⟨⟩ *khchvaêpaya*, qui est lu ⟨⟩ *khsvaipya* par l'édition de Bombay et par un manuscrit de Londres, tandis qu'un autre des manuscrits de la compagnie des Indes le divise ainsi : ⟨⟩ *khasavá paya*. Il me semble qu'il n'y a qu'un sens possible pour ce mot, celui de *jet* ou de *coup* : *khchvaêpaya*, en effet, se présente comme l'instrumental féminin d'un substantif *khchvaêpa*, qui représente exactement le sanscrit क्षेप *kchêpa*, sauf le » *v*, addition probablement inorganique propre au zend. Je propose donc de traduire cette phrase, qui manque à la plupart de nos manuscrits, de cette manière : « Furieux, il le tue d'un coup. » Si cette proposition est interpolée, ainsi que je le suppose, elle l'a été sans doute parce qu'on voulait rendre compte de la mort du serpent, qui est annoncée d'une manière générale par les premiers mots de notre paragraphe, *yô djanat*, mais qui n'est pas décrite avec précision dans la suite. Et je dois dire que c'est dans cette supposition que je traduis tous ces mots, dont la forme se prête assez aisément au sens que j'y trouve.

Je reprends la suite du paragraphe aux mots ⟨⟩ *yim upairi*, etc. Nous avons à remarquer ici le mot ⟨⟩ *ayagha*, qui serait en sanscrit अयसा *ayasâ* (par, avec l'airain). Je ne crois pas cependant que *ayô* (sanscrit *ayas*) soit ici le thème de notre instrumental *ayagha*, car nous verrons plus bas un nominatif *ayaghô*, qui part d'un thème *ayagha*, formé de *ayas* avec le suffixe *a*. Nériosengh et Anquetil s'accordent à traduire ce mot par *vase d'airain*. Cette opinion est d'autant plus admissible, que le texte zend, littéralement interprété, donnerait ce sens : « Il fit chauffer de l'eau avec l'airain, » sens qui revient exactement à celui de Nériosengh. Le mot ܥܝܳܝ *pitûm*, comme l'écrit bien le numéro vi S.[1], est omis par Anquetil, et Nériosengh le traduit un peu vaguement par *cuisson*, sans doute pour dire « repas que l'on fait cuire. » Je suppose que *pitu*, que je tire du radical *pâ* (boire) est synonyme de ܥܝܳܝ *payô* pour पयस् *payas*, et qu'il doit avoir le sens de *lait* ou de *nourriture*; je le trouve avec cette dernière signification dans le Nighantu des Vêdas[2].

Je ne m'arrête pas aux variantes manifestement fautives que nos manuscrits fournissent pour le verbe ܥܝܳܝ *patchaiti*; une seule, celle de ܥܝܳܝ *patchata*, est soutenable, parce qu'elle donne un imparfait moyen sans augment. J'ai peu de choses à dire sur les mots ܥܝܳܝ ܥܝܳܝ ܥܝܳܝ *â rapîthwanêm zarvânêm* (vers le temps de Rapithan ou du midi), ainsi que l'entendent Nériosengh et Anquetil; j'ai cherché ailleurs à découvrir l'origine et la valeur de ces termes. Depuis, je n'ai rien trouvé de plus positif en ce qui touche *rapithvan*, nom du midi, si ce n'est que

---

[1] Quelques textes, comme le Vendidad Sadé et l'édition de Bombay, lisent *paitûm*, qui me paraît une orthographe fautive, ainsi que *pêtûm* du numéro ii F. et du numéro iii S.

[2] *Nighantu*, ch. ii, art. 7.

rap, d'où je le tire, doit être le même radical que celui d'où dérive le mot rafnô (plaisir), de rap + nas. Quant à zarvânem, je dois exposer l'ingénieuse explication qu'en propose Benfey, d'autant plus qu'elle est justifiée par les leçons de plusieurs manuscrits. J'avais cru pendant longtemps que le mot zend qui désigne le temps devait se lire zrvan, à la forme absolue, et zrûn dans les cas indirects. Cette orthographe, me conduisait au grec χρόνος, parce qu'il n'est pas rare de voir le z zend remplacé, en grec, par le χ, changement d'autant plus naturel, que ce z est souvent le substitut d'un h sanscrit. Quant au mot qui, en sanscrit, devait correspondre à notre terme zend zrv-an, je supposais que ce pouvait être le radical d'où dérive l'adjectif ह्रस्व hrasva (court, bref). Sans doute hrasva ne devrait se présenter, en zend, que sous la forme de zraguha; mais je n'identifiais pas directement hrasva et zrvan : je croyais pouvoir n'insister que sur le groupe initial. M. Benfey, au contraire, partant de l'orthographe zarvan, y rattache le substantif zaurva (vieillesse), que nous avons vu plus haut, et le dérive du radical ज djri (vieillir) avec le suffixe van [1]. Cette explication me paraît bien près d'être certaine, et je remarque qu'elle se trouve confirmée par les orthographes où le commencement de notre mot est écrit zar au lieu de zr. Dans le passage qui nous occupe, ces orthographes sont presque aussi nombreuses que la

---

[1] *Griech. Wurzellex.* t. II, p. 372. Peut-être faudrait-il plutôt rattacher *zaurva* au radical sanscrit *djure* (frapper, détruire).

seconde [1]. J'observerai seulement que, pour être tout à fait régulière, cette leçon devrait porter l'*a* épenthétique, de cette manière, ⟨⟩ *zaurvánĕm*, comme lit le manuscrit de Manakdji et un Vendidad de Londres.

Le premier mot de la proposition suivante est plus facile à comprendre qu'à analyser, et la diversité des variantes donne lieu à deux explications très-voisines, quoique différentes l'une de l'autre. Je trouve ce mot écrit ⟨⟩ *tavaçatatcha* [2], ⟨⟩ *tavaçadhatcha* [3], ⟨⟩ *tavaçattcha* [4], ⟨⟩ *tawçadhtcha* [5], et ⟨⟩ *tawçadhatcha* [6]. Ces variantes peuvent se diviser en deux classes, selon que la lettre ⟨⟩ *v* ou ⟨⟩ *w* tombe immédiatement ou non sur la sifflante, et dans chacune de ces classes, il est encore possible de faire deux catégories, selon que l'on considère le mot comme terminé par *t*, ou par *ta* et *dha*. Je préfère, pour ma part, les variantes où ce verbe se termine par *t*; il me semble que l'*a* n'a été ajouté à la suite de cette lettre qu'à cause de la difficulté qu'on éprouvait à prononcer *ttcha*, et, quant à la réunion ou à la séparation de la semi-voyelle ⟨⟩, je choisis la première orthographe, regardant *tawçat* (suivi

---

[1] Ms. Anq. n° vi S. p. 39; n° ii F. p. 87; le Vendidad Sadé, *zrvánĕm*; le numéro iii S. et un manuscrit de Londres, *zarvánĕm*.

[2] Ms. Anq. n° vi S. p. 39, et n° iii S.

[3] Éd. de Bombay, p. 45, et un manuscrit de Londres.

[4] N° ii F. p. 87; ms. de Manakdji, p. 189, et un manuscrit de Londres, mais avec ⟨⟩ *v* au lieu de ⟨⟩ *w*.

[5] *Vendidad Sadé*, p. 42.

[6] Un des Vendidads de Londres.

ici de la conjonction *tcha*) comme la 3ᵉ prs. sng. d'un aoriste du radical तप् *tap* (échauffer), dont la consonne finale est adoucie, peut-être à cause de sa rencontre avec une sifflante. Je pense donc que *tauçat* est un aoriste sans augment pour *a-tap-sat*, si le radical sanscrit *tap* suivait cette formation, qui est la seconde des sept de M. Bopp. J'ajoute que si l'on préférait les variantes où ce verbe est terminé par la voyelle *a*, il faudrait lire *tauçata*, et non *tauçata*, ni *tauçadha* : ce serait alors la 3ᵉ prs. du même temps au moyen.

Je n'ai pas hésité à lire ⟨⟩ *hô mairyô*, avec le Vendidad sadé, l'édition de Bombay, le numéro III S. d'Anquetil et deux manuscrits de Londres, quoique l'on trouve ⟨⟩ *humairyô* dans des manuscrits anciens [1], et que cette leçon puisse convenablement se diviser en *hu mairyô*, littéralement *bien meurtrier*. Mais le pronom *hô* (il, lui), est ici fort à sa place, puisqu'il importe de signaler ce nouveau sujet dans une période où Guerschasp seul a joué jusqu'ici le premier rôle. J'ai montré ailleurs que *mairya* devait se traduire non par « qui doit être mis à mort », mais par « capable de donner la mort ». C'est de cet adjectif verbal que les Persans ont fait leur مار *mâr*, qui ne signifie plus chez eux que *serpent, reptile*.

Vient ensuite le verbe ⟨⟩ *qiçattcha* ; que Nériosengh traduit d'abord « il s'agita » et ensuite

---

[1] Ms. Anq. n° 11 F. ms. Manakdji, p. 89 ; le numéro VI S. lit *haomairyô*, ce qui nous mène plus près de *hô mairyô* que de *humairyô*.

« il fut divisé en deux parties », comme Anquetil qui, unissant ce verbe avec le mot précédent, traduit ainsi le tout : « La chaleur brisa la couleuvre. » Tous les manuscrits, sauf celui de Manakdjî, qui remplace ⸱ç par ⸱s, sont unanimes touchant l'emploi de cette sifflante ; ils ne diffèrent que sur la finale, lisant *ttcha* ou *tatcha* et *dhàtcha*, variantes sur lesquelles je me suis suffisamment expliqué à l'occasion du verbe *tawçat*. Je ne suis pas certain d'avoir retrouvé le mot sanscrit qui doit répondre à notre verbe zend : les règles de transformation des lettres devraient nous donner *sví* pour *qí* ; mais l'application de ces règles n'a pu me conduire à rien de satisfaisant, à moins de supposer que le radical sanscrit श्वस् *çvas* (respirer) a existé anciennement sous une autre forme, sous celle de *sviç* par exemple, avec un déplacement de la sifflante que j'ai déjà constaté à l'occasion du zend *huchka*, qu'on ne peut expliquer qu'en supposant un radical *such*, correspondant au शुच् *çuch* actuel. Quelque hasardé que paraisse l'emploi de ce moyen, entre deux langues surtout qui sont unies l'une à l'autre par une aussi constante analogie que le sanscrit et le zend, j'hésite d'autant moins à y avoir recours ici que *qíçat* est inexplicable autrement, et que, sous un point de vue plus général, on comprend sans peine le déplacement de deux sifflantes dans un monosyllabe où elles sont l'une initiale et l'autre finale. Je prends donc *qíçat* pour l'aoriste d'un radical *qiç*, répondant à une forme encore inconnue *sviç*, analogue au sanscrit çvaṣ (respirer) et, regardant ce monosyllabe comme une racine imitative, je traduis cet aoriste par *il siffla*.

Dans la proposition suivante, nous remarquerons le mot ﺍﻭﻟﺲ *frās* opposé à ﺍﻭﻟﺴ *parās* de la phrase qui vient après. Ces formes ressemblent tellement aux mots sanscrits correspondants, प्राङ्च् *prāñtch* et पराङ्च् *parāñtch*, qu'il est bien difficile de les en séparer; seulement je ne crois pas que la sifflante ﻭ *s* soit ici le substitut du च् *tch* final sanscrit, quoiqu'on trouve quelquefois ce *tch* remplacé en zend par ﻭ *ç* [1], mais j'y vois la formative du nmn. sing. msc. et je fais de ces deux mots deux adjectifs dont l'un, *frās*, signifie *qui va en avant*, et l'autre, *parās*, *qui se retire en arrière*. Le nmn. sing. msc. ﺍﻳﻐﻮ *ayaghô* nous donne un thème en *a*, *ayagha*, qui est masculin, et non un thème en *ô* (pour *as*) qui serait *ayô*, et du genre neutre.

Enfin ﻓﺮﺷﭙﺮﺕ *fraçparat*, qui est écrit de cette manière par tous les manuscrits sans exception, doit signifier « répandit ou fut répandu. » Je ne trouve dans l'Inde que le radical *svar* qui, selon le Nighaṇṭu, c'est-à-dire dans la langue védique, a le sens d'*aller*. Mais, pour y rattacher notre zend *fra-çpar-at*, il faut encore ici admettre une de ces substitutions de la

---

[1] Je trouve *frās* dans les numéros II F. III S. l'édition de Bombay, le manuscrit de Manakdji, qui avait primitivement *frāç*, et le numéro VI S. qui lit en un seul mot *frāsayaghô*; un des Vendidads de Londres lit moins régulièrement *frāsaghô*. Un manuscrit de Londres et le Vendidad lisent *frāçayaghô*, ce qui ferait penser à l'adverbe *prātch*, dont le *tch* aurait été changé en *ç*.

sifflante » ç à स s, dont je parlais tout à l'heure. Quoi qu'il en puisse être de ce rapprochement, le sens de çparaṭ précédé du préfixe *pra* ne peut être douteux, et il se pourrait même qu'il fallût le rattacher au même radical que le grec σπείρω. On verra plus bas que le sens de *répandre* résulterait non moins clairement d'une autre construction à laquelle ce passage se prête moyennant l'adoption d'une variante que je signalerai.

Je ne m'explique pas la raison du sens de मलवती: *malavatiḥ* (impures) que Nériosengh substitue au यच्यन्तीम् *yéchyañtim* du texte, et qu'il applique à l'eau. Si la glose de Nériosengh entend parler, comme cela est très-vraisemblable, de l'eau contenue dans le vase que fit chauffer Guerschasp, cette eau ne devait pas être impure, puisqu'elle est désignée par le nom de *pitu*, lequel dérive certainement du radical *pâ* (boire.) Pour moi, il me semble que ce n'est pas de propos délibéré que Guerschasp fit cuire son repas au-dessus du serpent venimeux. Rien, dans ce texte antique, ne présente le fait de cette manière, et il me paraît bien plus naturel de croire que Guerschasp, préparant son repas dans un vase d'airain, troubla le repos du serpent qui, sentant la chaleur, s'échappa de l'endroit sur lequel était allumé le feu, et renversa le vase. L'analyse du mot *yéchyañtim*, qui se présente à l'acc. sng. fmn. ne justifie en aucune façon le sens de Nériosengh. J'y vois un participe futur du verbe या *yâ* (aller), lequel serait en sanscrit यास्यत् *yâsyat* « devant aller, fait pour s'en aller, » sauf cette seule particularité propre au zend que l'*â* radical a été changé en *ê* par l'influence du *y* qui le précède. Si la plupart de nos manuscrits lisent *yaê* au lieu de *yê*, c'est par suite du fréquent retour, dans nos textes, du groupe *aê* pour *ê*; d'ailleurs, l'édition de Bombay et un manuscrit de Londres donnent la leçon que je crois être la meilleure.

Vient ensuite ⸺ *paráoğhât*, que cinq manuscrits lisent comme je propose de le faire[1]. Un manuscrit, le numéro III S. en divisant ainsi ce mot ⸺ *pará âoğhât*, nous montre les parties dont il se compose. Ce sont *pará* (en arrière, dans le sens contraire), et *âoğhât*, qui est l'imparfait du conjonctif du radical *as* pris, soit dans le sens d'*être*, soit dans celui de *lancer*, mais alors sans le *y* caractéristique de la quatrième classe. On traduira donc *paráoğhât* par « qu'il reculât » ou par « qu'il renversât sens dessus dessous ». La première traduction me paraît préférable; du moins est-elle appuyée par le पराजगम de la version de Nériosengh. Il est vraisemblable que le mode conjonctif suffit pour subordonner cette proposition à la précédente, comme le ferait l'emploi d'une conjonction relative telle que « de sorte, de manière que. » On comprend même que l'emploi d'une telle conjonction soit ici moins nécessaire, puisqu'il s'agit de représenter l'action comme étant subordonnée au renversement du vase.

[1] *Vendidad Sadé*, le manuscrit d'Anquetil n° 11 F. l'édition de Bombay, un manuscrit de Londres et le manuscrit de Manakdji.

Je ne dois cependant pas omettre une variante du numéro vi S. d'Anquetil qui donne ouverture à une nouvelle explication des deux propositions que je viens d'analyser. C'est ڢڡڡاڟ ڢاڢ *parâo aiṅghât*. Comme *aiṅghât*, qui est souvent écrit ڢڡڡا *aghât*, est un ablatif du pronom *aém*, si l'on remplace *parâo* par *parâ*, on traduira « de lui, hors de lui; » et en réunissant ensemble les deux propositions, on dira : « tombant en avant, le vase d'airain répandit l'eau coulante hors de lui. » Cette interprétation est inférieure à la précédente en un point important. En effet, outre que les deux derniers mots forment une répétition qui ajoute peu à l'idée principale, *aiṅghât* est un féminin qui ne peut en aucune manière se rapporter au nom du vase *ayagha*, qui est du masculin. De plus, la leçon du numéro vi, *parâo*, nous conduit au *parâoghât*, que donnent presque tous nos manuscrits. La seule explication possible serait, en admettant qu'on lût en deux mots *parâ* et *aiṅghât*, de prendre *aiṅghât* pour le sanscrit अस्यात् *asyât* (qu'il lance), forme où la caractéristique de la quatrième classe serait conservée dans l'*i* déplacé, comme *y* l'est dans ڢاڡڡڢ *dainghu*, pour le sanscrit दस्यु *dasyu*. Mais cette explication nous ramènerait toujours à chercher un verbe dans *parâ aiṅghât*, c'est-à-dire à en faire le centre d'une proposition nouvelle.

C'est à ce parti que je m'arrête, et il ne reste plus, à mon sens, de doute possible que sur la question de savoir si c'est le serpent ou bien Guerschasp qui recula en arrière tout effrayé. En adoptant la première supposition, je me rapproche de la tradition conservée par Anquetil. De plus, je remarque que la forme du conjonctif subordonne le verbe *paráoĝhát* à ce qui précède, de cette manière : « Le vase d'airain répandit l'eau, de sorte que [le serpent] recula en arrière effrayé. » Mais personne ne serait surpris que le texte eût voulu dire que Guerschasp recula plein d'effroi; il suffirait de se rappeler la crainte du dieu Indra, au moment où il triomphe du monstrueux Vrĭtra, ce Python de la mythologie indienne. Si j'hésite à préférer ce dernier sens, c'est que les verbes *paráoĝhát* et *apatatchat* feraient tautologie.

Il ne peut exister aucune incertitude sur le sens de ⟨⟩ *tarstó*, que le plus grand nombre de nos manuscrits lisent de cette manière, avec la seule variante du *s* ou du *ç*; la première orthographe est préférable à cause du *r* qui précède[1]. Ce mot est, sauf la métathèse du *r*, le sanscrit त्रस्त *trasta* (épouvanté); Anquetil et Nériosengh ne l'entendent pas autrement. Je ne doute pas non plus du sens du verbe ⟨⟩ *apatatchat*, mot sur lequel nos manuscrits ne diffèrent qu'en ce qui touche la dernière syllabe, qu'on trouve quelquefois écrite ⟨⟩ *tchit*, par suite d'une confusion qu'explique le fréquent emploi de l'enclitique *tchit*. Ce doit être l'imparfait du radical *tatch*, que nous savons avoir en zend le sens d'*aller, couler*; avec *apa*, il doit signifier *reculer*.

---

[1] C'est celle des manuscrits d'Anquetil, numéros VI S. et II F. le Vendidad Sadé a *tarçtó*.

L'orthographe la plus ordinaire du mot suivant est ‌‍‌‍ *nairimanâo*[1]; deux manuscrits de Londres ont ‌‍‌‍ *narĕmanâo*. J'ai préféré cette dernière leçon parce qu'on y voit plus clairement que dans l'autre les éléments de ce composé, tels que nos copistes sont dans l'usage de les reproduire. Ainsi *narĕ* est une forme peu différente du thème *nĕrĕ* (homme) et *manâo* représente le sanscrit *manás* (nmn. sng. msc.), tel qu'il serait à la fin d'un composé dont *manas* (cœur) formerait la seconde partie. On voit que *narĕmanâo* doit signifier celui « qui a un cœur d'homme, brave. » Anquetil et Nériosengh ont également connu le vrai sens de cet adjectif, quoique ce dernier le remplace par un sanscrit bien barbare; mais il veut faire honneur au héros Guerschasp, et il ajoute qu'il avait le cœur d'un brave, parce qu'il sut garder son sang-froid. Quant à l'autre orthographe, *nairimanâo*, elle ne peut se défendre que par les souvenirs de la langue persane, où cet adjectif a formé un nom propre que l'on prononce *Nériman*. Il est cependant possible que cette orthographe ne soit qu'une corruption d'une autre leçon qui serait, selon moi, supérieure aux précédentes, celle de *nĕrĕmanâo* où *nĕrĕ* est le sanscrit *nrĭ*, à la forme absolue. Au reste, ce mot *narĕmanas* ou *nĕrĕmanas* (thème de *narĕmanâo*) a son analogue en sanscrit; le Nighaṇṭu des Védas donne le mot नृम्ण *nrĭmṇa*, avec le sens de *force, courage*[2].

---

[1] Ms. Anq. n° vi S; le Vendidad Sadé a *nairĕ manâo*.
[2] *Nighaṇṭa*, ch. ii, art. 7; *Rigvéda*, I, 43, 7.

(207)

§ 9. Texte zend.

[Avestan text]

Version de Nériosengh.

कस्त्वां चतुर्थो दूम मनुष्येषु सृष्टिमति संस्कृतवान् जगति [etc. comme ci-dessus, § 4.] पोउनूशश्पो मां चतुर्थो मनुष्येषु सृष्टिमति संस्कृतवान् जगति [etc. comme ci-dessus.] यस्य त्वं उर्ध्वजातः त्वं निर्मलो जरथुस्त्र मन्दिरे पोउत्र्-शश्पीये विभिमटेवो होर्मिजद्न्यायी विख्यातः एरांगवेजेश्ये ॥

Traduction.

« Quel est, Homa, le mortel qui, le quatrième dans le monde existant, t'a extrait pour le sacrifice ? Quelle sainteté a-t-il acquise ? Quel avantage lui en est-il revenu ? Alors Homa, le pur, qui éloigne la mort, me répondit : Puruchaçpa est le quatrième

[1] Ms. Anq. n° II F. p. 88; n° VI S, p. 39; n° III S. p. 55; *Vendidad Sadé*, p. 42; éd. Bombay, p. 46; ms. Manakdji, p. 189.

mortel qui, dans le monde existant, m'ait extrait pour le sacrifice. Il a acquis cette sainteté, cet avantage lui en est revenu, que tu es né son fils, toi, Zoroastre le juste, dans la demeure de Puruchaçpa, toi l'ennemi des Dêvas, l'adorateur d'Ormuzd, toi qui es célèbre dans l'Aryana, ta patrie. »

Personne ne sera surpris qu'Anquetil ait reproduit d'une manière généralement exacte le sens de ce passage : le texte en est facile, et la mention qu'il fait de Zoroastre a dû lui donner une importance considérable aux yeux des Parses, qui avaient intérêt à en déterminer nettement la valeur. Voici cette version, qui est pour nous la tradition des Parses. « Quel est, ô Hom, le quatrième mortel qui, dans le monde existant, vous ayant invoqué, et s'étant humilié devant vous, ait obtenu ce qu'il désirait? Alors Hom, pur, et qui éloigne la mort, me répondit : Poroschasp est le quatrième mortel qui, m'ayant invoqué dans le monde existant, et s'étant humilié devant moi, ait obtenu ce qu'il désirait, lui qui a eu un fils célèbre comme vous, ô pur Zoroastre, dans ce lieu de Poroschasp; vous qui annoncez dans l'Iran Vedj les réponses d'Ormuzd, qui chassent les Dews. »

Il n'y a dans ce paragraphe qu'un très-petit nombre de mots qui ne nous soient pas familiers. Je n'ai pas besoin d'insister sur ⁕⁕⁕ *túiryó*, nmn. sng. msc. du thème *túirya*, qui est l'orthographe zende du sanscrit तुरीय *turíya* ou तूर्य *túrya* (quatrième). On sait également que le nom du père de Zoroastre, ⁕⁕⁕ *Póuruchaçpa*, signifie « celui qui a beaucoup de chevaux, » parce qu'il est formé de *pôurus* (abondant, nombreux) et *açpa* (cheval). Les mots ⟨⟨⟨ *hé tûm* (illius tu) sont également connus d'ailleurs; et ⟨⟨⟨ *uçazayaŋha* (que je persiste à lire avec un augment, d'accord avec le numéro 11 F. d'Anquetil, le Vendidad Sadé et le manuscrit de Manakdjî), est la 2ᵉ prs. de l'imparfait moyen du radical *zan*, pour le manuscrit जन् *djan*, où la désinence *ŋha* remplace la caractéristique *sa* de la 2ᵉ prs. dont l'existence, ainsi que l'a fait voir M. Bopp, ne se retrouve plus ailleurs aussi clairement qu'en grec[1].

On remarquera les gnt. sng. ⟨⟨⟨ *nmânahé* ⟨⟨⟨ ⟨⟨⟨ *pôuruchaçpahé*, « de la demeure de Puruchaçpa, » expression dans laquelle le premier mot doit sans doute être employé avec la valeur d'un locatif. Ce qui n'est que possible ici est absolument nécessaire dans l'expression finale de notre paragraphe, ⟨⟨⟨ ⟨⟨⟨ ⟨⟨⟨ *çrûtô airyéné vaédjahé*, « célèbre dans l'Iran Vedj, » pour me servir des paroles d'Anquetil. Le part. pass. *çrûtô* de *çruta*, est bien connu pour un dérivé du radical *çru* (entendre); la seule particularité qu'il offre ici est l'allongement anomal de la voyelle, allongement appelé sans doute par l'accent. Ce qui mérite plus d'attention, c'est l'accord de ce gnt. sng. *vaédjahé*, que tous nos manuscrits lisent ainsi, avec le locatif *airyéné*, que le seul Vendidad Sadé et l'édition de Bombay écrivent mal ⟨⟨⟨ *airyaéni* et ⟨⟨⟨ *airyéni*. J'avais cru pendant quelque temps qu'il était possible que *vaédjahé*, au gnt.

---

[1] *Vergleich. Gramm.* p. 675.

fût subordonné en rapport de dépendance au terme précédent *airyéné*; mais l'expression *airyanĕm vaédjô*, où ces deux mots sont dans le rapport d'apposition l'un à l'égard de l'autre, ne permet pas cette supposition. Il faut donc admettre que *vaédjahé* est un génitif employé avec la valeur du locatif.

Mais quelle peut être la signification de ce mot *vaédja*, thème de ces formes *vaédjô* et *vaédjahé*? Évidemment il appartient au même radical que le sanscrit वीज *vidja* (graine, semence), s'il n'est pas le même mot, avec un *gunâ* que l'allongement de la voyelle remplace peut-être. Les grammairiens indiens ne donnent du mot *vidja* que des explications assez obscures. Peut-être faut-il n'y voir autre chose qu'une ancienne contraction de *vi* + *añdj* (manifester, montrer au jour), laquelle a produit le radical *vidj*, oublié maintenant dans cette acception[1]. Quoi qu'il en soit de cette hypothèse, on peut toujours rapprocher le *vidja* sanscrit du latin *vigere*, dans le sens de « posséder la vigueur de la végétation, » et regarder le *vaédja* zend comme un dérivé avec *gunâ* de cette même racine. Mais comment le pays d'*Aryana* (car tel est le vrai nom de la terre sacrée des Ario-Persans) peut-il recevoir ce titre de *semence, origine*? Très-probablement parce qu'il est, aux yeux des adorateurs d'Ormuzd, la terre de prédilection où la race qui suit son culte a pris naissance. Quand donc on dit *Airyana vaédja*, ce que Nériosengh, comme Anquetil, se contente de trans-

---

[1] Conf. Benfey. *Griech. Wurzell.* tom. 1, pag. 295.

crire, cela veut dire « l'Aryana, origine de notre race, » ou l'Aryana, qui est notre patrie, » ou encore « la terre de la patrie, qui est l'Aryana. » Il semble que Lassen n'est pas très-éloigné d'entendre ce mot de cette manière, autant, du moins, que j'en puis juger par une analyse fort ingénieuse d'un terme important des inscriptions persépolitaines, dans laquelle il a eu occasion de citer le zend *vaédjó*[1]. De toute manière, le sens de *pur*, proposé par Anquetil, ne me paraît pas pouvoir être justifié.

§ 10. Texte zend.

[Texte en caractères zend][2]

Version de Nériosengh.

त्वं पर्वूं जरथुस्त्र जठुनवां प्रावोच: विना क्रमणेन
आभाषणेन च पश्चात् गाछत: प्रोत्स्वेरण । त्वं जगतीगु-
प्रवान् अकरो: विश्वान् ठेवान् [marg. ठेत्यान्] जरथुस्त्र
ये प्राक् तस्मात् वीरविक्रमा: अपतन् उपरि अस्यां

---

[1] *Zeitschrift für die Kunde des Morgenl.* t. VI, p. 29.
[2] Ms. Anq. n° 11 F. p. 89; n° VI S. p. 39; n° 113 S. p. 55; *Vendidad Sadé*, p. 42; éd. Bombay, p. 46; ms. Manakdji, p. 192.

जगत्यां सर्वे ये वपुरग्र्यं शक्का बभूवु: कर्तुं तेषां कलेवरं
भग्नं येन शक्का बभूवु: कर्तुं तेषां स्वयमेव भग्नं कलेव-
रभञ्जनस्य कार्यमिदं यत् ते तस्मादूर्ध्वं ठेवकलेवरतया
पापं कर्तुं न समर्थाः बभूवु: अन्यथा तु पशुकलेवरत्वेन
मनुष्यकलेवरत्वेन हृज्जमनानि समूहानि अकुर्वन्॥ यो
बलवत्तम: यो दृढतम: यो व्यवसायितम: यो वेगवत्तम:
योऽस्ति विजयवत्तमो जातः परलोकिनां सृष्ट्यः
सृष्ट्यः परलोकिनां स्वाधीनाभ्यः॥

Traduction.

« C'est toi, ô Zoroastre, qui le premier as prononcé la prière nommée *Ahû vairyó*, cette prière retentissante qui se fit entendre ensuite avec un bruit plus énergique. C'est toi, ô Zoroastre, qui as forcé tous les Dêvas à se cacher sous terre, ces Dêvas qui auparavant couraient sur cette terre, sous la figure d'hommes; car tu as été le plus vigoureux, le plus ferme, le plus actif, le plus rapide et le plus victorieux d'entre les créations de l'être intelligent. »

Commençons par reproduire la version qu'Anquetil a donnée de ce passage réellement difficile : « Vous êtes le premier, ô Zoroastre, qui ayez prononcé l'Honover qui enlève (les Dews) du Nord répandus (partout), et qui auparavant agissaient avec violence. Vous rendez honteux, ô Zoroastre, les Dews, qui auparavant marchaient avec puissance sur la terre ; vous les réduisez au néant, vous qui êtes grand, fort, agissant, vif, prompt, toujours suivi de la victoire (par le secours) du peuple céleste. »

Les analyses qui vont suivre démontreront suffisamment les imperfections très-graves de cette traduction. Je passe rapidement sur les premiers mots, qui sont ou déjà connus ou aisément reconnaissables, comme *fraçrâvayô* par exemple, qui est la 2ᵉ pers. imparf. du radical *çru* (entendre), conjugué sans augment sur le thème de la forme causale, et ayant le sens de « tu as fait entendre, » c'est-à-dire « tu as prononcé, » exactement comme en sanscrit. Ce mot est lu de cette manière par le plus grand nombre de nos manuscrits, comme le numéro VI S. le Vendidad Sadé, l'édition de Bombay et un manuscrit de Londres ; l'orthographe de quelques manuscrits, *fraçrâvyô*, est manifestement fautive [1].

Le terme qui suit le verbe est moins clair au premier coup d'œil ; je l'écris *vîbĕrĕthwañtĕm* avec le plus grand nombre de nos manuscrits, qui diffèrent cependant entre eux touchant des points de peu d'importance, savoir, la séparation du préfixe *vî* d'avec le corps du mot, et l'emploi du ‌*n* ou du *ñ* dans la désinence [2]. La

---

[1] C'est celle du numéro II F. du numéro III S. et du manuscrit de Manakdji.
[2] Ms. Anq. n° VI S. p. 40 ; n° III S. p. 55 ; *Vendidad Sadé*, p. 42 et 43 ; édit. de Bombay, p. 46.

seule variante qui mérite attention est celle du numéro n F. et du manuscrit de Manakdji, qui lisent ce mot ‌‌‍‍‌ viběrěthwěntă. Ce mot n'a probablement été écrit de cette manière que parce que quelques copies le réunissaient en composition avec le terme suivant. Je préfère toutefois la leçon du plus grand nombre des manuscrits, leçon qui a l'avantage de donner à ce terme une désinence reconnaissable, en le faisant rapporter au nom de la prière dite par les Parses *Honover*. Je reviendrai tout à l'heure sur l'autre leçon.

J'avoue que je ne retrouve pas facilement dans *viběrěthwañtěm*, les éléments de l'interprétation de Nériosengh, *riná kramaṇéna* (sans marche); peut-être faut-il lire *riná ákramaṇéna* (sans attaque). Je vois bien que le préfixe *vi*, qui indique souvent la séparation, peut répondre à *riná*; mais le rapport du mot *běrěthwañtěm* avec l'idée exprimée par le sanscrit *kramaṇa* est obscur. Peut-être Nériosengh a-t-il voulu rendre l'idée d'*irrésistible*. Anquetil, en traduisant par « qui enlève (les Dews), » approche certainement beaucoup plus près du sens apparent de *vi-běrě...*, car le radical zend *běrě*, qui répond au sanscrit भृ *bhri* (porter), peut fort bien, joint à la préposition *vi*, signifier *emporter*; et, si tel doit être le sens de ce terme, on comprend que la notion des Dews ou des ennemis d'Ormuzd, contre lesquels est dirigé l'Honover, soit implicitement contenue dans cette définition de la prière : « qui enlève. »

Cette interprétation devrait probablement être

adoptée, si le terme qui nous occupe était *riba-rañtëm*, participe prs. de ژو *bërë*; mais l'addition de la syllabe *thw*, qui n'est certainement qu'un suffixe *tra* ou *tu* transformé par les lois propres au zend, doit modifier le sens du radical *bërë*. Je regarde, en effet, *ribërëthwañtëm* comme l'acc. sng. du participe prs. d'un verbe nominal, dérivé d'un substantif ou d'un adjectif *bërëthwa* ou *bërëtu*, dont je rencontre une forme dans le compar. *bërëthwô-tara*, du Fargard VIII du Vendidad [1]; je suppose que *bërëthwô*, nmn. du thème *bërëthwa*, doit signifier, dans ce passage, « fait pour être porté, » ou « qui est un objet de transport. » Il n'est pas aisé de déterminer si c'est *bërëthwa* ou *bërëtu* qui est le primitif du verbe nominal *ribërëthwat*, ici au participe présent; car les dénominatifs se dérivent aussi fréquemment d'un adjectif que d'un substantif, et, d'ailleurs, *bërëtu* comme *bërëthwa* peuvent tous deux appartenir également à ces deux catégories grammaticales si voisines l'une de l'autre. Dans cette incertitude, je regarde comme indispensable d'attacher une plus grande importance au préfixe *rí* qu'à toute autre partie de ce mot, et en lui attribuant les significations tout à fait indiennes de *distinction*, *détermination*, ou encore de *dispersion*, je traduis *ribërëthwat* de l'une de ces deux manières : « qui se transporte clairement, distinctement, » de façon à être entendu comme la parole articulée; ou « qui se transporte dans toutes

---

[1] *Vendidad Sadé* p. 255, deux fois. Anquetil entend ce mot de la même manière.

les directions, au loin, » comme le son de la voix. La différence de ces deux interprétations est celle du sens intellectuel au sens physique, celle de la parole intelligible à la voix qui ne produit que des sons. J'ai choisi le dernier sens, parce que le terme qui va suivre me paraît susceptible d'une explication plus métaphysique.

Ce terme est ﺎﺧﺘﻮﻳﺮﻳﻢ *ákhtúirím*, que je lis ainsi avec nos meilleurs manuscrits [1]; les variantes dans lesquelles la finale est écrite *rĕm* sont moins régulières, car il faut une voyelle *i* ou sa semi-voyelle correspondante pour expliquer l'*i* épenthétique de *ákhtú-i-rím*. On reconnaît ici sans peine l'acc. sng. msc. d'un thème *ákhtúirya* pour *ákhtúrya*, dans lequel il est probable que *ya* est le suffixe constituant l'adjectif. Il reste, après le retranchement de *ya*, *ákhtúra*, où je distingue *ákh*+*túra*, formative qui est, selon toute apparence, la même que le sanscrit *tvara*, si l'on ne préfère y voir une modification du suffixe *tar* (*trĭ*), analogue à celle qui a lieu dans le suffixe latin *tor*, lequel s'associe fréquemment au suffixe *ius*, comme dans *ama-tor-ius* et d'autres [2]. Le monosyllabe *ákh* se présente comme la transformation régulière du sanscrit अन्ज् *añdj*, auquel Westergaard donne, d'après les Vêdas, la signification de *chanter*. Cette transformation, qui est la même que celle du radical sanscrit au part. pass. व्यक्त *vy-ak-ta*,

---

[1] Ms. Anq. n° VI S. le numéro II F. l'édition de Bombay, le manuscrit de Manakdji et un manuscrit de Londres.
[2] Pott, *Etym. Forschung.* t. II, p. 554.

n'en diffère que par l'aspiration du *kh* (pour *k*), qui est une particularité de l'orthographe zende.

Je suppose donc, dans l'hypothèse que *añdj* signifie *chanter*, que le substantif *âkhtâra* (où la première voyelle cache peut-être le préfixe *â*) veut dire *chant*, et que l'adjectif *âkhtûirya* peut se traduire par « fait pour être chanté, ou qui retentit comme un chant. » Si, d'un autre côté, on préfère conserver à ce dérivé de *añdj* son sens primitif, celui de *caractériser, marquer*, sens qu'il n'a d'ordinaire, il est vrai, qu'avec le préfixe *vi*, *âkhtâra* signifiera quelque chose comme « apparence, manifestation, caractère, » peut-être même *sens*, et l'adjectif *âkhtûirya* voudra dire « fait pour avoir un sens, pour être compris, » c'est-à-dire *intelligible*. J'avoue que cette interprétation serait, à mes yeux, préférable à la première, si je pouvais acquérir la certitude que le préfixe *vi* de *bërëthwañtëm* (que plusieurs manuscrits détachent de ce mot) tombe également sur *âkhtûirim*, et je n'hésiterais pas à le croire, si la leçon *vi bërëthwañtâ âkhtûirim* était appuyée par un plus grand nombre de manuscrits; car alors on aurait *vi-âkhtûirya*, qui se prêterait bien au sens d'*intelligible*. Cette seconde explication rappellerait celle que j'ai déjà essayé de donner dans ces Études d'un mot également difficile, *vyâkhna*[1]. Enfin les analyses précédentes nous

---

[1] *Études sur la langue zend*, pag. 74 sqq. Je ne dois pas oublier de signaler le rapport que présente le mot *âktûirya* avec le terme védique *aktu*. Mais le sens de *nuit*, qu'a ce terme, ne fournit pas une bonne explication. Ce serait seulement de la signification de *flèche*,

donneraient, si elles étaient exactes, ces diverses traductions de ces deux mots obscurs : « retentissante, harmonieuse, » ou encore « intelligible. »

C'est entre ces deux derniers termes que j'aurais choisi, si la nécessité où je me suis trouvé de m'appuyer, pour l'explication d'*aparēm*, sur la glose de Nériosengh, ne m'eût engagé à voir ici une idée de succession et de temps, qu'Anquetil y trouve aussi. Cette glose, qui est trop confuse pour donner nettement le sens général, peut nous être de quelque secours pour chaque mot isolé. Or, ici, elle traduit *aparēm* par *paçtchât* (après, ensuite), et Anquetil entend également cette partie du texte, comme si Homa disait qu'avant que Zoroastre prononçât l'Honóver, les Dews agissaient avec violence. L'idée de postériorité doit donc être exprimée par *aparēm*, et cet adjectif est employé ici comme l'est dans le Rigvêda अपरम् *aparam* (*in posterum*), Homa disant à Zoroastre : « C'est toi qui le premier prononças l'Honover, qui après, c'est-à-dire quand tu l'eus prononcé, éclata et retentit avec un bruit irrésistible. » Mais, comme cette traduction est encore un peu vague, je suppose que l'adverbe *aparēm* signifie *après*, c'est-à-dire *depuis toi, dès-lors*, par opposition au mot *paoiryó*, de cette façon : « Tu as prononcé, le premier, l'Honover, qui depuis lors a éclaté et retenti, »

qu'a aussi ce mot d'après Rosen, qu'on pourrait se servir pour interpréter *ákhtáirya* par « rapide comme la flèche, » épithète qui conviendrait bien à la parole sacrée, et qui rappelle la célèbre expression d'Homère, ἔπεα πτερόεντα.

ou « qui s'est répandu dès-lors et a retenti harmonieusement. » J'ai traduit conformément à la première supposition.

Nous retrouvons, en partie du moins, pour les mots suivants, le secours que nous a fourni tout à l'heure la glose de Nériosengh. Je dis en partie, parce que, si l'on peut s'en servir pour approcher du sens primitif des mots, elle n'est d'aucune utilité en ce qui regarde la détermination de leurs rapports syntactiques. Au mot ܛܘܘܠܬܘ *khraojdyéhya*, que je lis ainsi avec le numéro VI S. et pour lequel nos autres manuscrits ne présentent que des variantes insignifiantes, répond l'adjectif गाढतर *gâḍhatara* (plus profond). Nériosengh est ici certainement exact, quand il traduit le terme original par un comparatif; car le long mot *khraojdyéhya* doit être l'instrumental sng. fmn. du comparatif *khraojdyéhi*, dont j'ai expliqué ailleurs le superlatif *khraojdista*[1]; ce serait, en sanscrit, *kruddhíyasyá* de *kruddhíyasí*, en admettant que ce mot fût possible. Les transformations nécessaires pour expliquer ce terme zend nous sont trop familières pour que j'y insiste de nouveau. Je traduis donc « avec une plus énergique ou plus violente....; » le substantif va se présenter tout à l'heure.

Enfin ܛܘܘܠ *fraçrûiti*, que tous nos manuscrits lisent de même, sauf un Vendidad de Londres qui a fautivement ܛܘܘܠ *fraçarvaité*, est certaine-

[1] *Comment. sur le Yaçna*, t. I, pag. 132 sqq. (Conf. Benfey, *Griech. Wurzell.* t. II, p. 374.)

ment le substantif féminin sanscrit श्रुति *praçruti* (audition); seulement, la voyelle *u* est allongée, plutôt par l'influence de l'accent, que par suite de l'inattention des copistes. Ce mot n'a laissé aucune trace dans la version d'Anquetil, tandis que, dans celle de Nériosengh, il est bien représenté par स्वरेण *sureṇa*. Ce doit être là la véritable signification de ce terme; autrement on ne pourrait trouver aucun sens à ce passage; seulement l'*audition* est transportée, en vertu d'un trope facile, à la cause qui la produit. Quant à la forme de ce mot, qui n'offre aucune désinence, elle représente pour moi un instrumental, et je l'explique par cet usage du dialecte des Vêdas qui consiste à supprimer la désinence de l'instrumental dans les noms en *ti*, et à compenser cette suppression par l'allongement de la voyelle du thème, particularité que mettent parfaitement en lumière les mots védiques cités par Pânini : धीती *dhítí* pour *dhítyá*, मती *matí* pour मत्या *matyá*, etc.[1] Seulement, en sanscrit, l'allongement de la voyelle finale est de rigueur, tandis qu'en zend, cet allongement a disparu par suite de la tendance qu'a cette langue à contracter, le plus qu'il est possible, les voyelles finales. Au reste, cet emploi du thème, en place de l'instrumental (avec le sens limité de *par* et *avec*), qui n'est pas rare dans le style védique, a pour résultat de former des espèces d'adverbes de manière; et c'est peut-être de ce point de vue qu'il faut se placer pour en comprendre la pos-

[1] Pânini, VII, 1, 39.

sibilité, même dans une langue où la syntaxe est aussi peu rigoureuse qu'en zend. Nous en retrouverons plus tard d'autres exemples non moins caractéristiques que celui que je signale en ce moment.

Anquetil nous a donné une traduction bien singulière du mot ⟨⟨⟩⟩ zĕmargûzó, que nos manuscrits lisent tous de même, avec cette seule différence que les uns insèrent un ε ĕ entre le r et le g, et que les autres ne l'insèrent pas. Après avoir traduit ce mot par *honteux*, il ajoute, en note, *de couleur jaune*; voilà des Dews bien maltraités. Il n'y a rien de tout cela dans le texte; et même, sans le secours de la glose de Nériosengh, qui donne le sens de chaque mot, tout en rendant l'ensemble confusément, on trouve que zĕmar-gûzó est l'acc. plr. msc. d'un adjectif composé zĕmar-gûz, où gûz est la transformation régulière du sanscrit गुह् *guh* (couvrir, cacher), et où zĕmar est une forme adverbiale, véritable ablatif ou génitif de zĕm (terre), que je rapproche maintenant, avec Benfey, du védique ग्मा *gmá* ou गमा *gamá*[1]. Le seul fait digne d'attention dans ce mot est la présence du suffixe *ar* pour *as*, qui est rare, en zend, sous cette forme, et qui rappelle la modification que les mots sanscrits अनस् *anas* et अहस् *ahas* subissent, lorsqu'ils deviennent *anar* et *ahar*[2]. Il suit de tout ceci que zĕmargûzó signifie littéralement « cachés sous terre. »

On explique non moins facilement ⟨⟨⟩⟩ ákĕ-

---

[1] *Griech. Wurzell.*, t. II, p. 374.
[2] Rosen, *Adnot. ad Rigvéd.* p. viii.

rĕnarŏ, 2ᵉ prs. sng. imparfait du radical kĕrĕ, conjugué avec la caractéristique nu, à laquelle vient s'ajouter encore celle de la première classe, ce qui explique la forme de narŏ (pour naras), au lieu de nŏs, qui serait plus régulier.

Je n'ai pas hésité à lire ﬞ yôi avec le Yaçna, nº vi S. et deux manuscrits de Londres, les seuls qui aient cette leçon ; tous les autres donnent ﬞ yô, probablement parce que ce relatif se représente plus bas plusieurs fois sous cette forme, qui est celle du singulier. Tous les manuscrits sont unanimes à lire en deux mots ﬞ . ﬞ para ahmât, sauf l'édition de Bombay, qui a fautivement ﬞ pari. Anquetil et Nériosengh s'accordent à traduire ces deux mots par auparavant ; et, en effet, para peut passer pour l'instrumental de l'adjectif para (antérieur), qui est pris ici adverbialement, et ahmât est certainement l'ablatif du pronom dont le nominatif est ﬞ aêm. Mais il se peut faire aussi que les copistes aient eu tort de voir ici deux mots, et qu'il soit préférable de lire parahmât, ablatif de para, qui seul signifierait bien antérieurement.

Nous trouvons ensuite ﬞ virôraodha, que le numéro vi S. le manuscrit de Manakdji, l'édition de Bombay et deux manuscrits de Londres lisent en deux mots, virô raodha. Cette circonstance n'empêche pas que ces deux mots ne doivent être réunis grammaticalement en un adjectif composé possessif signifiant, suivant Nériosengh, « ayant la puissance des braves, » et, selon Anquetil, « avec puissance. » Nous pouvons, je crois, nous en tenir ici au sens que nous avons admis plus haut pour *raodha*, celui de *taille*, *stature*, et, par extension, *extérieur*; de sorte que *viró raodha* signifiera « ayant la stature ou l'extérieur d'hommes ou de braves. »

Le verbe ‫ apatayēn est la 3ᵉ prs. plr. de l'imparfait, avec augment, du radical *pat* (aller), conjugué selon le thème de la 10ᵉ classe indienne. Mais la leçon, unique d'ailleurs, du Vendidad Sadé, qui lit ce mot avec un *th*, peut laisser en doute sur la véritable racine de ce verbe. Ne serait-il pas possible que ‫ apathaiēn pour ‫ apathayēn fût l'imparfait du radical sanscrit पठ् *path* (courir), conjugué sur la 10ᵉ classe, sans allongement de la voyelle radicale, ou même qu'il fût dérivé du substantif zend ‫ *patha* (chemin, route), de manière que *patháy* fût un verbe nominal? Ce qui me ferait pencher pour l'une ou pour l'autre de ces deux dernières interprétations, c'est que le zend ‫ *pat*, qui est exactement le sanscrit पत् *pat*, et qui se retrouve dans la plupart des autres branches de la famille indo-européenne, ne se conjugue jamais, d'après nos textes, que suivant le thème de la 1ʳᵉ classe. Si donc la leçon *apathayēn* se trouvait appuyée par un plus grand nombre de manuscrits, je ne balancerais pas à l'adopter.

Je dois dire cependant que M. Bopp, qui a eu occasion de parler de cette forme, ne l'envisage pas du même point de vue que moi, et qu'il la rattache au radical sanscrit पत्, avec une nasale intercalée;

de sorte que le zend *apathayēn* serait, pour le sanscrit, *apanthayan* [1]. J'avoue que cette différence d'analyse n'a pas à mes yeux une grande importance, une fois qu'il est bien convenu qu'il s'agit du radical *path*; mais ce que je puis affirmer, c'est qu'aucun manuscrit ne lit *ápathayēn* avec la préposition *á*, et qu'à cet égard la conjecture de M. Bopp, qui désire refuser l'augment à l'imparfait de ce verbe, n'est pas appuyée par les manuscrits. Au reste, cette conjecture est fondée sur la théorie de ce savant, en ce qui regarde l'augment en zend. M. Bopp n'en reconnaît que deux exemples réellement authentiques. Le lecteur conviendra qu'il y faut joindre et celui qui nous occupe, *apatayēn*, et *abavat*, que nous allons trouver à la fin de notre paragraphe, sans parler de tous ceux qui se rencontrent dans des textes non encore expliqués.

Les manuscrits sont beaucoup moins unanimes en ce qui touche l'orthographe de ⸺ *áya*. Cette leçon est celle du numéro VI S. du Vendidad Sadé, de l'édition de Bombay et des trois manuscrits de Londres. Mais, d'un autre côté, le numéro II F. le numéro III S. et le manuscrit de Manakdji lisent ⸺ *áyé* ou ⸺ *áyaé*. La première leçon, *áya*, se présente comme l'instrumental sng. fmn. du pronom *i*, féminin de *a*, cas dans lequel cette lettre aurait été frappée de la modification dite *vriddhi*, devant la désinence *a* (abrégée de *á*), de cette manière : *ái-a*, et euphoniquement *áya*, forme qui répondrait au

[1] *Vergleich. Gramm.* p. 756.

sanscrit *ayá*, qu'on trouve dans ce passage du Sâma véda : या वस्य तन्या, « crois avec ce corps [1]. » Si l'on répugne à croire que la voyelle *i* sorte du nominatif pour passer dans les cas indirects, l'analyse ne sera pas notablement changée, et *a* sera le thème radical, modifié, en zend, par *vriddhi*, au lieu de l'être par *guṇa*, comme cela est ordinaire en sanscrit, dans les pronoms. On sait qu'il n'est pas rare de voir le zend transporter à un degré de plus que le sanscrit les voyelles susceptibles d'augmentation. J'ajoute que, dans *áya*, la finale pourrait, à la rigueur, être l'altération du locatif féminin sanscrit *ám*, qu'on sait se contracter en *a* dans la désinence *bya* pour le sanscrit *bhyám*; mais je ne crois pas que cette explication puisse se soutenir en face de *zěmá*, qui est si clairement un instrumental. Ce cas, d'ailleurs, est admis avec la préposition paiti, prise dans le sens de *contre*. Quant à la leçon *áyé*, elle donnerait un datif, mais je la crois moins authentique que celle de *áya*, et l'*é* ne se trouve vraisemblablement là que par suite de l'habitude où sont les copistes de voir cette voyelle à la suite de la lettre *y*.

Nériosengh accompagne ce passage facile d'une explication verbeuse dont le sens est que « tous les Dêvas qui avaient le pouvoir de rendre leur corps invisible eurent ce corps brisé; ce corps par lequel ils avaient la puissance d'agir fut brisé. L'effet de ce brisement de leur corps fut qu'à l'avenir ils devinrent incapables de faire le mal avec leur corps de

[1] *Sâmavéda*, p. 4, st. 8 b; Rosen, *ad Rigvéd.* p. xx.

Dêvas; mais dès lors ils se réunirent en assemblées sous des formes d'animaux et d'hommes. »

Les mots qui viennent ensuite appartiennent tous à une classe de termes sur laquelle j'ai eu occasion d'entrer dans quelques détails à propos du mot *vahista*[1]; j'aurai donc terminé rapidement ce que j'ai à en dire ici. Le premier, ⵙⵙⵙⵙ *aodjistô*, est le superlatif d'un adjectif dont le thème doit être *aodjaġuhaṭ*, du substantif *aodjô*, sanscrit ओजस् *ôdjas*. Anquetil le traduit par *grand*, et Nériosengh par *le plus fort*, ce qui est le vrai sens. Anquetil réserve la signification de *fort* pour ⵙⵙⵙⵙ *tañtchistô*, que Nériosengh traduit par *le plus ferme, le plus solide*; je suis cette dernière interprétation, parce que le superlatif *tañtchistô*, que le Vendidad Sadé seul lit ⵙⵙⵙⵙ *tĕntchiçtô*, vient d'un radical certainement analogue au sanscrit तञ्च् *tañtch*, lequel signifie *contrahere, coarctare*, et dont un dérivé peut bien se traduire par *solid*, *ferme*, la fermeté étant le résultat de la contraction et du resserrement des parties. Je n'hésite pas non plus à traduire avec Nériosengh et Anquetil, ⵙⵙⵙⵙ *thwakhchistô* par *le plus actif, le plus agissant*; ce superlatif est dérivé du radical *thwakhch* (agir en coupant), dont j'ai eu plus d'une occasion de m'occuper. Il ne peut pas exister plus de doutes à l'égard de ⵙⵙⵙⵙ *âçistô*, superlatif de ⵙⵙ *âçu* (rapide), mot également connu; non plus que sur ⵙⵙⵙⵙ *vĕrĕthradjâçtĕmô*, mot pour lequel nos manuscrits n'offrent guère d'autres variantes que la substitution du ﺯ *z* au ﺝ *dja*,

---

[1] *Journ. asiat.* II° série, t. XIII, p. 56.

dans *djāç*, nom. sng. msc. de *zan* (celui qui tue). On sait que ce mot signifie « celui qui tue le plus l'ennemi. »

La fin de notre paragraphe est plus embarrassée, et la construction en est rendue difficile par la présence des deux verbes *aç* et *abarat̃*, dont le rapport avec les autres termes n'est pas suffisamment clair. Je remarque d'abord que le premier n'est lu avec une voyelle longue, ⚬⚬ *áç*, que par le Yaçna, n° II F. d'Anquetil, le numéro III S. et le manuscrit de Manakdjî, tandis que le Yaçna, n° VI S. l'édition de Bombay et un manuscrit de Londres lisent, avec la voyelle brève, ⚬⚬ *aç*, leçon à laquelle peut se rattacher également l'orthographe fautive du Vendidad Sadé, ⚬⚬⚬ *asa* pour *aça* ou *aç*. Il est donc permis d'être en doute sur le choix à faire entre ces deux variantes. Une observation de M. Bopp peut faire pencher la balance en faveur de la leçon ⚬⚬ *aç*, imparfait sans augment sur lequel je me suis expliqué ailleurs en détail[1]. M. Bopp remarque, en effet, que si l'imparfait védique आस् *ás* se trouvait en zend, avec sa voyelle longue, résultat de la présence de l'augment, il devrait y être écrit ⚬ *áo*, puisque c'est une règle connue que le स् *s* précédé de la voyelle *á* se change en *áo*[2]. Sans nier la valeur de cette observation, on pourrait dire que la sifflante radicale a été protégée ici et conservée par la brièveté même du mot. Mais, comme les copistes nous laissent

[1] *Comment. sur le Yaçna*, t. I, p. 434, à la note.
[2] *Vergleich. Gramm.* p. 735, note **.

le choix entre ces deux orthographes, *aç* et *áç*, j'ai préféré la première, pour laquelle se réunit en réalité le plus grand nombre des manuscrits, et je regarde *aç* comme l'imparfait, sans augment, du verbe *aç* (être).

Je pense de plus, avec Anquetil, que c'est une 2ᵉ personne, *tu étais*, ou *tu fus*, et non un 3ᵉ, comme le veut Nériosengh. Je sais bien qu'avec la latitude que nous sommes obligés de nous donner, quand il s'agit d'une syntaxe aussi peu rigoureuse que celle du zend, il est possible de traduire, avec l'ellipse du pronom de la 2ᵉ personne, [toi] « le plus victorieux qui fut; » et c'est ainsi que l'a entendu Nériosengh. Mais alors on serait embarrassé du verbe *abavaṭ*, qui va se présenter, verbe que l'on ne peut, avec l'interprète parsi, remplacer par le participe जात: *djatah*. Si, au contraire, on admet que *aç* signifie *tu fus*, on traduira, toujours avec l'ellipse de *toi*, « qui fus le plus victorieux [qui] existait entre les créations de l'intelligence céleste. » Je n'hésite pas à rattacher l'imparfait ܡܘܡܡ *abavaṭ* à *vĕrĕthradjãçtĕmô*, au moyen d'un relatif sous-entendu; le relatif peut être ici supprimé à cause de la juxtaposition de l'attribut de la proposition précédente, lequel devient le sujet d'une proposition nouvelle. Ajoutons cependant qu'on sortirait de ces difficultés, si l'on faisait de *aç*, non un verbe, mais un indéclinable, signifiant *en réalité*, ainsi que je le proposerai plus bas.

Le mot suivant, que j'écris ܡܘܡܘܡܘ *mainivaó*, avec l'édition de Bombay, un manuscrit de Londres et le Vendidad Sadé, lequel ne se trompe que sur la voyelle finale, ⁕⁕⁕ *mainivâu*, et qu'on peut encore lire ⁕⁕⁕ *manivâo*, sans l'*i* épenthétique, avec le numéro vi S. et un manuscrit de Londres, ce mot, dis-je, est, selon moi, uni en composition avec le suivant, ⁕⁕⁕ *dâmân* (des créatures). Nériosengh représente les éléments de ces deux termes, et même leur rapport grammatical dans cette version, « les créations des êtres célestes, » commentée ainsi par sa glose : « les créations des êtres célestes qui sont indépendantes ; » et Anquetil traduit comme à son ordinaire par *peuple céleste*. On peut cependant être en doute sur la question, peu importante d'ailleurs, de savoir si l'adjectif *mainivâo* renferme une signification de pluriel ou de singulier ; car la forme de nominatif de ce dernier nombre sous laquelle se présente cet adjectif, ne prouve rien ici, puisque cet adjectif est en composition. Quoi qu'il en puisse être, j'ai choisi le singulier, parce que je suppose que cet adjectif est une épithète d'Ormuzd. Je considère du reste *mainivâo* comme formé de *mainyu* (l'être intelligent) et de *vâo*, nmn. sng. msc. du suffixe *vat*. En réunissant ce suffixe à *mainyu*, on devrait avoir *mainyu-vâo*. Mais cette forme n'est pas possible en zend, puisqu'il n'y a pas dans cette langue d'exemple d'un voyelle ⁕ *u* devant un ⁕ *v*. La voyelle finale de *mainyu* tombe donc, et il ne reste plus que *mainy*, dont la semi-voyelle retourne à son élément voyelle *i*, devant le ⁕ *v* du suffixe. Cela est si vrai, qu'un manuscrit de Londres écrit encore ⁕⁕⁕ *mainyvâo*. Je suppose qu'ici ce suffixe exprime d'une manière fort générale la possession, l'appartenance (qui appartient à l'être intelligent), rapport que représente, dans sa plus grande généralité, notre préposition *de* « les créatures *de* l'être intelligent. »

Quant à ܕܐܡܢ *dámān*, que tous les manuscrits lisent de même, c'est le gnt. plr. du mot, déjà expliqué, *dáma* (création, créature), où la désinence du génitif est immédiatement jointe au thème *dáma*, sans l'intercalation d'aucune nasale, comme si le thème était *dâm*, et non *dáma*.

§ II. Texte zend.

[Texte en caractères zend]

Version de Nériosengh.

तं अभाषत जरथुस्त्रो नमो त्रूमाय उत्तमो त्रूमः सुदानं
किल सद्यापारतया ष्त्तो ऽसि त्रूमः सत्यदानः किल
शत् तस्मै ष्त्ते यस्मै युज्येत दातुं उत्तमदानः आरो-
ग्यकाश्च किल किंचित् उत्तमं दानं ददासि आरोग्यं
कोऽपि सुकलेवरो ऽसि किल ते कलेवरं सुमञ्जुलतां

---

[1] Ms. Anq. n° vi S. p. 40; n° ii F. p. 90; n° iii S. p. 56; édit. de Bombay, p. 47; ms. Manakdji, p. 194.

सुकामो ऽसि किल ते ममोदितं मन्त्रापारि विजयी
सुवर्णवर्णो मृदुपल्लवो ऽसि किल ते किशलयाः कोमल-
तराः ॥ यः ख्याल्यतां उत्कृष्टत्वं आत्मनः मञ्चयि [sic] अमृत-
तमो ऽसि किल निधि अतो त्वया उत्तमतां शक्यते
कर्तुं यतः गाथमानत्वं¹ त्वया भवति ।

Traduction.

« Alors Zoroastre dit : Adoration à Homa ! Homa le bon a été bien créé : il a été créé juste, créé bon ; il donne la santé ; il a un beau corps ; il fait le bien ; il est victorieux, de couleur d'or ; ses branches sont inclinées pour qu'on le mange ; il est excellent, et il est, pour l'âme, la voie la plus céleste. »

Donnons d'abord la traduction d'Anquetil. « Alors Zoroastre dit : Je vous adresse ma prière, ô Hom ! Hom pur, qui donnez ce qui est bon, qui donnez la justice, qui donnez la pureté, la santé, qui avez un corps excellent, éclatant de lumière, victorieux, qui êtes appelé de couleur d'or ; lorsque les âmes vous mangent avec pureté, vous les protégez : elles sont dignes du Behescht. »

J'aurai peu d'observations à faire, du moins sur le commencement de ce paragraphe. Jusqu'au mot ‍‍‍‍‍‍ hudhátó, il ne peut y avoir aucun doute. Je remarque seulement que le mot ‍‍‍‍ rağhus, qui revient plusieurs fois dans ce texte, peut se traduire

¹ Marg. गाथमानत्वं.

par *bon* ou *bienveillant*, comme je propose de le faire, ou par *riche*, sens que possède le वसु *vasu* védique, si fréquemment répété comme épithète d'Indra. Cette dernière signification conviendrait d'autant mieux au dieu Homa, que nous verrons plus tard le Soma indien nommé *vasuvit*, « celui qui connaît les richesses, » dans un hymne dont je résumerai bientôt les traits les plus frappants, pour les comparer aux textes zends qui nous occupent[1]. Avec l'épithète de *hudhâtô* commencent les gloses de Nériosengh. Après l'avoir traduite assez exactement, par « beau présent, heureux don, » il ajoute : « Tu as été donné avec une vertueuse activité. » Je ne crois pas qu'il soit nécessaire de faire de ce passage, comme Nériosengh et Anquetil, une sorte d'interpellation au dieu Homa. Dans l'original zend, le verbe est sous-entendu, et la forme de nominatif, donnée à *haomô*, exclut l'idée du vocatif, qui serait ici nécessaire, dans l'hypothèse que ce passage renferme une invocation. D'autre part, Anquetil prend *hudhâtô* à l'actif, de cette manière : « vous qui donnez ce qui est bon. » Je désirerais que cette interprétation fût confirmée par un plus grand nombre d'exemples prouvant que *hu-dhâta* est susceptible du sens actif. Il est certain que le composé suivant, ars dâtô, est entendu de cette manière, non-seulement par Anquetil, qui le traduit ainsi : « vous donnez la justice, » mais aussi par Nériosengh, qui commente comme il suit le mot *satyadânah* : « celui dont les

---

[1] *Rigvéda*, I, 91, 12.

présents sont conformes à la vérité, c'est-à-dire qu'il donne quoi que ce soit à celui auquel il convient de donner. » Je crois cependant devoir persister dans l'interprétation la plus ordinaire de *dhâta*, et le considérer comme un passif; d'autant plus que je conserve à ce participe le sens de *créé*, que semble appeler l'orthographe de *hudhâtô* avec un ‍ *dh*. Si les autres composés avec *ars* et *vaghus* ont un ‍ *d* (ce qui ferait penser à *dâta*, donné), cela vient de ce que le ‍ *dh* n'est jamais initial en zend.

On sait que ‍ *ars*, qu'on trouve quelquefois fautivement écrit ‍ *aras*, est la forme absolue, et aussi le nominatif d'un adjectif qui se tire directement et avec *guṇa* du radical correspondant au sanscrit ऋज् *rĭdj* (être droit). On reconnaît avec une égale facilité ‍ *baéchazyô*, sur l'orthographe duquel les manuscrits sont, en général, unanimes, sauf l'emploi très-fréquent du ‍ *s* au lieu du ‍ *ch*; c'est le sanscrit भैषज्य *bhéchadjya*, qui pourrait signifier *médicinal* ou *relatif aux remèdes*. Nériosengh et Anquetil sont d'accord quant à l'interprétation de ce terme. J'ai analysé ailleurs les éléments du mot qui vient ensuite, ‍, « celui qui a un beau corps. » Ici la sifflante caractéristique du nominatif se joint immédiatement au thème *kĕrĕp*, dont la lettre radicale est aspirée par l'influence de cette sifflante.

Nous n'aurons pas plus de peine à expliquer ‍ *hvarĕs*, qui, ramené à ses éléments primitifs, serait *hu-vars*, de *hu* (bien) et *vars* (dérivé de *vĕrĕz*), « qui agit. » Tous nos manuscrits lisent ce mot comme je propose de le faire, sauf le numéro vi S. qui a ⟨hvērës⟩ *hvěrës*. La fusion des éléments *hu* et *varës* se fait sous l'influence de la contraction de *hu-va* en *hra*, contraction qui a été expliquée ailleurs. Anquetil est bien loin du sens, quand il traduit ce mot par « éclatant de lumière; » Nériosengh le remplace par « qui a de vertueux désirs; » mais sa glose rétablit le sens en ajoutant : « ton effort accomplit le bien. » Je ne dois cependant pas omettre ici l'explication de ce terme qu'a donnée récemment M. Fr. Windischmann dans une ingénieuse dissertation sur le culte du Sôma chez les peuples ariens, dont j'aurai occasion de parler plus d'une fois dans mon résumé comparatif du *Homa* zend et du *Sôma* indien. M. Windischmann pense que l'on doit certainement lire *hvarēsa* cette épithète qui, dit-il, serait inintelligible sans les Vêdas. En conséquence, il la compare au titre de स्वर् *svar chá* (celui qui donne le ciel), titre que l'hymne précité du Rïgvêda assigne au Sôma[1]. Ce rapprochement est, sans contredit, extrêmement ingénieux; j'avoue même que je n'hésiterais pas à l'adopter si nos manuscrits ne lisaient pas uniformément *hvarës* pour *hvars*, et si je ne trouvais pas ce mot avec le sens de *bien agissant*, dans des passages où l'interprétation de M. Windischmann « celui qui donne le ciel » me paraît moins bien convenir.

Dans ⟨věrěthradjâo⟩ *věrěthradjâo*, nous avons le nom. purement zend de l'adjectif dont nous avons ren-

---

[1] *Ueber den Somacultus der Arier*, pag. 12; Extrait des *Mémoires de l'Académie des sciences de Munich*, tom. IV, part. 2.

contré la forme plus complète dans le superlatif *vĕrĕthradjăçtĕmó*, où la nasale du radical et la sifflante caractéristique du cas subsistent encore, tandis que, dans *vĕrĕthradjáo*, la diphthongue *áo* représente le sanscrit *án*, d'où la sifflante caractéristique du nominatif est absente. C'est, pour le dire en passant, un nouveau trait de ressemblance entre le Homa zend et le Sôma indien, qui est aussi nommé *vritrahan* (le vainqueur).

Je suis la double autorité de Nériosengh en traduisant ڛڎڛ۔ۻ۔ *zairigaonó* par « qui a la couleur de l'or. » Il est de fait que le sanscrit गुण *guṇa*, auquel répond, pour la forme du moins, le zend *gaona*, est pris en général dans le sens de *qualité;* mais il signifie aussi *le blanc,* qui est une qualité spéciale des corps: de sorte que *guṇa*, et, en zend, *gaona*, qui n'en diffère que par l'augmentation de la voyelle, peut également bien renfermer le sens de *couleur*, qu'a le persan moderne كون.

Anquetil a tout à fait passé le mot suivant ڛۻڎۻۓ *nāmyāçus*, que je lis ainsi avec le Vendidad Sadé, l'édition de Bombay et deux manuscrits de Londres, tandis que les trois Yaçnas de Paris et celui de Manakdji lisent ڛۻڎۻۓ *nāmyāçus*. Suivant Nériosengh, cet adjectif signifie : « dont les bourgeons sont doux ou tendres. » Je soupçonne que cette interprétation n'est pas absolument exacte; du moins l'étymologie m'en fournit une autre qui ne s'accorde qu'en partie avec celle de Nériosengh. Je rattache *námi* ou *nāmi* au radical sanscrit नम् *nam* (incliner, pencher), et j'en fais un adjectif signifiant *qui penche, qui s'incline*. Le sens de *doux, tendre*, donné par l'interprète parse, n'est probablement qu'une signification d'extension qui exprime la cause dont l'adjectif *nâmi* rend l'effet : et c'est vraisemblablement parce qu'ils sont tendres que les rameaux s'inclinent. Je crois, avec Nériosengh, que la seconde partie de notre composé *âçu* (ici au nmn. *âçus*) doit signifier *branche* ou *bourgeon*; nous retrouverons plus bas ce mot avec le même sens. Le sanscrit अंशु *amça* n'a pas actuellement cette signification ; mais il l'avait dans le style des Vêdas, ou du moins il y avait un sens analogue. Nous trouvons, en effet, dans le célèbre hymne à Sôma, les mots आप्यायस्व....विश्वेभिरंशुभिः, que Rosen rend par *cresce.... omnibus geniculis*, c'est-à-dire : « Crois par tous tes nœuds, » ou encore par tous les points d'où partent des branches[1]. J'ajoute que, dans le sanscrit classique, le dérivé अंशुक *amçuka* veut dire *feuille*. Je fais donc du mot *nâmyâçus* un composé possessif signifiant « dont les rameaux sont inclinés. »

Je suppose que les deux termes suivants se rattachent, par le relatif *yatha*, au mot *nâmyâçus*. Ce relatif présuppose un antécédent *tatha*, pour compléter le rapport, *tatha yatha*, ce qui revient à ceci : « Il a ses rameaux inclinés, de manière que.... » Presque tous les manuscrits[2] lisent le verbe de cette proposition ⲣⲉⲝⲧⲱ, tandis que le Vendidad Sadé, le manuscrit de Manakdji et le Yaçna nº III S. ont

---

[1] *Rigvéda*, I, 91, 17.
[2] Les trois de Londres, l'édition de Bombay et le numéro VI S.

ܘܦܪܬܢܐ. J'ai suivi la première leçon, en y apportant la modification très-légère d'un ◌ *a* pour un ◌ *ĕ*, et en la considérant comme la 3ᵉ prs. plr. du verbe *qar* (manger). Les deux mots *yatha qarañti* signifient donc, pour moi, « de sorte qu'ils mangent, ou afin que les hommes le mangent, » le sujet du verbe *qarañti* étant contenu implicitement dans la désinence même de la 3ᵉ personne.

Je ne dois cependant pas omettre de remarquer qu'en comparant notre texte à la glose de Nériosengh et à la version d'Anquetil, on peut commencer avec *yatha qarañti* une période nouvelle dont ces mots sont le premier membre, de cette manière : « Selon que les hommes le mangent, il est..... » Quelque embarrassée que soit cette construction, je dois l'exposer, parce que le sens qui en résulte pourrait paraître préférable. Les analyses qui vont suivre servent d'ailleurs à l'un comme à l'autre sens : la disposition seule des mots est changée.

Après *qarañti* vient une proposition nouvelle dont le sujet semble être ܦܬܐ *pátha*, qui est lu ܦܝܬܐ *páitha* dans trois manuscrits [1]. Je me range ici du côté des manuscrits les plus nombreux, et je lis *pátha* au lieu de *páitha*. L'insertion de la voyelle *i* est cependant digne ici d'attention, en ce qu'elle suggère une conjecture qui pourrait bien être fondée. Si l'on admet en effet que le zend *pátha* n'est, comme je le suppose, qu'une autre forme du sanscrit पन्थन् *panthan* (chemin), on retrouverait dans l'orthographe

---

[1] Ms. Anq. n° vi S. n° ii F. et ms. de Manakdji.

páitha un reste du suffixe *in* de पथिन् *pathin*, autre thème de *panthan*. Il n'est pas facile de reconnaître, dans la glose confuse de Nériosengh, l'idée qu'il se faisait de ce terme, au moins d'après le commentaire pehlvi. Après बाद्यतां, *manducantium*, qui répond à *qarañti* ou *qarañté*, et qui donnerait à croire que, pour le glossateur primitif, *qarañté* était un dat. sng. msc. du participe prs. *qarat*, avec la seule irrégularité de la nasale *ñ* conservée, vient le mot उत्कृतत्वं, *l'excellence*, interprétation inexacte, puisque le *vahistó* du texte est un adjectif, et non un substantif abstrait. Les mots *uranaétcha* (et pour l'âme) sont incomplètement représentés par आत्मनः, *pour l'âme* ou *de l'âme*; de sorte qu'il ne reste pour rendre *pátha* que le mot संचयि, qui n'a aucune forme grammaticale, et qui, pour fournir un sens, devrait se lire संचयी, « celui qui accumule, rassemble. » Tous ces mots réunis peuvent donc se traduire ainsi en latin : « Qui manducantibus, excellentiam animi accumulans, maxime immortalis est; » ce qui signifie sans doute : « Celui qui est le plus immortel accumulateur de l'excellence pour l'âme de ceux qui [le] mangent. » Cette idée d'accumulation se poursuit jusqu'à la fin de la glose, qui me paraît signifier : « On peut [se] faire avec toi le meilleur trésor, puisque la possession du Gorothman, c'est-à-dire, le ciel, vient de toi. »

D'un autre côté, Anquetil voit dans ce mot *pátha* l'idée de *protection*, puisqu'il le remplace par cette phrase : « Vous les protégez. » Et, dans le fait, il est très-possible que *pátha* vienne du radical पा *pá* (protéger); du moins, l'idée de *protecteur* ou de *protection* sort de ce terme plus aisément que celle de *trésor* ou d'*accumulation*. Je n'hésiterais même pas à préférer le sens d'Anquetil, si le terme qui nous occupe était écrit *páta;* ce serait alors le nom. sng. msc. du thème *pátar* (protecteur); mais la présence du ථ *tha* me fait pencher pour le sens de *voie*, qui résulte bien de *pátha*, pour le sanscrit पथन्.

A ce substantif, se rattache, dans notre nouvelle explication, l'adjectif ⸱⸱⸱ *vahistó*, (excellent); de sorte que ces deux mots signifient « la voie excellente. » Les Parses, qui sont accoutumés à trouver dans ce terme le nom du Behescht, ou du paradis, ont cependant bien vu que l'idée du ciel ne devait pas être cherchée dans ce terme, que Nériosengh, ainsi que je l'ai dit tout à l'heure, traduit par *excellence*. C'est le superlatif ⸱⸱⸱ *mainyó těmó*, qui représente cette notion, du moins pour les Parses : et c'est ce dernier mot qu'Anquetil remplace ici par le Behescht. Mais si l'on ne fait pas de *vahistó* une proposition à part, « il est excellent, » il faut absolument le rattacher au substantif *pátha*, ce qui donne pour tout le passage cette traduction latine littérale : « Ita ut qui manducant, excellens, animoque via « maxime cœlestis, » c'est-à-dire, en remplissant les ellipses des pronoms supprimés : « Selon que les hommes [le] mangent, [à eux appartient] l'excellente voie, et, pour leur âme, la plus céleste. » Ne semble-t-il pas qu'on entende comme un écho affaibli du début de l'hymne védique à Sòma, que j'aurai tant d'occasions de citer? « O Soma! notre intelligence te connaît : c'est toi qui nous guides dans la voie la plus droite; sous ta conduite, ô liqueur sacrée, nos pères ont obtenu, pour prix de leur sagesse, un trésor parmi les dieux. » J'ai à peine besoin d'ajouter que, si l'on préfère donner à *pátha* le sens de *protecteur* plutôt que celui de *voie*, il faudra traduire ainsi : « De manière que, pour ceux qui le mangent, il est un protecteur excellent, et, pour leur âme, le plus céleste. »

§ 12. Texte zend.

Version de Nériosengh.

नितान्तं त्वं सुवर्णाभ विद्यां वृद्धि किल किंचित् मे विद्यां वृद्धि येन मे पश्चिज्ञानत्वं भवेत्। नितान्तं महोत्साहत्वं महा-मानसत्वं यत् कस्यापि साहाय्यं [1. माहात्म्यं] नापेक्षते।

[1] Ms. Anq. n° VI S. p. 40; n° II F. p. 91; n° III S. p. 57; *Vendidad Sadé*, p. 43; édit. de Bombay, p. 47; man. de Manakdji, p. 196.

नितान्तं विजयत्वं नितान्तं सुरूपत्वं नितान्तं आरोग्यत्वं किल मह्यं देहि । नितान्तं वृद्धिस्थानं नितान्तं पुष्टिस्थानं । नितान्तं ओजः विश्रस्मै वपुषे । नितान्तं निर्वाणमानतां विश्वस्मिन् विरचितां यो निर्वाणमानं किंचित् वेत्ति तस्य सर्वज्ञानत्वं देहि तेजः । नितान्तं तस्मात् यथा जगति कामराजानः प्रचरामो बाधां [बाध्यान्] निघ्निम दूरं अपनयामः । नितान्तं तस्मात् यथा निघ्निम विद्वेषां बाधाकराणां बाधाः देवानां मनुष्याणां च शाकिनीनां महाराक्षसीनां च अन्यायकानां अधर्शकानां अश्रोतॄणां च अधर्शका अश्रोत्रम् [अश्रोतारश्च] ते ये किंचित् इन्द्रज्ञेयं द्रष्टुं श्रोतुं न शक्नुवन्ति नृशंसानां च द्विचरणानां आश्मोगानां च द्विचरणानां व्याघ्राणीनां च चतुरंह्रीणां ह्रानानां च पृथुलानीकानां किंप्रताणतया पततां ॥

Traduction.

« O toi qui es de couleur d'or, je te demande la prudence, l'énergie, la victoire, la beauté, la santé, le bien-être, la croissance, la force qui pénètre tout le corps, la grandeur qui se répand sur toute la forme. Je te demande de marcher, roi souverain, sur les mondes, triomphant de la haine, frappant le cruel. Je te demande de triompher de la haine de tous ceux qui en ont; de la haine des Dévas et des hommes, des démons et des Parikâs, des êtres pervers, aveugles et sourds, et des meurtriers bipèdes, et des êtres hypocrites, et des loups à quatre pattes, et de l'armée aux larges bataillons, qui court, qui vole. »

Il importe de rapprocher de cette version celle d'Anquetil, qui, comparée avec la glose de Nériosengh, peut fournir quelques moyens sûrs d'interprétation pour les passages douteux. « O vous qui êtes de couleur d'or, vous portez toujours les mêmes titres; (vous êtes) toujours grand, toujours victorieux, toujours beau, toujours principe de santé, toujours donnant l'abondance, toujours distribuant les biens, toujours plus grand que tous les corps, toujours excellent et tout bien. Accordez toujours aux désirs du monde un roi qui brise le mal, qui anéantisse le Daroudj, vous qui brisez toujours tous ceux qui font du mal, qui affligez les Dews hommes, les magiciens, les Peris, (les Dews) qui affaiblissent, ceux qui rendent aveugles, ceux qui rendent sourds; les couleuvres à deux pieds, les Aschmoghs (Dews) à deux pieds, et les loups à quatres pieds, l'armée étendue, impure; les Dews qui trainent sous leurs pas les maux et l'oppression. »

Le commencement de ce paragraphe est entendu par Nériosengh d'une manière telle, qu'on croirait que l'original pehlvi de sa glose n'a pas reconnu mieux que lui les véritables rapports des mots dont se compose notre texte. Il est clair que les termes

ꞏꞏꞏ ꞏꞏꞏ ꞏꞏꞏ ne peuvent, en aucune façon, signifier, comme le veut l'interprète parse, « déclare-moi la science. » La forme grammaticale ne se prête pas à un autre sens que celui-ci : « tibi prudentiam invoco, » c'est-à-dire, « je demande à toi la prudence. » Anquetil est encore plus éloigné du sens véritable ; car, avec sa version, le texte pourrait tout au plus signifier « je proclame ta prudence. » Je suppose que la préposition *ni*, que Nériosengh et Anquetil traduisent ici par *toujours*, a, jointe au verbe *mruyé* (je dis), le sens du *in* latin précédant le verbe *voco*; c'est comme s'il y avait « in-tibi prudentiam-voco. » J'aime mieux lire, en un seul mot, ꞏꞏꞏ, considérant ꞏꞏꞏ *té* (à toi) comme enclitique, que d'en faire deux mots, à l'exemple de nos Yaçnas zends-sanscrits. J'ai pour moi l'autorité du Vendidad Sadé, de l'édition de Bombay et d'un manuscrit de Londres. On connaît déjà la modification que subit, en zend, le radical sanscrit ब्रू *brú*, qui devient *mrú*; la seule remarque à faire sur cette forme moyenne, ꞏꞏꞏ *mruyé*, c'est que la désinence du présent ne se joint pas au radical, comme en sanscrit, moyennant le développement de la voyelle *ú* en *uv*, mais bien par l'intercalation de la semi-voyelle *y*.

L'adjectif ꞏꞏꞏ, que le seul Vendidad Sadé lit fautivement avec un ꞏꞏꞏ *é* final, porte, dans sa voyelle *á*, la trace d'une dérivation qui est ici nécessaire. En effet, si *zairi* signifie *or*, *záiri*, qui en dérive, doit avoir le sens de *doré*. Nériosengh traduit par *science, connaissance*, le seul mot qui reste à interpréter au commencement de notre paragraphe; Anquetil l'omet tout à fait. Guidé par la version de Nériosengh et par l'analogie extérieure du zend *madha*, thème de ᬳᬤᬄ *madhēm*, avec le sanscrit मेधा *médhá* et le radical grec μαθ, je n'hésite pas à traduire *madha* par *prudence, intelligence*; il est même probable que la racine zende *madh*, d'où dérive *madha*, se présente ici sous une forme plus ancienne que le radical sanscrit मिध् *midh*, d'où l'on tire *médhá*. Il serait cependant possible que *madhēm* fût simplement le मद *madam* védique, et qu'il signifiât la joie ou l'ivresse que donne le Sôma; ce sens physique, si fréquemment rappelé dans les Vêdas, aurait été depuis longtemps oublié des Parses. Je n'ai cependant pas osé le substituer à celui de Nériosengh, parce que je n'ai pas de preuve suffisante que la joie produite par le Homa soit célébrée dans les trois fragments considérables du Yaçna, où il est question de cette plante sacrée.

Je passerai rapidement sur ᬳᬫᬄ *amēm*, substantif auquel Nériosengh donne le sens de « grande énergie, grand cœur », et Anquetil, celui de *grand*; ce serait *grandeur* qu'il faudrait dire. Ce mot, qui existe dans le sanscrit védique sous cette forme अम *ama*, et aussi sous celle de अमति *amati*, a, d'après le Nighaṇṭu, le sens de *forme, figure*, qui ne me paraît pas convenir ici, à moins qu'à l'idée de *figure* on n'ajoute celle de *grandeur*. Mais il n'est pas certain que le Nighaṇṭu donne tous les sens de ce mot; car Rosen le traduit une fois au moins par *force*, dans l'adjectif अमवत् *amavat*, appliqué aux flammes brillantes du feu[1].

On reconnaît de même dans ‌‌‌‌ *vĕrĕthraghnĕm* le sanscrit *vritraghna*, moins usité que वृत्रहन् *vritrahan*. Ce mot est un adjectif. Aussi je pense ou que c'est ici un neutre pris substantivement, ou qu'à *vĕrĕthraghna*, il faudrait joindre un suffixe *ya*, comme nous le verrons plus bas.

Il n'est pas aussi facile de retrouver le terme sanscrit correspondant au zend ‌‌‌‌ *daçvarĕ*, que tous nos manuscrits lisent de même, excepté l'édition de Bombay, qui a ‌‌‌‌ *daçvarĕm*, et que Nériosengh et Anquetil s'accordent à traduire par *beau*, ou *beauté de la forme*. Ce mot est un substantif, vraisemblablement neutre, qui est formé au moyen d'un suffixe ‌‌‌‌ *varĕ*, que je ne connais pas en sanscrit, mais qui, à une époque reculée des langues ariennes, a pu correspondre au suffixe classique *vara*. Après la suppression de *varĕ*, il reste ‌‌‌‌ *daç*, qui serait en sanscrit दश् ou दंश् *daç* ou *damç*; mais le sens de *mordre*, qu'a ordinairement cette racine ne va pas ici. Si l'on veut bien admettre l'échange des sifflantes श् = *ç* et स् *s*, auquel j'ai déjà eu plus d'une fois recours, le radical *daç* du zend *daçvarĕ* répondra au sanscrit दस् *das*, qui, dans les Vêdas, a le double sens de *voir* et de *briller*. C'est ainsi que Rosen, dans trois passages au moins[2], traduit le védique दस्र *dasrá*, épithète des Açvins, par *conspiciendi*

[1] *Rigvêda*, I, 36, st. 20.
[2] *Ibid.* I, 47, 3 *b*; 117, 5 *a*; 119, 7 *a*.

(dignes d'être vus), probablement *beaux*. Je crois pouvoir, dans l'absence de tout autre secours, me servir du sens assigné par Rosen au *dasra* (digne d'être vu) des Védas, pour expliquer le *daçvarĕ* zend; et je pense que ce mot, rare d'ailleurs, peut avoir le sens de *beauté*, qu'Anquetil lui assigne d'après la tradition.

Il est beaucoup plus facile d'expliquer les deux mots suivants ﭼﺮﺪﺗڡ et ﭼﺮﺪﺗڡ *fradathĕm* et *varĕdhathĕm*, où l'analyse étymologique sert à donner plus de certitude aux traductions un peu vagues d'Anquetil. Suivant Nériosengh, *fradathĕm* signifie « don de croissance, » et *varĕdhathĕm* « don de nourriture. » Anquetil, au contraire, dit avec moins de précision : « donnant l'abondance et distribuant les biens. » Il semble résulter de ces deux systèmes d'interprétation que, dans *fra-dathĕm* et *varĕ-dhatĕm*, la seconde partie *dathĕm*, qui, je l'avoue, est toujours écrite ﺗڡ avec un *d* simple par nos manuscrits, appartient, dans l'un et dans l'autre cas, au radical *dath* (donner) et signifie « le don ». Mais j'ai déjà cru devoir renoncer à ce point de vue en ce qui touche *varĕdhathĕm*, où j'ai proposé de rétablir le ﺪ *dh* nécessaire, et où j'admets *varĕ* au lieu de *vĕrĕ*, comme le numéro VI S. et l'édition de Bombay [1]. Le lecteur est libre de choisir entre ces deux explications : ou bien *varĕ* et *vĕrĕ* représentent le sanscrit वर *vara* (don, toute chose bonne à choisir), et *datha* signifie *don*; ou bien *varĕdhatha* vient du radical *vĕrĕdh*, égal au sanscrit वृध् *vrĭdh* (croître), et du suffixe *atha*,

[1] *Comment. sur le Yaçna*, t. I, p. 199, et *Add. et corr.* p. clxxvij.

qui exprime l'état ou l'action qu'indique le radical. J'ai donné ailleurs les raisons que j'avais de me décider pour la seconde analyse, et j'ajoute seulement ici que je traduis *varĕdhathĕm* par *croissance*, ce qui n'est pas fort éloigné du sens de वृद्धिदान्, donné par Nériosengh, et *fradathĕm* par *bien-être*, pris dans le sens d'*abondance*, en parlant des biens que donne la Divinité.

Anquetil traduit d'une manière fort inexacte les mots ⸺, sur la valeur desquels Nériosengh ne se trompe pas : « la vigueur pour tout le corps; » *viçpô tanûm*, que je lis ainsi avec le Vendidad Sadé, l'édition de Bombay et le numéro VI S. tandis que les autres manuscrits lisent ⸺ *viçpa*, est un adjectif possessif signifiant « relatif à la totalité du corps. » Il est formé exactement de la même manière que le suivant, ⸺ *viçpô paĕçaĝhĕm*, que le Vendidad Sadé lit seul à tort ⸺ *paisaĝhĕm*. Nériosengh est ici moins heureux que pour le terme précédent, quoique dans les mots विश्वस्मिन् विश्वितं, « parfaite, accomplie en tout, » il y ait un vague souvenir de ce sens, « relatif à toute forme. » En effet, *paĕçaĝhĕm*, acc. ici au masculin, de ⸺ *paĕçô*, signifie, en réalité, *forme*, comme l'a bien vu Rosen [1]; et c'est d'après ce sens, que donne également le Nighaṇṭu [2], qu'il faut corriger la traduction et en même temps la leçon d'un passage des Ieschts que j'ai reproduit et expliqué dans

---

[1] *Rigvéda*, Adnot. p. xx.
[2] *Nighaṇṭu*, Sect. III, art. 7.

mon Commentaire sur le Yaçna[1]. Ce composé se rapporte au substantif ⟨⟩ *maçtim*, où je continue à voir le substantif abstrait *maç-ti* (grandeur), de *maz* (grand), plus le suffixe *ti*. Nériosengh, ici comme dans d'autres passages du Yaçna, croit que ce mot exprime un sens religieux et métaphysique, « la science de l'anéantissement ou du salut. » Je ne pense pas qu'il soit ici question de cette sorte de grandeur, car *maçti* ne peut avoir d'autre signification que celle que je propose, et les vœux qu'adresse Zoroastre à Homa sont certainement d'une nature plus matérielle que métaphysique.

Je suppose que la préposition *ní*, répétée au commencement de la phrase suivante, a pour but d'indiquer l'ellipse du verbe *mruyé* (j'invoque). Il me semble que ⟨⟩ *tat* est le pronom neutre *cela*, complément de ce verbe, et servant d'antécédent à ⟨⟩ *yatha*, de cette dernière manière : « cela, à savoir, que, etc. »

L'interprète parsi et Anquetil s'accordent, en général, pour réunir en composition le mot ⟨⟩ avec le terme qui le suit; et conservant à ⟨⟩ *khchathró* son sens de *roi*, ils font du tout un terme signifiant « roi conforme aux désirs. » Cette interprétation est certainement justifiable, puisque, *vaça* signifiant *volonté*, il est permis de traduire *vaçó khchathró* par « roi de la volonté ou des désirs. » Mais *vaça* doit également signifier « qui a une volonté, qui a l'autorité; » de sorte que, de ce point

---

[1] *Comment. sur le Yaçna*, t. I, notes, p. lxvj.

de vue, *raçô khchathrô* est susceptible de cette autre signification « un roi qui a une volonté souveraine. » C'est dans ce sens que j'ai cru devoir traduire, à cause de la suite de la phrase où éclate la puissance du roi dans son triomphe sur ses diverses espèces d'ennemis. On ne doit pas non plus dire avec Anquetil : « accordez aux désirs du monde un roi; » car l'analyse grammaticale, que je ne répète pas ici parce que toutes ces formes sont connues, prouve manifestement que c'est Zoroastre lui-même qui dit : « afin que je marche sur les mondes, roi souverain. » Le pluriel, qu'adopte ici Nériosengh, est certainement employé pour le singulier, qui reparaît dans निहन्मि, *je tue*. Dans ︎ *gaêthâhva*, la désinence *hva* pour *sva* répond à la terminaison du locatif ︎ *chva* des noms masculins. Tous les manuscrits lisent ︎ *fratcharâné* (que je marche, que je m'avance) au moyen; j'avoue que je préférerais *fratcharâni*, à l'actif, parce que c'est avec les formes de cette voix que se montre, en général, le radical *tchar* dans nos textes zends.

J'ai expliqué ailleurs, dans leurs éléments, les mots ︎ ︎ *tbaéchô taourvâo*; j'ajoute seulement ici qu'ils forment un composé signifiant : « celui qui anéantit la haine; » composé formé de *tbaécha*, pour le sanscrit द्वेष *dvécha* (haine), plus *taourvâo*, nmn. sng. msc. du participe présent *taourvat*, pour le sanscrit तुर्वत् *turvat*, (plus le *guṇa*) de तुर् *turv* (frapper, détruire), conjugué, en zend, suivant le thème de la 1re classe. Il est vrai que je régularise l'orthographe de ce mot, qui est très diversement lu dans nos manuscrits. La leçon ܛܘܪܐܘ *taurrâo*, que donnent le numéro II F. le numéro III S. le Vendidad Sadé, l'édition de Bombay et le manuscrit de Manakdji, est certainement fautive, dans l'hypothèse que le radical est *turv*, puisque le participe *taurrâo* viendrait d'un radical *tarv*, dont je ne nie pas la légitimité, mais que je ne trouve pas jusqu'ici dans nos listes. Au contraire, la leçon ܛܐܘܪܐܘ *taorrâo* du numéro VI S. nous mène directement à celle que j'adopte, et où j'ajoute seulement la voyelle ܘ *u*, qui est ici épenthétique.

Ce n'est plus un composé que l'expression ܕܪܘܓܡ ܪܢܘ *drudjĕm ranô*, « celui qui frappe le cruel; » *rana* est un adjectif verbal qui conserve l'action d'un verbe sur son complément direct. La correction que j'ai faite sur *taourrâo* s'applique de même à l'impératif ܛܐܘܪܪܐܝܢܝ *taourrayéni*; mais elle est, de plus, positivement confirmée par un manuscrit de Londres, et, en partie, par le numéro VI S. qui lit ܛܐܘܪܪܐܝܢܐ *taorrayéné*.

Je passe directement aux divers noms des ennemis sur la haine desquels Zoroastre demande à Homa le pouvoir de triompher. Les premiers sont les ܝܐܬܗܪܐܡ *yáthwrãm*, mot qui est un gnt. plr. du substantif *yátu*, en sanscrit यातु *yátu* (démon qui trouble les sacrifices). Anquetil traduit ce nom par *magicien*, et il est assez digne de remarque que la glose de Nériosengh, qui pouvait se servir de *yátu*, terme bien connu en sanscrit, ait préféré le mot spécial et peu commun de शक्तिनी, nom d'une des formes de l'énergie femelle de Çiva. Cette particularité se retrouve également dans la traduction sanscrite de l'Iescht d'Ormuzd. Cela prouve, si je ne me trompe, que la version sanscrite de nos textes zends a été faite dans un temps et dans une province où dominait le Çivaïsme.

Le nom des *Pairikas*, ici au gnt. plr. ꜩꜩꜩ, est plus connu des Parses que le précédent, puisqu'ils y voient celui des Péris, ou des divinités femelles, célèbres dans leurs poésies modernes. Cependant la glose sanscrite, qui ne se fait pas scrupule d'admettre, sans les expliquer, des mots zends et persans, a préféré au nom propre de *pairika*, celui de महाराक्षसी, « une grande Râkchasî. » Je pense que le substantif féminin *pairika* dérive du radical ꜩꜩ *pĕrĕ*, en sanscrit पृ *pṛi*, employé dans le sens de *détruire*; le suffixe *ka* est, selon toute apparence, celui d'un adjectif, et le mot *pairika* signifie *destructeur*.

Le terme suivant, ꜩꜩꜩ, *çâtrãm*, est moins commun; Anquetil y voit « les Dews qui affaiblissent, » et Nériosengh, « ceux qui sont sans loi. » C'est d'après cette dernière indication que j'ai traduit ce mot par *pervers*. Faut-il dériver ce nom, qui est le gnt. plr. de *çâtar*, du radical sanscrit शठ् *çaṭh* (tromper, mentir), avec le suffixe *ar*, ou le rattacher au radical, quel qu'il soit [1], d'où vient le sanscrit शत्रु *çatra* (ennemi)? Comme ce mot serait le seul dans le-

---

[1] Benfey, *Griech. Wurzell.*, t. II, p. 163. Le *Siddhânta Kâumudî* le tire du nominal *Çâtayati*. (Boehtlingk, *Dic Unâdi*, etc. p. 265.)

quel un ष *tha* cérébral indien serait devenu un ث *th* zend, je n'hésite pas à préférer la seconde explication à la première. Cependant l'étymologie de ce mot est encore douteuse, en ce qu'on y peut voir soit *çâth* ou *çât*, plus *ar*, soit *çâ*, autre forme de शो *çô* (couper), plus *tar*. J'avoue que j'aime mieux voir ici un suffixe *tar*, qui s'est contracté en *thr* devant la désinence *âm*.

L'étymologie nous éclaire encore moins touchant le mot suivant ⟨⟩ *kôyãm*, qu'Anquetil traduit par « ceux qui rendent aveugles, » et Nériosengh par *aveugles*. C'est le génitif pluriel d'un thème ⟨⟩ *kôya*, que l'on trouve écrit ailleurs ⟨⟩ *kaoya*. Ce mot doit-il se rattacher au radical कुब् *kub* (voiler, couvrir), ou doit-on n'y voir qu'un dérivé de कु *ku*, syllabe employée avec une acception de mépris, et qui figure dans quelques adjectifs exprimant un vice corporel? C'est ce que je ne saurais décider. Ce qu'il y a de certain, c'est que la tradition, telle que nous l'ont conservée Anquetil et Nériosengh, tient ici pour le sens d'*aveugle*, puisque l'interprétation de Nériosengh est justifiée par cette glose : « Les aveugles sont ceux qui sont incapables de rien voir de ce qui vient des Izeds; » ou, comme le dit un peu autrement la glose de l'Iescht d'Ormuzd : « ceux qui ne peuvent voir la création d'Ormuzd. »

C'est dans le même système d'interprétation qu'est expliqué le mot suivant, qui est lu ⟨⟩ *karafanâmtcha* dans le Vendidad Sadé, l'édition de Bombay, le numéro II F. et le manuscrit de Manakdji, et

كَرَفْنَامْتْچَ *kĕrafnâmtcha* dans le numéro vi S. Cette dernière leçon, quoique bien moins commune que la première, se trouve cependant plusieurs fois dans l'Iescht d'Ormuzd. Il ne résulte, au reste, de ces deux variantes, qu'une différence peu importante dans le thème, lequel est, soit *karafa*, soit *karafn* ou même *karafna*. Quoique moins fréquente, cette dernière leçon est peut-être la meilleure, parce que la labiale aspirée *f* y trouve son explication. Je ne connais pas de terme sanscrit, correspondant à ce mot, qui ait le sens de *sourd*, que lui donnent Nériosengh et Anquetil : « ceux qui rendent sourds ». Les seuls rapprochements possibles sont ceux que fournissent les mots कृपण *kripaṇa* (misérable, faible) et खर्व *kharva* (nain, court). Je regarde *karafana* ou كَرِفْسَنَ, *kĕrĕfana* ainsi que l'écrit un manuscrit de Londres, comme identique par la forme et la racine à *kripaṇa*; mais il faut admettre que le radical कृप् *krip* a pu anciennement former des dérivés d'un sens aussi spécial que celui de *sourd*. C'est probablement dans l'idée de *faiblesse* qu'il faut chercher la possibilité de cette signification. D'une autre part, si l'on pouvait établir que les diverses formes du *ka* interrogatif ont en zend, comme en sanscrit, un sens de détérioration, et en particulier de détérioration physique, il se pourrait que le zend *karafa* ne fût qu'une transformation du composé sanscrit *karava*, pris dans le sens de « qui entend mal les sons. »

Nériosengh traduit exactement l'adjectif مَئِيرْيَنَامْ *mairyanãm* par *homicide*, et dans l'Iescht d'Ormuzd par *meurtrier*; j'ai suffisamment expliqué ce mot ci-dessus. Anquetil, se conformant à la tradition moderne des Parses, y voit le sens de *couleuvre*; je ne crois pas qu'ici cette interprétation puisse se soutenir. Il ne peut y avoir plus de doutes sur le sens de l'adjectif بیزغرنام *bizağhranãm*, que Nériosengh et Anquetil s'accordent à traduire par « qui a deux pieds. » Ce mot est formé de بی *bi* pour द्वि *dvi* (deux), et de زغر *zağhra*, probablement pour जङ्घा *djağha* (jambe), mais avec le suffixe *ra*. Ce substantif dérive peut-être aussi du radical védique जस् *djas* qui, d'après le Nighaṇṭu, a le sens d'*aller*[1].

On n'explique pas aussi facilement le mot اشماوغنامچ *achĕmaoghanãmtcha* (et des Achmoghs), ainsi que le transcrit Anquetil, sans le traduire. Les variantes des manuscrits ne nous donnent pas beaucoup de lumières sur l'étymologie de ce terme. Je le trouve écrit اسماوغنام *asĕmaoghanãm* dans l'édition de Bombay, leçon qui est celle du numéro II S. sauf اٶ *aô* pour او *ao*; اشماوگنام *achmaoganãm*, dans le numéro VI S. اشماوغنام *achmaóghanãm* dans le numéro II F. et dans le manuscrit de Manakdji, et enfin اسم وغنام *asĕm óghanãm* dans le Vendidad Sadé. La différence la plus importante qui distingue ces variantes, est l'emploi du غ *gh* ou du گ *g*. La première orthographe est la plus commune, et c'est celle que je crois devoir adopter. Il semble que ce terme est composé de *achĕmó*, nmn. sng. msc. de *achĕma*, qui n'est peut-être qu'une autre forme de

---

[1] *Nighaṇṭu*. Sect. II, art. 14.

acha (la sainteté), et de *gha*, en sanscrit घ *gha* (qui tue, qui détruit), à la fin d'un composé. Le mot entier pourrait donc signifier « qui détruit la sainteté; » mais j'avoue que je ne donne cette explication qu'avec une grande défiance, parce que le thème *achĕmŏ* ne m'est pas connu. Les manuscrits ont peut-être tort de lire *achĕmóghanām* au lieu d'*achmóghnām*, auquel cas la seconde partie du composé serait *ghna*, comme dans *vĕrĕthraghna*.

Mais je ne dois pas oublier de signaler le rapport frappant qu'offre la fin de ce terme, *mógha* et *maogha*, avec le sanscrit मोघ *mógha* (vain, inutile). Dans ce cas, que fera-t-on du commencement du nom des Aschmoghs, *achĕ* ou *asĕ*? Est-ce un préfixe dérivé du verbe *aç* (être), et marquant l'intensité? C'est ce que je n'oserais affirmer, à cause de la nouveauté du fait. Cependant je n'aurais pas d'autre manière d'expliquer ces syllabes *achĕ*, ou plutôt cette syllabe *ach*, dans la supposition que *mógha* est la fin du nom des Aschmoghs. En sanscrit, c'est le verbe *as* conjugué à la 3ᵉ personne du présent, qu'on emploie comme indéclinable; en zend, le radical même n'aurait-il pu être appliqué à cet usage rare? Si cette nouvelle explication venait à se confirmer, il faudrait traduire *achĕmaogha* par « les hommes très-vains, » ou peut-être même « très-trompeurs. » Je dois dire que l'existence d'une syllabe initiale *as* ou *ach* a été soupçonnée par M. Windischmann, qui s'y est trouvé conduit par l'examen de quelques mots zends, notamment par celui de *achaodjaghem*, analysé ci-dessus, § 6. M. Windischmann ne s'explique pas sur la valeur de cette syllabe, dont je n'ai encore vu clairement la possibilité que dans le nom des Aschmoghs. Si mon interprétation était admise, on pourrait l'appliquer également à l'adjectif *achaodjaghĕm*, qu'on traduirait alors par *très-vigoureux*.

Nous passerons rapidement sur ⁨؟⁩ *vĕhrkanām* (des loups), gnt. plr. de *vĕhrka*, et sur ⁨؟⁩ *tchathwarĕzaghranām* (qui ont quatre pattes), où *tchathwarĕ* représente चतुर् *tchatur* (quatre), pour arriver à des mots plus intéressants et non moins clairs. Le premier est ⁨؟⁩ *haénayáoçtcha* (et de l'armée), gnt. sng. fmn. du substantif *haéna*, en sanscrit सेना *séná* (armée). Anquetil entend bien ce terme; mais Nériosengh le remplace par un mot, duquel je ne puis affirmer positivement, à cause de l'imperfection de nos manuscrits, qu'il faille le lire *hayúnám* ou *hyúnám*. Je suppose que l'interprète parso-indien a voulu rappeler ici le nom des Hùnas ou des Huns. Ce qui me confirme dans cette conjecture, c'est que la glose de l'Iescht d'Ormuzd, où se trouve presqu'en entier le passage même qui nous occupe, remplace le zend *haéna* par l'ethnique *Turachka*. Je ne puis croire que ce nom désigne les Turcs proprement dits; je le regarde comme un synonyme indien du nom de *Túra*, qui, dans les textes du Zend-Avesta, est le nom propre des Turaniens. Du moins rien ne prouve que le nom de *Turachka* se trouve déjà dans la glose pehlvie; car nous avons un nombre considérable d'exemples qui démontrent que Nériosengh a remplacé, par des dénominations purement indiennes, des mots et des noms persans.

A ce terme se rapporte l'adjectif ͏͏͏͏͏͏ *pĕrĕthu ainikayáo* (aux larges bataillons), que nos manuscrits écrivent tous à peu près de même, sauf des variantes trop peu importantes pour être rappelées ici. Ce mot est composé de *pĕrĕthu*, en sanscrit पृथु *prĭthu* (large), et de *ainika*, en sanscrit अनीका *aníká* (troupe, armée). On reconnaît de même dans ͏͏͏͏͏͏ *davāthyáo*, lu ainsi dans le numéro II F, le numéro III S et le manuscrit de Manakdjî, tandis que le numéro VI S, l'édition de Bombay, et un manuscrit de Londres lisent ͏͏͏͏͏͏ *dvāithyáo*, et le Vendidad Sadé ͏͏͏͏͏͏ *davā ithyáo*; on y reconnaît, disons-nous, le gnt. sng. fém. du participe *davati* (qui court) pour le sanscrit धावन्ती *dhávatí*, dont la première voyelle est abrégée. Nériosengh voit ici le sens de *fraude, ruse*, que je ne trouve dans aucune des autres formes du terme que je viens d'analyser.

Enfin ͏͏͏͏͏͏ *patāthyáo*, sur lequel je n'ai à remarquer que les mauvaises leçons du Vendidad Sadé et de l'édition de Bombay ͏͏͏͏͏͏ *patā ithyáo*, est de même le gnt. sng. fém. du participe *patatí*, que Nériosengh traduit exactement par le participe sanscrit पतत् *patat* (qui vole). Je ne vois pas en effet de raison pour ne pas conserver à ce participe zend le sens fondamental de la racine sanscrite *pat*.

§ 13. Texte zend.

[Avestan script text]

¹ *[Avestan script text]*

Version de Nériosengh.

इदं तत्तः प्रथमं कन्यागां होम याचयामि तृसृत्यो उत्कृष्टां भुवनं मुक्तात्मनां सद्योद्द्योतं समस्तशुभं ॥

Traduction.

« La première grâce que je te demande, Homa, qui éloignes la mort, c'est [d'obtenir] la demeure excellente des saints, lumineuse et abondante en tous biens. »

Anquetil traduit exactement ce passage de cette manière : « La première grâce que je vous prie de m'accorder, ô Homa, qui éloignez la mort, c'est d'aller dans les demeures excellentes des saints, toutes éclatantes de lumière et de bonheur. » Peu d'observations seront nécessaires pour l'interprétation de ce texte facile. M. Lassen a déjà eu l'occasion de s'en occuper dans son excellent travail sur les inscriptions de Persépolis rapportées par Westergaard. Il a judicieusement vu que *[zend]* yánĕm, qui est, quant au son, le sanscrit यानं yánam (voie, chemin), si-

---

¹ Ms. Anq. n° VI S, pag. 41; n° II F, pag. 92; n° III S, pag. 58; man. de Manakdji, pag. 200; *Vendidad Sadé*, pag. 44; édition de Bombay, pag. 47.

gnifiait en zend, « bénédiction, bonheur, » et comme le dit bien Anquetil, *grâce*[1]. C'est aussi à ce sens que revient le कल्याण *kalyâṇa* de Nériosengh. Lassen a aussi justement rattaché ࿇࿇࿇ *djaidhyêmi*, au radical *djad*, transformation régulière du sanscrit गद् *gad* (parler). Le commencement de ce paragraphe interprété littéralement signifie « je te parle pour cette première grâce. » Les manuscrits nous donnent pour le verbe, qui suit ici le thème de la quatrième classe, les variantes peu importantes de l'actif, que j'adopte avec le Vendidad Sadé, l'édition de Bombay, et le numéro III S, tandis que le numéro VI S, le numéro II F et le manuscrit de Manakdjî donnent plus ou moins exactement le moyen ࿇࿇࿇ *djaidhyêmê*. Je suppose que l'aspiration du ࿇ *dh*, qui se trouve dans tous les manuscrits, mais qui manque à la forme indienne de ce radical, est attirée par le *ya* de la conjugaison, circonstance qui m'empêche de lire *djaidhayêmi*. Il faut encore remarquer avec M. Lassen que le pronom ࿇࿇ *imêm* annonce un substantif masculin. Tous les mots qui suivent ont été amplement expliqués dans mon Commentaire sur le Yaçna. J'ajouterai seulement en ce qui regarde ࿇࿇࿇ *gâthrêm* (qu'il ne faut pas confondre avec ࿇࿇࿇ *gâçtrêm*), que ce doit être le mot védique सात्र *çvâtra*, auquel le Nighaṇṭu donne le sens de « richesse, bien[2]. » La sifflante seule, initiale de ce

---

[1] *Zeitschrift f. d. Kunde*, etc. tom. VI, pag. 38.
[2] *Nighaṇṭu*, chap. II, art. 10. Dans le livre I du Rigvéda, h. XXXI st. 4 b, *çvâtra* est rendu par *frottement*.

mot sanscrit, fait obstacle à la parfaite exactitude de ce rapprochement, puisque le स *ça* sanscrit reste en zend ‍‍ ç; mais c'est un exemple de plus de l'ancienne confusion de ces deux consonnes, et il faut admettre que *çvâtra* a pu être écrit *svâtra*, puisqu'il est devenu en zend *qâthra*, *q* zend égalant *sv* sanscrit.

§ 14. Texte zend.

[texte zend]

Version de Nériosengh.

इदं वत्त: द्वितीयं कन्याणं त्वम याचयामि त्वमृत्यो नूपप्रवृत्तिं एतस्मै वपुषे॥

Traduction.

« La seconde grâce que je te demande, Homa, qui éloignes la mort, c'est la durée de ce corps. »

Anquetil traduit ainsi ce texte : « La seconde grâce que je vous prie de m'accorder, ô Hom, qui éloignez la mort, c'est que mon corps soit toujours en bon état. »

Il faut seulement noter ici le mot [zend] *drvatâtēm*, que je lis ainsi avec le numéro VI S, le numéro III S, le Vendidad Sadé et l'édition de Bombay, tandis que le numéro II F et le manuscrit de

---

[1] Ms. Anq. n° VI S, pag. 41; n° II F, pag. 93; n° III S, pag. 58; *Vendidad Sadé*. pag. 44; édit. de Bombay, pag. 48; man. de Manakdji, pag. 200.

Manakdji lisent ⟨⟨⟨⟩⟩⟩ *darvatâtĕm*. Ce mot est un substantif abstrait, qu'Anquetil traduit par « bon état, » et Nériosengh par « existence de la forme ou de la beauté. » Il est formé au moyen du suffixe *tât*, accusatif *tâtĕm*, sur lequel je me suis expliqué ailleurs[1], et de l'adjectif *drva*, que j'ai essayé d'identifier avec le sanscrit ध्रुव *dhruva*, « solide, stable[2], » de sorte que *drvatât* doit signifier « la stabilité, » et appliqué au corps, « la durée. » On remarquera en outre le monosyllabe dont est suivi le pronom ⟨⟨⟩⟩ *aiṅhaó-çĕ*; les manuscrits semblent en masquer la véritable nature, que j'ai cherché à débrouiller dans une note spéciale[3]. Je trouve ce monosyllabe séparé du mot précédent, de cette manière : ⟨⟨⟩⟩ . ⟨⟩ . ⟨⟩, dans le numéro II F, le numéro III S et le manuscrit de Manakdjî; et d'un autre côté, d'autres copies lisent, outre *çĕ*, ⟨⟩ *tcha*, de cette manière : ⟨⟨⟩⟩ . ⟨⟩ . ⟨⟩ *aiṅhaó çtcha çétanvó*, comme le numéro VI S, ou en séparant ⟨⟩ *çĕ* du mot suivant, comme l'édition de Bombay, ou enfin en supprimant *çĕ* ou *çé* et gardant *tcha*, comme le Vendidad Sadé. De ces variantes si discordantes, je n'en admettrais que deux, savoir *aiṅhaóçtcha tanvó* et *aiṅhaóçĕ tanvó*; et comme la conjonction *et* n'a rien à faire ici, je préfère la leçon *aiṅhaóçĕ tanvó*, regardant *çĕ* comme un véritable *schera* qui s'est ajouté à la sifflante finale

---

[1] *Comment. sur le Yaçna*, tom. I, pag. 161 sqq.
[2] *Ibid.* pag. 428, note, 2ᵉ col.
[3] *Ibid.* note R. pag. 137.

conservée devant le *t* de *tanvó*. J'avoue cependant que dans un cas pareil ꣸ *çĕ* pourrait bien passer pour le latin *cĕ* dans *hic-ce;* mais j'ai prouvé ailleurs que cette supposition serait insuffisante pour rendre compte de tous les cas où paraît ce *scheva* précédé de ꣸ *ç*.

§ 15. Texte zend.

[texte zend][1]

Version de Nériosengh.

इदं वत्तो तृतीयं कल्याणं तूम याचयामि तूमृत्यो दीर्घं जीवितं जीवस्य ॥

Traduction.

« La troisième grâce que je te demande, Homa qui éloignes la mort, c'est une longue vie. »

Anquetil ne s'est pas plus trompé sur le sens de ce passage que sur celui des précédents: « La troisième grâce que je vous prie de m'accorder, ô Hom qui éloignez la mort, c'est de vivre longtemps. » J'ai expliqué ailleurs tous les mots dont se compose cet article; je remarque seulement que, pour le traduire mot pour mot, il faudrait dire « la longue vie de l'existence. »

---

[1] Ms. Anq. n° VI S, pag. 41; n° II F, pag. 93; n° III S, pag. 58; man. de Manakdji, pag. 200; *Vendidad Sadé*, pag. 44; édition de Bombay, pag. 48.

§ 16. **Texte zend.**

[Zend text]

Version de Nériosengh.

इदं वृत्तं चतुर्थं कल्याणं हूम याचयामि हूमृत्यो यथा
सोत्सवा: महोत्साहा: समृद्धा: प्रचरामो जगत्यां उपरि
बाधां निहन्मो दूज्रं अपनयाम: ॥

Traduction.

« La quatrième grâce que je te demande, Homa qui éloignes la mort, c'est de pouvoir, énergique et joyeux, parcourir la terre, anéantissant la haine, frappant le cruel. »

Ici encore, Anquetil est presque irréprochable : « La quatrième grâce que je vous prie de m'accorder, ô Hom, qui éloignez la mort, c'est d'être toujours grand, heureux, puissant sur la terre, de briser le mal, d'anéantir le Daroudj. » Il semble que Nériosengh et Anquetil se soient mépris sur le sens de [zend] *aéchô*, que je lis ainsi avec le numéro VI S, tandis que tous les autres manuscrits, sans exception, lisent à tort [zend] *aéso*. Car Nériosengh le remplace par un adjectif composé signifiant « joyeux, qui est en fête, »

[1] Ms. Anq. n° VI S, pag. 41; n° II F, pag. 93; n° III S, pag. 58; man. de Manakdji. pag. 201; *Vendidad Sadé*, pag. 44; édition de Bombay. pag. 48.

et Anquetil le traduit par *grand*. Il est hors de doute que c'est le nmn. sng. msc. du pronom *aécha* en sanscrit एष *écha* (il, lui), employé ici avec une sorte d'emphase pour le pronom de la première personne, comme cela se voit en grec et en latin (*ille ego*). Il n'y a donc ici que deux titres ou deux qualificatifs, et non pas trois. C'est d'abord ⟨⟩ *amaváo* que Nériosengh traduit assez exactement par « qui fait de grands efforts, » car nous avons précédemment assigné le sens d'*énergie* au primitif *ama* d'où cet adjectif dérive. Anquetil, au contraire, voit ici le sens d'*heureux*, qui me paraît beaucoup mieux convenir au titre suivant, ⟨⟩ *thrāfĕdhô*. Ce mot que le seul Vendidad Sadé lit fautivement avec un ‌د *d* non aspiré, se rattache certainement au radical sanscrit तृम्फ् *trĭmph* qui a le sens de तृप् *trĭp* (être rassasié, être satisfait.) Dans *thrāfĕdhô*, la modification de la voyelle radicale est la même que dans le futur तर्प्ता *traptā* de *trĭp*; l'aspiration du ف *f* est probablement radicale; le ع *ĕ* est *scheva*, et l'aspiration du suffixe ⟨⟩ nmn. sng. msc. de ⟨⟩ est due à l'influence du *f* qui précède, *thrāf-ĕ-dha* étant pour *trāf-ta*.

Vient ensuite ⟨⟩ *frakhstáné*, que le seul numéro III S¦ lit fautivement ⟨⟩ *frakhstánaké*. La désinence de ce mot annonce certainement une première personne de subjonctif au moyen ; car aucun manuscrit n'a la finale ⟨⟩ *áni*, qui appartiendrait à l'actif. La traduction d'Anquetil n'est pas assez littérale pour qu'on reconnaisse le sens qu'il attachait à ce verbe; mais Nériosengh nous en donne une interprétation très-satisfaisante dans le mot *pratcharâmah* (nous marchons). Il ne faut pas s'arrêter à la forme du pluriel, qui, sans doute, remplace ici le singulier; le sens de *marcher, parcourir*, mérite seul notre attention, et je conjecture qu'on peut le trouver dans *frakhstâné*, en dérivant ce verbe de *khstâ*, pour *stâ*, modifié par l'addition inorganique d'une gutturale, qui a lieu quelquefois en zend, sous l'influence d'une cause qui m'est inconnue, peut-être sous celle du ० *ch* que l'euphonie appelle si souvent, dans ce verbe, à la place du *s*. Quoi qu'il en puisse être, on sait que le radical sanscrit स्था *sthâ*, précédé du préfixe प *pra* (en avant), a le sens de *partir, marcher*; et c'est ainsi que j'entends, d'accord avec Nériosengh, le *fra-khstâné* de notre texte. Les autres mots qui le terminent ont été expliqués dans les précédents paragraphes.

§ 17. Texte zend.

[zend text]

Version de Nériosengh.

इदं तत्तः पञ्चमं कल्याणं तूम याचयामि तूसमृत्यो

---

[1] Ms. Anq. n° vi S, pag. 42; n° ii F, pag. 93; n° iii S, pag. 58; *Vendidad Sadé*, pag. 44; man. de Manakdji, pag. 201; édition de Bombay, pag. 48.

यथा विज्रायिन: टालको [sic] अशुभस्व यून: प्रचशमो ज-
गत्यां उपरि बाधां निहन्मी ठूंडं अपनयाम:॥

Traduction.

« La cinquième grâce que je te demande, Homa qui éloignes la mort, c'est de pouvoir, vainqueur et frappant le méchant, marcher sur la terre, anéantissant la haine, frappant le cruel. »

Anquetil traduit approximativement ainsi : « La cinquième grâce que je vous prie de m'accorder, ô Hom, qui éloignez la mort, c'est de veiller sur moi en vainqueur, de multiplier les biens sur la terre, de briser le mal et d'anéantir le Daroudj. »

Tous les mots qui figurent dans ce paragraphe ont déjà été expliqués ; il n'en reste qu'un seul sur lequel il peut subsister encore quelques doutes. C'est le composé adjectif ܘܢܛ ܦܝܫܢܘ *vanaṭ pichanô*, dont la première partie seule est parfaitement claire. En effet, *vanaṭ* nous est connu pour être le participe présent du radical *van* (frapper); mais les divergences que présentent nos manuscrits, en ce qui regarde le mot qui suit, me laissent encore dans l'incertitude sur le sens qu'il doit avoir. Le numéro vi S dont je suis, en général, l'autorité, autant que cela m'est possible, à cause de sa supériorité manifeste sur les autres Yaçnas, lit ici ܦܝܫܢܘ *pisanô*, orthographe qui est fautive, au moins en ce qui touche le 𐬯 *s*, puisque cette lettre ne peut suivre un 𐬌 *i*, de sorte qu'il faut lire ou 𐬞𐬌𐬗𐬀𐬥𐬋 *piçanó*, ou 𐬞𐬌𐬗𐬀𐬥𐬋 *pichanó*. A cette leçon se rattache celle d'un manuscrit de Londres 𐬞𐬀𐬌𐬯𐬀𐬥𐬋 *paisanó*, celle d'un autre manuscrit de Londres, 𐬞𐬀𐬯𐬀𐬥𐬋 *pasanó*, et enfin celle du Vendidad Sadé et de l'édition de Bombay, 𐬞𐬈𐬯𐬀𐬥𐬋 *pĕsanó*. Cependant, cette dernière orthographe nous conduit à la leçon 𐬞𐬈𐬯𐬥𐬋 *pĕsnó*, qui est celle du numéro II F, du numéro III S, et du manuscrit de Manakdjî. Cette leçon elle-même ne doit pas être parfaitement correcte en ce qui regarde la sifflante, car c'est plutôt un 𐬗 *ç* qu'un 𐬯 *s* qui se place devant le *n*. Maintenant ces deux leçons me semblent se prêter à deux sens distincts; en effet, *pichanó*, nmn. d'un thème *pichana*, ou, si l'on aime mieux, *piçana*, ressemble assez au sanscrit पिच्छन *piçuna* pour qu'on y puisse reconnaître le même mot, avec un suffixe *ana* au lieu de *una*, et, d'un autre côté, *pĕsnó*, d'un thème *pĕsna*, ou, si on l'aime mieux, *paçna*, peut signifier « la partie postérieure, le dos, » de sorte que *vanaṭ*, *pichanó* signifiera « qui frappe le méchant, » et *vanaṭ pĕçnó* « qui frappe sur le dos, » c'est-à-dire qui chasse en vainqueur ses ennemis devant lui. J'avoue que je n'aurais pas hésité à préférer ce sens qui va bien avec celui de *vainqueur*, idée exprimée dans notre paragraphe, si je n'avais trouvé dans la glose, d'ailleurs incorrecte, de Nériosengh, l'adjectif qui nous occupe remplacé par *tálako açubhasya yúnah*, « le destructeur de l'homme jeune méchant. » Or, comme je n'ai pu découvrir dans *pĕsnó* ou *paçnó* d'autre sens que celui de *auprès* ou *après*, et par extension, celui de *dos*, je suis revenu à la leçon *pisana* ou *pichana*, dans laquelle se retrouve, à la rigueur, la signification de *méchant*, en admettant le rapprochement proposé avec le sanscrit *piçana*.

§ 18. Texte zend.

[texte zend][1]

Version de Nériosengh.

इदं तत्तः षष्टं कल्याणं त्वम् याचयामि दूरमृत्यो यत् पुरः वैरिथः पुरो नृशंसेभ्यः पुरो व्याघ्रादिभ्यः पश्याम उपायं मा कश्चित् पुरः पश्यतु पुरो ऽस्मत् वयं सर्वेभ्यः पुरः पश्याम उपायं अहं शिष्याम् [sic]।

Traduction.

« La sixième grâce que je te demande, Homa, qui éloignes la mort, c'est que nous puissions apercevoir les premiers le voleur, le meurtrier, le loup.

---

[1] Ms. Anq. n° VI S, pag. 42; n° II F, pag. 94; n° III S, pag. 58; man. de Manakdji, pag. 202; *Vendidad Sadé*, pag. 45; édition de Bombay, pag. 48.

Qu'aucun d'eux ne nous voie le premier, et puissions-nous être les premiers à les voir tous. »

Anquetil a traduit ici d'une manière en général exacte : « La sixième grâce que je vous prie de m'accorder, ô Hom, qui éloignez la mort, c'est de voir le voleur, celui qui déchire, le loup; (de le voir) le premier ; qu'aucun (être malfaisant) ne me voie avant que (je l'aie aperçu); que je prévoie tous (les maux qui peuvent arriver, pour y remédier à propos). »

Peu d'observations seront nécessaires pour expliquer définitivement ce texte facile. Je remarque en premier lieu que *paourva*, que je lis ainsi avec le numéro VI S, le numéro II F, l'édition de Bombay et deux manuscrits de Londres, doit être considéré ici comme un instrumental pris adverbialement et signifiant *en premier lieu*. Vient ensuite *táyúm*, acc. sng. ms. de *táya*, qui est exactement le sanscrit *táyu*, lequel a, dans la langue védique, le sens de *voleur*[1]. Tous nos manuscrits, moins celui de Manakdjî et le numéro II F, s'accordent à lire *gadhĕm*, avec un *g* non aspiré, que préfèrent ces deux manuscrits, et un *dh*, qui n'est probablement ici que le substitut du *d* médial, que j'ai rétabli. Ce mot doit être le même que celui que nous avons vu plus haut, § 7, dans le composé *gadavara*, et que nous avons, d'après Nériosengh

[1] *Nighantu*, chap. III. art. 24.

et Anquetil, traduit par *massue;* mais comme ici Nériosengh remplace *gadĕm* par un mot signifiant *homicide*, et Anquetil par la phrase « celui qui déchire », je suppose que le texte emploie le mot *massue* pour dire « l'homme armé de la massue, » et c'est dans ce sens que je conserve l'interprétation de Nériosengh.

Malgré l'incertitude des manuscrits touchant l'orthographe du mot ‍ *buidhyôi maidhé*, leçon que donne un manuscrit de Londres (moins ‍ *d* pour ‍ *dh* dans la désinence), et de laquelle s'approche très-près le ‍ *búidhîôi maidhé* du Vendidad Sadé, et le ‍ *búithyôi maidhé* du numéro VI S, on reconnaît ici la 1re prs. pl. du subjonctif moyen du radical ‍ *budh*, pris dans le sens de *connaître*, et conjugué avec ‍ *ya*, caractéristique de la quatrième classe des radicaux indiens. Je renvoie aux ingénieuses observations dont cette forme a été l'objet de la part de M. Bopp, en ce qui touche la voyelle ‍ *ôi* pour ‍ *é*, qui reparaît dans la troisième personne ‍ *buidhyaéta*[1].

On comprend avec une égale facilité ‍ *mâtchis*, que le plus grand nombre de nos manuscrits lit bien en un seul mot, et qui est le grec μή τις, ou le latin *ne quis*, pris dans le sens négatif. M. Bopp a déjà fait voir que ce *tchis* zend est représenté dans le Vêda par ‍ *kis*, en latin *quis*[2]. Je ne m'arrêterai pas sur le mot ‍ *buidhyaéta*, dont les

---
[1] *Vergleich. Gramm.* pag. 954 et 955.
[2] *Gramm. sanscr.* pag. 328, édit. 1832.

manuscrits reproduisent assez exactement l'orthographe, sinon que quelques-uns allongent la voyelle du radical *budh*, et que d'autres omettent ・ *a* devant la voyelle ・ *é*. C'est la 3ᵉ prs. sng. du subjonctif dont nous venons de voir la première au pluriel. Il ne me paraît pas plus utile d'insister sur la glose de Nériosengh, qui, tout en entendant bien le radical *budh* au sens moral, la termine par deux mots qui ne me paraissent avoir rien à faire ici.

§ 19. Texte zend.

[zend text][1]

Version de Nériosengh.

तूमस्तेषां ये शक्तिमन्तः सहायान् अध्यवसायिनः कुरुते किल अश्वान् तच्चियाणां प्राणं ओजश्च वर्षन्ति ॥ [et, à la marge, avec renvoi à तेषां] तूमस्तेषां ये अश्वान् तच्चियाणां प्राणं ओजश्च वर्षन्ति ॥

Traduction.

« Homa, donne aux cavaliers qui excitent leurs chevaux à la course la force ainsi que la vigueur. »

[1] Ms. Anq. n° vi S, pag. 42; n° ii F, pag. 94; n° iii S, pag. 59; man. de Manakdji, pag. 203; *Vendidad Sadé*, pag. 45; édition de Bombay, pag. 48.

Voici comment Anquetil interprète ce passage difficile : « O Hom, donnez la force et la grandeur à ces héros agissants et vigoureux, » et il ajoute en note : « ĕrĕnáum, guerrier, Pahlvan ; il est ici question d'Espendiar et des autres héros de l'Iran. » Nous allons retrouver dans la version de Nériosengh la plupart des éléments de celle d'Anquetil ; mais nous n'y reconnaîtrons pas aussi aisément le sens qu'il faut attacher à quelques-uns des mots du texte. La glose de Nériosengh est d'ailleurs très-confuse, sous le point de vue de la syntaxe, et il est clair que les deux propositions dont se compose notre paragraphe y sont entremêlées d'une manière presque inintelligible. Je crois cependant pouvoir les rétablir dans leur ordre logique, comme il suit : हुस्तेयो ये क्षत्रिमन्तः महायान् किल ये अश्ववान् क्षत्रियाणां अध्यवसायिनः कुरुते प्राणी श्रोत्रश्च वर्चन्ति » Les seules corrections qu'il faudrait faire à ce texte consisteraient à substituer le pluriel à *kuruté* et le singulier à *varchanti*. Le singulier est en effet nécessaire pour ce dernier verbe, puisque Homa, sujet de ce verbe, est au singulier, et que la traduction sanscrite doit reproduire le nombre du zend *bakhchaéti*. De cette disposition nouvelle de la glose de Nériosengh, résulte le sens qui suit : « Homa donne la vie et l'énergie à ceux qui, armés, rendent actifs leurs compagnons, c'est-à-dire les chevaux des guerriers. » C'est à l'analyse philologique du texte de déterminer jusqu'à quel point ce sens, avec les nuances qui le modifient, peut être sûrement adopté.

Je ne m'arrêterai pas aux deux premiers mots
⸺ *aéibis yói* (à ceux qui), que l'on trouve
quelquefois écrits ⸺ *aibis :* l'instrumental de ce
pronom est ici, comme dans bien d'autres cas, pris
pour le datif. Après le relatif *yói*, qui annonce une
proposition nouvelle, vient le mot ⸺ *aurvañtô*,
que je lis ainsi avec le Vendidad Sadé et le numéro
III S, tandis que le numéro VI S, le numéro II F, et
l'édition de Bombay ont ⸺ *urvañtô.* Il est à peu
près impossible de reconnaître, dans la version d'Anquetil, par quel mot il traduit ce terme : à suivre
l'ordre de sa phrase, ce devrait être *héros;* mais la
note qu'il a jointe à ce passage nous force de penser
que c'était au mot *ĕrĕnâum* qu'il attachait le sens de
guerrier. Nériosengh, de son côté, donne nettement
le sens de *guerrier armé du glaive* au mot *aurvañtô*,
et il le fait rapporter au sujet *yói* « ceux qui portant
le glaive. » La forme grammaticale du terme zend
favorise certainement cette syntaxe, puisque *aurvañtô* est un nmn. plr. msc. du thème *aurvat;* mais
la glose de Nériosengh est souvent si incorrecte,
que je soupçonne que अस्त्रिमन्तः est une faute du copiste pour अस्त्रिमतः à l'accusatif. Ce qui me confirme
dans cette conjecture, c'est moins le voisinage du
mot सहायान् *les compagnons*, à l'accusatif, que le mot
अश्वान् *les chevaux*. La variante de sens qu'expriment
les mots *açvân kchattriyâṇâm* (les chevaux des guerriers) tombe en effet sur les mots *çastrimantaḥ
saháyán;* et il y a une très-grande vraisemblance que
les premiers jouent le même rôle grammatical que

les seconds. Ajoutez que cette variante nouvelle de sens est beaucoup plus facile à retrouver dans l'original *aurvañtô*, que le sens de « guerrier armé du glaive, » donné le premier par Nériosengh. En effet, j'ai démontré ailleurs que le zend *aurvat*, qui répond au sanscrit अर्वत् *arvat*, avait le sens de « cheval rapide, » comme अर्वन् *arvan* l'a en sanscrit. Je n'hésite donc pas à traduire *aurvañtô* par *les chevaux*, et j'en fais le complément du verbe qui suit et que je vais analyser. La glose de Nériosengh, en disant *les chevaux des guerriers*, nous explique même comment l'idée de *guerriers armés* a pu paraître comme sujet de cette phrase, où il s'agit de ceux qui excitent leurs chevaux, c'est-à-dire sans aucun doute des cavaliers, les véritables guerriers de l'Iran. L'objection qu'on pourrait tirer de la forme de ce mot *aurvañtô*, qui devrait être *aurvatô* pour donner un accusatif, a, selon moi, peu de force; car on rencontre en zend plus d'un exemple d'accusatifs qui jouent le rôle de nominatifs et réciproquement; la distinction de ces deux cas n'étant pas très-soigneusement observée, soit à cause de l'ancienneté de la langue, soit, ce qui me paraît plus vraisemblable, par suite de l'incorrection des manuscrits. En résumé, les quatre premiers mots de notre paragraphe se traduiront littéralement en latin « Homas eis qui equos.... »

J'arrive au verbe que je lis ⟨zend⟩ *hitatikhchañti*, leçon que je tire du Vendidad Sadé, sans autre changement que celui du ⟨s⟩ *s* en ⟨ch⟩ *ch*, du ě en ‑ a, et de la réunion en un seul mot de ces deux parties *hita tikhsěñti*. Les manuscrits nous donnent un grand nombre de variantes pour cette forme de verbe : celles qui se rapprochent le plus de la leçon du Vendidad Sadé sont : celle du numéro vi S qui lit en deux mots ⁗⁗⁗ *hitatikhchěm̃ ti*, ce qui n'est fautif que dans la finale ; celle du manuscrit de Manakdjî, ⁗⁗⁗ *hěta tikhchěñti*, celle du numéro ii F, ⁗⁗⁗ *hit tikhchěñti*. Le numéro iii S et l'édition de Bombay lisent au contraire ⁗⁗⁗ *hita takhsěñti*, et trois manuscrits de Londres ont des orthographes dans lesquelles le corps du verbe est *takhch* au lieu de *tikhch*, comme il l'est dans les autres manuscrits. Je n'hésite pas à préférer la première leçon, parce que j'en tire un sens meilleur que de la seconde. Si, en effet, *takhch* était la véritable leçon, nous n'y trouverions que le sens de *doler, couper, façonner*, et par extension *faire*. Dans la supposition, au contraire, qu'il faut lire *tikhch*, nous avons ici une transformation d'un radical, qui doit être en sanscrit तिज् *tidj* (aiguiser, exciter). Cette transformation a seulement cela de remarquable, que le redoublement dont elle est précédée, et qui en fait un verbe désidératif, se trouve augmenté de la syllabe *hi*, ou, selon un manuscrit, *hě*. Cette augmentation paraît être inorganique, et il semble que le zend *tatikhchañti* représente suffisamment le sanscrit तितिक्षन्ति *titikchañti*, quoique avec un autre sens. Je ne puis donc expliquer la présence de cette syllabe ajoutée, qu'en supposant que c'est la transformation et le développement d'une sifflante, qui aurait été anciennement attachée au radical sous cette forme *stidj*, et actuellement *tidj*. Le redoublement nécessaire à la voix désidérative sous laquelle se présente ce verbe, aura d'autant plus facilement substitué la voyelle *a* à l'*i* (voyelle du radical), que la sifflante, se détachant du *t*, aura pris cet *i* pour se vocaliser, *si-ta-tikhch*, au lieu de *sti-tikch*, qui serait impossible, puisque les redoublements n'entraînent pas avec eux la sifflante qui appartient au radical. Quoi qu'il en puisse être, au reste, de cette explication, il me paraît évident que notre mot zend signifie littéralement : « Ils veulent rendre actifs, ils excitent. » De ce sens, il ne reste dans la version d'Anquetil que le mot *agissants*. Nériosengh traduit d'une manière beaucoup plus fidèle : « Il rend agissants; » mais il faut, comme je l'ai déjà remarqué, « ils rendent, » puisque le sujet de ce verbe est *yôi* (ceux qui).

Je passe au terme le plus difficile de ce paragraphe : ⸺ *ĕrĕnáum*, que lisent ainsi le numéro vi S, l'édition de Bombay et un manuscrit de Londres, tandis que le numéro ii F et le manuscrit de Manakdjî lisent ⸺ *arĕnáum*, leçon de laquelle se rapproche le Vendidad Sadé ⸺ *arĕnáoum*. Ces deux variantes diffèrent au fond bien peu l'une de l'autre, puisque l'une correspondrait à *riṇavam*, et l'autre à *arṇavam*, si ces mots étaient sanscrits avec le sens dont nous avons besoin en cet endroit. Il est très-difficile, pour ne pas dire impossible, de reconnaître quelle signification Nériosengh attachait à ce terme; rien dans sa glose sanscrite ne le rappelle positivement, puisque *adhyavasâyinaḥ kuruté* représente, ainsi que je viens de le dire, *hitatikhchañti*. Et, d'un autre côté, le sens de *héros*, que voit ici Anquetil, me paraît tout à fait insoutenable. Dans l'absense de tout secours traditionnel pour l'interprétation du mot *arĕnáum* ou *ĕrĕnáum*, il ne nous reste que l'analyse étymologique de laquelle il résulte que c'est l'accusatif sng. d'un thème en *av-a*, qui serait en sanscrit अर्णव *arṇava*, ainsi que je l'ai dit tout à l'heure. Aucun des sens du sanscrit *arṇava* ne suffit à l'explication de notre passage, et la supposition la plus vraisemblable qui se présente, c'est que *arĕnáum*, pour *arṇavam*, est une sorte de gérondif ou de participe en *am*, dérivé du radical *ĕrĕ* = sanscr. ऋ *ṛi* (aller), conjugué sur le thème de la 5ᵉ classe et prenant *guṇa* de la voyelle radicale. Je suppose donc que *arĕnáum* peut se rendre par *ad currendum* (pour la course), et c'est dans ce sens que j'ai traduit. Je remarque en outre que l'on peut rattacher ce mot au verbe de la proposition, comme je l'ai fait en traduisant « qui excitent leurs chevaux à la course, » mais que rien n'empêcherait de le subordonner aux mots qui viennent après, de la manière suivante : « la force ainsi que la vigueur à la course. »

Nous aurons plus rapidement terminé l'analyse des mots qui suivent. Le premier *závarĕ* est écrit de la même manière par tous nos manuscrits.

excepté par une copie du Vendidad de Londres qui lit *djávaré*. Nériosengh le traduit par *prâna* (souffle de vie), et Anquetil par *force*. Ce dernier sens est celui que les Parses attachent à ce terme, à cause de l'analogie qu'il offre avec le persan زور *zur* (force). Je désirerais cependant pouvoir traduire le zend *závaré* par *rapidité*, *vélocité*, puisqu'il dérive du radical *zu*, pour le sanscrit जु *dju* (se hâter.) Ce mot doit être un nom neutre formé au moyen du suffixe *aré* avec *vriddhi* de la voyelle du radical. Il nous offre au reste un exemple de la manière dont bien des mots zends se sont modifiés en passant dans les dialectes modernes de la Perse. Ainsi, la contraction de *áva* en *ô* a formé le mot زور *zôr*, que l'on rencontre à chaque instant dans les textes dits *pazends*, et dont le lecteur ne sera peut-être pas fâché de trouver ici cet exemple, qui rappelle une tradition persane , « qui a une force égale à celle du mont Damavend, dans lequel le Darvand Bivarâçp a été enchaîné [1]. » De ce *zôr* est venu directement le persan moderne زور *zur* (force); mais il est important de remarquer que le pazend *zôr* cache un autre mot zend que *závaré*, mot dont il est également l'altération. Ce terme est *zaothra*, qui signifie proprement « offrande du sacrifice, » et que les Parses, dans leurs traités modernes, remplacent toujours par زور *zur*. Or, s'ils le font ainsi, c'est que le mot zend *zaothra* est devenu en pazend زور *zôr*,

---

[1] Ms. Anquetil. n° III S, pag. 377.

comme on peut le reconnaître par ce passage du Minokhered ...... , « quand ils font le *zor* (l'offrande) et le *yazasni*[1]. »

Les manuscrits sont partagés en ce qui touche le verbe .... *bakhchaéti*; les uns le lisent ainsi avec cette diphthongue ... *aé*, comme le numéro VI S, le numéro II F et deux manuscrits de Londres, dont l'un le met au moyen .... *bakhsaété*[2]. Les autres l'écrivent .... *bakhsaiti*, sans la diphthongue, comme le Vendidad Sadé, le numéro III S, l'édition de Bombay et un manuscrit de Londres. La différence de ces deux leçons est celle de la 1re à la 10e classe. Le zend *bakhchaiti* (que tous nos manuscrits d'ailleurs donnent avec un ... *s* au lieu du ... *ch*) répond exactement au sanscrit भक्चति *bhakchati* (il mange), comme *bakhchaéti* répond à भक्चयति *bhakchayati* (il fait manger.) Mais je suppose qu'il a dû anciennement exister un échange de sens entre le radical *bhakch* (manger), et la racine *bhadj* qui, avec le préfixe *vi*, a le sens de *partager*[3]; car, dans le passage qui nous occupe, le verbe *bakhchaéti* ne peut signifier que *il partage*, *il accorde*; Anquetil le traduit par *il donne*, et Nériosengh par « il fait tomber comme la pluie. »

[1] *Minokhered*, pag. 83 de mon manuscrit.
[2] Le numéro VI S lit *bachaéti*, comme si le *ch* remplaçait le groupe *khch*.
[3] Comp. Pott, *Etym. Forsch.* tom. I, pag. 271.

§ 20. Texte zend.

[Avestan text] [1]

Version de Nériosengh.

हूम: अज्ञातकेभ्यो [sic] विशेषतो ददाति दीप्तिमन्तं पुत्रं एवं पुण्यसंततिं ।

Traduction.

« Homa rend les femmes stériles mères de beaux enfants et d'une postérité pure. »

Anquetil traduit ce passage à peu près de la même manière : « O Hom, donnez à la femme qui n'a pas encore engendré, beaucoup d'enfants brillants, des enfants saints. » La principale inexactitude qu'offre cette traduction consiste en ce que le paragraphe y est présenté sous la forme d'une invocation adressée à Homa, tandis qu'au contraire le texte indique d'une manière historique un des bienfaits de cette divinité. Peu d'observations seront nécessaires pour justifier le sens que j'ai adopté.

Tous les manuscrits, à l'exception peut-être du Vendidad Sadé, où la lettre, dans l'original, paraît surchargée, lisent avec un ◡ á long le second mot

---

[1] Ms. Anq. n° II F, pag. 94; n° VI S, pag. 42; n° III S, pag. 59; Vendidad Sadé, pag. 45; édit. de Bombay, pag. 48; man. de Manakdji, pag. 204.

de ce paragraphe ⟨⟨⟩⟩ *ázizanâitibis*; cependant, l'autorité de la tradition, telle qu'elle nous est conservée par Nériosengh et par Anquetil, jointe au besoin du sens, exige ici une négation, et c'est dans ce sens que j'ai écrit ce mot avec un ‚ *a* bref, que je prends pour l'*a* négatif. Les seules variantes que nos manuscrits offrent de ce terme consistent à le séparer en un plus ou moins grand nombre de parties, de cette manière ⟨⟨⟩⟩ *â zí zanâiti bis*, ou ⟨⟨⟩⟩ *ází zanâiti bis*, ou enfin ⟨⟨⟩⟩ *ázízanâiti bis*. Cette dernière leçon ne se trouve que dans le numéro VI S et en partie dans un manuscrit de Londres. Il est clair que ces divers fragments doivent être réunis en un seul, *azízanâitibis*, lequel se présente comme l'instrumental plr. fmn. d'un participe présent du radical *zan* pour le sanscrit जन् *djan* (engendrer), conjugué avec un redoublement, de même que dans le sanscrit védique, sauf cette seule différence que le redoublement du radical zend se fait en *i* (voyelle allongée ici comme dans les aoristes), tandis que celui du radical védique se fait en *a*; mais cette différence est d'un médiocre intérêt, puisque nous savons que, dans les Védas, quelques radicaux, comme गा *gâ*, par exemple, forment leur redoublement à la fois en *i* et en *a*, comme जिगाति *djigâti*, et जगाति *djagâti* (il va)[1]. Une autre irrégularité dont je n'ai pas le moyen de rendre raison, est l'allonge-

---

[1] Rosen. *Adnot. ad Rigvéd.* pag. IX.

ment de la voyelle dans la formative du participe présent : *azízaná-i-ti*.

J'écris ܪܘܫܐ *dadháiti* avec un ܕ *dh* médial, en suivant l'autorité des numéros II F, III S, du manuscrit de Manakdjî, du Vendidad Sadé et de l'édition de Bombay, tandis que le numéro VI S a seul ܪܘܫܐ *dadáiti*. Cette différence d'orthographe importe plus au sens qu'on ne le croirait d'abord, car, si cette forme verbale vient de ܕ *dhá* = धा *dhá* (poser), il faudra traduire dans le premier cas « Homa crée, établit pour les femmes qui n'engendrent pas. » Si, au contraire, elle vient de ܕ *dá* = दा *dá* (donner), on traduira « Homa donne aux femmes qui n'engendrent pas. » On pourrait cependant dire que cette différence disparaît devant la considération des habitudes orthographiques des copistes qui, en général, préfèrent, au milieu des mots, ܕ *dh* à ܕ *d*, de sorte que *dadháiti* pourrait même revenir à *dadáiti*.

Le terme suivant donne lieu à des observations plus instructives. C'est un composé d'un adjectif et d'un substantif ܫܘܐ . ܦܘܬܪܡ *khchaétó puthrím*, sur l'orthographe duquel nos manuscrits, sauf un seul, n'offrent que des variantes sans intérêt. Ainsi, il est à peine nécessaire de remarquer qu'ils lisent *khchaétó* avec un ܣ *s* au lieu du ܫ *ch*, et que le Vendidad Sadé même substitue par erreur ܝ *i* à ܐ *é*. Mais la variante qui mérite le plus d'attention est celle de ܦܘܬܪܡ *puthrëm*, au lieu de ܦܘܬܪܡ *puthrím* que donne un seul manuscrit de Londres; car la différence pour le sens est celle de *fils* à *fille*. J'avoue que je n'aurais pas hésité à préférer la leçon *puthrĕm* (un fils) à celle de *puthrim* (une fille), si je l'avais trouvée justifiée par un plus grand nombre de manuscrits, et si le participe adjectif qui termine la phrase *frazayañtim* eût été au masculin au lieu d'être au féminin. En effet, le genre de ce mot, qui est en rapport manifeste avec *puthrĕm* ou *puthrim*, ne permet pas de douter qu'il ne faille chercher dans ce dernier terme un mot, soit féminin, soit à forme en apparence féminine.

Or, une fois ce point admis, il se présente deux manières d'expliquer ce mot de *puthrim*, qui est si évidemment en rapport, par sa désinence, avec *frazayañtim*. La première consisterait à faire de *puthrim* l'acc. sng. fmn. du substantif *puthri* (une fille); d'où l'on traduirait : « Homa donne aux femmes stériles une belle fille qui a une pure postérité. » C'est là l'interprétation la plus simple, et c'est celle que M. Bopp a en partie adoptée [1]; mais elle a contre elle l'autorité de Nériosengh qui traduit *khchaétô puthrim* par « un fils brillant, » et celle d'Anquetil dont la version porte : « beaucoup d'enfants brillants. » Je crois donc qu'on doit l'abandonner.

La seconde explication à laquelle semble se prêter ce mot de *puthrim* consisterait à le regarder comme formé d'un suffixe *í*, congénère au suffixe य *yá* qui, dans certains dérivés sanscrits, indique collection,

---

Vergleich. Gramm. pag. 195. note.

réunion[1]; peut-être même ce suffixe *i* ne serait-il qu'une contraction de *yâ*. De sorte qu'il faudrait, dans cette seconde hypothèse, traduire ce paragraphe : « Homa donne aux femmes stériles beaucoup de fils brillants qui ont une pure postérité. » Cette interprétation aurait l'avantage de s'accorder avec celle d'Anquetil, de laquelle se rapproche celle de Nériosengh, en ce point du moins qu'il s'agit de fils et non de fille ; mais de ces deux autorités je préférerais, je l'avoue, celle d'Anquetil, parce qu'il est encore plus facile de retrouver dans *puthrim* le sens de « collection de fils » que celui de fils seul. Cette interprétation devrait, je crois, être admise avec une entière confiance, s'il devenait parfaitement prouvé que *puthri* signifie « une collection de fils. » Sans doute, si ce mot était seul, ce point pourrait être concédé facilement, car au lieu de faire de *puthrim* un acc. sng. fmn., on y verrait la contraction, régulière en zend, d'un mot en *íya*, *puthríya* « une réunion de fils, » comme en sanscrit on a अश्वीय *açvíya*, « une réunion de chevaux[2]; » mais la présence du participe *frazayañtim*, qui est manifestement un féminin, ne doit laisser aucun doute sur le genre de *puthrim*.

La considération de ces difficultés, et le désir d'arriver au sens conservé par la tradition, de la manière la plus simple et par la voie la plus directe, m'a engagé à rapprocher du passage qui nous occupe un texte analogue, mais beaucoup plus

---

[1] *Pâṇini*, IV, 2, 49.
[2] *Ibid.* IV, 2, 48.

clair, et sur l'interprétation duquel il ne peut exister aucun doute. Dans ce texte, que j'expliquerai bientôt, Zoroastre dit que, par suite de certaines fautes de la femme, Homa ne la rend pas mère de beaux enfants, et suivant le texte ⁖⁖⁖⁖⁖ ⁖⁖⁖⁖⁖ ⁖⁖⁖⁖⁖, « non tunc facit bonos filios habentem. » Ici *huputhrím* est l'acc. sng. fém. d'un adjectif possessif signifiant « qui a de beaux fils, » et l'idée de fils est très-convenablement contenue dans ce terme féminin, parce que le genre tombe non sur le mot de *fils*, mais sur la femme qui a un fils. Or ne serait-il pas possible qu'il en fût ici de même, et qu'il fallût sous-entendre le mot *femme*, qui est d'ailleurs implicitement renfermé dans le participe pluriel *azízanâitibis*? Dans cette supposition, on regarderait l'instrumental *azízanâitibis* comme désignant la collection des femmes stériles en général, et l'accusatif *khchaéto puthrím* comme désignant en particulier une de ces femmes, celle que Homa rend mère de beaux enfants. Quelque anomalie que cette explication puisse offrir sous le rapport de la syntaxe, c'est dans ce sens que j'ai traduit, parce que je me rapproche ainsi le plus de l'interprétation traditionnelle.

Quant au participe *frazayañtím*, il joue ici le rôle d'un composé avec ⁖⁖⁖⁖⁖ *achava* (pur), qui me parait être à la forme absolue et dont le *n* final est apocopé; de sorte que *achava frazayañtím* signifie littéralement « quæ puros progenerat. » Je ne crois pas qu'on fasse difficulté d'adopter la leçon *frazayañtím*, de préférence à celle de ࿇࿇࿇ *frazaiñtim*, qu'on lit dans le numéro II F, le numéro VI S, le numéro III S, le manuscrit de Manakdji, et dans le Vendidad Sadé, sauf cette seule différence que le premier *i* est ࿇ *í*; mais cette variante mène à celle de l'édition de Bombay ࿇࿇࿇ *frazaiañtim*, et enfin à la leçon de deux manuscrits conservés en Angleterre ࿇࿇࿇ *frazayañtim*, la seule que je regarde comme exacte. Je ne doute pas que les orthographes incorrectes des autres manuscrits, et même la plus incorrecte de toutes, ne reviennent à la bonne leçon, parce qu'il est de fait que les copistes ont l'habitude de regarder la nasale ࿇ *ñ* comme répondant à la syllabe ࿇ *añ*, de sorte que *frazaiñtim* est, avec la seule substitution du ࿇ *i* pour ࿇ *y*, identique à *frazayañtim*. Je n'ai pas besoin de faire remarquer que ce participe porte ici le caractère propre de la 4ᵉ classe, à laquelle appartient en sanscrit le radical जन् *djan*, lequel, joint au préfixe प *pra*, n'a pas besoin de sortir de sa classe et d'entrer dans la dixième, pour prendre le sens de « mettre au monde, engendrer. » Je ne dois pas omettre de remarquer que la conjonction ࿇ *uta* unit par l'idée d'addition le mot *puthrim* à *frazayañtim*, à peu près de cette manière : « ayant de beaux enfants et une postérité pure. »

§ 21. Texte zend.

࿇࿇࿇࿇࿇࿇࿇࿇࿇࿇࿇࿇࿇࿇࿇࿇

[1] Ms. Anq. n° II F, pag. 95; n° VI S, pag. 42; n° III S, pag. 59;

Version de Nériosengh.

त्समत्तेभ्यश्चित् ये गृहस्या: नस्कप्रशिक्षया निषीठन्ति
किल ग्रध्ययनं कर्तुं महत्त्वं निर्वाणत्राणं च वर्षति॥

Traduction.

« Homa donne à tous ceux qui lisent les Naçkas, l'excellence et la grandeur. »

Anquetil se trompe, comme cela lui arrive le plus souvent à l'occasion de ces paragraphes, en en faisant une invocation à Homa. « O Hom, accordez l'excellence, la grandeur, à celui qui lit dans sa maison les Nosks (de l'Avesta). » Je n'aurai pas besoin de longs développements pour justifier la traduction que je substitue à celle d'Anquetil.

Il faut remarquer d'abord l'attraction de ces deux pronoms ܐܘ ܚܚܚܚܚ *taétchit yôi* (ceux qui), attraction dont le résultat est de faire disparaître le complément direct du verbe *bakhchaéti* qui domine la totalité du paragraphe. Il est clair qu'ici *taétchit*, que la seule édition de Bombay lit fautivement ܚܚܚܚܚ *taétchaét*, est appelé au nominatif par l'influence du relatif *yôi* qui suit ; car la véritable forme sous laquelle la syntaxe exigerait qu'il se présentât en cet endroit, est celle de l'accusatif.

Le terme suivant présenterait plus de difficulté,

Vendidad Sadé, pag. 45 ; édit. de Bombay, pag. 49 ; man. de Manakdji, pag. 204 et 205.

si nous ne savions pas qu'il est quelquefois indispensable, pour arriver à une interprétation satisfaisante, de se dégager tout à fait des souvenirs de la tradition. Selon Nériosengh, le mot ܒܝܬܐ, *katayô*, que le seul numéro II F lit ܒܝܬܐ, *kětayô*, et que le Vendidad Sadé joint à tort à *yôi*, signifie गृहस्थाः *grĭhasthâḥ* « maîtres de maison, » ou « se tenant dans leurs maisons, » et c'est également cette tradition que suit Anquetil en rendant *katayô* par « dans sa maison. » Est-ce l'analogie apparente de notre mot zend avec le persan كده *habitation*, qui a induit à ce sens les interprètes parses? Je ne saurais l'affirmer; ce que je puis seulement dire, c'est que *katayô* ne peut être autre chose que le pluriel nmn. msc. de *kati*, qui est exactement le sanscrit कति *kati*. Joint au relatif *yôi*, il signifie *quicunque*, ainsi que l'a bien vu M. Bopp[1].

Je fais des deux mots suivants un terme composé signifiant mot pour mot « qui enseignent les Naçkas. » Nériosengh et Anquetil en restreignent le sens à l'idée de *lire*, et cette interprétation ainsi justifiée par la tradition doit sans doute être préférée à celle que donne l'étymologie, parce que si la notion d'enseigner dominait dans ce texte, on y trouverait probablement la mention de ceux auxquels l'enseignement est donné. Tous nos manuscrits lisent de même le mot ܒܝܬܐ *naçkô*, à l'exception toutefois du Vendidad Sadé, qui préfère par erreur le ܣ *s* au ܨ *ç*. On sait que ce terme désigne les divisions de l'Avesta, que les Parses nomment les Nosks; j'ignore

---

[1] *Vergleich. Gramm.* pag. 597.

s'ils donnent une explication de ce terme autre que celle qu'Anquetil a consignée dans la table de son Zend Avesta au mot *Nosk* [1], lequel, suivant lui, signifie *portion*. Je ne trouve pas, dans nos textes zends, de terme auquel on puisse directement rattacher le mot de *naçka*, thème de *naçkô*, ici au nominatif. Il me semble toutefois que ce terme ne peut dériver que de l'un ou l'autre de ces deux radicaux, *naç* ou *naz*, le premier signifiant *détruire*, et formant le substantif *naçka* « le destructeur, » sans doute des ennemis d'Ormuzd, l'autre signifiant *nectere*, enchaîner, joindre, et formant le mot *naçka*, ce qui est enchaîné, joint, c'est-à-dire « texte suivi. » La première étymologie aurait pour elle l'existence d'une dénomination analogue, celle de *vidaéva dáta* « donné contre les Dêvas, » laquelle a formé le titre de *Vendidad*; de même *naçka* signifierait « textes destructeurs des ennemis d'Ormuzd. » La seconde serait conçue dans un système semblable à celui qui a formé le nom sanscrit de *sûtra*, qu'on tire avec quelque vraisemblance du radical सिव् *siv* (coudre), en latin *suere*. J'avoue que de ces deux interprétations, la seconde me paraît de beaucoup préférable, et c'est celle à laquelle je me tiens, jusqu'à ce que les textes nous en fournissent une meilleure, si toutefois cela se peut faire.

Je ne m'arrêterai pas longtemps sur le terme auquel est subordonné *naçkô*, c'est-à-dire sur *fraçãoṅghô*: les manuscrits sont unanimes quant à

---

[1] *Zend Avesta*, tom. II, pag. 742.

l'orthographe de ce terme, et le Vendidad Sadé est le seul qui préfère fautivement ⲱ *s* à ⲱ *ç*, qui est ici nécessaire. En effet, le zend *fraçâoghó* représente exactement le sanscrit प्रासः *praçâsah*, mot que ne donne pas Wilson, mais qui pourrait fort bien exister avec le sens de « ceux qui commandent », ou « ceux qui enseignent », et même « qui disent », de *pra*, en zend *fra*, et de *çâs* en zend *çâogh*. C'est, comme je l'ai indiqué tout à l'heure, pour me rapprocher autant qu'il est possible du sens traditionnel que je rends ce mot par « ceux qui lisent. »

Les manuscrits sont moins unanimes en ce qui touche le verbe suivant ⲱⲱⲱⲱⲱ *âoghañté*, que je lis ainsi avec les numéros II F, III S, et le manuscrit de Manakdji, sauf la préférence que je donne à ⲱ *a* sur le ⲱ *ĕ* des manuscrits. Ce mot est écrit ⲱⲱⲱⲱⲱ *âoghĕñti* dans le numéro VI S, le Vendidad Sadé, l'édition de Bombay et la plupart des manuscrits de Londres. La différence de ces deux orthographes est celle du moyen à l'actif. Ce qui me décide pour la première, ce n'est pas seulement que le radical sanscrit, correspondant à celui d'où se tire notre mot zend, savoir आस् *âs* (être assis), se conjugue régulièrement, et, autant que je le puis croire, invariablement à la forme moyenne; c'est encore que nous rencontrons en zend quelques temps qui ne peuvent appartenir qu'à cette forme. Ici le zend *âoghañté* serait le sanscrit आसते *âsaté*, plus la nasale, qui est, dans ce cas, conservée, contrairement à l'analogie du sanscrit, mais d'accord avec les formations doriques, comme τιθέντι, διδέντι[1]. Joint aux termes précédemment analysés, il conduit à cette traduction du commencement de notre paragraphe : « ceux, quels qu'ils soient, qui sont assis lisant les Naçkas. » Je ne dois cependant pas omettre de remarquer que M. Bopp regarde la leçon âoṅhĕṅti, qu'il préfère à celle de âoṅhĕṅté, comme la 3ᵉ prs. plr. du parfait du verbe अस् as (être[2]). Mais comme il observe que si l'on choisit âoṅhĕṅté, c'est de अस् as qu'on doit tirer cette forme, le dissentiment qui nous divise est plus apparent que réel. Pour ma part, je ne fais aucune difficulté d'admettre qu'ici l'idée de *s'asseoir* n'est pas prise strictement au propre, et que c'est un nouvel exemple de l'échange si facile à comprendre, et si ordinaire, des idées de *rester, être assis*, avec la simple idée d'*être*.

Il ne me paraît pas nécessaire d'insister sur les mots qui terminent ce paragraphe ; ils nous sont tous à peu près également connus. Je les traduis avec Anquetil par : « Il donne l'excellence et la grandeur ; » car je ne puis voir, avec Nériosengh, dans le mot maçtim (la grandeur), le sens de « connaissance du Nirvâṇa. » Je remarque seulement que çpânô, qui doit être un nom neutre, appartient au même radical que l'adjectif çpĕṅta, que j'ai analysé dans mon Commentaire sur le Yaçna, en traitant du nom des Amschaspands[3] ; que maçtim

---

[1] Bopp, *Vergleich. Gramm.* pag. 663.
[2] *Ib.* p. 893-894. — Cf. *Obs. sur la gramm. comp. de Bopp*, p. 47.
[3] Comp. Benfey, *Griech. Wurzell.* tom. II, pag. 168.

est l'acc. fémn. sing. du nom *maçti*, régulièrement formé de *maz* et du suffixe *ti*, devant lequel le radical *z* devient *ç*; enfin que je lis ⟨⟨⟩⟩ *bakhchaéti*, pour le sanscrit भक्षयति *bhakchayati*, avec le numéro II F, et le manuscrit de Manakdji, sauf le choix du ⟨⟩ *ch* que je substitue au ⟨⟩ *s* du copiste. Le numéro VI S donne une variante intéressante, ⟨⟨⟩⟩ *bachaéti*, qui prouve, ce que nous savons d'ailleurs, que le ⟨⟩ *ch* représente quelquefois, pour les copistes, le groupe ⟨⟩ *khch*, qu'ils écrivent d'ordinaire, ⟨⟩ *khs*. Les autres manuscrits lisent ce verbe ⟨⟨⟩⟩ *bakhsaiti*, orthographe qui répond au sanscrit भक्षति *bhakchati*.

§ 22. Texte zend.

1. ⟨zend text⟩

Version de Nériosengh.

तूमत्ताभ्यक्षित् याः कुमार्यै [sic] निषीदन्ति दीर्घं अगृ-
हीताः अपरिणीता इत्यर्थः किल न पतिसेविताः भवन्ति
प्रकटं क्षातां च वर्षति किल ताभ्यो भर्तारं प्रकाशयति
आशु याचयितारं सुबुद्धिं किल तत्कालमेव एतत्कार्यं
संतिच्छमानं ॥

[1] Ms. Anq. n° VI S, pag. 43; n° II F, pag. 95; n° III S, pag. 59; *Vendidad Sadé*, pag. 45; édit. de Bombay, pag. 49; man. de Manakdji, pag. 205.

Traduction.

« Homa donne, à celles qui sont restées longtemps filles sans être mariées, un homme sincère et actif, lui qui fait le bien aussitôt qu'on l'implore. »

La version d'Anquetil est ici plus concise et, en même temps, plus fautive que de coutume : « O Hom, accordez un chef vif et prudent à la fille qui, depuis longtemps, est sans mari. » Il peut, je l'avoue, rester encore quelques doutes sur la fin de la traduction que je propose ; mais on reconnaîtra, tout à l'heure, que ce n'est pas à la manière d'Anquetil qu'il les faut trancher.

Les premiers mots de ce texte ne présentent aucune difficulté ; Nériosengh et Anquetil les interprètent de la même manière ; il est clair que *tâoçtchiṭ* (celles, quelles qu'elles soient) est le complément du verbe *bakhchaéti* (il distribue). Ce verbe a un autre complément direct, qui est même son principal régime, dans les mots *haithĭm râdhĕmtcha*, l'objet même que Homa donne aux filles qui sont restées longtemps sans mari.

Après *yáo* vient *kainínó*, qui est ainsi écrit avec un *í* long par le numéro 11 F, le numéro 111 S, le manuscrit de Manakdjî et trois manuscrits de Londres, tandis que l'édition de Bombay préfère l' *i* bref, *kaininó*, et que le numéro vi S lit fautivement *kainynó*, orthographe où le *y* représente certainement un *í* long. La leçon *kai-*

ninô est le nominatif pluriel d'un adjectif en *in*, dont le thème doit être *kainin* et primitivement *kanin*. Je ne trouve pas ce thème en sanscrit, mais la présence du mot féminin कनीनी *kanínî* (nom du petit doigt) permet de supposer un masculin *kanína*, d'où se tire très-probablement le superlatif कनिष्ठ *kanichtha* (très-petit). Le zend *kainin* (pour *kanin*) ne différerait, dans cette supposition, du sanscrit *kanina* que par la nature du suffixe formatif, *in* ou *în* dans l'un, *ina* dans l'autre ; de part et d'autre il faudrait remonter à un primitif *kana* (petit), dont la trace subsiste encore dans le féminin sanscrit कनी *kani* (jeune fille). Seulement, pour compléter l'explication de cette forme, on doit admettre que l'allongement de la voyelle du suffixe dans *kaininô* est dû à une influence euphonique et non étymologique, et que l'adjectif *kanin* est des deux genres, masculin et féminin, c'est-à-dire qu'il ne prend pas la désinence *î* qu'adoptent les adjectifs sanscrits en *in*. Je ne dois cependant pas oublier de dire que le Vendidad Sadé lit ⟨zend⟩ *kainyô*, le mot que je viens d'analyser. Cette leçon, tout isolée qu'elle est, n'en est pas moins remarquable en ce qu'elle nous mène directement au sanscrit कनी *kani*, dont elle est le pluriel régulier, avec la seule addition de l'*i* épenthétique, particulier à l'orthographe zende. Mais, comme elle n'est donnée que par un seul manuscrit, je n'ai pas cru devoir la préférer à l'autre orthographe dont l'analyse précédente a montré la légitimité.

[1] *Vendidad Sadé*, pag. 45, ms. Anq. n° 11 F, pag. 95.

Les manuscrits sont moins unanimes en ce qui touche le mot suivant. Je le lis ܐܘܓܗܪܐ *âoghare* avec le numéro III S, quoique la leçon la plus ordinaire de nos manuscrits soit ܐܘܓܗܪܝ *âoghairi*[1], ou, ce qui revient au même, ܐܘܓܗܐܝܪܝ *âoghâiri*[2], ܐܘܓܗܪܝ *âoghari* et enfin ܐܘܓܗܪܹ *âogharĕ*[3]. Ce qui me décide en faveur de la première leçon, laquelle se trouve appuyée en partie par l'orthographe ܐܘܓܗܪܐܐ *âogharaé* que donne un manuscrit de Londres, c'est l'identité visible de cette désinence *aré* ou *airé*, avec la terminaison ऋ des parfaits moyens en sanscrit. Il importe, en outre, de remarquer que les manuscrits confondent souvent les deux voyelles ܐ *é* et ܝ *i*, de sorte que la leçon *âoghairi* revient sans peine à celle de *âogháiré*. La seule orthographe qui puisse être défendue, si celle que je propose n'est pas adoptée, est *âogharĕ*, orthographe que semble préférer Bopp, et qu'il analyse fort exactement comme formée de la désinence *ar*, désinence qui, en zend, ne peut s'écrire que *arĕ*[4]. Quelle que soit, au reste, la forme véritable de cette désinence, il faut admettre, avec M. Bopp, que la lettre de liaison qui unit la désinence *ré* au radical *âogh* (pour *âs*) est, en zend, la voyelle *a* au lieu d'être *i* comme en sanscrit.

Nériosengh et Anquetil interprètent également bien l'adverbe ܕܪܓܗܡ *darĕghĕm* qui répond au sans

---

[1] Ms. Anq. n° VI S. pag. 43.
[2] Man. de Manakdji, pag. 205.
[3] Un manuscrit de Londres, et l'édition de Bombay, pag. 48.
[4] *Vergleich. Gramm.* pag. 894 et 895.

crit दीर्घं *dirgham* (longuement et longtemps); le mot zend porte, dans sa première syllabe *ar*, la trace visible de l'influence du *guṇa* indien, que le sanscrit *dirgha* ne présente que sous une forme anomale. Du reste, les manuscrits écrivent uniformément ce mot, sauf que l'édition de Bombay et un manuscrit de Londres préfèrent fautivement la lettre non aspirée ‌ *y* au ‌ *gh* adoptée par le plus grand nombre des copistes, et que le Vendidad Sadé omet le ‌ *e* bref, intercalé entre ‌ *r* et ‌ *gh*.

Le sens du mot qui suit n'est pas plus douteux; Nériosengh le traduit exactement par « non prises, » c'est-à-dire « non mariées, » comme le dit Anquetil. Je le lis ‌ *aghrvô* avec tous nos manuscrits, sauf le numéro vi S qui donne une orthographe plus facile à prononcer, celle de ‌ *aghravô*. Ces deux leçons nous conduisent également à un thème *aghru*; seulement, dans l'une, la désinence du pluriel se joint immédiatement au thème sans agir sur la voyelle finale, tandis que, dans l'orthographe du numéro vi, cette modification a lieu en vertu d'une loi presque générale en sanscrit. L'accord de Nériosengh et d'Anquetil, en ce qui touche ce terme, me porte à y voir un adjectif composé de l'*a* privatif et du thème *ghru*, dont l'origine première doit être le radical correspondant au sanscrit ग्रह् *grah* ou गृह् *grih*, quelle que puisse être sa forme primitive en zend. Il se peut que cette forme soit uniquement *gërë*, qui se contracte en ‌ *ghr* devant le suffixe *u*, et aspire la gutturale par suite de sa rencontre immédiate avec *r*. Il se peut aussi que cette aspiration du ऋ *gh* ne soit autre chose que la réunion du *g* et du *h*, également primitifs dans la racine *grah*, sous sa forme sanscrite. Quoi qu'il en soit de cette question de détail, on ne peut douter que l'adjectif *ughru* ne dérive d'un radical signifiant *prendre*, modifié par le suffixe *u*, suffixe qui doit être de la même nature que le *u* sanscrit qui figure dans le mot पशु *psu* (vache), qu'on dérive de पशा *psá* (manger). Du moins l'analogie que présentent ces deux suffixes, c'est qu'ils se substituent l'un et l'autre à la voyelle finale de la racine qu'ils affectent.

Je ne m'arrêterai pas sur le mot ҫҽҹҵҵ *haithîm*, que j'ai eu occasion d'analyser ailleurs[1]; il signifie *vrai*, *véridique*, et répond au sanscrit *satyam*. Nériosengh le traduit d'abord par *manifeste*; puis, dans la suite de sa glose, il le fait disparaître pour le réunir au verbe *bakhchaéti* (il distribue) de cette manière : प्रकाशयति *prakáçayati* (il fait apparaître, il manifeste). Je ne crois pas que ce procédé donne ici une traduction exacte; pour que cela fût possible, il faudrait que *haithîm* fût en cet endroit, comme il l'est ailleurs, un adverbe signifiant *véritablement*, *réellement*. Mais la conjonction *tcha* (et) qui suit le mot ҽҵҹ *rádhĕm* prouve évidemment, si je ne me trompe, que ces deux accusatifs désignent ou deux qualités ou deux personnes. Je crois qu'il s'agit ici de deux qualités, et que l'idée de la personne à laquelle ces qualités appartiennent est exprimée par

[1] *Comment. sur le Yaçna*, tom. I, pag. 94.

le genre des mots *haithím rádhëm tcha*, qui sont tous deux au masculin. Le sens du premier, *haithím*, ne peut être douteux; s'il est bien, comme je le crois, le représentant du sanscrit सत्यम् *satyam*, il faut le traduire par *vrai*, *sincère*. Anquetil l'interprète par *prudent*, car le mot *vif* de sa traduction, quoique placé le premier, convient mieux au terme qui est placé le second dans le texte.

Ce second mot *rádhëm* se prête à deux interprétations également justifiables. L'une, qui est celle de Nériosengh, consiste à traduire *rádhëm* par *donateur*; pour arriver à ce sens, il faut supposer que le radical zend *rádh* correspond au sanscrit रा *rá*, si fréquemment employé dans les Védas avec le sens de *donner*, comme le zend *çnádh* répond au sanscrit स्ना *sná*, ces deux formes ne différant d'une langue à l'autre que par l'addition d'un *dh*. La seconde interprétation, qui est celle d'Anquetil, consiste à rendre *rádhëm* par *vif*, c'est-à-dire à en faire un dérivé du radical sanscrit राध् *rádh* (accomplir). C'est ce dernier sens que j'ai adopté, moins parce que le *rádhëm* zend se retrouve lettre pour lettre dans le *rádham* sanscrit, que parce qu'à une qualité morale, telle que *haithím* (sincère), il est naturel qu'il se joigne une qualité physique. Si, cependant, le lecteur préfère s'en tenir à l'autorité de Nériosengh, il faudra traduire « un homme sincère et généreux. » De toute façon, il est aisé de comprendre que ces deux adjectifs suffisent, comme je l'indiquais plus haut, à désigner celui auquel ils se rapportent.

c'est-à-dire l'homme que Homa donne à la femme restée longtemps fille. Nériosengh ne l'entend pas autrement, puisqu'il fait suivre l'interprétation littérale qu'il donne de notre passage par cette glose : « c'est-à-dire qu'il leur fait apparaître un mari. » Ce que je remarque seulement, c'est qu'il n'a pas mis le mot de *mari* dans son texte, car cette idée de *mari* n'est indiquée, dans l'original, que par le genre masculin de ces deux adjectifs, lesquels expriment les qualités de celui que Hôma donne aux filles restées vierges.

L'interprétation des mots qui terminent notre paragraphe n'offre pas plus de difficultés. Le premier, ⟨⟩ *môchu*, est lu de cette manière par le numéro VI S et par un manuscrit de Londres, avec la seule différence de la substitution du ⟨⟩ *s* au ⟨⟩ *ch* qui est nécessaire ici. Mais le *ch* reparaît dans l'orthographe ⟨⟩ *muchu* du numéro II F et du manuscrit de Manakdjî[1]. Je n'en crois pas moins cette dernière leçon inférieure à la première, parce que le *môchu* zend représente le ⟨⟩ *makchu* sanscrit, que Rosen a justement rapproché du latin *mox* avec lequel il s'accorde pour la forme comme pour le sens[2]. L'*a* primitif de *makchu* doit se changer régulièrement en ⟨⟩ *ô* zend, par suite de l'influence du *m* qui

---

[1] Les autres manuscrits n'écrivent pas plus exactement ce mot; le numéro III S a *mos*; le *Vendidad Sadé*, *môçu*; un man. de Londres, *môsi*; un autre manuscrit de Londres, *musô*, et l'édition de Bombay, *muso*.

[2] *Rigvéda*, adnot. pag. IX.

précède ; mais je ne sache pas qu'il devienne jamais ‹ *u*. Quant à *makcha* lui-même, que les scoliastes indiens rangent au nombre des indéclinables, c'est le locatif pluriel de l'adjectif मह् *mah* (grand), dont on trouve, comme on sait, de nombreuses formes dans les Vêdas; littéralement traduit, il revient à *in magnis, in primis*.

On connaît le sens de ‍‍‍‍‍‍ *djaidhyamanô*, que tous nos manuscrits lisent de même, à l'exception du seul Vendidad Sadé qui emploie le ‍ *î* pour la semi-voyelle ‍ *y*. C'est le participe présent moyen du verbe dont nous avons analysé l'indicatif présent ‍‍‍‍ *djaidhyémi*, plus haut, § 13 ; il signifie *sollicité, imploré*. Nériosengh reproduit le sens radical de ce terme, mais avec une différence que je vais signaler tout à l'heure.

Reste ‍‍‍‍ *hukhratus*, que tous nos manuscrits lisent uniformément de même. Nériosengh le traduit ici d'une manière conforme à la tradition qui assigne au mot *khratu* le sens d'*intelligence*, ainsi que je l'ai déjà établi ailleurs[1], et, conséquemment, nous trouvons dans sa glose l'adjectif सुबुद्धिं *subuddhim* « celui dont l'intelligence est bonne. » Ce sens est certainement admissible ici, et les trois derniers mots de notre texte peuvent, conformément à cette interprétation, se traduire littéralement de cette manière : « *cito invocatus bonam mentem habens*. » Mais, comme *djaidhyamanô* est un participe présent, il faudra le traduire par « qui, au moment où il est

---

[1] *Comment. sur le Yaçna*, tom. I, pag. 136 et 403, note 255.

invoqué, a bientôt une bonne intelligence, » ce qui revient sans doute à dire : « dont l'intelligence, au moment où on l'invoque, n'est pas longtemps à être bienveillante. » On ne peut pas dire que ce soit là le sens adopté par Nériosengh, puisque sa version, littéralement traduite, revient à ceci : « cito postulatorem bonam mentem habentem; » de plus, il fait rapporter ces caractères, non pas à la divinité Homa, dont les bienfaits sont rappelés dans le présent paragraphe, mais à l'époux que Homa donne à la jeune fille, interprétation que ne me paraît pas tolérer la syntaxe de notre morceau. Cependant la glose dont Nériosengh fait suivre sa version exprime l'idée de simultanéité que je crois trouver entre la prière dont Homa est l'objet, et l'épithète de *hukhratus*, quel qu'en soit le sens. Cette glose, en effet, signifie « hoc ipso tempore huic operi incumbentem. » Quelle est cette œuvre, cette fonction qu'annonce Nériosengh? C'est ce que ne dit pas sa version. Il est clair que ce sera l'exercice de l'intelligence de Homa, si *hukhratus* signifie « bonam mentem habens; » il ne l'est pas moins que ce sera l'application de son activité en général, si le zend *hukhratus* doit se traduire comme Rosen fait du védique सुक्रतु *sukrata*, « fausta agens[1], » ou, comme le dit Sâyana, शोभनकर्मन् शोभनप्रज्ञ वा « qui accomplit de belles œuvres, *ou* qui a une belle intelligence, » épithète que les chantres du Vêda ont appliquée à leur *Sôma* même, dans l'hymne remarquable que nous comparerons,

[1] *Rigvéda*, I, 5, 6.

à la fin de ces recherches, avec les textes zends qui nous occupent en ce moment[1].

L'épithète *hukhratus* est donc susceptible d'une double interprétation, suivant qu'on donne au mot *khratu* le sens d'*œuvre* ou d'*intelligence*, sens qu'a également le sanscrit *kratu*. Dans la première supposition, il faudra traduire : « lui, dont l'intelligence est bienveillante au moment même où on l'invoque ; » dans la seconde, il faudra dire : « lui qui fait le bien aussitôt qu'on l'invoque. » C'est à cette dernière interprétation que je me suis arrêté, parce que la glose de Nériosengh m'a paru y conduire plus directement qu'à l'autre. Je n'ai pas besoin de faire remarquer qu'Anquetil a passé les trois derniers mots de notre paragraphe, et qu'il n'en reste aucune trace dans sa version.

§ 23. Texte zend.

[Texte zend]
[2]

Version de Nériosengh.

दूमस्तांश्रित् ये केशका: अपराध्यन् [sic; अपराध्यन्?] निषीदयति [sic] येषां प्रबोध: तर्षाकट्ठीन् [marg. फिरंगी]

---

[1] *Rigvéda*, I, 91, 2 a.
[2] Ms. Anq. n° II F, pag. 95 ; n° VI S, pag. 43 ; n° III S, pag. 59 ; *Vendidad Sadé*, p. 45 ; édit. de Bombay, pag. 49 ; man. de Manakdji, pag. 206.

ये समुत्थिताः राजकामतया किल राजत्वेन उपरि समागताः सन्ति। ये प्रलपन्ति मास्माकं पश्चात् आचार्याः अधि-काध्यायतया स्वेच्छया ग्रामेषु प्रचरन्तु स विशेषां वृन्दं टालयति नितान्तं सर्वेषां वृन्दं निहन्ति प्राक् पश्चाच्य॥

Traduction.

« Homa a frappé le tyran cruel; celui qui s'est élevé avec le désir d'être roi, celui qui a dit: Qu'après moi, l'Atharvan ne parcoure pas les provinces, suivant son désir, pour les faire prospérer; celui-là est capable de détruire toute prospérité, d'anéantir toute prospérité. »

Voici comment Anquetil traduit ce passage : « O Hom, que sur ceux qui sont injustes et violents, soit assis un roi qui, de sa propre autorité et par sa (seule) volonté, se soit emparé du trône, et qui dise : (Je ne veux pas) qu'après moi on honore, dans les provinces de mon empire, l'eau et le feu; (un roi) qui anéantisse toute abondance, qui frappe continuellement les biens et les fruits de toute espèce! »

Le premier mot qui, dans ce texte, mérite de nous arrêter, est kĕrĕçâním, que tous nos manuscrits lisent de cette manière, sauf deux Vendidads conservés en Angleterre, qui emploient le s pour le ç, et un autre qui termine le mot par nĕm, au lieu de nim. C'est manifestement un adjectif que Nériosengh traduit par कृशकाः: *les cruels* et Anquetil, par *violent*. Je ne doute pas que ce ne soit là le véritable sens de cet adjectif, dérivé du radical *kĕrĕç*, qui répond probablement ici au radical sanscrit क्लिश् *kliç* (tourmenter, vexer), le zend ne possédant pas, comme on le sait, la liquide *l* et employant à sa place le *r*. On arriverait, du reste, à peu près au même sens en prenant pour base la racine कृश् *krĭç* (rendre maigre). Au radical *kĕrĕç*, quel qu'en soit l'analogue sanscrit, est joint le suffixe *âni*, ou plutôt *ani*, dont la première voyelle est allongée par une cause que j'ignore. La variante des deux manuscrits de Londres, qui substituent ⲋ *s* à ⲋ *ç*, donne même lieu de conjecturer que l'on pourrait lire *kĕrĕchânim*, de कृश् *krĭch* (tourmenter) plutôt que de कृश् *krĭç* (rendre maigre). Mais ce n'est là qu'une différence de peu d'importance; on sait que ces deux radicaux sanscrits sont à tout instant confondus l'un avec l'autre par les copistes. J'ajouterai qu'en traduisant *kĕrĕçânim* par le pluriel, Nériosengh ne se trompe pas autant qu'on le pourrait croire, car l'emploi du pronom composé ⲋⲟ ⲋⲥⲥⲋ *tĕm-tchit yim* « celui quel qu'il soit qui » donne à notre paragraphe un caractère de généralité, qui exclut l'idée qu'il s'agisse ici spécialement d'un roi qui aurait persécuté les adorateurs d'Ormuzd. C'est également dans ce sens qu'est conçue la traduction d'Anquetil. J'ajoute que l'emploi du monosyllabe *tchit*, après le pronom indicatif *tĕm* (lui), nous reporte plutôt à la syntaxe védique qu'à celle du sanscrit classique, où *tchit* n'est plus resté que comme déterminatif du relatif *ka* sous ses diverses formes.

Le mot suivant n'est lu en deux parties, de cette manière 𐬀𐬞 𐬑𐬱𐬀𐬚𐬭𐬇𐬨 *apa khsathrĕm*, que par le numéro 11 F et par l'édition de Bombay. Tous nos autres manuscrits ont en un seul mot 𐬀𐬞𐬑𐬱𐬀𐬚𐬭𐬇𐬨 *apakhsathrĕm*, leçon qu'il faut adopter, sauf la substitution du *ch* au *s* des copistes. J'y vois le mot *khchathrĕm* (roi), ici à l'accusatif, précédé de la préposition *apa*, qui a certainement dans ce composé le sens de détérioration que nous lui connaissons en sanscrit, et que possède l'allemand *after*. La réunion de ces deux termes signifie « un mauvais, un faux roi. » Quelque altérée que soit la glose de Nériosengh, il n'en est pas moins certain que c'est là le sens qu'il voyait dans le mot *apa-khchathrĕm*, en l'expliquant conformément à l'intention religieuse qui domine tout notre paragraphe. Ce n'est pas seulement dans le premier mot अपराघ्यन् *aparâghyan*, mot qu'il faut lire peut-être अपाराध्यन् *apârâdhyan* (ils ont fait tort, ou ils ont péché), que je trouve le sens religieux qu'a en vue Nériosengh; c'est encore dans la suite de sa glose, laquelle semble signifier « eux dont l'instruction est la loi des Tarçâkas, » ou peut-être des Farsas ou infidèles, dénomination qui, suivant une note d'Anquetil, est substituée, dans la version parsie, au *kĕrĕçânîm* du texte original. Quoi qu'il en puisse être du mot *Tarçâka*, que donnent nos trois Yaçnas zend-sanscrits, je remarquerai que celui de Manakdjî porte à la marge le mot *Phirañgí* « les Francs, » écrit d'une main très-moderne, avec renvoi au mot *Tarçáka*. J'ai inséré cette glose entre crochets dans la version de Nériosengh, pour ne pas priver le lecteur de ce trait de patriotisme, d'ailleurs assez inattendu.

Les mots que je viens d'analyser, et qui réunis signifient « le mauvais roi cruel quel qu'il soit, » sont subordonnés au verbe ‿‿‿‿ *nichádhayat*, que tous nos manuscrits donnent ainsi avec un ‿ *dh* aspiré. Leur lecture est très-uniforme, sauf celle du Vendidad Sadé ‿‿‿‿ *nisáta yat*, qui est manifestement fautive. Aucun cependant n'a la sifflante ‿ *ch*, qui est nécessaire ici, à cause du préfixe *ni*, et que j'ai cru devoir rétablir. La version de Nériosengh est incorrecte en cet endroit, probablement par la faute des copistes, et il faut rétablir *nichádayati*, qui est la véritable forme causale du verbe सद् *sad* (s'asseoir), en zend ‿‿ *had*. Mais devra-t-on prendre ce mot dans le sens adopté par Anquetil, *faire asseoir*, ou dans le sens de *tourmenter*, *perdre*, qu'a en sanscrit le radical छद् *chad*, à la forme causale? Je préfère, sans hésiter, le second sens au premier, parce qu'il ne s'agit, dans tout le cours du présent chapitre du Yaçna, que des bienfaits dont Homa comble les hommes. Je ne puis croire que le but de notre paragraphe soit de représenter Homa comme l'instituteur des mauvais rois aussi bien que des bons.

Je dois cependant prévenir une objection qui pourrait s'appuyer sur cette circonstance que *nichádhayat*, imparfait de *chad* (*had*) sans augment, est écrit avec un ‌dh et non avec un ‌d nécessaire. Cette circonstance est à mes yeux assez indifférente; je l'explique par l'habitude où sont les copistes de préférer le ‌dh au ‌d dans le milieu des mots. Mais si l'on tenait à y voir un fait organique, il faudrait rapprocher le *chádh* zend, non plus du ‌*chad* sanscrit, mais de ‌*sádh* (accomplir), qui, à la forme causale, a régulièrement la signification de *tuer*, *anéantir*.

Les quatre mots suivants forment une courte proposition qui est exactement entendue par Nériosengh, et paraphrasée par Anquetil. Je suppose que le relatif *yô*, par lequel elle commence, a son antécédent, non dans le substantif *apakhchathrĕm*, mais dans le pronom indicatif *hô* qui vient plus bas : *hô vîçpê*, etc. Le verbe de cette phrase est ‌*rustu*, qui est assez diversement lu par nos manuscrits : ‌*raosta*, par le numéro III S; ‌*raoçta*, par le numéro VI S et par deux manuscrits de Londres; ‌*raóçta* par le Vendidad Sadé; ‌*róçta* par l'édition de Bombay; ‌*ruçta* par le numéro II F et le manuscrit de Manakdjî; et ‌*rusta* par un manuscrit de Londres. C'est cette dernière orthographe que j'adopte, regardant ce verbe comme la 3ᵉ pers. sng. de l'imparfait ou de l'aoriste moyen du verbe ‌*rudh* (croître, s'élever), dont le *dh* final est régulièrement changé en *s* devant le *ta* désinenciel. Cet aoriste me paraît formé sur le thème du sanscrit ‌*atutta* de *tud*, sauf l'augment qui est tombé, comme cela se voit si fréquemment en zend; c'est pourquoi je ne crois pas devoir adopter les leçons, telles que *raosta*, où paraît le *guṇa ao*, qui nous reporterait à un aoriste d'une autre formation. Nériosengh, en remplaçant ce verbe par *samudita*, conserve fidèlement le sens primitif. J'ajoute qu'il ne faut pas comparer le zend *rudh* au sanscrit रुध् *rudh*, auquel on chercherait en vain le sens de *croître*. C'est de रुह् *ruh*, radical qui a ce dernier sens, qu'il faut rapprocher le zend *rudh*, qui en est probablement la forme la plus ancienne [1].

Nériosengh n'est pas moins exact en ce qui regarde les deux mots suivants, qu'il faut réunir en un seul pour en faire un composé, ܐܫܡ ܟܚܫܬܪܘ, *khchathró kámya*, c'est-à-dire *rádjakámatayá* « avec un désir de roi » ou peut-être « d'être roi. » Tous nos manuscrits lisent ces deux mots de la même manière, sauf les variétés peu importantes d'orthographe qui portent sur le mot *khchathró*, mais ils sont unanimes relativement à *kámya*. Cette leçon m'est cependant suspecte en ce qu'elle suppose un thème en *í*, dont elle serait l'instrumental, mais que je ne connais pas;

---

[1] La consonne radicale que nous voyons s'affaiblir en sanscrit, en passant de *dh* en *h*, disparaît en pazend, ou y est remplacée par un *i*, dans le substantif abstrait *róisn* (la pousse, la croissance), appliqué aux arbres par ce passage du *Minokhered* : ܘ ܒܒܚ ܘ ܦܠܒܘ܂ « Et la pousse et la croissance des arbres. » (*Minokhered*, p. 373 du man. de la Bibl. roy. et p. 313 de mon man.) Dans *róisn*, la voyelle *i* pourrait appartenir au suffixe abstrait *sn* ou *chn* (anciennement *sni*), qu'elle rattache quelquefois au radical, comme voyelle de liaison; mais il ne semble pas qu'il en soit ainsi dans le persan رویدن *royidan* (pousser, croître), où le premier *i* est très-probablement le substitut du *dh* primitif, comme dans *pái* pour *páda* et dans tant d'autres.

tandis que si on lisait *kámaya*, nous aurions un instrumental régulier du féminin *kámá* (désir), qui serait le même mot en zend qu'en sanscrit. Je n'ai cependant voulu rien changer à une orthographe aussi unanimement appuyée que celle de *kámya*, d'autant plus que la suppression de l'*a* nécessaire (*kám-a-ya*) peut n'être que le résultat d'une contraction propre à l'orthographe zende, où les syllabes *aya* sont en général moins communes que *ya* suivant immédiatement une consonne; je n'ai pu d'ailleurs trouver dans les textes la justification nécessaire de la correction proposée, puisque notre paragraphe est, à ma connaissance, le seul passage du Vendidad Sadé où se rencontre *kámya*.

Nériosengh et Anquetil s'accordent à entendre de la même manière le verbe suivant ⸺ *davata*, que tous nos manuscrits lisent uniformément, sauf le Vendidad Sadé, qui a seul ⸺ *zdavata*. Faut-il voir dans ce ⸺ *z* initial un reste de la préposition ⸺ *uz*, dont la voyelle serait tombée, ainsi que cela se rencontre quelquefois, comme j'essayerai de l'établir ailleurs, ou bien faut-il négliger une leçon qui n'est donnée que par un seul manuscrit? C'est ce dernier parti que je crois préférable. Quoi qu'il en soit de cette petite question, la tradition donne à cet imparfait moyen sans augment, *davata*, le sens de *parler, dire*, sens qui va certainement bien à l'ensemble du passage. Ce sens est, en outre, confirmé par un nombre considérable de textes du Fargard XVIII du Vendidad, où Serosch a un entretien avec le

Daroudj, et où, après chaque question de Serosch, le texte dit que le Daroudj ⟨⟨⟩⟩ *paiti davata*, ce qui ne peut signifier que *il répondit*[1]. C'est toujours de cette manière que l'entend l'interprète pehlvi, qui remplace le verbe composé zend cité tout à l'heure par ⟨⟨⟩⟩ et ⟨⟨⟩⟩, que je ponctuerais de manière à lire *paçânn gupt* et *pasânn guyat* « après cela il dit », mots dont l'origine persane ne peut être méconnue[2]. Cependant, quel que soit le radical indien auquel on s'adresse, धु *dhu*, धू *dhû*, ou धाव् *dhâv*, aucun n'a la signification de *parler*. On pourrait tout au plus recourir au sens de *s'irriter*, que Westergaard attribue, d'après le Nirukta, à la racine *dhû*; mais ce sens ne s'accorderait pas avec l'ensemble du dialogue entre Serosch et le Daroudj, auquel j'ai renvoyé tout à l'heure. Peut-être ce verbe, que je n'ai vu employé que dans des dialogues, n'est-il qu'un dérivé nominal du nom de nombre *dvi* (dialogue entre deux). Quoi qu'il en soit, si l'on conserve au radical d'où dérive le zend *davata* son sens de *parler*, il faut reconnaître que cette signification ne se justifie pas par les listes actuelles des racines indiennes, où *dhû*, non plus que *dhâv*, n'a le sens de *parler*. Remarquons encore que si l'on admettait la supposition que le zend *da-*

---

[1] *Vendidad Sadé*, p. 462, 463, 465, etc.

[2] Ms. Anq. n° v S, p. 493. Je dois noter cependant que, dans le numéro F, le mot que je lis *guit* ou *guyat*, est ponctué une fois comme devant être lu *dait*, p. 758. Cette dernière orthographe n'est probablement que la transcription du primitif zend *davata*, avec la désinence de l'aoriste parsi.

rata dérive d'une racine qui serait en sanscrit *dhâv*, il faudrait, en dernière analyse, reconnaître que cette racine est *du* pour *dhu*, que la voyelle soit longue ou qu'elle soit brève, de sorte que le *dhâv* sanscrit n'en serait que l'augmentation développée, ainsi que l'a bien remarqué Pott [1]. Je n'ai pas besoin de faire observer que l'emploi du ‌ *d* zend non aspiré, au lieu du ‌ *dh*, dont la comparaison des langues parallèles démontre la légitimité, ne ferait aucunement difficulté ici, parce que le zend n'emploie que très-rarement le *dh* aspiré au commencement d'un mot, si même il l'emploie jamais. Mais ceci touche plutôt à l'orthographe qu'à l'étymologie, et on en pourrait conclure que quand le zend a été écrit avec les caractères dont les Parses font actuellement usage, de deux choses l'une, ou bien la valeur étymologique de la dentale douce *d* n'était qu'imparfaitement connue, ou bien cette dentale recevait de sa position la valeur, soit d'une simple, soit d'une aspirée.

Après les deux mots *nôit mê*, vient la préposition ‌ *apām*, qu'Anquetil s'accorde avec Nériosengh à traduire par *après*; c'est là un sens qui ressort également d'autres passages où figure ce terme. Il n'est pas facile de dire si cette préposition est composée de ‌ *apa*, qui indique primitivement le mouvement à partir d'un point donné, et de *ām* qui répondrait à la préposition ‌ (vers) *á*, sous la forme qu'elle prend quand une nasale la modifie,

---

[1] *Etym. Forsch.* tom. I. pag. 266.

अन्त, de façon que *apu-+-ām* (de-vers) reviendrait en quelque sorte à la locution *d'ores en avant*. Comme je n'ai pas trouvé en zend d'autre exemple de cette forme nasale de la préposition *á*, je n'attache à l'analyse précédente pas plus de valeur qu'à une simple conjecture. Si on ne l'admet pas, il faudra supposer que *apām* est une sorte d'accusatif féminin de la préposition que nous avons, sous une forme plus ordinaire, dans le dissyllabe *apa*. Peut-être même *apām*, avec sa désinence d'accusatif, n'est-il qu'un véritable adverbe.

Je me suis suffisamment étendu ailleurs[1] sur le mot ⟨zend⟩ *áthrava*, qui est le nom de la première des trois classes dont se composait l'ancienne société à laquelle se rapporte le Zend Avesta, c'est-à-dire du prêtre que les Parses nomment actuellement *Athorné*. Il me suffira de rappeler ici que ce terme, sous cette forme de ⟨zend⟩ *áthrava*, est au nominatif, cas reconnaissable à l'allongement de la voyelle initiale et à la suppression de la nasale du

---

[1] *Observ. sur la Gramm. comp. de Bopp.* pag. 21. Je ne vois en ce moment rien à dire de plus sur ce terme, si ce n'est qu'il a pris en pazend une forme sous laquelle on aurait quelque peine à le reconnaître, si le sens n'en était d'ailleurs parfaitement déterminé. Dans une énumération des divers états donnée par le Schekend gumâni pazend, on trouve la profession d'Athravan ou d'Athorné, désignée par le substantif abstrait ⟨pazend⟩ *áçruí*, mot que le scholiaste indien traduit par *átcháryatá* « l'état de maître » (*Schekend gumâni*, f. 4 *a* de mon man.). Plus bas, les Athravans, au pluriel, sont nommés *áçrúá*. Cette transformation a lieu particulièrement sous l'influence du changement de *th* en *ç*, que l'on retrouve presque régulièrement dans les mots que le pehlvi a transcrits du zend.

suffixe *ran*. A ce terme se rapporte le mot ⸺ *aiwistis*, que nos manuscrits lisent ainsi avec un accord remarquable, sauf le Vendidad Sadé, l'édition de Bombay et le n° III S, qui préfèrent le ⸺ au ⸺ médial. Ce mot a disparu de la traduction d'Anquetil, où il serait représenté tout au plus par le verbe *honore*. Mais il est traduit fort exactement dans la glose de Nériosengh, par l'expression ⸺ *svétchtchhayá* (à son gré), car je regarde le terme qui précède, ⸺ (avec la qualité d'une instruction supérieure), comme une glose qui s'est glissée naturellement entre l'idée de l'Athorné ou du prêtre, chef de l'instruction religieuse, et celle de *à son gré, à souhait*; car si l'Athorné parcourt à son gré les provinces, comme le dit notre texte, ce doit être sans contredit, pour y répandre l'instruction.

De toute manière, *aiwistis*, mot dans lequel je retrouve ⸺ *aiwi*, en sanscrit ⸺ *abhi*, et probablement ⸺ *istis*, en sanscrit ⸺ *ichti* et au nominatif *ichtis*, répond, lettre pour lettre, au terme védique ⸺ *abhichti*, qui se représente assez souvent dans le Rigvêda de Rosen, où il est pris tantôt pour un substantif, tantôt pour un adjectif. Cette diversité d'emploi n'est pas le résultat d'un caprice des commentateurs; car *abhichti* est d'abord et naturellement un substantif, et ce n'est que comme composé possessif qu'il peut prendre le rôle d'un adjectif. Aussi est-ce avec le premier emploi qu'il paraît le plus souvent dans ce que nous possédons du Rigvêda[1]. Il y est interprété assez diversement par les commentateurs, selon la signification qu'ils donnent au radical *ich* (désirer ou aller). Tantôt il signifie *récompense, fruit*, c'est-à-dire ce qu'on désire : अभिमुखेन हवनम् रत्वामिच्छयः कर्माणि इच्छ इच्छयां. Tantôt on le rend par *approche, accès*, notamment dans l'adjectif स्वभिष्टि, « qui s'approche heureusement, » qui est commenté ainsi : शोभनाभिगमनवन्तं शोभनाभिगमनं इच्छ अतौ. C'est ce dernier sens qu'on trouve également dans l'adjectif अभिष्टम्, commenté ainsi : सर्वेषामपि अभिमुखेन गन्तव्यं « qui est doué d'approche, c'est-à-dire que l'on peut obtenir en face de soi. » Enfin, dans un passage du second livre du Rigvêda, où il est encore substantif, अभिष्टये est expliqué par अभिगमनाय « pour l'acquisition de ce qu'on a en vue, » et là encore on prend la racine *ich* avec le sens d'*aller*. Ce sens est celui qui domine dans l'emploi, plus rare d'ailleurs, qu'on fait de ce mot comme adjectif. Ainsi अभिष्टयः est représenté par la glose अभिमुखेन गच्छन्त्यः « celles qui s'avancent en face, » et *ichti* lui-même reçoit pour synonyme le mot गमनानि (les marches). C'est en vertu d'une dérivation semblable que Rosen traduit ailleurs l'adjectif अभिष्टिः par *victor*[2], sur quoi Sâyana s'exprime ainsi : अभिषिद्रूगमनम् इच्छ अतौ « *abhichti* signifie celui qui marche à la rencontre, de *ich* aller. »

En résumé, quel que soit le sens qu'on attache

[1] *Rigvéda*, I, 47, 5 a; 51, 2 a; 116, 11 a; et II, 16, 1. Il figure comme adjectif dans deux passages, I, 9, 1 et 52, 4 c.
[2] *Rigvéda*, I, 9, 1.

au radical *ich*, c'est lui qui passe pour former la base du mot *abhichṭi*, où il est précédé de la préposition *abhi*. Les commentateurs expliquent l'anomalie que présente ce mot dont la seconde voyelle devrait être longue par la réunion de *abhi+ichṭi*, en renvoyant à des exemples où une brève est substituée à deux voyelles, l'une finale et l'autre initiale, dont la fusion devrait produire une longue[1]. Il y a lieu de croire que cette irrégularité n'est pas rare avec les prépositions terminées par la voyelle *i*; car on trouve dans le Rigvêda परिचिष्टि *parichṭi*, que le scoliaste rend par परितः सर्वतः एषणा « l'action de chercher tout autour[2]. » Ici encore *ichṭi* vient de *ich*, pris dans l'acception d'*aller*.

On peut sûrement faire l'application des analyses précédentes au terme zend *aiwistis*, et dire qu'il répond exactement, quant à la formation du moins, au sanscrit vêdique *abhichṭis*; seulement, c'est pour un adjectif qu'il le faut prendre, en l'expliquant comme un possessif, « celui qui a l'objet de son désir en face de lui. » On voit que c'est exactement l'idée qu'exprime le *svétchtchhayá* de Nériosengh[3].

---

[1] Boehtlingk, sur Pāṇini, VI, 1, 94, et tom. II, pag. CXVII.

[2] Rigvêda, I, 65, 2 a.

[3] La facilité avec laquelle on obtient cette explication m'engage à ne pas donner suite à une conjecture que je me contente de consigner ici, parce que, sans le secours de la tradition, j'aurais pu y attacher plus d'importance. Au lieu de tirer *aiwistis* de *ich*, joint au préfixe *aiwi*, on aurait pu, en rapprochant ce mot de *aiwyâçtô*, qui signifie « entouré de la ceinture, » croire que *aiwistis* exprimait une nuance de cette même idée.

J'écris le terme suivant ⟨zend⟩ *vĕrĕidhyé* avec le numéro vi S et le Vendidad Sadé ; l'édition de Bombay lit ⟨zend⟩ *vĕrĕidhya*, leçon qui revient à la précédente, sauf l'*a* fautif pour *é*, et le numéro iii S a, sans *i* épenthétique, ⟨zend⟩ *vĕrĕdhyé*. C'est le nombre des manuscrits qui me décide en faveur de cette leçon, où je vois le datif singulier d'un nom, sans doute féminin, qui répond au sanscrit ⟨skt⟩ *vrĭddhi* (augmentation, prospérité). Il faut seulement supposer que c'est le suffixe *i* et non le suffixe *ti* qui s'est joint au radical *vĕrĕdh* = *vrĭdh* (croître, s'augmenter), ou encore, ce qui parait plus probable, que le *t* du suffixe *ti* est tombé dans sa rencontre avec le *dh* de la racine, par suite de la répugnance qu'éprouve le zend pour l'accumulation des consonnes identiques ou très-semblables entre elles. Cette consonne a cependant laissé une trace reconnaissable de sa présence dans une leçon qui, avec une correction légère, devrait être préférée, si elle avait pour elle un plus grand nombre de manuscrits. C'est l'orthographe ⟨zend⟩ *vĕrĕzidhayé*, du numéro ii F et du manuscrit de Manakdji. Il est évident que si on lisait *vĕrĕzdhayé*, cette orthographe répondrait exactement au sanscrit *vrĭddhayé*, puisqu'en zend une dentale devant une autre dentale se change en sifflante, et qu'ici *dh* étant une douce exige que la sifflante devienne *z*. Ajoutons que la finale *ayé* est exactement celle de la déclinaison la plus ordinaire des noms en *i*, formés au moyen du suffixe *ti*, tandis que la désinence *yé* de *vĕrĕidhyé* est plus rare, même en zend, où elle se justifie cependant par un archaïsme aisément explicable. Quoi qu'il en puisse être, au reste, du choix à faire entre ces deux leçons, vĕrĕidhyē ou vĕrĕzdhayē, le sens n'en peut être douteux, quoique le mot paraisse manquer dans la glose de Nériosengh, où il est remplacé peut-être par अधिकार्यायमनया, que j'aimerais cependant mieux rattacher, en qualité de glose, à स्वेच्छया, ainsi que je l'ai dit plus haut. Le terme vĕrĕidhyē signifiera donc « pour la prospérité, pour l'augmentation [1]; » et comme il est question en cet endroit de

[1] En recherchant, avec les moyens bornés dont je dispose, quelle est la tradition des Parses sur le sens du terme que je viens d'analyser, je n'ai pu parvenir à le retrouver dans les textes pazends qui sont à ma disposition. Dans un endroit du Vendidad, l'interprète pehlvi transcrit le zend ranhhayaêta par vardaït ou varit (n° 1 F, pag. 540.) Il est vrai que le persan ورز varz, pris dans le sens de gain, profit, pourrait passer pour une altération d'une forme zende telle que vĕrĕzdhi (augmentation). Mais les autres sens du persan ورز nous conduisent plus directement au radical zend vĕrĕz = vrih, en sanscrit, radical qui, avec le sens d'agir, a laissé de nombreux dérivés en pazend. On voit ici un exemple des difficultés qu'on éprouve en cherchant à rapporter un mot moderne pazend ou persan à sa véritable origine. L'altération, enlevant une partie des signes caractéristiques des mots primitifs, donne à des termes différents dans l'origine un aspect semblable et une fausse identité. Ainsi, qui pourrait dire maintenant si le persan varz ne cache pas les deux mots zends vĕrĕzdhi (augmentation), et vĕrĕzō (action)? Un fait comme celui-ci montre avec quelle précaution il faut procéder dans ce genre de recherches. Ne serait-on pas tenté, en rencontrant en pazend des mots comme vardinidan, vardinit, vadarit ou vadurit, d'y voir des altérations du zend vĕrĕidhi, ou au moins des dérivés plus ou moins éloignés du radical vridh (augmenter)? Ce serait cependant une erreur, et il y a ici deux mots aussi différents l'un de l'autre qu'ils le sont de vĕrĕdh. Je trouve un exemple de vardi-

l'Athorné parcourant les provinces, c'est de leur prospérité que l'on parle certainement ici.

Le terme suivant est écrit de deux façons différentes, mais toutes deux également explicables. La première orthographe est celle de ‌‌‌‌‌‌ *dainĝhava* que donne le numéro vi 3, le manuscrit de Manakdji, un manuscrit de Londres et le Vendidad

nidan dans le passage suivant du Minokhered : ‌‌‌‌‌‌ «et ce qui est donné par le destin peut-il être changé ou non.» (*Minokh.* man. de la Bibl. royale, pag. 124, de mon man. pag. 95.) On le rencontre encore écrit *vardinadan* et *vardinadan*, selon le caprice des copistes, dans le passage suivant : (‌‌‌‌ ailleurs) ‌‌‌‌‌‌‌‌ «Toute chose, quelle qu'elle soit, peut être changée, excepté une pierre précieuse vraie ou fausse; la pierre vraie ne peut, par quelque moyen que ce soit, être changée en pierre fausse, et la pierre fausse ne peut, par aucun procédé, être changée en pierre vraie.» (*Ibid.* man. de la Bibl. roy. p. 138, et de mon man. p. 108.) L'autre forme que j'ai citée, *vardinit*, est le participe passé du verbe dont nous venons de voir l'infinitif. Ce serait allonger inutilement cette note que d'alléguer des exemples de cette forme facile. Or, si l'interprète indien ne se trompe pas en traduisant ce verbe par *bhramayitum* (faire tourner), et si je ne m'abuse pas à son exemple en le rendant par *changer*, on peut affirmer qu'il dérive d'un radical identique au sanscrit *vṛt* (devenir, être), qui, à la forme causale, prend le sens du latin *vertere* (tourner); et que, de plus, ce radical se présente ici avec la forme propre aux verbes causatifs persans. Ici, on le voit, nous sommes assez loin du verbe *vṛdh* (croître). Nous n'en approchons pas davantage avec le mot *radaret* ou *radaret*, que je trouve dans le passage suivant du Minokhered : ‌‌‌‌‌‌‌‌ «Quand l'âme des saints passe sur ce pont, ce pont s'élargit de l'éten-

Sadé, sauf qu'il supprime le و *i* nécessaire, دنگهرا *danġhara*. La seconde est celle de دينگهرا *dainġhra*, que donnent le numéro 11 F, deux manuscrits anglais, et l'édition de Bombay, sauf l'*i*, دنگهرا *daġhra*. Comme ces deux formes appartiennent manifestement au thème *dainġhu*, correspondant au sanscrit दस्यु *dasyu*, quoique avec un autre sens, il est clair

---

due d'un Farçangh. » (*Ibid.* p. 66, et de mon man. p. 5o.) Et un peu après ce texte, ce même verbe se trouve écrit de la même manière et précédé du préfixe *bi*, بي ودرت *bi vadarĕt*. Ici encore Nériosengh doit être exact, quand il traduit ce mot par *samuttarati* (il traverse); et, dans le fait, je ne puis m'empêcher d'assimiler le pazend *vadarĕt* au sanscrit *tarati* (il franchit), soit que *va* soit une transformation pehlvie du préfixe *vi* primitif, soit que *va* représente le préfixe sanscrit *ava*, dont l'*a* serait tombé. Enfin on rencontre d'autres mots qui se rattachent diversement à ce verbe, et entre autres : 1° *vadarġ*, que Nériosengh traduit par *uttáraka* (celui qui traverse); 2° *vadard* (passage), dont la finale rappelle un nom abstrait, comme ceux qui, en zend et en sanscrit, sont terminés par *ti*. Ai-je besoin d'ajouter que la modification que les formes primitives *vrit* et *tarati* ont subie en pazend est exactement de celles dont on trouve à tout instant la trace dans les dialectes populaires de l'Inde, puisqu'elle consiste dans l'adoucissement de la dure *t* en *d*? C'est encore une altération prâkrite, mais d'un ordre plus avancé, qui, du zend *pĕrĕthu* (pont), a fait le pazend *pahul* ou *puhal*; car les copistes ont les deux orthographes, dont la seconde doit être la plus ancienne, en ce qu'elle revient à *pahr* (Müller, *Essai sur le pehlvi*, Journ. Asiat. III⁰ sér. t. VII, p. 345). Le *th* primitif n'a laissé d'autre trace de son existence que le *h*, autour duquel il semble que les voyelles se meuvent avec une indécision qui accuse un dialecte tout populaire. Je pense que c'est aussi par la substitution du *h* à un *th* primitif qu'il faut expliquer le pazend *pahné* et le persan پهنا *pahná*, formes qui dérivent ou du radical indien *path*, ou de *prith=prath* (s'étendre), ce qui me paraît encore plus vraisemblable. Dans *pahná*, *ná* est le suffixe et *pah* le reste du radical.

que dans l'une (*dainghara*) la voyelle finale a été développée devant l'*a* de la désinence, tandis que dans l'autre (*dainghva*) elle est simplement changée en sa semi-voyelle correspondante. Faut-il voir ici un instrumental singulier, comme l'annonce la désinence *a*, ou un accusatif pluriel en *a*, forme secondaire des noms en *u*, lorsqu'ils ne prennent pas la désinence ordinaire *ô*, en sanscrit *as*? C'est ce que je ne saurais décider à cause de quelques objections qu'on peut faire contre l'une et contre l'autre de ces deux explications. Certainement il n'y a rien à dire contre la forme, dans la supposition que *dainghva* est un instrumental; mais le sens ordinaire de ce cas ne convient plus au verbe *tcharât* (qu'il marche), car je doute qu'on puisse donner à l'expression de *dainghva tcharât* le sens nécessaire ici de « qu'il marche à travers la province. » Si d'un autre côté, *dainghva* est un accusatif pluriel, le besoin du sens est sans doute satisfait et l'on traduira bien « qu'il marche à travers les provinces. » Mais alors on se demande pourquoi le texte n'a pas préféré la forme *dainghâvó* ou *dainghvó*, qui est parfaitement régulière et la seule, à ma connaissance, qui soit employée dans les textes zends pour l'accusatif pluriel du nom féminin *dainghu*. Je sais bien qu'on trouve quelques accusatifs pluriels en *a*, appartenant à des thèmes en *u*, mais je ne crois pas que l'on pût en citer qui soient féminins, comme c'est ici certainement le cas.

A ces difficultés viennent se joindre les doutes

que fait toujours naître l'incorrection de nos manuscrits. Qui sait si l'*a* final de ces deux formes, *dainĝhava* et *dainĝhra*, n'est pas une lecture fautive pour *é*, de sorte qu'à *dainĝhva* il faudrait substituer *dainĝhvé*, ou encore (avec *guṇa*) *dainĝhavé* datif authentique et régulier de *dainĝhu*? Ce datif serait employé avec le sens du locatif, cas dont la véritable désinence *i* paraît rarement en zend, sauf dans les thèmes terminés par une consonne. Ce qui ajoute un certain degré de vraisemblance à cette conjecture, c'est la leçon ‿‿‿ *daĝhvi* que donne le numéro III S; car *daĝhvi* est un vrai locatif de *dainĝhv.*, sauf le premier *i* dont l'omission est ici une faute. La rareté de cette désinence *i*, la confusion des valeurs de ‿ *i* et ‿ *a*, que l'on prononce également *é*, expliquerait assez facilement comment l'orthographe *dainĝhva* a pu se substituer à celle de *dainĝhvi* ou *dainĝhvé*. Je n'aurais même pas hésité à préférer cette leçon, si le manuscrit qui la donne n'était aussi moderne et en général aussi peu correct. Je garde donc l'orthographe *dainĝhava*, et je traduis ce mot par le pluriel, comme fait Nériosengh; mais je remarque en même temps que c'est le seul passage où elle se trouve dans les textes qui emploient plus souvent *dainĝhávó* ou *dainĝhvó* pour l'accusatif pluriel du féminin *dainĝhu*.

Je passe sur ‿‿‿ *tcharâṭ* qui ne peut faire difficulté; c'est l'imparfait du conjonctif du verbe ‿‿ *tchar* = चर् *tchar* (aller, marcher). La proposition qui suit est annoncée par ‿‿ *hô* (il); je ne pense pas que ce pronom se rapporte à l'Athorné, ni qu'il fasse suite aux paroles qui sont mises dans la bouche du tyran : « Qu'après moi l'Atharvan ne parcoure pas les provinces, suivant son désir, pour les faire prospérer; » car ce qui va suivre serait contradictoire à cette menace. Mais remarquant que *hó* (il) appelle un relatif, je trouve ce relatif dans la proposition commençant par les mots *yó rusta*, et je dispose de cette manière ces diverses propositions : « Celui qui s'est élevé avec le désir d'être roi, etc. celui-là.... » Il me semble que la convenance de cette disposition ressort de la comparaison du texte avec la traduction que j'en donne.

Le verbe auquel se rapporte *hó* est ranât, que nous connaissons déjà avec le sens de *frapper*; c'est l'imparfait du conjonctif, mode qui est en général celui des propositions subordonnées. Il en résulte que *hó vanât* signifie littéralement « il frapperait, il détruirait. » Le complément de ce verbe est *viçpé vërëidhinãm*, termes qui doivent, si je ne me trompe, être réunis en un mot composé. Le premier est lu comme je l'ai reproduit par le plus grand nombre des manuscrits, si ce n'est par le numéro 11 F et le manuscrit de Manakdji, qui écrit la première fois *viçpaé*, ce qui est manifestement pour *viçpé*. Un manuscrit de Londres a *viçpa*, qui est le mot *viçpa* = सर्व (tout), à la forme absolue, et qui conséquemment est mieux fait pour s'unir en composition avec un mot suivant, que *viçpé*, qui est un nominatif pluriel. Cependant malgré la convenance de cette leçon, je ne me suis pas cru autorisé, par le témoignage d'un seul manuscrit, à la substituer à l'orthographe plus généralement admise. Cette dernière, en effet, peut se défendre jusqu'à un certain point, si l'on fait attention que l'idée de pluralité domine dans l'expression *riçpé vĕrĕïdhinãm* « de toutes les prospérités, » et si l'on suppose que les rédacteurs des textes, frappés de cette idée et habitués à mettre au nominatif l'adjectif formant la première partie d'un mot composé, ont préféré naturellement *riçpé* à *riçpa*. Si cependant cette explication n'était pas admise, il faudrait regarder *riçpé* comme le substitut fautif de *riçpa*, par suite de la confusion des lettres ں et ـ, auxquelles les Parses modernes donnent communément le son de *é*, et cette conjecture devrait s'autoriser de l'orthographe *riçpa* donnée par un manuscrit conservé en Angleterre. On voit, du reste, que rien n'est changé au sens, et que *riçpé* comme *riçpa* se rapporte au terme suivant.

Ce terme que je lis ⸙⸙⸙⸙ *vĕrĕïdhinãm*, comme l'édition de Bombay, et le Vendidad Sadé qui le donne avec un ـ *a* pour le premier ٢ *ĕ*, ⸙⸙⸙⸙ *varĕïdhinãm*, et même comme le numéro III S qui a une fois ⸙⸙⸙⸙ *vĕrĕdhinãm*, est le génitif pluriel féminin du mot dont nous avons eu tout à l'heure le datif dans *vĕrĕïdhyé*. C'est ce qui m'engage à renoncer à la leçon ⸙⸙⸙⸙ *vĕrĕïdhanãm*, du numéro VI S, du numéro II F, du manuscrit de Manakdji, et à celle de ⸙⸙⸙⸙ *vĕrĕdhanãm*, du numéro III S, que donnent aussi une fois le numéro 11 F, et le manuscrit de Manakdji. La leçon *vĕrĕdhanãm* vient de celle de *vĕrĕidhanãm*, au moyen de la suppression de l'*i* qui dut paraître inutile au copiste, puisqu'il n'y avait rien après le *dh* qui en justifiât la présence ; et l'inexactitude de celle de *vĕrĕidhanãm*, à son tour, est palpable, puisque l'*i* qu'elle conserve n'a plus sa raison dans la fin du mot. Dans *vĕrĕidhinãm*, au contraire, c'est l'*i* du thème *vĕrĕdhi* qui attire la voyelle semblable précédant le *dh*; c'est là un fait d'épenthèse avec lequel nous sommes familiarisés depuis longtemps. Au reste, en préférant la leçon *vĕrĕidhinãm*, à celle de *vĕrĕdhanãm* ou *varĕdhanãm*, je parle uniquement dans le sens du passage qui nous occupe, et je ne prétends en aucune façon que les deux dernières formes ne puissent exister. Loin de là, elles s'expliquent fort aisément comme les génitifs pluriels des deux thèmes *vĕrĕdh* ou *varĕdha* « celui qui augmente. » C'est avec ce sens qu'on trouve la seconde dans un passage des Ieschts, ainsi conçu : ‏بدمسچ‎ ‏داروانستچ‎ ‏ارشگاونسچ‎ « et des méchants ou Darvands qui augmentent l'envie [1]. »

Enfin, et ce sera la dernière observation qui porte sur ce paragraphe, le génitif pluriel *viçpé vĕrĕidhinãm* sert de complément au verbe ‏وناټ‎ *vanát̃* (qu'il frappe), et au verbe ‏جناټ‎ *djanát̃* (qu'il tue), lequel est précédé du préfixe ‏نی‎ *ní*, placé avant le complément du verbe. Le génitif ne me paraît pas pris ici avec un sens partitif ; ce cas est le com-

---

[1] Ms. Anquetil, n° 111 S, pag. 597.

plément ordinaire du verbe ‍ *djan*=हन् *han* (tuer); il l'est moins souvent du verbe *ran*, mais l'habitude où l'on est de voir le génitif employé avec l'idée de *tuer*, quand cette idée est exprimée par ‍, a pu favoriser, par analogie, l'application de ce cas au verbe *ran*.

§ 24. Texte zend.

(texte en caractères zend)

Version de Nériosengh.

शोभनः त्वं यो निजौजसा कामराजासि त्वम् विल त्वं
ओज; तस्मिन् कार्ये यत् तुभ्यं रोचते शक्नोषि कर्तुं ।
शोभनः त्वं मध्यं जानासि प्रचुरतेजसां सत्योक्तानां यतो
अस्ति वचः सत्यं येन सद्यापारि उक्तं च *(texte zend)*
(texte zend). शोभनः त्वं न ऋते प्रभुत्वात् सत्योक्तां पृच्छसि
वाचं विल किंचिदपि नोद्गिरसि यत् दौर्मिज्ञः अन्तः
प्रभुत्वेनोपायः ॥

Traduction.

« Gloire à toi, Homa, qui, par ta propre énergie, es un roi souverain. Gloire à toi! Tu connais

---

[1] Ms. Anq. n° II F, pag. 96; n° VI S, pag. 43; n° III S, pag. 60; ms. de Manakdji, pag. 207 et 208; *Vendidad Sadé*, pag. 46; édit. de Bombay, pag. 49.

les nombreuses paroles dites avec vérité. Gloire à toi ! tu ne sollicites pas à force de questions la parole dite avec vérité. »

Anquetil interprète, comme il suit, ce passage : « Vous qui êtes pur, vous êtes le maître (d'obtenir) ce que vous désirez de grand, ô Hom. Vous qui êtes pur, vous venez d'en haut (au secours) de ceux qui parlent avec vérité. Vous qui êtes pur, vous n'êtes pas éloigné (de répondre) à ceux qui vous consultent avec vérité. »

La plupart des termes dont se composent les trois propositions de ce paragraphe sont ou déjà connus ou suffisamment clairs ; la difficulté véritable ne porte que sur un verbe rare dans nos textes. Le premier mot ⸺ *usta* est lu de cette manière par tous nos manuscrits, sauf le Vendidad Sadé qui a ⸺ *uçta*. Les plus anciens manuscrits sont pour la première orthographe que j'ai suivie. Je vois dans ce terme un mot formé du radical *sta*, précédé de la préposition *us* dont la sifflante a été supprimée devant celle du radical, le zend répugnant à placer de suite deux consonnes semblables. Anquetil et Nériosengh en font un adjectif qu'ils traduisent, l'un par *pur*, l'autre par *beau, brillant* ; j'aime mieux y chercher un substantif qui serait en sanscrit *ut — thá* (de *ut -ɪ- sthá*), et qui doit avoir un sens opposé à निठा *ni — chthá* (fin, chute). C'est dans cette hypothèse que je le traduis par *gloire*, sens qui ne s'éloigne pas trop de celui de *beau, bril-*

lant, que donne Nériosengh. Au propre, *usta* doit signifier *élévation, grandeur*; c'est un terme correspondant à *ustánĕm*, que j'ai déjà identifié ailleurs avec le sanscrit *utthánam*. Je ne doute pas que le mot ne soit féminin; la voyelle finale est abrégée, comme cela se voit ordinairement dans les mots polysyllabiques terminés par *á*. Les manuscrits sont unanimes à cet égard; mais dans le numéro III S, cette orthographe est probablement fautive, en ce que le copiste, lisant en un seul mot ustaté, c'est-à-dire faisant de té un enclitique, aurait dû conserver la voyelle primitivement longue d'*ustá* que protégeait l'addition de *té* (à toi).

Nous connaissons déjà les deux mots *qá aodjağha*, qui répondent aux mots sanscrits स्वेन ओजसा *sténa ódjasá* (par ta propre énergie), et où nous voyons appliqué le principe généralement suivi par les copistes des textes zends, de conserver les voyelles longues à la fin des monosyllabes, et de les abréger au contraire dans les polysyllabes. Nos manuscrits sont unanimes quant à la manière d'écrire ces deux termes; seulement l'édition de Bombay et trois manuscrits de Londres donnent des leçons qu'il faut noter, parce qu'elles semblent nous reporter à des manuscrits où les mots pouvaient n'être pas aussi uniformément séparés les uns des autres qu'ils le sont actuellement. Ainsi l'édition de Bombay lit, avec trois manuscrits de Londres, *kháo*, et un autre manuscrit lit à peu près de même *qáo*. A prendre ce mot pour un instrumental, l'orthographe en est certainement fautive; mais si l'on remarque que le mot suivant commence par ао, on se convaincra sans peine que *qáo* n'a été écrit de cette manière que parce que l'on prononçait, d'une seule émission de voix, les deux mots *qá aodjagha*, en fondant en une seule les deux voyelles *á* et *ao*, par une sorte de *sandhi* indien ou d'union actuellement inconnue en zend.

Je n'ai pas besoin d'insister sur les mots suivants, *vaçó khchathró ahé*. Je les ai suffisamment expliqués dans ces Études mêmes, et je passe au terme le plus important de la proposition suivante.

Ce terme est le verbe *apivatahé*, que je lis ainsi avec le numéro II F, le numéro III S, le Vendidad Sadé, tandis que le numéro VI S et le manuscrit de Manakdji ont *apavatahé*, et l'édition de Bombay très-fautivement, *apavaiti*. Cette dernière leçon vient probablement de ce que c'est sous la forme d'une troisième personne que ce verbe se représente le plus souvent, c'est-à-dire trois fois dans une autre partie des textes zends. Nériosengh le traduit par « tu connais à fond, » et Anquetil par « vous venez d'en haut au secours; » mais dans un autre passage où revient ce verbe, qui est rare dans nos textes, il le traduit par *savoir, connaître*. Ce passage, qui se répète trois fois dans le Fargard IXe du Vendidad, est, sauf quelques additions qui ne portent pas sur le sens du verbe, conçu ainsi :

[1] ᵃᵖᵃᵛᵃᵗᵃʰᵉ, qu'Anquetil traduit : « Le purificateur qui ne sait pas ce que la loi des Mazdéïesnans exige dans ces circonstances. » Mais il semble que tout en conservant à ces mots leur sens traditionnel, on pourrait dire plus exactement « qui ne tienne pas d'un purificateur la connaissance de la loi des Mazdayaçnas, » ou encore « qui ne connaisse pas la loi des adorateurs de Mazdâ, comme il convient à un purificateur[2]. » Dans ce texte, *apivatâiti* est à la troisième personne du conjonctif présent, tandis qu'il est à la deuxième personne de l'indicatif dans *apivatahê*, de notre paragraphe. J'avoue que c'est l'idée de connaître qui m'a décidé en faveur de la leçon *apivatahê*, au lieu de *apavatahê*, parce que le sens de la préposition *api* (sur, au-dessus) semble mieux s'accorder avec cette notion de savoir que celui de la préposition *apa* qui indique l'ablation, l'enlèvement, le manque. Or, il n'est pas inutile de remarquer que

[1] *Vendidad Sadé*, pag. 337. Cf. ibid. pag. 316 et 335.
[2] Pour obtenir ce dernier sens, il faut étendre la signification de *hatcha*, qui veut dire, le plus souvent, *par*, *de*. Cette extension est, sans contredit, un peu forte, mais il semble qu'elle soit dans la tradition, comme on peut le conclure de ce passage où Anquetil traduit notre texte même, sauf la négation, de la manière suivante : « Comme la loi des Mazdéïesnans l'exige de celui qui purifie. » Dans ce dernier texte, qui se trouve au commencement du Fargard IX° du Vendidad, Anquetil s'est peut-être trompé en traduisant *fraéstĕm* par « unir la terre, » comme si ce mot était le sanscrit *prastha* (sommet uni). Ne serait-il pas possible que le zend *fraéstĕm* répondît au sanscrit *préchtham* (très-cher, très-aimé), et que ce mot fût pris ici adverbialement, de sorte que la phrase traduite par Anquetil devrait se rendre : « qui connaisse, comme une chose qui lui est très-chère, la loi des Mazdayaçnas, ainsi qu'il convient à un purificateur? »

le sens de *savoir* est celui que donne la version pehlvie au terme qui nous occupe; car elle le traduit par le verbe ⟨pehlvi⟩ *anîtunît*, auquel le vocabulaire persan-pehlvi donne le sens de *il connaît*[1]. Je n'ai cependant pas trouvé jusqu'à présent, en sanscrit, de radical correspondant au thème zend *vat*, auquel, avec Nériosengh, je donne le sens de *connaître, savoir*. Il faut remarquer en outre que, comme les verbes qu'on appelle de sentiment en grec, verbes à la classe desquels appartient celui de *sentir, comprendre*, le zend *vat* gouverne le génitif; c'est un point établi par la comparaison des textes, d'ailleurs en petit nombre, où se représente ce verbe[2].

[1] Ms. Anq. n° XVII S, pag. 10, et *Zend Avesta*, tom. II, pag. 483.

[2] On pourrait croire qu'il n'en est pas ainsi, à n'en juger que d'après un passage du Vendidad Sadé, tel que le reproduit le Vendidad lithographié. Je donne ici ce texte, qui n'est pas sans intérêt, en le corrigeant d'après la comparaison de nos manuscrits de Paris :

(*Vendidad Sadé*, pag. 337; éd. Bombay, pag. 338.)

Anquetil traduit comme il suit ce passage : «Qui est-ce qui

Cette dernière observation me dispense d'insister sur les mots ⟨⟨⟨ ⟩⟩⟩ *pôuru vatchãm*

Ormuzd, enlève l'abondance du lieu où je suis? (Qui est-ce qui en) enlève la pluie (source) de biens? (Qui est-ce qui y) amène les désirs (la faim)? (Qui est-ce qui y) amène la mort? Ormuzd répondit: Tout cela (vient), ô saint Zoroastre, de l'impur Aschmogh. Lorsque dans ce monde, qui existe par ma puissance, on administre la purification, et que le (purificateur) ne sait pas ce que la loi des Mazdéïesnans ordonne dans ces circonstances, aussitôt sortent de ces lieux, de ces villes qui sont à moi, ce qui est doux au goût, les viandes bien nourries, la santé, la vie longue, l'abondance, la pluie (source) de biens, la profusion, ce qui croît (sur la terre, comme) les grains, les pâturages. » Je crois qu'on peut traduire plus exactement: « Quel fut celui, ô Ahura Mazdâ, qui m'a frappé, qui m'a enlevé l'abondance, la prospérité, qui a apporté le désir, la mort? Alors Ahura Mazdâ dit: Ce fut, ô saint Zoroastre, cet hypocrite privé de sainteté (Ahriman), lorsque, dans ce monde existant, il lave (le mort), qu'il s'attache à celui-ci et à ceux-là, sans connaître la loi des Mazdayaçnas, comme il convient à un purificateur (ou bien, sans avoir reçu du purificateur la connaissance de la loi de Mazdâ). Alors de ce lieu et de ce pays, ô Çpitama Zarathustra, disparaissent la nourriture et l'offrande, disparaissent la beauté et la santé, disparaissent et l'abondance et la prospérité et la croissance, disparaît la fertilité et des grains et des pâturages. » Que la nuance de quelques mots ne soit pas déterminée dans cette traduction avec la certitude désirable, c'est ce que je ne voudrais pas contester; l'ensemble cependant doit en être exact, comme l'établiront les observations suivantes. Le mot le plus difficile est *açdhayaṭ*, que je lis *açadhayaṭ* et dont je fais l'imparfait, troisième personne, singulier de *çadh*, répondant au sanscrit *chádh* et *sádh* (frapper, tuer), de sorte qu'on traduira: « quel est celui qui m'a frappé? » On remarquera que les manuscrits donnent d'une manière fort incorrecte le verbe *apabaraṭ*, les uns écrivant toujours *apabaraṭ*, et les autres toujours *upabaraṭ*. Cette régularité d'orthographe est ici manifestement fautive, puisque *apabaraṭ* signifie certainement « il a enlevé, » et *upabaraṭ*, « il a apporté, » et que cette différence de sens correspond à la différence de régime, l'abondance d'une part, et le désir et la mort de l'autre. J'ai combiné les leçons des manuscrits et j'ai employé pour chaque régime

ĕrĕjukhdhanām. Je remarquerai seulement que le numéro VI S lit en un seul mot ڛڛڛڛ *paurvatchām*, contraction de *pauru* (ou *pôuru*) et de *vatchām*, avec une orthographe qui confirme ce que j'ai cherché à établir ailleurs sur la répugnance qu'éprouvent les copistes à laisser juxtaposées dans le même mot, la voyelle ڛ *u* et la semi-voyelle ڛ *w*, dont la réunion

la préposition convenable. Je suppose que *yaçka*, qu'Anquetil traduit par *désir*, est un développement du radical *ich* (désir) avec le suffixe *ka*. Je tirais autrefois ce mot du radical sanscrit *irkch*, mais j'étais conduit à cette fausse explication par le besoin de retrouver le sens d'envie donné par Anquetil au mot *yaçka*, et en même temps de rendre compte du *k*, qui, aujourd'hui, me paraît plutôt un suffixe (*Commentaire sur le Yaçna*, t. I, pag. 430, note). On remarquera le verbe *paiti hañtchaiti*, que je n'hésite pas à traduire par « il lave, » littéralement « il asperge avec de l'eau. » C'est le sanscrit *siñtchati* (il asperge), de *sitch*, dont le zend ne diffère que par la voyelle radicale. Cette différence pourrait donner à penser que l'orthographe de quelques manuscrits, *hiñtchaiti*, est préférable, et qu'il faut franchement substituer *i* à *ĕ*, pour se rapprocher davantage de l'orthographe du sanscrit *sitch*. Je ne le pense cependant pas, non-seulement à cause de cette circonstance que *ĕ* devant *ñ*, cache le plus souvent un *a* primitif que je me crois autorisé à rétablir, mais parce que je ne vois rien qui empêche d'admettre l'existence d'un radical *hatch*, répondant à *sitch*, comme le zend *vip* répond au sanscrit *rap*, par suite du changement assez ordinaire de *a* en *i*. Benfey suppose ce même radical *hatch*, qu'on n'a pas besoin d'inventer, puisqu'il se rencontre plus de dix fois dans le Fargard IX° du Vendidad Sadé (*Griech. Wurzellex*. t. I, pag. 439), si toutefois la leçon que je suis est authentique; mais je n'y arrive pas par la même voie que lui, et surtout je ne reconnais pas l'existence du *statch*, dont ce savant a besoin, et qui n'existe pas dans les textes. J'ajouterai seulement, en ce qui touche le verbe *hatch* (et avec la nasale *hañtch*), qu'il faut corriger tous nos manuscrits dans un passage du Vendidad Sadé peu éloigné de celui qui nous occupe, et où tous les copistes lisent *hañtchóis* au lieu de *hañtchóit*, au subjonctif, pour *siñtchét* (qu'il asperge). Les copistes ont été entraînés à préférer la deuxième personne

formerait un ensemble de trois, de suite. On notera aussi la transformation que subit le *t* du mot *ukhta* (dit), qui, dans le composé *ĕrĕjukhdha* (dit avec vérité), prend un ‌ *dh*. Il semble que cette transformation soit due à l'influence du ‌ *j*, qui agit au delà de ses limites et par-dessus la dure ‌ *kh*, tandis que l'aspiration du *dh* pour *t* vient du voisinage de

à la troisième, parce que c'est à cette deuxième personne même que se présente ce verbe dans tous les passages où Ormuzd donne à Zoroastre la formule de la purification, en lui disant : « Asperge telle ou telle partie du corps. » C'est ce dont le lecteur pourra se convaincre en comparant les formules des pages 322 et suivantes du Vendidad Sadé avec la phrase de la page 335 : ‌ ‌ ‌ ‌ ‌ ‌ ‌ ‌ ‌ (‌ ...... 1.) ‌ ‌ ‌ ‌ ‌ . Après ce verbe *hañtchaiti*, le Vendidad Sadé et l'édition de Bombay, qui le copie si souvent, lisent *ádĕm* (ad illam), qui semblerait être le complément direct de *apivatáiti*; mais tous les autres Vendidads, d'un commun accord, s'opposent à cette conjecture, en ajoutant les mots *áhis hakhti*, qui, rapprochés de *ádĕm*, ne peuvent signifier autre chose que « il s'attache à l'un et aux autres, » *hakhti* étant la troisième personne du présent de l'indicatif du radical *hatch*=*satch*, en sanscrit « suivre, s'attacher à. » Il y a encore un terme difficile, c'est le verbe *akhstat*, que plusieurs manuscrits lisent *akhtat*, et qu'on peut expliquer, comme j'ai essayé de le faire plus haut pour une forme analogue, par le radical *sta* pour *sthá*, à l'aoriste troisième personne, avec augment *a* et insertion d'un *kh* inorganique, ou par le radical *akht* pour *atch* (aller), où le *t* serait ajouté au radical, de sorte qu'en joignant cet aoriste *akhtat* au zend *para*, qui égale le sanscrit *pará*, on aurait un verbe analogue, par sa formation, au sanscrit *parátch*. Je suppose encore que le zend *ŝjá* est analogue au védique *ich* (nourriture), avec un suffix *á*; que *ázáitis* égale le sanscrit *áhutis*, et j'ai traduit en conséquence; mais il est probable que le terme zend a un autre sens que le mot sanscrit, car Anquetil le rend par « les viandes bien nourries, » et la version pehlvie le remplace par le mot *tcharpiá*, qui parait bien n'être que le persan *tcharbi* (graisse).

ce *kh* même. Quoi qu'il en puisse être, ces nombreuses paroles de vérité, dont notre texte attribue la connaissance à Homa, doivent être les paroles d'Ormuzd, celles qu'il répond à ceux qui, comme Zoroastre, l'ont interrogé. Ce sont ces paroles de vérité qui sont quelquefois invoquées dans le Vendidad Sadé, comme un objet spécial d'adoration analogue au *Mâthra* ou à la prière sacrée ; c'est à ces paroles qu'il est fait allusion dans les mots *kâ nâ vatcha arjukhdha* « quas homo voces vere dictas...., » que donnent tous nos manuscrits et l'édition de Bombay, sauf notre Vendidad Sadé lithographié, et, je puis ajouter, sauf le numéro vi S, qui n'a ces mots qu'en interligne et d'une main très-moderne. Je les regarde comme insérés par le commentateur pehlvi qui a voulu donner un exemple de ces paroles de vérité indiquées dans notre paragraphe, en citant le commencement d'un autre texte que je n'ai pu retrouver dans ce que nous possédons du Zend Avesta. Du commentaire pehlvi, elles auront passé dans les copies du Yaçna zend-sanscrit ; mais elles n'avaient pas encore été reçues dans le numéro vi S, manuscrit très-ancien, qui donne le Yaçna zend seul et sans aucun mélange de commentaire. Il est impossible de dire quelle devait être la suite de ce commencement de phrase ; on voit seulement que *nâ* (l'homme) en est le sujet, et que les mots *kâ vatcha arjukhdha* en forment le complément. Le dernier de ces mots nous offre un nouvel exemple de l'incertitude des copistes, en ce qui regarde l'orthographe des syllabes ﺋﮯ *ĕrĕ* et ﺋﮯ *arĕ*, ou même ﻝ *ar*; le même mot qui est lu *ĕrĕj*, dans le texte même de notre paragraphe, l'est *arj* dans ce que je regarde comme une citation empruntée à un passage actuellement perdu.

Il faut encore observer, à l'occasion du mot ﻟﻪ *ratcha*, de deux choses l'une, ou que nos manuscrits sont ici très-altérés, ou qu'on doit nécessairement admettre l'existence de plusieurs thèmes pour rendre compte des formes diverses sous lesquelles paraît en zend le mot signifiant *parole*. Ainsi, nous avons des formes comme ﻟﻪ *vâkhs*, ﻟﻪ *vâtchĕm*, et ﻟﻪ *vâghjbyô* qui appartiennent sans contredit au même thème que le sanscrit वाच् *vâtch* ou वाक् *vâk*, dérivé avec *vriddhi* de वच् *ratch* (parler.) Nous avons des formes, comme ﻟﻪ *ratchaç — tcha*, ﻟﻪ *vatchagha*, ﻟﻪ *vatchaghé*, ﻟﻪ *vatchaghâm*, que réclame le thème sanscrit वचस् *vatchas*. Mais les formes, comme ﻟﻪ *vatcha*, accusatif pluriel et peut-être aussi instrumental singulier, ainsi que ﻟﻪ *vatchâm*, génitif pluriel, formes qui figurent toutes deux dans le texte que je viens d'expliquer, ne paraissent plus devoir se rattacher à aucun de ces deux thèmes *vâk* ou *vatchas*. Pour les expliquer, il faudrait admettre que *vâtch* abrège quelquefois son *â* radical, ce qui suffirait pour rendre compte de *vatchâm*, génitif pluriel; et pour *vatcha*, accusatif pluriel, il faudrait admettre que ce mot ainsi abrégé prend la désinence *a* du neutre pluriel, comme le font, quoique rarement, quelques mots dont le thème se termine en consonne. Il est enfin nécessaire d'admettre que *vátch* lui-même qui, avec sa longue, est ordinairement féminin, devient neutre quelquefois, puisque nous le voyons joint à l'accusatif neutre ەرەجوخذیم *ĕrĕjukhdhĕm*, dans la courte proposition qui termine notre paragraphe.

Les seuls mots qui nous restent à expliquer de cette proposition sont پیری فراچ پەرەچەهی *pairi frâça pĕrĕçahé*. Ce dernier terme est le radical پەرەچ *pĕrĕç* = पृच्छ् *pŗitchtchh* (interroger), à la deuxième personne du présent de l'indicatif moyen. Il est lu correctement de cette manière par tous nos textes, sauf le Vendidad Sadé, qui emploie par erreur le س *s* au lieu du چ *ç* nécessaire ici, et l'édition de Bombay qui a très-fautivement پیریچی *pairiçé*. Il faut traduire ce verbe par *tu interroges*, et comme il est au moyen, voix qui marque souvent un retour sur le sujet, on dira : « Tu interroges pour toi. » Les mots *pairi frâça* me paraissent devoir se réunir en une expression composée, moins à cause de leur voisinage (car la préposition *pairi* pourrait fort bien tomber sur le verbe *pĕrĕçahé*), qu'à cause du sens convenable qui résulte de cette composition. Je remarque d'abord que tous nos manuscrits lisent ces deux mots de la même manière et comme je les ai reproduits ; trois manuscrits, conservés en Angleterre, ont seuls une variante sur laquelle je reviendrai tout à l'heure. Si پەرەچ *pĕrĕç* répond au sanscrit *pŗitchtchh*, فراچ *frâç* devra répondre à प्राच्

prâtchtchh, et comme ▪ *a* peut être la désinence propre à l'instrumental, le zend *frâça* sera le sanscrit *prâtchtchhâ*. Je regarde cette identité comme complète, et je n'en réserve que le sens qui me paraît être celui de *question*, à la différence du sanscrit *prâtchtchh* qui signifie *questionneur*. Il me semble en outre que la préposition *pairi* = परि *pari* indique ici l'augmentation, l'excès, et que le composé *pairi frâça* signifie « par une interrogation excessive. » Nériosengh rend *pairi* par *sans*, et je ne conteste pas que cette préposition ne puisse se prêter quelquefois à cette signification ; mais il n'en résulte pas ici un sens bien clair : « Tu ne demandes pas sans question la parole dite avec vérité ; » et ce sens surtout ne s'accorde qu'imparfaitement avec celui de la glose qui suit : « C'est-à-dire que tu ne dis pas la moindre chose de ce qu'Ormuzd a dit dans les questions que tu lui as faites. »

Ce texte est si peu sanscrit que c'est à peine si je suis assuré du sens que j'en propose. L'interprétation que j'ai admise pour la dernière proposition de notre paragraphe me semble aussi vraisemblable que conforme aux idées antiques. Homa est loué de ne pas solliciter, à force de questions, celui qui donne la parole de vérité, c'est-à-dire de ne pas fatiguer Ormuzd de ses questions, et de se contenter des réponses que le Dieu lui fait. C'est l'éloge d'une foi soumise qu'ont toujours recommandée les sacerdoces de l'antiquité, et ce passage, si je l'interprète bien, rappelle la défense faite à la curiosité de Gârgî, dans un Upanichad du Yadjur Vêda : मातिप्राक्षीर्मा ते मूर्धा व्यपतत् « n'interroge pas au delà, de peur que ta tête ne tombe [1]. »

J'ai dit tout à l'heure que trois manuscrits conservés en Angleterre donnaient pour le mot que je viens d'analyser une variante qui mérite examen. C'est l'orthographe ﺷﻨﺎﻳﻪ *frãç* qu'ont deux manuscrits, et où un autre texte change seulement la sifflante finale. Ce mot *frãç* se présente comme un adjectif qui répondrait exactement au sanscrit *prâtchtchh* « celui qui interroge; » car nous savons que le ç zend est souvent le substitut d'un *tchh* aspiré, double ou simple en sanscrit. Il y a seulement cette différence que l'*a* du mot au lieu d'être allongé, comme en sanscrit, est devenu nasal, et s'est changé en *ã*. J'inclinerais à penser que ce n'est là qu'une faute de copiste, qui vient de ce qu'on rencontre quelquefois *frãç*, quoique avec un autre signification, et de ce que la sifflante ç est fréquemment précédée de l'*ã* nasal. De toute manière, si *frãç* est un adjectif signifiant *celui qui interroge*, joint à *pairi*, il se traduira par « celui qui interroge avec excès », et rien ne sera changé au sens que j'ai proposé plus haut.

§ 25. Texte zend.

[Zend text]

---

[1] *Vrihadáranyaka*, pag. 43, édit. Poley.

[Avestan text]

Version de Nériosengh.

प्रकृष्टं तुभ्यं होर्मिज्दो ऽदात् प्राक्तनां अश्वीग्रंवननां आराद्रुचितां [तारारुचितां] परलोकवर्तितां उत्तमां ढीनीं माङ्दयस्नीं अस्य अश्वीग्रंवनत्वं इह यत् यथा कुर्त्ती सर्वं मनुष्येण एकीकृता ढीनश्च एवं [एवं ढीनिश्च] समं ट्रूमेन एकीकृता अस्या एकीकृतत्वमिदं यत् यावत् ट्रूमं न स्वादति ढीन्या सुनिश्चितो न भवति ट्रूमस्वादनकार्यं अन्तरिज्ञिश्नो आस्ते । ततस्त्वासि आवेष्टितः शिखरेषु उपरि गिरीणां यत्र त्वं समुत्थितो ऽसि तत्रेयं एकीकृता आस्ते दीर्घं उत्कृष्टप्रवृत्तिं यावत् गृहीतो ऽसि मान्यु-वाताया किल त्वं यावत् वपुःपार्श्वात्वं अन्तरे इज्ञिश्न-कार्यं समादिष्टो ऽसि ॥

Traduction.

« C'est à toi que Mazdâ a présenté la première ceinture étincelante d'étoiles, fabriquée par l'être intelligent, qui est la bonne loi des adorateurs de Mazdâ. Alors tu l'as revêtue sur le sommet des mon-

---

[1] Ms. Anquetil, n° VI S, pag. 43; n° II F, pag. 96; n° III S. pag. 60; man. de Manakdji, pag 208; édit. de Bombay, pag. 49; *Vendidad Sadé*, p. 46.

tagnes, prononçant et chantant la parole sacrée, pour la répandre au loin. »

Voici comment Anquetil traduit ce passage : « Vous êtes le premier, ô grand (Hom), à qui Ormuzd ait donné l'Évanguin et le Saderé (vêtements) utiles, venus du ciel avec la pure loi des Mazdéiesnans. Après l'avoir ceint (l'Évanguin) sur les montagnes élevées et étendues, vous avez annoncé la parole sur les montagnes. » Je ne continue pas à reproduire la version d'Anquetil, parce que c'est à tort qu'il joint ce paragraphe au suivant.

Les observations qui vont suivre ont pour but de justifier la traduction que j'ai préférée. Le verbe de la première de ces deux propositions, c'est-à-dire de celle qui se termine au mot précédent *âat*, est *barat*, qui est précédé et modifié par le préfixé *frâ*, lequel en est séparé par le mot *té* (à toi), complément indirect de ce verbe, et par *mazdão* « l'être tout savant, ou Mazdà, » qui en est le sujet. La réunion de tous ces mots, qui sont disposés ici comme ils le seraient dans le style des Vêdas, signifie « Mazdà t'a apporté, » et ils sont lus tous de la même manière par tous nos manuscrits; seulement quelques textes considérant, peut-être avec raison, *té* comme enclitique, donnent en un seul mot *frâté*, que le seul Vendidad Sadé écrit *té*.

Le complément direct de ce verbe est le mot , avec tous les adjectifs qui s'y rapportent et les termes qui y sont joints en forme d'apposition. Anquetil, fidèle en ce point à la tradition que respecte également Nériosengh, ne traduit pas mais transcrit seulement ce terme de *aiwyâoñhanêm*, et en fait l'*Évanguin*, nom qui désigne à la fois et le Kosti ou la ceinture des Parses, et le lien avec lequel on attache les branches du Barsom[1]. La version pehlvie du Vendidad le traduit de deux manières qui, si je ne me trompe pas sur le placement des points diacritiques omis dans nos manuscrits, doivent se lire *âiwiângân* et *âiwihân*. Et cette transcription remplace si bien le terme zend, que c'est seulement dans les commentaires pehlvis qui accompagnent la version littérale du zend qu'on trouve le nom vulgaire de la ceinture sacrée, celui de *Kuçtik*. Anquetil n'a pas ignoré pour cela le vrai sens du terme zend, qu'il traduit exactement par *lien* [2]. Ce

---

[1] *Zend Avesta*, tom. II, table, pag. 674, au mot *Évangain*.

[2] *Ibid.*, tom. II, pag. 529. Si les Parses se servent, pour désigner la ceinture sacrée, d'un autre mot que le terme zend analysé dans mon texte, on en peut conclure que ce mot est reçu parmi eux pour un synonyme du terme zend, exprimant l'idée de ceinture. Anquetil, qui l'écrit *kosti*, n'en a pas indiqué l'origine. Après lui, M. Müller, dans son Essai sur la langue pehlvie, citant la forme pehlvie de notre terme, *kuçtik*, le range au nombre des mots que les Sémites ont anciennement reçus des Persans (*Journ. Asiat.* IIIᵉ sér. tom. VII, pag. 297). C'est suffisamment dire que le nom vulgaire de la ceinture sacrée est d'origine persane. Je trouve, en effet, dans le Minokhered pazend, un mot *kuçta*, quelquefois écrit sans *a* final, qui a le sens de *côté*, et dont la signification est tellement arrêtée, qu'on l'emploie même au sens figuré de *parti*. En voici un exemple qui ne laisse aucun doute à cet égard :

Les douze signes sont nommés dans la loi les douze commandants

mot, que tous nos manuscrits lisent de la même manière et que l'édition de Bombay écrit seule ⟨⟨⟨ aiwyáoghĕm, est formé de aiwi= अभि abhi (sur) et de aóghanĕm qui répond à आसनं ásanam, pour la forme du moins. Je dis pour la forme, car aóghanĕm ne me paraît pas devoir signifier siége ou action de s'asseoir; je tire ce mot du radical आस् ás, pris dans le sens causal de faire reposer sur, avec le suffixe ana. Je suppose donc que aiwy-aóghanĕm signifie « l'action de placer sur, » ou encore « ce que l'on place ou ce que l'on met par-dessus, » c'est-à-dire la ceinture; mais je manque des moyens nécessaires pour déterminer si cette ceinture n'était pas dans le principe quelque chose de semblable au cordon sacré des Brâhmanes.

A ce terme se rapporte l'adjectif ⟨⟨⟨ paurvaním, que tous nos manuscrits lisent de même, sauf le numéro III S, qui a ⟨⟨⟨ paourvanim, et l'édition de Bombay, qui lit ⟨⟨⟨ paurvanĕm. Anquetil le tra-

---

d'armée du parti d'Ahuramazda. » (*Minokhered*, ms. de la Bibl. roy. pag. 130, de mon ms. pag. 100.) Et dans la phrase suivante, on apprend que sept signes sont du côté ou du parti d'Ahriman : ⟨⟨⟨. Si *kuçta* a signifié *côté*, *flanc*, on comprend que *kuçti*, qui en paraît dérivé au moyen d'un suffixe de possession, signifie « ce qui enveloppe les flancs ou la ceinture. » Je crois pouvoir tirer ce mot du radical sanscrit *kuç*, qui signifie *envelopper*, *entourer*; il en dérive à l'aide d'un suffixe *ta*. Il me paraît même probable que le mot latin *costa* n'a pas d'autre origine que le radical arien auquel je rattache le pazend *kuçta*, dont le sens est le même. Je ne présente toutefois ce rapprochement qu'avec réserve, parce qu'on pourrait être tenté de tirer le *kuçta* pazend et le *costa* latin de l'hébreu קֶשֶׁת *qeschet* (arc), qui vient du radical קוֹשׁ *qoch*, signifiant en arabe *être courbé*, comme un arc ou comme le dos.

duit par *premier*, et Nériosengh par *ancien* ou *antérieur*; je suppose qu'Anquetil a saisi la véritable nuance, et qu'il est en effet question ici de la première ceinture sacrée qu'Ormuzd ait apportée sur la terre, de celle qu'il a donnée à Homa. Nous avons dans ce mot un nouvel exemple de la désinence *im* caractérisant un adjectif en rapport avec un nom neutre, parce que cette désinence est la contraction de *yam* ou de *iyam*, de sorte que *paurvanim* doit répondre à un mot qui serait en sanscrit *pûrvanyam*.

Vient ensuite le terme composé ꞊꞊꞊꞊꞊ *çtĕhrpaéçaḡhĕm*, que je lis ainsi avec le numéro II F, le Vendidad Sadé, qui a fautivement ꞊ s au lieu de ꞊ ç, et le numéro III, qui oublie le *h* de ꞊ *stĕhr*, tandisque le numéro VI S, le manuscrit de Manakdjî et l'édition de Bombay lisent ꞊꞊꞊꞊꞊ *çtĕhar paéçaḡhĕm*. J'ai déjà eu occasion de m'occuper de ce terme, mais je ne l'ai pas analysé d'assez près, parce que je n'avais pas alors les moyens de connaître la langue et les textes védiques, dont l'étude est indispensable pour celle du Zend Avesta[1]. Nous savons que le zend *çtĕhr* répond au védique स्तृ ou स्तर् *strĭ* ou *star*, qui signifie *étoile*; la voyelle ꞊ *ĕ* est un changement inorganique de ꞊ *a*, qu'il faudrait peut-être rétablir, et la présence du ꞊ *h* n'est probablement pas autre chose que l'indice de l'aspiration qui, en zend, accompagne très-fréquemment la lettre liquide ꞊ *r*; car je n'oserais n'y voir qu'un signe euphonique et

[1] *Comment. sur le Yaçna*, tom. I, pag. 410, note.

ajouté uniquement pour allonger la voyelle. La comparaison des formes que prend le mot çtĕhr en pazend semble même prouver que le *h* n'a pas pour but d'allonger la voyelle, et qu'il est au contraire propre au zend, comme il l'est dans le mot kĕhrpa (corps). En effet, les dialectes dérivés, tels que le pazend, respectent en général la quantité plus que l'étymologie, de sorte que si le *h* de çtĕhr avait influé sur la quantité de la voyelle ĕ, il y a quelque raison de supposer que l'on retrouverait la trace de cette influence dans le pazend. Or, je ne crois pas que cette influence y soit reconnaissable. Le mot qui désigne les étoiles est écrit au singulier çtar et au pluriel çtára et çtáragãn, sous deux formes, dont l'une est plus près du zend et l'autre du persan. Je le trouve au singulier dans ce passage du Minokhered : ⸺ que Nériosengh traduit ainsi : यत् स्वर्भुवनं प्रथमं तारापदात् यावत् चन्द्रमण्डलपदं, c'est-à-dire « le ciel (le paradis) va premièrement de la région des étoiles jusqu'à la région de la lune[1]. » Voici un exemple du pluriel : ⸺ « Ces astres qui paraissent dans le ciel, dont le nombre est si grand, quels sont donc leur office et leur marche[2] ? » Enfin, j'en ajoute un autre du pluriel en gā : ⸺

---

[1] *Minokhered*, ms. de la Biblioth. royale, pag. 113; de mon ms. pag. 87.

[2] *Idem*, pag. 336, de mon ms. pag. 279.

‎ ‎ ‎ ‎ ‎ « Parmi les étoiles qui sont dans le ciel, la première, qui est Tistar, est dite la plus grande, la meilleure, la plus précieuse et la plus belle[1]. »

Il n'y a plus maintenant de doute ni sur la forme, ni sur le sens du mot ‎ *paéçaghĕm*; c'est l'accusatif singulier masculin ou neutre d'un adjectif *paéçagha*, dérivé de *paéçó* = पेशस् *péças*, comme dans la langue védique on tire यशस *yaçasa* (glorieux) de यशस् *yaças* (gloire). Et puisque le zend *paéçagh*, et au nominatif *paéçó*, doit signifier *forme*, *figure*, comme le védique *péças*, on pourra traduire « qui a des figures d'étoiles, » et, en parlant d'une ceinture ou d'une étoffe, « constellée ou étincelante d'étoiles. » Cette expression rappelle, d'une manière bien frappante, cette phrase védique, qui se rapporte au feu विपेश नाकं स्तृभिः *pipéça nákam stṛibhiḥ* « il a semé le ciel d'étoiles[2]; » ce sont les éléments de la même idée et les mêmes mots disposés autrement.

Quelque vraisemblable que paraisse mon interprétation, à laquelle le passage précité du Vêda apporte une confirmation si satisfaisante, j'aurais cependant voulu connaître la raison de celle qu'Anquetil a reçue de ses Parses. Chaque fois que se présente l'épithète de *stĕhr-paéçaghĕm*, il la traduit toujours par le « *Sadéré* (vêtement) utile ou avantageux; » c'est là transcrire plutôt que traduire, car

---

[1] *Minokhered*, ms. de la Bibliothèque royale, pag. 336; de mon ms., pag. 279.
[2] *Rigvéda*, I, 68, 5 l.

le *Sadéré* d'Anquetil n'est pas autre chose que la reproduction presque littérale du zend *ctĕhr* (étoile). Mes recherches ont été jusqu'à présent infructueuses, mais j'ai lieu de soupçonner que cette opinion des Parses (si tant est qu'elle leur appartienne), qui de *ctĕhr* a fait *sadéré* avec le sens de *vêtement*, n'est pas très-ancienne, car je n'en ai pas trouvé de trace dans la version sanscrite de Nériosengh. La traduction qu'il donne de *ctĕhr-paéçaghĕm*, au commencement du paragraphe qui nous occupe, est certainement aussi éloignée de la mienne que de celle d'Anquetil, et le mot आराद्रचित *árád ratchita* « fait de loin, » ne rappelle aucun des éléments du texte, de quelque manière qu'on veuille l'interpréter. Cependant une correction très-légère ramène la version de Nériosengh à mon explication, et cette correction consiste uniquement à lire ताराचित *tárá-ratchita* « formé par des étoiles, » ce qui n'est pas assez différent de la leçon de nos manuscrits, pour ne pas être admis comme une rectification nécessaire. Ce que je ne donne ici que comme une conjecture est adopté par nos copistes eux-mêmes dans un autre passage du Yaçna, emprunté à l'Iescht de Serosch, pour lequel nous pouvons heureusement consulter la version de Nériosengh. Je crois utile de le citer ici, au moins dans sa partie la plus importante; on verra combien est nécessaire la modification qu'apporte à la traduction d'Anquetil la nouvelle interprétation que je propose pour le composé *ctĕhr-paéçaghĕm*.

Il s'agit dans cet Iescht de Serosch, qui se trouve inséré vers la fin du Yaçna, de la demeure de cette divinité, que le texte décrit de la manière suivante : [Avestan text] [1].

Je crois nécessaire de faire suivre ce texte de la version qu'en donne Nériosengh : यत् अस्य गृहं विताङ्कं सहस्रस्तम्भं विनिर्मितमास्ते यत् उच्चैस्तरं उपरि विशालतरं यत् मेरोरुपरि यत् स्वयं निर्मलं अन्तः अर्ध ताराभिर्निर्मितं अन्यत् अर्धपक्षे. Cette version laisse encore beaucoup à désirer en ce qui touche un ou deux points de peu d'importance; mais combien n'est-elle pas plus exacte que celle d'Anquetil : « Serosch, qui habite un lieu victorieux et soutenu par cent colonnes différentes..... élevé sur l'Albordj, tout éclat, toute lumière en lui-même, et dont les habits au dehors sont la sainteté, » traduction à laquelle il faut ajouter cette variante donnée par Anquetil, en note, « ou qui est couché sur le Sadéré (vêtement) utile [2]. » Je n'hésite pas pour ma part à traduire : « Serosch, dont la demeure victorieuse, aux mille colonnes, a été placée sur le sommet le plus élevé de la haute montagne, demeure lumineuse par elle-même à l'intérieur, constellée d'étoiles à l'extérieur. »

Ce serait nous détourner trop longtemps du prin-

---

[1] *Vendidad Sadé,* pag. 518; ms. Anquetil, n° vi S, pag. 207: n° ii F, pag. 400; n° iv F, pag. 693.
[2] *Zend Avesta,* tom. I, 2ᵉ part. pag. 228.

cipal objet de ce paragraphe, que d'analyser en détail tous les mots de ce texte, autres que celui qui nous occupe en ce moment; ces mots sont en général d'une interprétation facile, et d'ailleurs j'aurai occasion de les examiner de nouveau. Nous n'avons besoin de nous arrêter ici que sur le dernier trait de cette description, trait certainement curieux, et sur le sens duquel il ne me paraît devoir rester aucun doute. La demeure de Serosch est représentée comme brillante de son propre éclat, *antarĕnaémât*, c'est-à-dire « dans sa moitié intérieure; » et *nistarĕnaémât*, c'est-à-dire « dans sa moitié extérieure, » elle est *çtĕhrpaéçĕm*, littéralement « ayant des figures d'étoiles. » Nos manuscrits varient beaucoup ici, et on trouve les orthographes ‍ *çtahar*, ‍ *çtihar*, ‍ *çtihr*, ‍ *çtĕhr*, variantes auxquelles j'aimerais à substituer ‍ *çtahr*, qui est plus rapproché de la forme primitive. Et de même *paéçĕm* est écrit ‍ *paéiçĕm* ou ‍ *paésĕm*. Mais aucune de ces variétés d'orthographe n'apporte la moindre modification au sens que j'ai proposé. Il y a seulement lieu de remarquer que la leçon *paéçĕm* est moins correcte que celle de *paéçaghĕm*, en ce que la trace du suffixe *as* (en zend *ô* et *āgh*) qui subsiste encore dans *paéçaghĕm*, a disparu complètement de *paéçĕm*. Cependant, rien ne s'oppose à ce que l'on admette par conjecture l'existence d'un substantif *paéça*, répondant à *paéçô* ou *paéçagh*, et dérivé du radical *piç*, au moyen du suffixe *a*, au lieu de l'être au moyen du suffixe *as*. Tout par là sera remis en ordre dans le composé çtèhr-paéçèm, qu'on traduira, comme je le disais tout à l'heure, par « ayant des figures d'étoiles. »

Je ne crois pas qu'il puisse s'élever plus de doutes à l'occasion de ce même terme, tel qu'on le rencontre dans un passage très-curieux de l'Iescht de Mithra. Après avoir montré Mithra établi par Ormuzd en qualité de sacrificateur, le texte ajoute ce paragraphe :

[zend text][1]. Anquetil traduit ainsi ce texte : « Lorsque Hàvan commence, il (Mithra) élève le Hom sur le tapis saint et utile venu du ciel. » Mais il me semble que l'on doit dire : « Lui qui le premier a offert les coupes de Homa, constellées d'étoiles, fabriquées par l'Être intelligent. » Anquetil a ici confondu le mot *hávana* avec *hávani*, qui désigne, comme on sait, la portion du jour où a lieu le lever du soleil ; ces deux mots sont de même origine, mais ils sont employés dans les textes chacun avec un sens spécial. Ainsi l'expression [zend] *hávana zaçtô*, qu'on trouve appliquée assez fréquemment au sacrificateur, est traduite dans Anquetil par « qui porte en main l'Havan, » et l'*Havan* est défini : le vase qui renferme le jus extrait de la plante Homa. Cette définition doit être exacte, quoique *hávana* pût, d'après l'étymologie, se traduire aussi exactement par « suc présenté en sacrifice, » et aussi « l'action de le présenter. » Mais il y a lieu de supposer que, dans les dérivés du radical zend, *hu*, qui

[1] Ms. Anquetil, n° IV F, pag. 631.

est le sanscrit सु *su*, l'idée d'*offrande* n'est qu'une notion d'application spéciale et que le sens primitif du verbe est celui d'extraire un suc par la pression; et alors il est facile de comprendre qu'un dérivé de cette racine, formé au moyen du suffixe *ana*, avec augmentation de la voyelle radicale, ait pu désigner le vase destiné à recevoir le suc extrait de la plante Homa, plante qui tire elle-même son nom de cette circonstance, qu'elle renferme une sève qu'on en peut facilement extraire.

Ici le mot *hávana* est à l'accusatif pluriel neutre, et il est modifié par le génitif *haomām* pour *haomanām* (des Homas), c'est-à-dire des sucs extraits de la plante Homa, le terme ‌‌‌ *haoma* au singulier désignant en général la plante, et au pluriel le suc qu'on en tire. Ces deux mots sont régis par le verbe ‌‌ *uzdaçta* « il a présenté, offert, » qui littéralement signifie « il a soulevé, il a porté en haut. » Vient enfin notre *çtĕhr-paéçagha*, qui est exactement le pluriel neutre dont nous avons le singulier dans notre paragraphe même du Yaçna. L'interprétation que j'en donne s'applique parfaitement aux vases contenant le suc du Homa, qu'un dieu comme Mithra est représenté offrant à Ormuzd; tandis que ce serait trop faire violence à la langue que d'essayer d'y retrouver le sens proposé par Anquetil. Il me paraît aussi impossible ici de donner à *çtĕhr* le sens de *tapis* qu'il l'est de lui attribuer celui de *vêtement*, et j'hésite d'autant moins à me séparer entièrement d'Anquetil en ce point, que lui-même emploie quelquefois le mot de *Sadéré* pour désigner le vêtement du Parse, là où le texte n'offre pas la moindre trace du mot zend *çtĕhr*.

Ainsi, au Fargard xviii⁰, on lit plusieurs fois cette recommandation, que le feu adresse aux divers membres de la nation, et en particulier au chef et au laboureur : [zend text] ¹. Anquetil la traduit ainsi : « Au (commencement du) premier tiers de la nuit, (dit) le feu d'Ormuzd, je désire le secours des chefs de maison. (Je demande) que les chefs de maison se lèvent, ceignent le Kosti sur le Sadéré, » et en note « ou étant sur leur tapis ². » Ce qu'il y a de plus inexact dans cette traduction, c'est qu'elle laisse croire au lecteur qui ne recourt pas au texte, que l'original désigne en effet les principales parties du vêtement des Parses. Et quant aux esprits curieux qui font des recherches plus attentives, elle ne leur est pas d'un plus grand secours, puisque, s'ils ont remarqué, dans d'autres passages, qu'Anquetil rendait par *Sadéré* un certain terme zend qu'il transcrit dans ses notes *stehr*, ils croiront que ce terme même est donné par le texte, tandis qu'il n'en est rien. En un mot, le texte précité ne peut, si je ne me trompe, avoir d'autre sens que le suivant : « Alors, au premier tiers de la nuit, le feu d'Ahura Mazdâ appelle

---

¹ *Vendidad Sadé*, pag. 457.
² *Zend Avesta*, tom. I, 2ᵉ part., pag 404 et 405.

à mon aide le chef du lieu : Chef du lieu, lève-toi, revêts tes vêtements, » ou encore « ceins tes vêtements. » Le lecteur exercé reconnaîtra sans peine que les mots *aiwi raçtra yáoğhayağuha* ne peuvent offrir que l'un ou l'autre des sens que je propose, puisque *aiwi* = अभि *abhi* (sur), que *raçtra* est exactement वस्त्र *rastra* (vêtement,) et que, malgré les particularités propres de l'orthographe zende, le dernier mot *yáoğh-aya-ğuha* laisse voir clairement les éléments *yáoğh*, en sanscrit यास् *yás*, forme augmentée du radical यस् *yas* (donner ses soins,) *aya*, caractéristique tout indienne de la forme d'un verbe causal, et *ğuha*, transformation zende de la désinence de la deuxième personne de l'impératif moyen, en sanscrit *sva*. Peut-être même aimera-t-on mieux arriver plus directement à ce sens en supposant que, dans *yaoğhayağuha*, le य *y* initial n'appartient pas à la racine, et qu'il n'y est appelé que par l'influence de la voyelle finale de la préposition précédente, de manière que *aiwi* et *áoğhayağuha*, quoique séparés, se prononcent comme s'ils ne formaient qu'un seul mot. Quelque insolite que soit cette orthographe, qui suppose un *samdhi*, dont les traces sont rares en zend, je crois l'explication qu'elle suggère préférable à la première. Elle est d'ailleurs confirmée par la version pehlvie, qui donne de *yáoğhayağuha* la même transcription, *áiwgínn* et *áiwíagnn*, que des autres formes du verbe *ás* précédé de *aiwi*, et formant le nom de l'Évanguin.

Il est temps de revenir au texte de notre paragraphe et au dernier mot qui soit en relation directe avec le terme qui vient de nous occuper si longtemps. Il s'agit de ꞈꞈꞈ *mainyutáçtĕm*, que je lis ainsi en un seul mot, avec le numéro II F, le numéro III S, et le manuscrit de Manakdji, sauf que ce dernier remplace le ꞈ y nécessaire par ꞈ i. Le Vendidad Sadé sépare les deux mots *mainyu táçtĕm*, comme font et l'édition de Bombay et le numéro VI S. Ce dernier préfère le ꞈ *ú* à l'ꞈ bref dans *mainyu*; je n'ai pas suivi cette orthographe, qui d'ailleurs n'est pas la plus commune, parce que je ne vois pas ici de raison plausible pour l'allongement de la voyelle, *mainyu* étant le thème lui-même, et sans aucune addition, de l'adjectif *mainyu* (doué d'intelligence), et selon les Parses, *céleste*. J'ai cru devoir conserver ici le sens que j'ai jusqu'à présent assigné à ce terme.

Le mot avec lequel il est uni en composition ne peut faire difficulté, et les manuscrits ne varient, en ce qui le touche, que sur la sifflante ꞈ *ç* et ꞈ *s*. L'une et l'autre peuvent se défendre également; car si l'on peut dire que ꞈ *ç* est recherché par la voyelle ꞈ *a*, qu'elle suit d'ordinaire, on peut répondre que le groupe ꞈ *st* est parfaitement authentique en zend, et que la sifflante ꞈ *s* est plus congénère à ꞈ *t* que la sifflante ꞈ *ç*. Mais ce sont là des nuances d'orthographe qu'un premier interprète peut laisser à ses successeurs le soin de déterminer avec la précision qui est toujours désirable, même dans les plus petites choses. Qui sait si la découverte de quelque vieux manuscrit ne bouleverserait pas ce que des copistes très-peu éclairés nous ont accoutumés jusqu'à présent à regarder comme des habitudes, sinon comme des règles d'orthographe? Quoi qu'il en soit, *táçtĕm* est le participe d'un radical qui répond au sanscrit तक्ष् *takch* (fabriquer, travailler); c'est exactement le participe तष्ट *tachṭa*, sauf l'allongement de la voyelle du radical; allongement qui vient peut-être de l'influence d'une forme de dérivation, comme serait celle de la dixième classe.

Après le terme que nous venons d'analyser, paraissent trois mots qui nous sont tous également bien connus, ce sont *vaġuhím daénām mázdayaçnim* « la bonne loi des adorateurs de Mazdâ. » Ces mots sont à l'accusatif; et comme il n'y a dans notre paragraphe qu'un seul verbe, qui est *frá baraṭ* (il a apporté), il est clair que le texte a voulu dire que Mazdâ avait apporté à Homa la bonne loi des Mazdayaçnas. Mais est-ce comme addition au présent que Mazdâ lui avait déjà fait de la ceinture ou du vêtement constellé d'étoiles, que Mazdâ lui apporte ce don de la loi; de sorte qu'il faudrait traduire, en ajoutant *et*, qui manque dans le texte : « C'est à toi que Mazdâ a présenté la première ceinture étincelante d'étoiles, fabriquée par l'Être intelligent, *et* la bonne loi des adorateurs de Mazdâ? » Ou bien laissera-t-on les mots « la bonne loi des Mazdayaçnas » dans la situation où nous les montre le texte, c'est-à-dire juxtaposés à la ceinture divine, de façon que la loi des adorateurs de Mazdâ soit figurativement désignée sous le nom de la ceinture que portent les Parses. Je n'hésite pas, je l'avoue, à préférer cette seconde interprétation, et c'est une circonstance fort heureuse que ce sens, auquel me paraît mener directement le mouvement de la phrase, soit aussi clairement confirmé par la glose, un peu incorrecte d'ailleurs, de Nériosengh. Premièrement, l'interprète parse juxtapose, en manière d'apposition, les mots « la bonne loi des adorateurs de Mazdâ » à ceux qui désignent la ceinture céleste. Secondement, il ajoute cette glose assez curieuse : « La propriété qu'il a d'avoir l'Évanguin ou la ceinture, vient de ce que tout comme le Kuçti ne fait qu'un avec l'homme, ainsi la loi ne fait qu'un avec Homa; et quant à cette circonstance de ne faire qu'un, cela veut dire que tant qu'on ne mange pas le Homa, on n'est pas ferme dans la loi. Or, la manière de manger le Homa est donnée dans l'Iziçni ou le Yaçna. » Après un pareil développement, il ne peut, ce me semble, rester le moindre doute sur le sens et la portée de notre texte zend; c'est bien une alliance entre Homa et la loi d'Ormuzd que ce texte indique, et cette alliance est exprimée dans ce langage figuré, quoique bien naturel, qui appartient au style antique. Homa fait comme le Parse, il revêt la ceinture religieuse; et cette ceinture est la loi même des adorateurs de Mazdâ, que lui apporte Ormuzd.

La seconde partie de notre paragraphe, qui commence à ܲܫ *aât*, n'offre pas moins d'intérêt, et ajoute, si je ne me trompe, un trait de plus au tableau de cette alliance de Homa et de la loi d'Ormuzd. Le terme principal en est *aiwyâçtô*, que je lis ainsi avec le numéro vi S, le manuscrit de Manakdji, le numéro iii S et le Vendidad Sadé. Le numéro ii F préfère seul le *s* au *ç*, et l'édition de Bombay a très-fautivement *aiwyâoçtô*. C'est le participe tiré du radical dont nous avons analysé tout à l'heure le substantif *aiwyâoṅhanĕm*; il signifie « ceint, revêtu », et c'est de cette manière que l'entendent Nériosengh et Anquetil. A ce participe se rapportent le verbe *ahé* (tu es), et le génitif du pronom *aṅhé*, que lisent de cette manière tous nos manuscrits, excepté le numéro vi S qui donne *ainṅhé*. Ce pronom se rapporte, par le genre, au terme qui désigne la ceinture, et, réuni aux deux autres mots analysés tout à l'heure, il donne pour le tout la traduction littérale suivante : « tu es revêtu d'elle. »

Les trois mots qui suivent marquent le lieu de la scène; c'est sur le sommet des montagnes. Anquetil l'entend ainsi; et Nériosengh dit, avec une précision plus grande : « Sur les sommets des montagnes, où tu es né, là cette loi est devenue une [avec toi]. » En effet, , que je lis ainsi, quoique tous nos manuscrits donnent ce mot sans *u* final, les uns, comme le numéro vi S, avec un *ch* médial, les autres avec *s* comme le reste des Yaçnas, me paraît être le locatif pluriel du substantif *barĕchnu*, qui signifie *hauteur*. Les copistes sont si familiarisés avec la désinence *us*, nominatif des noms en *u*, et ils ont, en général, une connaissance si imparfaite de la déclinaison zende et une répugnance si marquée pour la répétition des syllabes semblables, que l'on comprend sans peine comment la voyelle finale, u a pu tomber et laisser un nominatif *barĕchnus* au lieu du locatif *barĕchnuchu*, nécessaire ici. Et pour que la correction que je propose ne paraisse pas trop forte, je dirai que, dans d'autres passages, on trouve le mot même qui nous occupe écrit ‹‹‹‹‹‹ *barĕchnachva* avec la désinence *chva*, qui est l'augmentation assez fréquente, en zend, de la terminaison *chu*.

Ce terme est subordonné à ‹‹‹ *paiti*, en sanscrit अति *prati*, préposition qui, en zend et avec le locatif, a le sens de *sur, au-dessus*, et qui se place en général après le terme qu'elle régit; Nériosengh la rend d'ordinaire par *upari* (au-dessus). A ces mots « sur les sommets », il faut joindre, comme complément, ‹‹‹‹ *gairinām* (des montagnes), terme qui nous est bien connu.

La fin de notre paragraphe renferme la partie la plus épineuse de cette discussion, et j'avoue même que le sens que j'en tire est si éloigné de celui qu'y voit Nériosengh, qu'il me reste quelques doutes sur la parfaite exactitude de mon interprétation. Mais comme je n'ai pu ni en trouver d'autre, ni justifier celle de Nériosengh, force m'a été de m'en tenir à la mienne. On va voir qu'elle se rattache par un point à celle d'Anquetil.

Le premier mot ‹‹‹‹‹‹ *drādjaghé* est lu de cette manière par le numéro II F, le numéro III S, le Vendidad Sadé et l'édition de Bombay, qui cependant remplace à tort le ‌ é final par ‌ a; le numéro vi S et le manuscrit de Manakdjî écrivent ‌ darâdjaghĕ. La comparaison des variantes est en faveur de la forme contractée de ce terme et contre la forme développée en dará. La théorie de la dérivation appuie également la première contre la seconde; si, en effet, darâdj se rattache à dĕrĕz, qui égale le sanscrit दृह् drĭh, le plus grand développement de ce radical ne peut être que dárĕz (et dárĕdj), ou dráz (et drádj); car autrement, dans darâdj, la voyelle radicale se montrerait deux fois sous une double forme, l'une brève, l'autre longue. Or, cette forme drádj est exactement celle que nous trouvons dans plusieurs mots appartenant à cette racine, et notamment dans ‌ drádjista (le plus long). Pour que des formes commençant par dar (a bref) soient parfaitement régulières, il faut que le r soit suivi du ‌ ĕ schera, ou immédiatement de la consonne finale du radical; car alors l'orthographe darĕz ou darz, comme aussi celle de darĕdj ou dardj représente la modification nommée guṇa en sanscrit.

Ce point une fois établi d'une manière que je crois incontestable, il reste à déterminer ce qu'est au juste le mot drâdjaghé. Traité d'après les lois euphoniques propres au zend, drâdjaghé revient à drâdjahé ou plus exactement encore à drâdjasé, et sous cette forme il ne peut être qu'une 2ᵉ personne de l'indicatif présent d'un verbe, ou que le datif singulier d'un substantif neutre en as. Anquetil paraît s'être décidé pour la première opinion, puisqu'il traduit ainsi la fin de notre texte, « vous avez annoncé la parole sur les montagnes, » en supprimant, comme nous l'allons voir tout à l'heure, la moitié des mots qui terminent la phrase. Mais, je vois contre cette opinion les objections suivantes. Premièrement, chaque fois qu'il paraît dans les textes une forme réellement verbale de la racine *dĕrĕz*, elle prend la nasale: ainsi, on rencontre quelquefois dans le Vendidad proprement dit, le subjonctif et le précatif ⟨⟩ *drĕndjayóis*, et ⟨⟩ *drĕndjayât*, qui peuvent servir de preuve de ce que j'avance. En second lieu, ce verbe veut toujours son complément à l'accusatif : nous en verrons plusieurs exemples dans le Yaçna même. Enfin, Nériosengh n'a pas considéré le mot *drâdjaghé* comme un verbe, mais comme un substantif. Et, dans le fait, ce substantif existe et il est fréquemment employé dans nos textes, au nominatif et à l'accusatif neutre, ⟨⟩ *drâdjô*, « longueur, étendue, distance, » et, plus rarement, au locatif, ⟨⟩ *drâdjahi*. Tout concourt donc à nous engager à prendre *drâdjaghé* pour un substantif, qui est ici au datif singulier.

Reste le sens, et, ici encore, plus d'un doute est permis. La signification la plus ordinaire du mot *drâdjô* (pour *drâdjas*) est « longueur, distance. » C'est le sens que l'on retrouve dans le दीर्घं *dirgham* (long), de Nériosengh, et dans le mot *étendues* d'Anquetil ; seulement, ce dernier l'applique, contre toute vraisemblance, aux montagnes sur le sommet desquelles Homa revêt la ceinture sacrée. D'un autre côté, le radical *dĕrĕz*, quand il est usité comme verbe, prend le sens spécial de « répandre au loin par la parole. » Laquelle de ces deux acceptions préférera-t-on ici? Parce que *drâdjaṇhé* est un substantif, lui refusera-t-on l'acception verbale de « répandre au loin, » et lui réservera-t-on, d'une manière exclusive, le sens primitif de « longueur? » J'avoue que je n'ai pu arriver à rien de satisfaisant en suivant cette hypothèse, et je n'ai pas hésité à donner au substantif *drâdjaṇhé* le sens qu'a le radical *dĕrĕz*, dans un si grand nombre de textes où il figure comme verbe. Cette opinion m'a paru justifiée par la facilité avec laquelle on peut concilier, dans le terme *drâdjaṇhé*, le sens du verbe avec le rôle du substantif. Pourquoi, en effet, n'aurions nous pas ici un de ces datifs exprimant le but, l'objet, dont le zend fait usage au lieu et place de l'infinitif, qu'il ne possède pas? Pourquoi l'idée d'étendue que renferme le substantif *drâdjô* ne pourrait-elle, suivant l'occurrence, se présenter sous l'un ou l'autre de ces deux aspects, l'état de repos (substantif abstrait), et l'état de mouvement (substantif verbal), de sorte que *drâdjô* signifierait à la fois et l'étendue et l'action d'étendre? C'est à cette solution que je me suis arrêté, et j'ai pris *drâdjaṇhé* pour le datif d'un nom signifiant littéralement « pour l'étendue, » et, avec addition de l'idée verbale, « pour l'action d'étendre, de répandre. » La suite de notre paragraphe va nous montrer ce qu'il s'agit ici de répandre, et nous mettre à même de comprendre comment ce terme peut très-bien se passer, en cette occasion, d'un complément qui le modifie d'une manière plus précise.

Le terme qui vient ensuite, ⸺, *aiwidháitiçtcha*, est lu de cette manière par le manuscrit de Manakdjî, le numéro III S et le Vendidad Sadé; le numéro II F préfère la sifflante *s*, signe du nominatif; le numéro VI S remplace le *dh* par le *d*, et l'édition de Bombay supprime l'*i* épenthétique, en lisant ⸺*dhátiçtcha*. Je regarde l'emploi du *ç*, devant la copule *tcha*, comme nécessaire, et c'est ce qui m'a décidé en faveur de la leçon que donne le plus grand nombre des manuscrits. Ce terme a complétement disparu de la traduction d'Anquetil. Nériosengh le remplace par un composé, उत्कृष्टप्रवृत्तिं, *utkrĭchtapravrĭttim* « conduite ou vie excellente; » mais c'est seulement après l'analyse du mot qui va suivre que nous serons en mesure d'apprécier la portée de cette interprétation, que j'avoue, dès à présent, n'avoir pu retrouver dans le mot *aiwidháitiç-tcha*. Ce mot est pour moi un nominatif singulier d'un thème en *ti*; l'allongement de la voyelle doit être inorganique. Le thème *aiwidháiti* se laisse décomposer en *aiwi* et *dháiti*, ce qui nous donne la préposition *aiwi*, bien connue, et le nom *dháiti*, dérivé de *dhá*, et répondant à une forme sanscrite, धाति *dháti*, si le radical, धा *dhá*, conservait sa voyelle pure devant le suffixe *ti*. De cette analyse peut résulter le sens de « imposition » ou

« constitution, » ou encore « création sur; » mais aucun de ces sens ne convient ici, et comme le radical sanscrit *dhâ*, précédé de la préposition *abhi*, forme des dérivés qui signifient « nom, appellation, parole, langage, » je suppose que ce sens doit également exister en zend, et que *aiwidhâiti* peut signifier « l'action de parler. » Et comme rien n'est plus commun que de voir, dans le dialecte vêdique, des noms abstraits en *ti* prendre le sens de noms d'agents, je pense que *aiwidhâitis* a pu signifier « celui qui parle, » et c'est dans ce sens que j'ai traduit.

Nos manuscrits varient beaucoup en ce qui regarde l'orthographe du mot suivant ⸺, *garûçtcha*, que je lis de cette manière avec le numéro II F, le manuscrit de Manakdjî et avec l'édition de Bombay, qui a l'*u* bref, leçon qui est peut-être préférable. D'un autre côté, le numéro VI S a ⸺ *graûçtcha*, leçon qui est aussi celle d'un manuscrit de Londres; le numéro III S a ⸺ *gravaçtcha*, comme un autre manuscrit anglais; le Vendidad Sadé, enfin, lit ⸺ *grvaçtcha*. Entre toutes ces variantes, j'ai choisi celle qui se prêtait le plus facilement à l'analyse étymologique, et qui est aussi celle qu'appuye le plus grand nombre de manuscrits. En effet, *garus*, ou *garûs*, se présente comme le nominatif sing. masc. d'un thème *gara*, lequel est naturellement dérivé, au moyen du suffixe *u*, d'un radical, *gĕrĕ* ou *gar*, qui existe dans les textes. Au contraire, les leçons comme *gravaç* et *grvac* font présupposer un thème *grava* ou *grva*, lequel part d'un radical *gru*, que je ne connais pas en zend. Je ferai cependant remarquer que si, au lieu de *grvaç-tcha*, on lisait *graç-tcha*, le thème *gru*, qui résulterait de cette leçon, pourrait fort bien aussi se rattacher à un radical *gar* qui aurait été contracté devant le suffixe *u*.

Ce mot n'a pas laissé plus de trace que le précédent chez Anquetil, à moins qu'il ne le faille chercher dans les mots « sur les montagnes; » mais il est clair que cette traduction repose sur le rapport apparent de *garûs* avec *gairi* (montagne). Nériosengh, au contraire, le traduit par « tu es pris, » d'où il faut conclure que la tradition rattache le mot qui nous occupe au radical signifiant *prendre*. En réunissant ce terme à ceux que nous avons analysés tout à l'heure, pour présenter dans son ensemble la version qu'en donne Nériosengh on a ce sens : « Durant une longue, une éminente existence, tu es pris avec l'énonciation de la parole sacrée, » et cette version est accompagnée d'une glose peu claire, de laquelle je ne puis tirer d'autre sens que celui-ci : « c'est-à-dire que tu es recommandé dans la célébration de l'Iziçni jusqu'à l'état du corps postérieur [à cette vie], » ou, en d'autres termes, jusqu'au moment où commence la vie future. Évidemment, la tradition, telle du moins que la reproduit Nériosengh, trouvait dans les cinq derniers mots de notre paragraphe une recommandation au culte du Homa, qui enjoignait de le prendre, c'est-à-dire de le manger en prononçant la parole sacrée ou le Manthra. et elle promettait pour récompense une existence longue et vertueuse. Et j'ajoute, pour ne pas laisser la moindre obscurité sur ce point, que les éléments de cette notion se répartissent en quelque sorte ainsi : l'idée de longue existence était exprimée par *drádjaghé aiwidháitictcha*, celle de prendre le Homa, par *garuçtcha*, et celle de parole sacrée par *máthrahé*.

De ces diverses attributions, la seule que je puisse reconnaître est la dernière. On sait déjà mon opinion sur les deux premiers mots; et, quant à *garúç-tcha*, je n'y puis voir autre chose qu'un substantif signifiant « celui qui chante, » du radical *gar*=ग्र *grî* (chanter¹). En un mot, pour rendre

---

¹ On rencontre souvent dans les livres pazends un mot qu'il n'est pas inutile de citer ici, parce que le sens que je revendique dans mon texte pour *garús* en rendrait peut-être mieux raison que ne fait celui de *prendre*, auquel, selon toute vraisemblance, les Parses doivent le rattacher. C'est le mot *garóisni*, écrit ailleurs *gróisni*, que l'interprète indien du Minokhered traduit par *prabódha* (instruction), proprement « l'action d'éveiller l'intelligence. » Ce mot est employé dans un passage où il est question de la loi que Zoroastre a donnée au monde, après quoi le texte ajoute : ᵃᵃᵃᵃᵃᵃᵃᵃᵃᵃᵃᵃᵃᵃ Nériosengh traduit ainsi ce texte : अन्यथा कोऽपि प्रबोधो नास्ति येन शुभं यत् इहलोकीयं परलोकीयं इंद्रं सुविभक्तं निर्मलं प्राप्यते प्राप्तं परिज्ञातं च, c'est-à-dire « autrement, il n'existerait aucun enseignement par lequel le bien de ce monde et celui du ciel, si convenablement partagé et brillant, pût arriver et être connu. » (*Minokhered*, pag. 154 du man. de la Biblioth. roy. et pag. 121 de mon man.) Il est sans doute possible que ce mot de *garóisni* exprime l'instruction reçue, et alors on le rattacherait au radical *grî* (déterminer), duquel dérive probablement le persan moderne گرای *garái* (examen, recherche). Mais il est également permis de supposer que le sens de *chanter*,

ces mots dans l'ordre où ils se présentent et conformément aux analyses données plus haut, il faudrait, selon moi, dire en français barbare : « Pour l'extension, et parleur et chanteur de la parole sacrée. » Or, comme les termes principaux de ce passage sont, en quelque manière, ajoutés et apposés à l'idée « tu as revêtu la ceinture sur le sommet des montagnes, » ce que je viens de traduire littéralement revient à ceci : « tu l'as revêtue sur le sommet des montagnes, prononçant et chantant la parole sacrée, pour *la* répandre au loin. » Il me paraît évident que le pronom *la*, que j'écris en italique afin de montrer que je l'ajoute, est bien virtuellement contenu dans le sens du mot *drâdjaghé*, « pour l'extension. » Je ne pense pas que *mâthrahé* (de la parole) ou « de la prière, » soit le complément indispensable de ce mot, et j'ai d'autant moins de peine à comprendre que *drâdjaghé* soit ainsi employé seul, et dans la simple intention d'exprimer d'une manière générale « pour l'extension, » que, dans le Vêda, on trouve très-fréquemment des datifs de noms en *as*, ou, si l'on veut, des infinitifs en *sé*, employés de cette façon, et quelquefois même plus généralement encore, de sorte qu'il devient quelquefois difficile de déterminer du premier coup à quel terme de la phrase il les faut rapporter.

ou plus généralement « faire entendre une voix articulée, » a pu anciennement être exprimé par un radical voisin, puisque l'on trouve encore aujourd'hui en persan des mots comme گریه *giryah* et گریستن *giristan*, qui signifient *plainte* et *crier*.

§ 26. Texte zend.

[Avestan text]

Version de Nériosengh.

हूम गृह्पतिरसि वैश्पतिरसि जन्तुपतिरसि ग्रामपतिरसि किल त्वमटृश्यतया सर्वेषां पतिरसि वृद्धे: वेत्तृतायाः पतिरसि किल त्वं शक्तो ऽसि दातुं महोत्साह्त्वं त्वं विजयत्वं च मठीये उपरि वृद्धि वपुषि आशीर्वीहिन महोत्साह्त्वं महामानसत्वं यत् कस्यापि सह्ायं [l. साह्ययं] नापेक्षते ऋद्धत्वं च यत् संपूर्णशुद्धिं वित्तं यस्मात् शुभं प्रभूतं ॥

Traduction.

« Homa, chef des maisons, des villages, des villes, des provinces, chef par ta perfection de la science, je t'invoque, et pour la grandeur et pour la victoire, en faveur de mon corps, et pour une nourriture abondante en aliments. »

Voici comment Anquetil interprète ce passage :
« Hom, chef des lieux, chef des rues, chef des villes,

---

[1] Ms. Anquetil n° VI S, pag. 44; n° II F, pag. 97; n° III S, pag. 61; man. de Manakdji, pag. 210; *Vendidad Sadé*, p. 46; édit. de Bombay, pag. 50.

chef des provinces, protégez-moi, veillez sur moi; prononcez sur moi cette grande (parole; dites) que je sois victorieux. Nourrissez-moi; et que je sois comblé de biens. » La traduction que je propose ne diffère certainement pas beaucoup de celle qu'Anquetil a reçue des Parses, quant au sens général. Cependant les analyses qui vont suivre prouveront qu'elle a été obtenue par des moyens différents, et qu'elle se rapproche plus du texte.

Homa, dans ce paragraphe, est invoqué sous cinq titres, dont quatre expriment sa supériorité en tant que chef des quatre principales divisions du territoire, tel qu'on le trouve ordinairement partagé dans les textes zends. Il n'est pas très-facile de rendre les noms de ces divisions par des synonymes parfaitement rigoureux; il en est que Nériosengh ne traduit pas, mais qu'il se contente de transcrire; et, quant aux interprétations d'Anquetil, il y en a une au moins dont la parfaite exactitude peut être contestée. Ainsi ꭠꭠꭠ *nmânô*, que le numéro VI S lit ꭠꭠꭠ *nĕmânô*, et le Vendidad Sadé ꭠꭠꭠ *namânô*, orthographe qu'il faudrait probablement rétablir, contre le témoignage presque unanime des copistes, est rendu dans Anquetil par *lien*, et dans Nériosengh par *maison*. Au commencement du chapitre xiv° du Yaçna, Nériosengh donne même, certainement d'après des originaux pehlvis, la définition d'un *nmâna*, envisagé comme synonyme de *gṛiha* (maison), en ces termes: पशुनरनारीयुग्मं गृह, ce qui doit signifier « une maison formée d'un couple d'animaux domestiques et d'un couple d'homme et femme. » Cependant, malgré la précision de ce témoignage, je crois qu'on peut, dans d'autres cas, conserver l'interprétation d'Anquetil.

Le terme suivant est ‮ویچ‬ *víç*, que nos manuscrits et ceux de Londres écrivent tous de cette manière, en l'unissant en composition avec le mot *paiti*. Le Vendidad Sadé seul, et l'édition de Bombay, qui le suit d'ordinaire, ont ‮ویچو‬ *víçô*, séparé de ‮پئیتی‬ *paiti*; c'est le même mot au génitif, « ô maître du village. » Mais je regarde cette leçon comme moins bonne que la précédente, quoiqu'elle soit grammaticalement irréprochable; elle vient sans doute de ce que les copistes, préoccupés de la désinence ‮و‬ *ô* qui se trouve dans *nmánô*, comme dans beaucoup d'autres noms en *a* employés en composition, ont voulu régulariser l'orthographe du second composé, en la rendant semblable à celle du premier. Peut-être aussi les copistes, en écrivant *víçô paiti*, ont-ils eu en mémoire l'expression, très-fréquente dans nos textes, de ‮ویچو ویچپئیتیش‬ *víçô víçpaitis*, où, par une tautologie très-familière au plus ancien dialecte sanscrit, le mot *víç* est répété deux fois, d'abord seul, puis en composition. Anquetil traduit ce mot *víç* par *rue*, et Nériosengh ordinairement par *maison*. Au commencement du chapitre XIV° du Yaçna, *víç* est défini par Nériosengh de cette manière : पञ्चदशनरनारीयुग्मं विशं « un *víç* formé de quinze couples d'homme et femme. » A ce compte, le *víç* répondrait à peu près à un hameau ou à un village; mais, alors, d'où vient que Nériosengh lui-même remplace d'ordinaire ce mot par celui de *maison*?

Nous trouvons ensuite le mot ‍‍‍‍‍‍ *zañtu*, que tous nos manuscrits lisent de même, excepté l'édition de Bombay, qui a fautivement ‍‍‍‍‍ *zañtô*; le numéro VI S lit aussi incorrectement ‍‍‍‍‍ *zaiñtu*, mais l'insertion de cet *i* superflu vient probablement du voisinage du mot *daiṅĝhu*, où l'*i* est nécessaire. Anquetil traduit ordinairement ce mot par *ville*, et c'est le sens que j'ai suivi. Nériosengh se contente de le transcrire, et le plus souvent même il le transforme en जंद *djañda* pour *djanda*; c'est ce que fait ici le manuscrit de Manakdji, et dans presque tous les autres endroits, le numéro II F et le numéro III S. Au chapitre XIV° du Yaçna, Nériosengh définit ainsi le *djanda* : त्रिंशन्नारीनृणं जंदे, « un *Djañda* formé de trente couples d'homme et femme : » c'est exactement le double du village ou du hameau, mais il ne semble pas que cette population soit assez nombreuse pour former une ville. Le terme de *zañtu* ou *djañtu* signifie sans doute primitivement «être vivant,» et il se tire de *zan* ou *djan* (engendrer); s'il désigne en zend une circonscription territoriale habitée par des hommes, c'est en vertu d'une extension de sens analogue à celle qui donne à *viç*, dans le Vêda, le sens d'*homme*, et à *viç*, dans le Zend Avesta, celui de *maison* ou de *village*.

Mais ce qui me paraît plus remarquable ici, c'est la transformation que Nériosengh, certainement d'après le commentaire pehlvi, fait subir au mot zañtu, quand il l'écrit *djanda* pour *zanda*. En effet, *djanda* est l'orthographe indienne du mot que les Parses et Anquetil prononcent *zend*. C'est ainsi que je l'ai trouvé transcrit dans le court préambule qui précède les traductions indiennes des livres attribués à Zoroastre, ou des traités qui s'y rattachent[1]. De ce rapprochement, il faut conclure que, quel que soit le sens qu'on assigne, chez les Parses, au mot *djanda*, autrement dit *zend*, c'est au *zañtu* des livres de Zoroastre qu'il faut en faire remonter l'origine. Ainsi, que le mot *zend* signifie *livre par excellence*, c'est-à-dire *le livre de Zoroastre*, comme le dit le Farhangh-i-Djihanguiri[2], ou que *zend* signifie *vivant* (le livre de vie), ainsi que le conjecture d'Herbelot, qui, selon la remarque d'Anquetil[3], n'a eu probablement en vue que le rapport du mot *zend* avec le persan moderne زنده *zendeh* (vivant), il n'en restera pas moins vrai que le zend *zañtu* a pour analogue en pazend *zanda*, et en persan *zend*.

Voilà pour la forme matérielle du mot ; le sens seul reste encore à déterminer. Mais si j'ai bien fait de rendre le zend *zañtu* par *ville*, comme le veut Anquetil et comme le ferait sans doute Nériosengh, s'il ne se contentait pas de transcrire le mot *zañtu* par *zanda* ; si, en second lieu, le Farhangh-i-Djihanguiri nous a conservé une tradition vraie dans ses traits les plus généraux, en interprétant *zend* par *livre*

[1] *Comment. sur le Yaçna*, tom. I, pag. xv et xvi.
[2] Anquetil, *Mém. de l'Acad. des inscr.* tom. XXXI, pag. 349.
[3] *Ibid.* pag. 355.

sacré; si enfin je ne me suis pas trompé en donnant le même sens au mot *djanda* des composés *idjisni-djañda* et *pahalari-djañda*, employés par les traducteurs sanscrits des livres zends, il faudra reconnaître que le même mot qui signifiait *être vivant* et *ville*, a pris, sous la forme dérivée *zanda* et *zend*, le sens de *livre sacré*. Or c'est à peu près ce qui est arrivé, selon le Djihanguiri, au mot *pehlevi*, qui, dans une de ses acceptions, signifie à la fois *ville* et *langage de ville*[1]. Je regarde donc comme très-vraisemblable, sinon comme prouvé, que le mot *zanda* ou *zend*, dérivé de *zañtu* (ville), signifie *le livre des gens ou des villes*, et par extension, *la langue des villes*, quand on veut parler spécialement de la langue de ce livre, ce qui me paraît un usage beaucoup plus moderne. Et je vois dans cette application du nom de *ville* au *livre*, que l'on conservait sans doute dans les villes, quelque chose d'analogue à l'idée exprimée par la dénomination de *dêvanâgari*, « écriture des villes des Dieux, » par laquelle les Brâhmanes désignent le caractère propre au sanscrit.

Au reste, à part les inductions que je viens de tirer du rapport qui existe à mes yeux entre le mot *zañtu* (ville), et *zanda* ou *zend* (livre sacré), je ne connais, dans les textes conservés à Paris, qu'un seul passage auquel il serait permis de demander l'explication du mot *zend*, et même celle du terme *avesta*, qui, comme on sait, s'y joint d'ordinaire pour désigner les livres révélés par Ormuzd à Zo-

---

[1] Anquetil, *Mém. de l'Acad. des Inscr.* tom. XXXI, pag. 349.

roastre. Je vais citer ici ce passage, à cause de son importance d'abord, puis parce qu'Anquetil n'a pas vu que, pour rester fidèle à la tradition des Parses, c'est là qu'il aurait fallu chercher l'origine des mots *Zend avesta*. Je ne m'arrêterai cependant pas à démontrer l'insuffisance de l'explication qu'en a donnée ce savant, dans le mémoire auquel j'ai fait allusion tout à l'heure; on sait qu'Anquetil s'était peu occupé d'appuyer sur des connaissances philologiques, quelquefois minutieuses, mais toujours nécessaires, un savoir d'ailleurs fort étendu, et des lectures très-variées.

Le passage dont il s'agit ouvre la section x de l'Iescht de Serosch, et le chapitre LXIII° du Yaçna; et il se rapporte, comme toutes les autres parties de cet Iescht, à Serosch, dont le nom est sous-entendu au commencement :

[Zend text]
[1]

[1] Ms. Anquetil, n° IV F, pag. 694; n° III S, pag. 557; n° VI S, pag. 208; n° II F, pag. 402; *Vendidad Sadé*, pag. 519. Je note ici quelques-unes des variantes les plus importantes que nos manuscrits fournissent pour ce passage. Tous ont *vĕrĕthraghna*, qui est plutôt la forme d'un adjectif que celle d'un substantif; on aimerait à retrouver ici la forme *vĕrĕthraghnya*, qui existe dans les textes en qualité de substantif, comme je le dirai bientôt. Le mot *haozāthwatcha* est écrit, soit en deux mots, *haozām thwatcha*, soit en un seul, *hōzāthwatcha* ou *hozāthwatcha*. Les manuscrits ont *vaidhyátcha* ou *vaidhyátcha*; l'*á* long est protégé à la fin du mot par l'addition

Voici maintenant la version de Nériosengh, que je fais suivre de celle d'Anquetil :

यत् तत् असौ बलिष्ठतर: विजयकर: सुजंद् अविस्ताजंद्
रत्नाकर: श्रोश: प्राचरत् अमिशास्पंदानामुपरि सप्रदी-
पवत्यां पृथिव्यां ढीनेर्दर्शयिता संतुष्यं दुसेअरस्य दुसेढ-
भाल्स्य सञ्जीआशस्य अभिलाष: स्वामिन: प्रणुछतर:
प्राचरत् उपरि सृष्टिमत्यां जगत्यां

« Serosch qui, grand, victorieux, vivant bien, très-intelligent, maintenant (comme) un Amschaspand, montre la loi aux sept Keschvars de la terre, accomplit le désir du roi et fait fleurir la loi dans ce monde existant [1]. »

Aucune de ces deux traductions ne me paraît exacte, et je propose de leur substituer cette version plus littérale : « C'est avec sa grandeur et sa victoire, et sa bienveillance pour les villes, et sa

de la conjonction *tcha*. La leçon *avān* donne une 3ᵉ personne, pluriel de l'imparfait du conjonctif du radical *av* (protéger) ; on lit plus rarement *avān*, *avāni* et *avâina*. Tous nos manuscrits donnent unanimement *daénô*. Cette orthographe me paraît fautive, et on doit lire *daéna*, puisque ce mot est féminin, et qu'il est en composition avec *diço*, qui est lu *disô* et *daésô*. J'ai cependant gardé *daénô*, pour montrer par un exemple de plus la tendance qu'ont les copistes à terminer en *ô* les premières parties d'un composé. On devrait peut-être aussi préférer *daéço*, de *daéça*, à *diço* sans *guna* ; mais cette dernière leçon est la plus commune. Le mot *daéna*, au génitif *daénayâo*, est répété en vertu d'un idiotisme qu'on remarque dans *viço viçpaiti*.

[1] *Zend Avesta*, tom. I, IIᵉ partie, pag. 220 et 229.

science, que les Immortels excellents ont protégé la terre aux sept divisions [1], lui, qui, enseignant la

[1] Le mot que je traduis ainsi est *haptô karchavairim*, littéralement « formée de sept Karchavars. » *Karchavairim* est l'accusatif singulier de l'adjectif féminin *karchavairi*, qui se rapporte à *zãm*, « la terre; » les Karchavars sont sept divisions dont les noms sont énumérés dans plusieurs parties du Zend Avesta, et qui ne sont pas tous également faciles à comprendre. L'adjectif *karchavairi* est dérivé de *karchavarĕ*, nom que les Parses prononcent *keschvar*, de même qu'ils prononcent *keisch* le zend *karcha* (sillon). Ce dernier mot, qui est fréquent dans le Vendidad Sadé, vient du radical *kĕrĕch*, en sanscrit *krich* (labourer, tirer des lignes). Avec le suffixe *varĕ*, que nous trouvons dans *daçvarĕ* (beauté), le mot *karcha* forme le dérivé *karchavarĕ*, que nos manuscrits lisent presque toujours *karchvarĕ*, orthographe vicieuse en ce qu'elle fait disparaître sans aucun motif l'*a* du primitif *karcha*. Tout en admettant que *varĕ* soit ici le suffixe possessif dont j'ai constaté ailleurs l'existence, et que le mot *karchavarĕ* doive se traduire à peu près ainsi : « portion de terre limitée par un sillon, » j'aimerais cependant à supposer que le sens primitif du radical auquel paraît appartenir ce suffixe, c'est-à-dire de *vĕrĕ = vri* (entourer), peut subsister encore dans *karchavarĕ*, que l'on devrait conséquemment traduire ainsi : « qui est entouré par un sillon. » On remarquera la forme du parsi *keschvar*, qui est une sorte d'altération prâkrite opérée par le retranchement du *r*; elle semble prouver qu'on était dans l'habitude de dire *karchvarĕ*, car il semble que c'est pour éviter cette accumulation de consonnes que le premier *r* a été supprimé. Dans les textes pazends, ce mot est écrit *késvar*, avec un ୧ è, qui est certainement ici plus que le ୧ ĕ bref, et qui doit représenter *ai = è*, la voyelle *i* étant celle que le parsi aime à substituer à une consonne supprimée. En voici un exemple tiré du Minokhered pazend-sanscrit, dont je possède un exemplaire : ...., et en sanscrit : यत् द्वीपात् द्वीपे भवते अर्तु किं वा न हि , « Est-ce qu'on peut aller d'un Kèchvar sur un autre Kèchvar, ou est-ce qu'on ne le peut pas? » A quoi l'Intelligence céleste répond : ....

loi, monarque souverain, marche au-dessus de ce monde existant. » Cette version repose sur cette hypothèse, que les mots *amatcha* et ceux qui le suivent jusqu'au verbe *avān*, sont à l'instrumental, de sorte que le texte, pour rehausser la grandeur de Serosch, qui est le dieu de l'obéissance, veut dire que les Amschaspands se servent de ses hautes perfections pour protéger la terre, ou, en d'autres termes, protègent la terre par le moyen de ses grandes vertus. Je préfère ce sens à celui que donnerait la supposition que *ama* et les mots suivants sont des accusatifs. On ne pourrait en effet en tirer d'autre version que celle-ci : « c'est lui dont les Amschaspands ont protégé les grandeurs, etc. sur la terre; » outre que cette interprétation ne présente pas une idée claire, elle a quelque chose de forcé qui suffirait pour la rendre douteuse.

Mais, en admettant même qu'on trouve plus tard le moyen de disposer autrement les mots de ce texte pour en obtenir une version différente, nous pouvons dès à présent examiner de près les deux termes à l'occasion desquels nous l'avons citée. Ces deux termes sont ‎ *haozāthwatcha* et ‎ *vidyātcha*. Anquetil y voit deux adjectifs, qu'il traduit par « vivant bien, très-intelligent; » Nério-

---

‎, et en sanscrit : यत् द्वीपात् द्वीपं विना साहाय्येन इदानीं अथवा साहाय्येन च देवानां अन्यथा गन्तुं न शक्यते. «On ne peut aller d'un Kêchvar sur un autre Kêchvar autrement qu'avec le secours des Izeds ou le secours des Dêvs». (*Minokhered*, pag. 134 et 135 du man. de la Bibl. royale; pag. 104 et 105 de mon man.)

sengh, au contraire, transcrit le premier de cette manière : *sadjamda*, et substitue au second le terme, familier aux Parses, de *avistâ*, ainsi : *avistâ-djamda*. Or, si *djamda* signifie *livre*, comme on pourrait le croire, d'après l'autorité de la tradition persane, nous pourrons dire que, dans la pensée de Nériosengh, les deux mots de notre texte signifiaient « qui a le bon livre (ou qui possède bien le livre), et qui a le livre de l'Avestâ. » Maintenant cette interprétation est-elle exacte? C'est ce que je n'oserais affirmer; je pense même qu'elle substitue au sens primitif des mots un sens d'application obtenu postérieurement; mais, légitime ou non, cette interprétation est admise par les Parses eux-mêmes, et il importe de rechercher par quelle voie ils ont pu y arriver.

Je remarquerai d'abord que le mot *haozâthwa*, dont je fais un substantif à l'instrumental, est un terme dérivé d'un composé qui se trouve quatre fois dans le Yaçna[1]. Ce composé est *huzañtu*, qui est donné comme épithète d'*Ahura*, et que Nérioseng traduit par « qui agit purement. » On voit déjà que les Parses ne sont pas tout à fait conséquents avec eux-mêmes quant à l'interprétation de ce mot; car si l'idée d'*action pure* se trouve dans *huzañtu*, comment celle de *possesseur du bon Zanda* peut-elle exister dans *haozâthwa*? Mais si *zañtu* signifie *ville*, le composé *huzañtu* voudra dire « qui a de bonnes villes, » ou peut-être, ce qui ne paraîtra pas trop forcé puisqu'il s'agit d'un titre divin, « qui pro-

---

[1] *Vendidad Sadé*, pag. 347. 361, 390, 534.

tége bien les villes, bienveillant pour les villes. »
Cela posé, *haozāthwa*, en admettant que la leçon
soit correcte, sera un dérivé de cet adjectif *huzañta*,
formé au moyen du suffixe *a*, qui exige l'augmentation de la première syllabe du thème. Je dis, si la
leçon est correcte, parce que les copistes font quelquefois des fautes très-graves dans la transcription
des mots rares, et que, notamment, ils emploient,
souvent à tort, *ao* pour *u*; ensuite il est bien évident
que le mot *haozāthwa*, en tant que substantif abstrait
dérivé de *huzañta*, est irrégulier au point de vue de
la grammaire indienne, qui exigerait *hâuzantava*. Or
on peut affirmer que notre dérivé zend n'a jamais
eu cette forme, car autrement il ne serait écrit ni
avec un ܘ *th*, lettre dont l'aspiration s'explique par
le contact du ܘ *w*, ni avec un ܐ *ā* (pour ܐ *añ*),
voyelle nasale qui est attirée par le ܘ *th*. Toutefois,
malgré cette irrégularité, l'unanimité des copistes
qui donnent *haozāthwa*, et non *huzāthwa*, jointe à la
nécessité de trouver ici un substantif, me confirme
dans l'analyse que je viens d'en faire. Et j'ajoute que
le mot qui nous occupe se trouve à l'ablatif sous la
forme *haozāthwát* dans un passage du chapitre XLIVe
du Yaçna, ainsi conçu : ܘܘܘܘܘܘܘ ܘܘܘܘ ܘܘܘܘܘܘ
ܘܘܘܘܘܘ, et où Nériosengh traduit *haozāthwa* par
le substantif abstrait सुहन्तता, « la qualité d'avoir une
bonne armée que possède Bahman. » Ici le terme
dont il s'agit est bien un substantif abstrait ; il n'est

---

[1] *Vendidad Sadé*, pag. 358, 359 ; n° VI S, p. 167 ; n° II F, p. 302
et 303.

pas transcrit, comme tout à l'heure, par *sudjamda*; et il faut peut-être le traduire : « par la sainte bienveillance de Bahman pour les villes. »

Maintenant, de ce que Nériosengh, c'est-à-dire l'interprète pehlvi qu'il a traduit, s'est contenté de transcrire le mot *haozāthwa* par *sudjamda*, j'en infère de deux choses l'une, ou qu'il prenait *zañtu* (base fondamentale de *haozāthwa*) dans le sens constaté d'ailleurs de *ville*, ou de village comprenant un nombre déterminé de feux, ou qu'il regardait *zañtu* comme désignant le livre sacré ainsi nommé par les Parses. C'est manifestement la dernière interprétation qu'il adopte, mais la première n'en reste pas moins justifiée par d'autres passages de sa glose; et sa version apporte une preuve nouvelle en faveur de l'opinion que je cherche à établir ici, savoir, que c'est du mot zend *zañtu* (ville) qu'a été formé le mot par lequel les Parses désignent leurs livres sacrés.

Je passe au terme suivant, *vidyátcha*, que je traduis *et par la science*; et je remarque, dès l'abord, que ce mot, remplacé dans la glose de Nériosengh par celui d'*Avistâ* (ou *Avesta*) est accompagné du terme *djamda*, qui n'est plus dans le texte. Cette addition me paraît une nouvelle preuve que *djamda* est pris dans le sens de *livre*, car je ne saurais donner au composé *avistâdjamda* d'autre signification que celle de « livre de l'Avistâ. » Le sens que j'assigne à *vidyá* n'est pas plus douteux que celui que je viens d'attribuer à *zañtu*; ce sens repose également sur le témoignage de Nériosengh, qui le traduit d'ordinaire par ज्ञान (science); Anquetil lui-même n'est pas fort éloigné de cette idée, puisqu'il rend le mot par *très-intelligent.* C'est exactement le sanscrit विद्या *vidyá* (savoir), ainsi que je le ferai voir tout à l'heure. Le témoignage de Nériosengh me paraît ici conduire aux mêmes inductions que j'ai exposées tout à l'heure sur le mot *zañta.* Il est clair qu'il trouve le nom moderne de l'*Avesta* dans la forme même d'un mot zend qu'il traduit d'ordinaire par *science.* Le passage de l'idée de *science* à la notion de l'*Avesta*, employé comme désignation de la science divine, est des plus faciles à comprendre; mais celui de la forme matérielle de *vidyá* à l'orthographe *avista* n'est pas aussi clair, parce que les intermédiaires nous manquent pour arriver de l'un à l'autre. On pourrait dire cependant que l'addition de l'*a* initial est une particularité propre à l'orthographe persane, et conjecturer que le *s* de *a-vista* est le résultat d'une contraction ou plutôt d'une assimilation qui aurait lieu en zend même si le radical *vid* (connnaître) s'unissait immédiatement au suffixe *ta*, de sorte que *vid-ta* deviendrait *vista*. Toutefois, cette explication hypothétique ne me paraît pas assez appuyée pour être préférée, dès à présent, à celle que M. Müller a exposée à l'occasion du mot à forme pehlvie ‎⟨pehlvi⟩‎ *apstak*, qu'il a traduit par *id quod constitutum est*, et dont il tire le persan أوستا ou أبستنا [1].

---

[1] *Essai sur la langue pehlvie*, dans le Journal asiatique, IIIe série, tom. VII, pag. 297.

Quant à l'application que fait Nériosengh de ces mots, relativement modernes, de *Zend* et d'*Avesta* à la partie de l'éloge de Serosch qui fait l'objet de cette discussion, je n'hésite pas à la croire erronée. Les mots de *Zend* et d'*Avesta* ne peuvent être exprimés dans ce texte ainsi que le veut Nériosengh; je puis m'être trompé sur la valeur exacte du terme *haozāthwa;* mais je ne puis admettre que les titres précités soient contemporains de l'invocation adressée à Serosch, dont je viens d'analyser un fragment. Cependant, que les titres de *Zend* et d'*Avesta* se soient formés l'un de *zañtu* et l'autre de *vidyá,* c'est ce qui me paraît certain pour le premier, et très-probable pour le second.

Je retourne au texte de notre paragraphe, où nous n'avons plus à examiner qu'un seul terme, celui de ܕܐܝܢܓܗܘ *daiñghu*. J'ai montré ailleurs comment ce mot répondait d'une part au sanscrit दस्यु *dasyu* et au persan ده *dih*. Il faut ajouter à cette série la forme pazende *dahi,* que l'on trouve dans ܕܐܗܝܒܛ *dahivaṭ;* suivant la version sanscrite *rádjan* (roi). Anquetil traduit invariablement *daiñghu* par *province;* mais Nériosengh restreint considérablement cette signification en employant le mot ग्राम *gráma*, qui, dans son acception classique, désigne un village au milieu de la campagne. Selon l'interprète parse, le *gráma*, en tant que synonyme de *daiñghu,* se compose de cinquante couples d'homme et femme, पञ्चाशन्नरनारीयुग्मं ग्रामं. Après avoir adopté pour le mot *zañtu* le sens de *ville* donné par Anquetil, il m'a semblé que je le devais suivre également, en ce qui touche *dainghu*. Je dois cependant remarquer que la valeur de ces dénominations a pu changer selon les temps, et qu'ainsi Anquetil a pu substituer, sans le vouloir, des interprétations modernes aux valeurs anciennes. D'un autre côté, le *grâma* de Nériosengh, avec sa population si peu nombreuse, ne doit pas représenter le sens de *dainghu* pour toutes les époques indistinctement, puisque le *dahivat* pazend répond au mot *roi* dans le Minokhered. Quand tous les textes seront traduits, et qu'on pourra les comparer, on arrivera sans doute sur ce point à des déterminations plus précises. C'est donc sous toutes les réserves nécessaires que je propose ces interprétations, qui sont pour la plupart celles d'Anquetil. Je remarque seulement que l'énumération de Nériosengh n'atteint pas un point très-élevé, puisque son dernier terme ne va pas au delà d'une réunion de cinquante couples.

Après ces titres, qui expriment la souveraineté de Homa sur les hommes rassemblés en société, le texte lui en accorde un autre qui indique la supériorité de son savoir. C'est le composé باذویسپم *vidyápaiti*, que Nériosengh traduit ainsi : « tu es le chef de la qualité de savant. » Il n'y a aucun doute que le zend *vidyá* ne réponde au sanscrit विद्या *vidyá* (savoir), et le sens de ce terme ne peut être incertain, quoique la version d'Anquetil n'en offre ici aucune trace ; mais il est permis d'être en doute sur la véritable lecture. Presque tous nos manuscrits lisent

ܘܝܕܗܝܐ *vaidhyâ*, excepté le Vendidad Sadé, qui a ܘܥܝܕܝܐ *vaêidyâ*, et l'édition de Bombay, ܘܥܝܕܗܝܐ *vaêdhyâ*, leçon que porte aussi un manuscrit de Londres. Quoique l'orthographe qui donne à ce mot un ܕ *d* soit la plus rare, je la préfère à celle qui est la plus commune; il me semble que le *dh* s'expliquerait tout au plus par l'influence du ܝ *y*. Un point qui fait plus de difficulté, c'est l'orthographe de la première syllabe, qui varie suivant quelques manuscrits. Les leçons comme *vaé* ou *vaéi* avec l'*i* épenthétique s'expliquent fort régulièrement par la présence du *guṇa* qui frappe la voyelle du radical *vid* (connaître). Mais la légitimité de ce *guṇa* est contestable, du moins elle ne se justifie pas par la grammaire sanscrite. Reste *vaidyâ*, qui conserve entier l'*i* de la racine, mais qui le fait précéder irrégulièrement d'un *a*, de façon que l'*i* semble épenthétique et appelé par l'influence du *y* de *dyâ*. Cette orthographe présente notre mot sous un faux jour, et je suppose que les copistes s'y sont trompés. Aussi ai-je cru pouvoir le supprimer et écrire *vidyâ*, quoique aucun manuscrit ne donnât cette leçon; la seule qu'on pourrait préférer serait celle de *vaédyâ*, si l'on acquérait la certitude que la transformation de *vid* en *vaéd* devant le suffixe *ya* est authentique en zend.

Le composé que je viens d'examiner est modifié par le mot ܨܦܢܓܗܐ *çpanaghâ*, qui le précède, et que tous nos manuscrits lisent de même, sauf le Vendidad Sadé, qui oublie à tort le second *a*, de cette manière, ⁕⁕⁕ çpangha. Nériosengh traduit ce mot par *vrĭddhi* (augmentation), sens vague, qui ne l'était peut-être pas autant pour le glossateur pehlvi, mais que je ne puis davantage déterminer. Quant à Anquetil, il n'est pas facile de voir quelle idée il se faisait de ce terme, que représentent dans sa traduction les mots *protégez-moi*. Il me semble que c'est l'instrumental singulier d'un nom en *as* (zend ô) qu'il faudrait analyser ainsi, çpanağh-a, de sorte que çpanağh reviendrait à çpanas, ou, selon l'orthographe zende, çpanô. Nous trouvons ce dernier mot dans les textes, mais avec un *â* long, ⁕⁕⁕ çpânô, que j'ai déjà traduit ailleurs par *excellence*, à l'occasion de l'adjectif çpĕñta et du superlatif çpĕnista. Seulement, si çpanağha est l'instrumental de çpânô, il faudra supposer que le radical s'augmente au nominatif, en prenant un *â* long, et qu'il reprend sa forme primitive dans les cas indirects. Peut-être aussi, comme ce mot est rare, et qu'on manque, pour arriver à sa véritable forme, des ressources qu'offre la comparaison des passages parallèles, serait-il plus sûr d'admettre un double thème, l'un en *â* long, çpânô, l'autre avec *a* bref, çpanağh (pour çpanô). De toute manière, il semble qu'il faudra subordonner ce mot au composé *vidyâpaiti*, de cette façon, « par l'excellence, chef de la science. » Or, cette excellence ou perfection n'est vraisemblablement autre que celle que possède Homa.

Nous connaissons déjà le terme suivant, ⁕⁕⁕ amâitcha, que Nériosengh traduit par *grand effort*, et Anquetil par l'adjectif *grand*. On sait que c'est un substantif qu'on doit chercher ici, et c'est pour cela qu'adoptant pour le fond l'interprétation d'Anquetil, je le rends par *grandeur*. Je ne reviendrais pas en ce moment sur ce mot, déjà expliqué, si je ne croyais nécessaire de condamner la leçon ‍‍‍‍ *ahmáitcha*. que donnent nos deux Yaçnas zend-sanscrits et l'édition de Bombay. D'après cette lecture, il faudrait traduire *et pour ce*, sans que le texte nous indique cependant à quel substantif faire rapporter ce pronom. Les copistes, assez familiarisés avec les formes indirectes du pronom ‍‍ *aëm*, auront confondu le datif *ahmái* avec celui du substantif *ama*, qui est *amái* sans ‍ *h*.

La leçon que j'ai adoptée pour le mot suivant (en omettant ‍‍ *thwá*, que nous savons être l'acc. sing. de *tüm*) est celle de deux manuscrits de Londres, qui lisent ‍‍‍‍ *vĕrĕthraghnyáitcha*. Elle est soutenue par le numéro VI S, avec cette seule différence, que ce manuscrit préfère le ‍ *g* au ‍ *gh* nécessaire ici, et par l'édition de Bombay, qui ajoute un ‍ *a* de trop, ‍‍‍‍ *vĕrĕthraghanyáitcha*. Les autres manuscrits ont ‍‍‍‍ *vĕrĕthraghnáitcha*. Je préfère la première leçon, parce qu'elle donne un substantif dérivé de l'adjectif *vĕrĕthraghna* au moyen du suffixe *ya*, de sorte que, *vĕrĕthraghna* signifiant *vainqueur*, *vĕrĕthraghnya* voudra dire *victoire*. J'avoue cependant qu'il y a une irrégularité dans ce mot, en ce qu'on s'attendrait à trouver la première syllabe du thème augmentée en *vár*; mais on peut dire qu'il se passe ici la même chose que dans le plus grand nombre des adjectifs sanscrits qui dérivent de thèmes divers au moyen du suffixe *ya*.

Le terme que je viens d'analyser est suivi de ܡܐܪܘܝܐ *mâróya*, que tous nos manuscrits lisent de la même manière, sauf l'édition de Bombay, qui donne à tort ܡܐܪܐܘܝܐ *mâraoya*. Nériosengh fait de ce terme un pronom qu'il met en relation avec ܬܢܘܝܐ *tanuyé* (pour le corps). Je crois que nous avons bien réellement ici un pronom; cependant, ce terme ne se représente pas assez souvent dans les textes, ni sous des aspects assez variés, pour qu'il soit facile d'en expliquer définitivement la formation. J'y reconnais le pronom *mâ*, plus un suffixe *ra*, dont la voyelle est changée en *ó* par l'influence du *r*, et qui, joint à *mâ*, fait le mot *mâra*, représentant presque le latin *meus*. Quant à la syllabe *ya*, finale de *mâró-ya*, on peut hésiter sur sa valeur. Est-ce un suffixe nouveau, le suffixe *ya*, qui s'ajoute à un terme déjà régulièrement dérivé? ou est-ce seulement une formative de cas? Dans la première supposition, *mâróya* serait une forme absolue, employée pour un cas donné, et ici pour le datif; dans la seconde, *ya* serait le reste d'une désinence de génitif ou de datif plus ou moins profondément altérée. La seconde explication me paraît inférieure à la première, parce que je trouve ce même mot de *mâróya* joint à un terme qui n'a plus le même genre que *tanuyé*. De plus, la déclinaison des pronoms offre des particularités assez caractéristiques, surtout lorsque l'on remonte aux ori gines des langues anciennes, pour que l'on puisse s'attendre à quelques anomalies dans la forme des dérivés pronominaux. Si, en sanscrit, l'adjectif neutre अस्माकं *asmâkam*, qui signifie proprement *le nôtre*, a pu servir de génitif pour le pluriel du pronom de la première personne, le thème de l'adjectif *mâvôya* (le mien) ne pourrait-il pas avoir été employé, en zend, pour indiquer, d'une manière générale, que celui qui parle possède une telle chose ou une telle qualité, indépendamment du genre et du cas où est placé le nom de cette qualité ou de cette chose? Et ne pourrait-on pas supposer encore que, dans *mâvôya*, le *m* final a pu disparaître comme dans la désinence du duel *bya* pour *bhyâm*? Ce ne sont là que des conjectures, insuffisantes peut-être pour rendre compte de ce mot difficile; mais je devais les indiquer, puisque les textes ne nous fournissent pas des moyens plus directs d'explication. Quoi qu'il en puisse être, le sens possessif de *mâvôya* ne me paraît pas douteux.

Je ne ferai sur les mots déjà connus de *upamruyé tanuyé* qu'une seule remarque; c'est que Nériosengh, comme Anquetil, paraît en ignorer le véritable rôle, quand ils traduisent, l'un, « dis sur mon corps, en forme de bénédiction, la grande énergie, le grand courage, qui n'a besoin de l'assistance de personne; » et l'autre, « prononcez sur moi cette grande parole. » J'ai déjà dit plus haut que *mruyé* est une première personne, et qu'il faut le traduire par *je dis*. L'idée d'infériorité et de respect qu'exprime la préposition *upa*, en s'ajoutant à ce verbe, nous conduit à un sens tel que celui d'*invoquer, supplier*. Ce verbe a pour complément direct le pronom *thwâ* (toi) à l'accusatif; et les objets de l'invocation sont exprimés par tous les autres mots de notre paragraphe qui sont au datif. Je regarde cette analyse comme inattaquable, et je remarque en même temps qu'elle explique comment le sens adopté par Nériosengh et par Anquetil a pu sortir de la fausse manière d'envisager le rôle de *mruyé*.

Il ne reste plus à expliquer que les quatre mots terminant notre paragraphe et exprimant le dernier objet pour lequel Zoroastre s'adresse à Homa. La lecture du premier présente quelque incertitude : ainsi le numéro vi S, le Vendidad Sadé et trois manuscrits de Londres, l'écrivent comme je l'ai fait, ﮋﻟﺎﻴﻣﺎﺗﭽﻪ *thrimâitcha*; l'édition de Bombay, quoique se trompant sur la finale, confirme également cette leçon, en lisant ﮋﻟﺎﻴﻣﺎﺗﭽﻪ *thrimâtcha*; mais, d'un autre côté, les Yaçnas zend-sanscrits, y compris le plus ancien, celui de Manakdji, lisent ﮋﻟﺎﻴﻣﺎﺗﭽﻪ *thrĕmâitcha*. Or, comme nous savons que la voyelle ؛ *e*, devant un un ؏ *m*, n'est que la transformation d'un *a*, quand elle n'est pas un simple *scheva*, la leçon *thrĕmâi* devrait être ramenée à *thramâi*. Ajoutons que les copistes confondent si souvent les lettres ـ *a*, ؛ *e* et ، *i*, que peut-être la leçon *thrimâi* elle-même doit revenir à *thramâi*. Toutefois, c'est l'orthographe de *thrimâi* que j'ai adoptée, parce qu'elle est donnée par le plus grand nombre des manuscrits.

25.

Ce mot rare ne reparaît plus, à ma connaissance, que dans un passage du Fargard XXI du Vendidad, où il est appliqué au lait, duquel le texte dit : ⟨⟨⟨⟩⟩⟩, et dans un autre endroit, ⟨⟨⟨⟩⟩⟩[1] ; ce qu'Anquetil traduit : « qui est la nourriture des enfants. » Si dans le composé *puthrô thrimô*, ou, selon une autre lecture, *puthrahé thrimô*, le mot final *thrimô* (ici au nominatif) signifie *nourriture*, on ne doit pas s'étonner qu'Anquetil rende le *thrimâi* de notre paragraphe par *nourrissez-moi*, sauf l'emploi erroné du verbe pour le substantif. Les textes ne me fournissent aucun moyen de contrôler cette interprétation, que j'adopte ; je remarque seulement que *thrima* (forme absolue dont nous avons ici le datif) pourrait se rattacher au radical sanscrit त्रै *trâi* (protéger), si surtout il devenait possible d'en découvrir une forme en *i*, comme *tri*. Au reste, la difficulté que présente la détermination exacte de la racine d'où vient ce terme s'est déjà offerte à l'occasion d'un verbe de signification analogue, dont j'ai analysé le parfait *tuthruyé* (il a nourri), dans mon Commentaire sur le Yaçna[2]. Je suis cependant moins éloigné que je ne l'étais alors d'isoler le radical sanscrit त्रै *trâi* (protéger) des formes zendes dérivées de syllabes, comme *thri* et *thru*, auxquelles, d'accord avec la tradition, j'assigne la signification de *nourrir*. Le rapport qui peut exister entre *trâi* (protéger) et *thru*

---

[1] *Vendidad Sadé*, pag. 500 et 502 ; édit. de Bombay, pag. 536 et 540 ; ms. Anquetil, n° V S, pag. 560 et 563.

[2] *Comment. sur le Yaçna*, tom. I, pag. 144.

(nourrir) est sans doute encore obscur; mais celui que je soupçonne entre *thrima* et cette même racine *trâi* paraît plus clairement, quelque leçon qu'on adopte. Si c'est *thrima*, on aura pour radical *thri*, qui n'est pas fort éloigné de *trâi*; si c'est *thrêma*, comme cette orthographe cache un thème *thrama*, on retrouvera encore le radical *trâi* sous la forme *thra*, la voyelle étant abrégée par une cause qui ne m'est pas connue.

Ces rapprochements paraissent même favorisés par la glose pehlvie et par la tradition, telle qu'Anquetil l'a reproduite dans son Zend Avesta. Ainsi, au Fargard XV°, il est plusieurs fois question de l'obligation qui est imposée au maître de la chienne de nourrir ses petits, et le texte emploie cette formule : ܥܨܘܒܐ ܚܝ ܝܘܥܡܩ ܘܒܩܘܐ ܣܩܒܘܐܓ, suivant Anquetil, « il faut absolument qu'il la nourrisse, » et plus exactement peut-être : « tout cela pour qu'il nourrisse ou protége. » Ici *thrâthrĕm* est bien réellement un substantif dérivé de *trâ*, pour *trâi*; ce serait, en sanscrit, *trâtram*; et si Anquetil, sur le témoignage des Parses, y a vu l'idée de *nourrir*, c'est que la tradition associait ces deux idées de nourriture et de protection. La seconde, à mon sens, conviendrait ici aussi bien que la première; mais telle n'est pas tout à fait la question, et, quel que soit le sens ou les sens de *thrima*, *thrêma*, *thâthra*, ce que je désire constater, c'est que les Parses trouvent ces sens analogues entre eux. Cela ressort très-clairement de la glose pehlvie, qui n'a qu'un seul et même terme pour le mot *thrima* (nourriture) dans *puthru thrĕmŏ*, rendu par ⟨arabe⟩¹, et pour *thráthrĕm*, rendu par ⟨arabe⟩² et ⟨arabe⟩³. Je ne suis pas assez familiarisé avec les idiomes sémitiques pour dire si ce mot, que je lis *çráichn*, appartient primitivement à l'un d'eux. Quant à présent, il me paraît n'être que la transcription du zend *thrá*, avec la formative arienne (et notamment pazende) de *ichn*. Or, si cette explication n'est pas erronée, le pehlvi nous ramène à un radical *thrá* (qu'il transcrit *çrá*), et ce radical se trouve donné comme le fonds commun de *thrima* et de *thráthra*.

Je ne dois pas oublier de dire que Nériosengh traduit le mot qui vient de nous occuper, par *prospérité*, *abondance*, et, à la fin de sa glose, par *richesse*. Il m'a semblé que ce sens était inférieur à celui que donne Anquetil, parce qu'il est plus abstrait. Je remarque seulement que l'ensemble de la glose de Nériosengh revient à peu près à la version d'Anquetil, puisque, après avoir traduit un peu librement la fin de notre paragraphe comme il suit : « et une prospérité abondante en pureté, » il ajoute : « une richesse d'où vient un bonheur abondant. » Peut-être même le composé संपूर्णशुद्धिं *sampûrṇa-çuddhiṁ* n'est-il qu'une mauvaise lecture pour संपूर्णशुभं *sampûrṇa-çubhaṁ*, auquel cas il faudrait traduire « une prospérité abondante en biens. »

A ce terme est joint, à l'aide du relatif ⟨pehlvi⟩ *yat*,

---

[1] Ms. Anq. n° v S. pag. 561.
[2] *Ibid.* pag. 439.
[3] *Ibid.* pag. 440.

le composé ۔۔۔۔۔۔۔ ۔۔۔۔ *pouru baokhchnahé*, sur le sens fondamental duquel il ne semble pas qu'il puisse exister aucun doute. Quoique le substantif *thrimâi* soit au datif, et *baokhchnahé* au génitif, le rapport de ces deux termes n'en est pas moins certain; il se justifie par l'échange perpétuel que les textes font de ces deux cas. Des deux parties dont se compose l'adjectif qui termine notre paragraphe, le premier, ۔۔۔ *pôuru*, est écrit ۔۔۔۔ *paouru* dans le numéro vi S, le numéro ii F, le manuscrit de Manakdji; ۔۔۔ *pouru* dans le Vendidad Sadé, et ۔۔۔ *pôuru* dans le numéro iii S, ainsi que dans l'édition de Bombay. C'est l'adjectif, déjà analysé ailleurs, qui signifie *abondant*.

La leçon ۔۔۔۔۔۔۔ *baokhchnahé*, qui est celle du numéro vi S, du numéro ii F, du manuscrit de Manakdji, d'un manuscrit de Londres et du Vendidad Sadé, sauf que ce dernier manuscrit lit ۔۔ *aô* pour ۔۔ *ao*, et que tous, excepté le numéro vi, ont ۔ *s* au lieu de ۔۔, est le génitif singulier masculin d'un thème en *a*, *baokhchna*. Le numéro iii S et l'édition de Bombay suppriment le *kh* et lisent ۔۔۔۔۔۔۔ *baosnahé*; mais, si je ne me trompe pas sur l'origine de ce terme, le *kh* est indispensable, parce qu'il représente un *dj* radical, *baokhch-na* dérivant du radical भुज् *bhudj* (manger), de sorte que *baokhchna* est, sous une forme un peu différente, le sanscrit भोजन *bhôdjana*. Dans ce mot, le groupe *khch* représente le *dj* du radical *bhudj*, dont l'élément *j* est remplacé par *ch*.

Il ne faudrait cependant pas s'étonner si un besoin d'adoucissement facilement concevable avait fait disparaître la gutturale, et ainsi serait expliquée la leçon *baosnahé* de plusieurs de nos manuscrits. Il y a même quelques raisons de croire que cette leçon serait plus fréquente, si ce mot se représentait plus souvent dans les textes que nous possédons. Ainsi je la trouve au commencement de l'Iescht de Khordad, dans un passage où Ormuzd annonce qu'il a donné toutes les prospérités aux hommes saints :

[Zend text]

[1]. « J'ai donné aux hommes saints les prospérités, les protections, les plaisirs et les aliments (ou les jouissances). » Dans les deux manuscrits que nous possédons de l'Iescht auquel est emprunté ce morceau, le terme qui nous occupe est écrit *baosnâo* avec une sifflante, sans la gutturale *kh*. Peut-être faudrait-il remplacer le س *s* par ش *ch*; mais il n'en reste pas moins établi que la sifflante s'est substituée au *dj* primitif devant la nasale du suffixe *na*.

Il faut même admettre que le radical *bhudj* a pu se modifier en zend suivant des lois euphoniques propres à cet idiome, sans passer par la gutturale *kh*. Je trouve, si je ne me trompe, une occasion d'appliquer cette remarque dans le mot [Zend] *baozdri* et [Zend] *baojdri*, qu'on lit vers la fin du Fargard XV du Vendidad, où il est rapproché de [Zend] *barëthri*[2]. Il est à peu près certain que *barëthri* signifie « celle qui

---

[1] Ms. Anq. n° IV F, pag. 444; n° III S, pag. 463.
[2] Vendidad Sadé, pag. 439 et 440.

porte[1]. » et *baozdri* « celle qui nourrit ou fait manger. » Or *baoz-dri* se divise naturellement, 1° en *baoz* ou *baoj*, syllabe qui n'est que le radical *bhudj* lui-même modifié par le *guṇa* et adouci en *z* ou *j*, lettres qui se présentent comme le substitut du *dj* primitif, 2° en *dri*, qui est le suffixe *tri* (féminin de *tar*), dont la première consonne est changée en *d* par l'influence de la lettre douce qui le précède; de sorte que le zend *baozdri* répond exactement au sanscrit *bhôktri*, sauf la signification causale que je crois trouver dans *baozdri*. Il semble résulter de cette analyse que le radical *bhudj* s'est directement changé en *baoz* sans passer par la forme *baokhch*; ici, en effet, la gutturale *kh* ne paraît appelée par aucune nécessité euphonique.

Au reste, si je traduis *baokhchna* par *aliment*, c'est à la fois et la vraisemblance de la dérivation exposée tout à l'heure, et la simplicité du sens qui en résulte, qui m'y décident. Mais il est à peine besoin de faire observer que ce mot peut désigner, en général, tout objet dont il est possible de tirer quelque jouissance, et même l'action d'en jouir. Cela doit résulter de l'étendue de signification du radical *bhudj*.

---

[1] Le sens assigné ici à *barěthri*, féminin du nom d'agent *barĭtar* est mis hors de doute par ce passage de l'Iescht des Féroues : ⟨zend text⟩ . « Ils arrachent les enfants à celles qui les portent. » (Ms. Anq. n° III S. pag. 569.)

§ 27. Texte zend.

विना ग्रस्मात् [ग्रस्मान्] बाधाकाराणां बाधां विना मनश्च कुरु कएं वासयतां ॥

Version de Nériosengh.

Traduction.

« Éloigne-nous des haines de ceux qui haïssent ; enlève le cœur à ceux qui empoisonnent. »

Anquetil traduit ainsi ce passage : « Éloignez de moi la violence des méchants, (éloignez) de mon âme le séjour des maux. » Et en note il ajoute : « ou placez-moi sur les montagnes élevées. » J'indiquerai plus bas comment Anquetil a pu arriver à ce dernier sens, qui ne me paraît pas pouvoir être défendu.

Les mots qui composent ce paragraphe nous sont tous connus, sauf le dernier ; et la remarque la plus intéressante dont ce texte nous offre l'occasion, porte sur la construction, qui en est complétement védique. Cette construction est tout entière dans la répétition du préfixe *ri*, qui est écrit deux fois, une fois sans verbe, une seconde fois avec le verbe *bara*

---

[1] Ms. Anq. n° vi S, pag. 44 ; n° ii F, pag. 98 ; n° iii S, pag. 61 ; man. de Manakdji, pag. 111 ; *Vendidad Sadé*, pag. 46 ; édition de Bombay, pag. 50.

(porte). Il est évident qu'il faut sous-entendre le verbe après le premier préfixe ; on va voir tout à l'heure que l'ellipse de ce mot pourrait entraîner aussi celle de son complément direct མནོ *manô* (le cœur).

La première fois que la préposition *vi* se présente elle est jointe au pronom ནོ *nô* (nous), lequel ne fait plus qu'un seul mot avec *vi*, qui lui est proclitique ; c'est du moins ainsi que l'écrit le plus grand nombre des copistes, notamment celui du numéro VI S, du numéro III S, du manuscrit de Manakdji, du Vendidad Sadé, et de trois manuscrits de Londres ; de sorte que ནོ་ཝི n'est séparé en deux mots que dans le numéro II F et l'édition de Bombay. Le manuscrit de Manakdji, un manuscrit de Londres, et le Vendidad Sadé, ont cependant ici chacun une variante qui part du même fonds ; le premier lit ཝིནོཨིཊ *vinôiṭ*, le second ཝིནོཨི *vinôi*, et le troisième joint ཝིནོཨིཊ *vinôiṭ* au mot suivant lu *baécharatām*. Je regarde cette leçon comme fautive, en ce que *nôiṭ* est la négation sanscrite *nét* pour *na it*, négation qui n'a rien à faire ici, puisque notre paragraphe renferme une invocation positive adressée à Homa. La leçon ne serait justifiable que si l'on pouvait établir que ཨིཊ *iṭ* se joint en zend comme इत् *it* en sanscrit, non-seulement à la négation *nô*, mais encore à des mots d'un autre genre, et en particulier au pronom *nô* (à nous) ; car, dans ce cas, *nôiṭ* signifierait *nous-mêmes*. Mais c'est une conjecture que je n'ai pu jusqu'ici vérifier, et qui reste même douteuse pour moi, en ce que le *nôiṭ* signifiant *nous-mêmes* se confondrait ainsi avec la négation *nôit*, que nous savons exister en zend avec le sens du *nét* védique. Je tiens donc pour la leçon que donne le plus grand nombre des manuscrits, et je soupçonne même que la variante *nóit* ne s'est introduite que par suite de l'union du mot *nó* avec *tbaéchavatãm* : un copiste aura écrit *nóitbaéchavatãm*, et un autre copiste, voulant diviser de nouveau, aura joint le *t* initial de *tbaéchavatãm* au pronom *nó*, et aura fait du tout un mot qu'il retrouvait dans ses souvenirs, *nóit*.

L'union des deux monosyllabes *vi* et *nó*, que je regarde comme l'effet de l'accent, semble en outre indiquer le rapport de ces deux mots entre eux. C'est le même que nous allons voir dans *vimanó*, *vi* se rapportant à *bara*, qu'il modifie, et *nó* au même *bara*, qui le gouverne. Le verbe ﺑﺮه *bara*, qu'un seul manuscrit de Londres lit ﺑﺮه *bërë*, par suite de la confusion de ـ *a* avec le ـﻪ *e*, qui n'est d'ordinaire que le substitut de *a*, est l'impératif d'un verbe appartenant à un radical identique au sanscrit भृ *bhri* (porter); j'en ai traité au long ailleurs, et j'en ai exposé les principales formes. Ici *vi-bara* doit signifier *emporte*, *enlève*, la préposition *vi* ne pouvant avoir, dans le cas présent, d'autre signification que celle d'ablation, d'absence. Nériosengh, en le rendant par विना...कुरु, qui, en sanscrit, ne signifierait que « fais sans, » c'est-à-dire *prive*, *ôte*, reproduit sans aucun doute une expression pehlvie conçue comme la locution persane بيرون كردن *birun kerden* (expulser, chasser). Je remarque ici que trois manuscrits seulement lisent, comme cela est nécessaire, le mot *bara* isolé, ce sont le numéro II F, le numéro III S et le Vendidad Sadé; tous nos autres exemplaires et les trois de Londres unissent *bara* au mot suivant; et pour le copiste du manuscrit de Manakdji, la fusion paraît si nécessaire, qu'il lit ﺑﺮﻏﺮﻣﻴﻨﺘﺎﻡ *barĕgaramintām*, faisant de l'*a* final de *bara* une simple voyelle de liaison entre la syllabe *bar* et les syllabes suivantes. Cette leçon est si manifestement fautive que je crois superflu de m'y arrêter. Il reste donc établi que *bara* est bien réellement l'impératif de *bĕrĕ* = भृ *bhri* (porter), et qu'avec le préfixe *ri*, il doit signifier *emporte*, *enlève*.

A ce verbe est subordonné, en qualité de complément direct, le pronom *nó*, dont j'ai parlé tout à l'heure, de sorte que *rinó*, avec ellipse de *bara*, que nous trouvons à la fin de notre paragraphe, signifie: « enlève-nous. » Après *nó* vient ﺗﺒﺎﺋﭽﺮﺗﺎﻡ *tbaécharatām*, que j'ai lu ainsi en partie avec le numéro II F et l'édition de Bombay, sauf que cette dernière préfère le ﺱ *s* au *ch*; le numéro III a ﺗﺒﺎﺋﺴﺮﻧﺘﺎﻡ *dbaésrañtām*, ainsi qu'un manuscrit de Londres, lequel donne, d'accord avec les autres copies, le ﺕ *t*, qui ne peut guère être à cette place qu'une autre forme du ﺩ *d*. La leçon du manuscrit de Manakdji ﺑﺎﺋﺴﺮﻧﺘﺎﻡ *baésarañtām* rentre également dans les précédentes; elle manque seulement du ﺕ *t* ou ﺩ *d* nécessaire, parce que cette lettre, ainsi que je le disais tout à l'heure, s'est jointe à *nó* pour former *nóit*. A côté de cette orthographe, le numéro VI S donne celle de ⟨⟨⟨⟩⟩⟩ *ṭbichvañtãm*, et le Vendidad Sadé ⟨⟨⟨⟩⟩⟩ *ṭbisvatām*. J'ai pris à cette variante l'orthographe régulière du suffixe *vat*, au génitif pluriel *vatām* : c'est le seul manuscrit qui la donne ainsi, les autres ayant tous la nasale ñ, qui à cette place est fautive ; mais nous avons déjà vu plus haut (§ 12), la bonne leçon justifiée par le témoignage du plus grand nombre des manuscrits. Quant au commencement du mot, *ṭbis*, je regarde cette orthographe comme fautive, en face de celle de *ṭbaécha*. En effet, *ṭbis* est le radical pur, lequel ne peut se joindre immédiatement au suffixe possessif *vat* ; au contraire *ṭbaécha* = ⟨⟨⟩⟩ *dvêcha* (haine), est un substantif régulièrement dérivé de ce radical, et c'est uniquement avec un substantif ainsi formé que l'emploi du suffixe *vat* est possible. Cette remarque ne touche pas seulement à la forme, elle porte encore sur le sens fondamental du terme que j'explique et sur son rôle dans la proposition. Il est par là bien établi que *ṭbaéchavatãm* est le génitif pluriel d'un adjectif *ṭbaéchavat*, et non d'un participe, tel que la leçon *ṭbichvañtãm* pourrait en donner un, si l'on supprimait le *v*, sans compter le ñ fautif du suffixe *at-ām*.

Le terme que je viens d'analyser ne peut être en rapport d'apposition avec aucun des mots *vi*, *nô* et *bara*. Il lui faut un antécédent ; or, cet antécédent, je le trouve dans ⟨⟨⟨⟩⟩⟩ *ṭbaéchèbis*, mot pour l'orthographe duquel j'ai suivi le numéro VI S, le numéro III S, l'édition de Bombay et un manuscrit de Londres, sauf que les trois derniers textes ont ⟨⟩ *s* médial, pour *ch*, ici nécessaire. Les autres manuscrits ont ⟨⟩ *é* pour ⟨⟩ *è*, notamment le numéro 11 F, le manuscrit de Manakdji et le Vendidad Sadé. Je crois que l'emploi de la voyelle grave ⟨⟩ *è* est plus régulier devant la désinence ⟨⟩ *bis* que celui de la voyelle ⟨⟩ *é*. Cette dernière voyelle, qui, précédée de *a*, représente, en zend, le *guṇa* de *l'i* sanscrit, ne peut, si je ne me trompe, être usitée ainsi seule au milieu d'un mot, à moins qu'elle n'y soit le résultat de l'influence d'une lettre précédente, comme ⟨⟩, ⟨⟩, *y* initial ou médial, auquel cas ⟨⟩ *é* représente un ⟨⟩ *a* primitif. Je n'ai pas besoin d'insister sur l'emploi tout védique de cette désinence *bis* avec un thème en *a*, non plus que sur les variantes des manuscrits qui la séparent, à l'aide d'un point, de ce thème, devenu *tbaéchè*. La séparation, quoique justifiée par les habitudes des premiers copistes des textes zends, est ici une véritable faute, parce que la désinence *bis*, éloignée du thème, ne peut plus agir sur sa voyelle finale, et la transformer en ⟨⟩ *è*. Évidemment cette séparation n'a pu avoir lieu que pour satisfaire à un besoin de clarté analogue à celui qui se manifeste dans les transcriptions *pada*, ou mot à mot, des Védas indiens.

En réunissant les deux mots *tbaéchavatām tbaéchèbis*, c'est-à-dire en les rattachant l'un à l'autre, comme l'antécédent au conséquent, on devra les traduire par *osorum odiis*. Or, que cette réunion soit autorisée ici, c'est ce dont on ne peut guère douter, si l'on se reporte au § 12, où on lit l'expression même qui nous occupe ⟨⟩ « les

« haines de ceux qui haïssent. » De cette analyse, il résulte encore que c'est au verbe *vi-bara* qu'il faut subordonner *tbaéchèbís*, en qualité de complément indirect, de manière à traduire : « enlève-nous aux haines de ceux qui haïssent, » pour dire : « éloigne-nous de leurs atteintes. » C'est le sens qu'Anquetil a reçu de la tradition, et que sa version reproduit avec une légère modification dans la disposition des termes : « éloignez de moi la violence des méchants. » On peut dire également que c'est celui de Nério-sengh, si au lieu de अस्मात् *asmát* (par cela), on lisait अस्मत् *asmat* (de nous)[1]; car alors on traduirait : « éloigne de nous la violence des violents. »

J'ai dit plus haut que la répétition du préfixe *vi* entraînait le rétablissement du verbe *bara*, qui est supprimé par ellipse de la proposition que je viens d'analyser; c'est là un point qui ne me paraît pas contestable, et c'est dans ce sens qu'ont traduit Nériosengh et Anquetil. Mais j'ai en même temps ajouté que cette ellipse avait pu également entraîner celle du complément direct *manó*, qui ne paraît que dans la seconde proposition, à la fin de notre paragraphe. Si, en effet, au lieu de faire de *nô* le régime de *bara*, on rattache ce pronom à *tbaécharatãm tbaé*.

---

[1] Je profite de cette occasion pour revenir ici sur une correction que j'avais proposée conjecturalement de faire à la glose de Nériosengh relative au S 12. Elle consistait à lire आध्यान् *bâdhyán* (les criminels), au lieu de आधीं (l'obstacle, la nuisance), mot que Nériosengh emploie toujours au féminin, quoique nos lexiques le donnent du masculin. J'ai reconnu depuis que Nériosengh n'avait pas d'autre manière de traduire le zend *tbaécha*.

chèbis, le rapport de ces deux termes sera changé ; il faudra subordonner à *tbaéchavatām*, *nô* d'abord, et *tbaéchèbis* ensuite, de manière à traduire littéralement : « de ceux qui nous haïssent par leurs haines. » Mais alors le mot *tbaéchavatām* restera sans antécédent, et pour lui en trouver un, il faudra le chercher dans le substantif *manô*, que, suivant cette hypothèse, le verbe *bara* aurait entraîné avec lui dans la seconde proposition. Il y aura ainsi corrélation parfaite entre nos deux propositions ; seulement l'idée principale, « enlève le cœur, » n'y sera exprimée qu'une seule fois, la notion d'*enlever* étant indiquée d'une manière suffisante dans la première par la répétition du préfixe *vi*. En un mot, on traduira : « enlève le cœur à ceux qui nous poursuivent de leurs haines ; enlève le cœur à ceux qui empoisonnent. » On voit combien cette explication est facile à justifier, et combien est naturel le sens qu'elle donne. Je n'ai pas cru cependant devoir la préférer à la précédente, à cause de quelques difficultés que j'y vois. La plus grave est celle qui résulte de la forme de l'adjectif *tbaéchavatām* (de ceux qui ont de la haine) ; si le texte avait voulu subordonner *nô* à ce terme, il est probable qu'il se fût servi d'un verbe plutôt que d'un adjectif possessif de cette espèce. Secondement, si les mots *tbaéchavatām tbaéchèbis* étaient subordonnés l'un à l'autre dans le rapport que j'ai indiqué en dernier lieu, il est presque certain que *tbaéchèbis* eût précédé *tbaéchavatām*, au lieu de le suivre. Enfin l'expression *tbaéchavatām tbaéchè-*

bis paraît être une locution faite; nous l'avons déjà trouvée au paragraphe 12, ܬܒܐܫܪܬܐܡ ܬܒܐܫܐܘ *tbaécharatām tbaécháo* (les haines de ceux qui haïssent.) Ici la grammaire est complétement satisfaite, en ce que le terme subordonné est placé avant celui qui le gouverne. J'ajoute que c'est ainsi que l'entend Nériosengh, puisque dans sa version le terme आधाकरुणी (de ceux qui font violence), est subordonné à आत (la violence). Il n'est pas non plus inutile de remarquer que le parallélisme des deux propositions est moins régulier dans la nouvelle explication que dans celle que j'ai préférée. Quand *nó* est complément direct de *bara*, les deux propositions se balancent ainsi : *vi nó* (suppléez *bara*), *vi manó bara*. Le seul inconvénient que je voie à l'interprétation que j'ai choisie, c'est qu'elle force à prendre *vibara*, sinon dans deux acceptions, du moins dans deux nuances différentes, puisque la première proposition doit se traduire : « éloigne-nous des haines de ceux qui nous haïssent, » et la seconde : « enlève le cœur à ceux qui empoisonnent. »

Il ne reste plus à expliquer que le dernier mot de notre paragraphe, pour lequel nos manuscrits offrent des leçons assez différentes. Chez ceux qui en font un mot isolé, on le trouve écrit comme il suit : ܓܪܡܐܢܬܐܡ *garamañtām* dans un manuscrit de Londres; ܓܪܐ ܡܢܬܐܡ *gara miñtām*, le suffixe de l'adjectif étant séparé du thème substantif, dans le Vendidad Sadé; ܓܪܡܢܬܐܡ *gramiñtām* dans le numéro 11 F; ܓܗܪܡܢܬܐܡ *ghramiñtām* dans le numéro 111 S. Les copistes qui l'ont joint au mot précédent, c'est-à-dire à bara, barĕ, ou bĕrĕ, l'ont lu garamañtām, comme deux manuscrits de Londres, garĕmañtām, comme un autre man. de Londres également, garamiñtām, comme le manuscrit de Manakdji, et enfin gairi mañtām, comme l'édition de Bombay. Des deux parties qui forment ce mot gara, ou ghra, et mañtām, il n'est pas difficile de ramener la seconde à cette dernière orthographe; car il est manifeste que la leçon miñtām est une faute des copistes, qui ont pris i pour le ĕ, qu'ils sont dans l'usage de substituer à l'a étymologique devant le groupe ñt (). J'ai déjà élevé quelques doutes sur la légitimité et l'ancienneté de ce changement de a en ĕ; je crois pouvoir affirmer aujourd'hui qu'il est dû à l'influence que le persan moderne exerce nécessairement sur les copistes des textes zends. Je soupçonne une influence de ce genre dans la persistance avec laquelle ils donnent la nasale ñ au suffixe possessif mat, dans les cas mêmes où l'analogie nous apprend que le zend n'a pas cette nasale, et qu'il reproduit exactement le type indien. Ainsi, nous avons vu plus haut, paragraphe 12, et nous venons de rencontrer tout à l'heure le mot tbaêchavatām, génitif pluriel de tbaêchavat, qui est tout à fait régulier, tandis que le génitif mañtām (de garamañtām) a une nasale de trop. Ne serait-il pas possible que cette nasale se fût introduite par un effet de l'inattention des copistes, préoccupés des souvenirs du persan et du pazend, idiomes où abonde le suffixe *mand* (ou *mend*)?

Les Parses, ou du moins Nériosengh et Anquetil, qui nous ont transmis leur opinion, ne paraissent pas s'être fait une idée bien nette du sens de cet adjectif. Nériosengh le traduit par « ceux qui aiment la douleur ou le mal, » et Anquetil par « le séjour des maux. » A cette interprétation, il ajoute en note cet autre sens : « place-moi sur les montagnes élevées. » Il est manifeste que cette dernière version repose sur une variante, comme celle de l'édition de Bombay, *gairi mañtãm*; mais, outre que cette variante est isolée, je ne puis croire que *gara*, qui forme la base de toutes les autres leçons, appartienne ici au même thème que le mot *gairi*, qui nous est bien connu. La variante et le sens qu'en tire Anquetil doivent donc être laissés de côté, et c'est *gara* qu'il faut expliquer, indépendamment du rapport apparent que ce terme offre avec celui de *gairi*. L'interprétation de Nériosengh ne nous éclaire pas suffisamment sur le sens primitif de *gara*; elle nous apprend, toutefois, qu'il y faut chercher la désignation d'une classe d'êtres nuisibles, vaguement caractérisés par le titre de « ceux qui aiment le mal. » Cette idée de méchanceté est contenue, à ce qu'il semble, du moins d'après Wilson, dans le radical indien गृ *gri* ou *gar*, un de ceux qu'allègue le savant indianiste pour expliquer le mot गर *gara* (poison). Mais, en admettant que ce sens abstrait appartienne à ce radical, notre terme zend, *gara mañtãm*, est trop loin de la racine *gar*, pour que cette dernière réponde complètement aux conditions requises dans l'interprétation d'un terme où figurent deux suffixes. Entre le radical et l'adjectif *garamat*, il faut un substantif ; or, ce substantif, je le trouve dans le sanscrit गर *gara* (poison), avec lequel j'identifie le zend *gara*. Ce rapprochement me donne, pour l'adjectif *garamat*, le sens de « celui qui a du poison, » et, par extension, sans doute, « celui qui empoisonne. »

J'avoue que c'est là un rapprochement en faveur duquel je ne puis alléguer d'autre argument que l'identité matérielle des deux mots. Je ne crois pas que *gara* se retrouve une autre fois dans les textes zends, du moins avec ce sens ; s'il y reparaît, il est dissimulé sous des formes que les copistes ont prises pour des synonymes de *gairi* (montagne). J'ajoute encore que c'est peut-être un peu étendre le sens de l'adjetif *garamat*, que d'y voir la désignation de ceux qui se servent du poison. Un pareil dérivé ne se prêterait sans doute pas à ce sens dans le sanscrit classique ; je garde cependant cette explication jusqu'à ce qu'il s'en présente une meilleure. J'ai tenté vainement d'en trouver une autre, en partant des variantes où la première partie du mot est écrite *gram* ou *ghram* : le sanscrit ne fournit rien dans cette direction. Mais si la leçon était authentique, les langues germaniques nous donneraient de curieux rapprochements dans le *gramr* (furieux, courroucé) de l'islandais, et dans l'anglo-saxon *gram* (fureur). Suivant cette nouvelle hypothèse, il faudrait lire *ghrumañtãm*, et traduire « enlève le cœur aux furieux. » Si je n'ai pas préféré cette interprétation, qui s'accorde mieux avec l'ensemble du texte, c'est que la leçon sur laquelle elle repose est très-rare dans nos manuscrits.

§ 28. Texte zend.

[Avestan text]

Version de Nériosengh.

यः कश्चिच्च अस्मिन् गृहे योऽस्मिन् वीशे योऽस्मिन् जंदे [et en marge अन्तुषु] योऽस्मिन् ग्रामे देषी अस्ति मनुष्यः पापकारी गृह्राण तस्य पाद्योः प्राणं प्रकृष्टं तस्य चैतन्यं परिवर्तय भङ्ग तस्य मनसः कुरु अज्ञमत्वं कुरु। मा पाद्‌भ्यां प्रपतयतां मा पाणिभ्यां अधिकं शक्नोतु॥

Traduction.

« S'il existe dans ce lieu, dans cette maison, dans ce village, dans cette province, un homme qui soit

[1] Ms. Anq. n° II F, pag. 98 et 99; n° VI S, pag. 44; n° III S, pag. 61 et 62; manuscrit de Manakdji, pag. 212; *Vendidad Sadé*, pag. 46; édit. de Bombay, pag. 50.

nuisible, ôte-lui la force de marcher; offusque-lui l'intelligence; brise-lui le cœur [en lui disant]: Ne prévaus pas par les pieds, ne prévaus pas par les mains. »

Voici comment Anquetil interprète ce passage: « De quelque manière que le mortel envieux se trouve dans ce lieu, dans cette rue, dans cette ville, dans cette province, enlevez-lui la force qu'il fait paraître; brisez-le entièrement, remplissez-le de frayeur. Qu'il ne marche pas avec force, qu'il ne soit pas fort contre les bestiaux! » Les analyses suivantes établiront que, quoique en général moins inexacte que de coutume, cette traduction l'est encore plus que celle de Nériosengh.

Je dois avertir d'une correction qu'il serait, à ce qu'il semble, nécessaire de faire, dès le début de ce paragraphe, à la lecture des manuscrits. Tous nos Yaçnas écrivent unanimement en deux mots *tchista ahmi*, sauf la différence peu importante de la sifflante *s* que le Vendidad Sadé et le numéro III S remplacent par le *ç*. Il n'est pas douteux qu'en réunissant à ces deux mots le relatif conjonctif *yô*, on n'obtienne ce sens, « celui quel qu'il soit qui dans ce.... » Mais que fera-t-on de *ta* qui suit *tchis* auquel l'unissent tous les manuscrits? Y verra-t-on la transformation du datif *té* (à toi) et dira-t-on que ce pronom est ici surabondant, en ce qu'il joue le rôle des pronoms personnels quelquefois employés dans les dialogues, comme dans ce vers si souvent cité : Prends-moi le bon parti? Cette explication me paraît difficile à justifier, car on ne trouverait peut-être pas un second exemple du pronom *té* changé en *ta*, même devant une voyelle, comme celle qui commence le mot *ahmi*. Dira-t-on que *ta* est une faute pour *tch*, faute qui s'explique aisément par la grande analogie de ces deux lettres ⲧ *t* et ⲧ *tch*? J'avoue que cette explication me paraîtrait bien préférable à la précédente. Elle aurait pour elle le témoignage de Nériosengh, qui traduit le commencement de notre paragraphe par *yaḥ kaçtchitchtcha* « et celui, quel qu'il soit, qui. » Si je n'adopte pas cette leçon, c'est qu'elle force à changer le texte des manuscrits, qui sont unanimes. On pourrait encore lire en un seul mot *tahmi* au lieu de *ta ahmi*; mais cette suppression d'un *a*, quoique moins forte que le changement d'un *t* en *tch*, donnerait le mot *tahmi*, locatif sng. ms. de l'adjectif indicatif *tat*, qui est peu attendu ici, parce que c'est à l'adjectif *aém* que sont empruntées toutes les formes pronominales qui figurent au commencement de notre paragraphe. Je garde donc la leçon des manuscrits que rien ne m'autorise à changer, et je soupçonne, ou que *tchista* est une faute pour *tchistcha*, ou que le *ta* final de *tchista* est le reste d'une forme apocopée de l'indicatif *tat*, qui ne serait d'usage qu'avec le relatif *tchis*.

On reconnaît sans peine dans ⲁⲥⲙⲓ *ahmi*, que l'édition de Bombay lit seule fautivement ⲁⲥⲙⲓ *ahmi*, le sanscrit अस्मिन् *asmin*, modifié selon les habitudes du zend, par la suppression du *n* final, et le changenent de *s* en *h*; parmi nos manuscrits, le numéro II F, le manuscrit de Manakdji, le numéro III S, le Vendidad Sadé et l'édition de Bombay, lisent ⟨⟩ *namâné*, tandis que le numéro VI S tient pour ⟨⟩ *nmâné*, qui est généralement la leçon la plus ordinaire. On sait que ce mot est au locatif. Je suis encore le numéro VI S en lisant ⟨⟩ *ainĝhé*, leçon que donnent le Vendidad Sadé et trois manuscrits de Londres. Le numéro II F et le manuscrit de Manakdji altèrent ce mot en le joignant à tort au précédent de cette manière, ⟨⟩ *yoinĝ*; il est évident que les éléments de cette leçon se retrouvent dans la véritable qui est *yô ainĝhé*. Aussi la faute des deux manuscrits que je viens de citer est-elle moins grave que celle du numéro III S et de l'édition de Bombay, qui lisent l'un et l'autre ⟨⟩ *aĝhé*. En effet, *aĝhé* peut être seulement le génitif sing. msc. de *aém*, tandis que nous avons besoin ici d'un féminin en rapport avec *viçé*, que d'autres textes nous démontrent être féminin. Cette condition indispensable est remplie par *ainĝhé*, qui paraît répondre au datif sanscrit अस्यै *asyâi*, avec la seule différence du *é* pour le *âi*, et sous la réserve des changements propres à l'orthographe zende. Je n'ai pas besoin de m'arrêter à *viçé*, que tous nos manuscrits lisent invariablement de cette manière; c'est le datif de *viç*, datif employé ici avec la valeur d'un locatif, comme cela se voit en zend, conformément à l'usage du grec et du latin, qui n'a pas de forme spéciale pour le locatif.

Les manuscrits sont également unanimes en ce

qui touche l'orthographe des mots suivants, ܐܗܡܝ ܙܐܢܬܪܘ *ahmi zañtró;* seulement le numéro vi S fait précéder à tort *ahmi* de *aiñghé,* répété ici par une erreur de copiste. Ici encore nous voyons un génitif ou un ablatif employé en relation avec un locatif; *zañtró* est en effet le génitif ou l'ablatif de *zañtu,* sur lequel je me suis suffisamment étendu dans un des précédents paragraphes. Au-dessus du mot जंदे *djañdé,* traduction régulièrement admise par Nériosengh pour le zend *zañtu,* on lit à la marge du manuscrit numéro ii F et dans le texte du numéro iii S, le mot जन्तुक *djantuchu,* qui semble ajouté là, comme pour nous ramener au sens primitif de *zañtu,* répondant au sanscrit *djañtu* (être vivant, gens). Les manuscrits varient plus et sont moins corrects en ce qui touche les deux mots suivants. Je lis d'abord ܐܝܢܓܗܐ *aiñghé,* avec le numéro vi S et deux manuscrits de Londres; le Vendidad Sadé et le numéro iii S lisent ܐܓܗܐ *aghé,* l'édition de Bombay ܐܢܓܗܐ *añghé,* le numéro ii F, ܐܝܢܓܟ *aiñgk,* et le manuscrit de Manakdji, ܐܢܓ *añg.* Tant de variantes pour un mot aussi peu important, et qui figure déjà dans la phrase même qui nous occupe, prouvent ou l'ignorance ou l'inattention des copistes : je n'en parlerais même pas, s'il n'était bon de montrer par un exemple frappant, à quels manuscrits nous avons affaire. Je lis ܕܘܝܢܓܗܪܘ *duiñghró,* avec le numéro vi S, le numéro ii F et le manuscrit de Manakdji; l'édition de Bombay lit ܕܐܢܓܗܘ *dañghvó,* le Vendidad Sadé ܕܐܝܢܓܗܘ *daéñghó,* et le numéro iii S ܕܐܢܓܗܘ *dañghó.* Ces diverses leçons pèchent diversement.

les unes par la suppression du r, ici nécessaire comme substitut de la finale du thème, les autres par la suppression du i, substitut du y qui doit se trouver dans le primitif. Il est hors de doute que *daiṅghvô* est le génitif ou l'ablatif singulier du thème *daiṅghu*, dont la voyelle finale s'est changée en sa semi-voyelle correspondante devant la désinence *ô* pour *as*.

Nous n'éprouverons pas plus de difficulté à expliquer le mot ‿‿‿ *aênaghâo*, que je lis ainsi avec le numéro VI S, l'édition de Bombay, le numéro III S et deux manuscrits de Londres, tandis que le numéro II F lit ‿‿‿ *ainaghâo*, et le manuscrit de Manakdji ‿‿‿ *ainaghâoctcha*. La leçon *aênaghâo* a encore pour elle l'autorité du Vendidad Sadé, quoique ce dernier manuscrit ajoute à la fin de ce mot la syllabe ‿ *ctcha*, sur laquelle je reviendrai tout à l'heure. Il n'est pas douteux que ce ne soit là la véritable orthographe, dont *ainaghâo* n'est qu'une altération. En effet, *aênagh-âo* laisse voir dans sa partie principale le sanscrit एनस् *énas* (péché, offense), transformé suivant les lois propres au zend, en même temps que *âo*, représentant du sanscrit *âs*, rappelle le nominatif singulier d'un primitif *as* dont la voyelle est augmentée. De sorte qu'il semble que le mot *aênagh*, dans lequel existe déjà le suffixe *as* changé en *agh*, ait reçu encore une fois ce suffixe pour devenir un adjectif, de cette manière, *aênagh* (offense) *aênaghâo* (qui fait offense). Nériosengh traduit ce mot « par celui qui hait », et Anquetil par *envieux*. Il est fort probable que ces deux sens sont également contenus dans ce mot; si j'ai choisi l'acception de *nuisible*, c'est qu'elle est la plus générale de toutes, et qu'elle cadre le mieux avec l'ensemble du passage.

Je viens de dire que le Vendidad Sadé faisait suivre l'adjectif *aênaṅhão* de la syllabe ⋯ *çtcha*; c'est ce que l'on voit dans le manuscrit de Manakdji et dans un autre manuscrit de Londres. S'il pouvait rester quelques doutes sur l'analyse que je viens de donner de *aênaṅhão*, cette leçon les ferait certainement disparaître tous; car il est bien clair que le ⋯ *ç* de ⋯ *çtcha*, est le reste de la sifflante primitive de *ås*, changé en *ão*, sifflante dont le retour est justifiée par la présence du *tcha*. Malgré cette observation, la variante ⋯ *aênaṅhãoçtcha* n'en est pas moins fautive. Les manuscrits qui nous la donnent n'ont pas le verbe ⋯ *açti* (il est) qui se trouve dans tous nos manuscrits et dans deux Vendidads de Londres, sauf l'édition de Bombay, qui lit ⋯ *açtchi*, mot barbare qui est comme une combinaison de la bonne et de la mauvaise leçon. J'ajoute, pour terminer cette première partie du paragraphe, que je lis ⋯ *mackyô* (l'homme), avec le numéro vi S, le numéro ii F et le manuscrit de Manakdji; le numéro iii S et l'édition de Bombay lisent ⋯ *masyô*, orthographe également adoptée par le Vendidad Sadé, sauf le ⋯ *s* qui est remplacé par le ⋯ *c*. J'ai conjecturé ailleurs que la véritable leçon doit être ⋯ *maskyô*; mais il se peut que le ⋯ *ch* remplace depuis longtemps un ⋯ *sk* primitif. Après ces analyses, il est aisé de reconnaître le sens de la première partie de notre paragraphe, si on retranche l'énumération commençant par les mots « dans ce lieu, dans cette maison, etc. » on aura littéralement : « Quicunque..... peccator est homo. »

Après la proposition que je viens d'analyser, il s'en présente une nouvelle formée de trois termes, que Zoroastre ou celui qui parle adresse à Homa. Elle s'ouvre par le verbe ܀܀܀ géurvayéhé, que je lis ainsi avec le numéro II F, le Vendidad Sadé, le manuscrit de Manakdji et l'édition de Bombay, qui, toutefois, préfère, au commencement du mot, (ĕ à (é. Le numéro VI S et le numéro III S ont ܀܀܀ géurvayahé, et deux manuscrits de Londres ܀܀܀ géurryéhé. De ces diverses leçons, celle que j'ai adoptée me paraît la plus conforme aux habitudes de l'orthographe zende. En premier lieu, le choix de la voyelle (è (ou ĕ n'est pas indifférent : en effet, cette voyelle n'est pas ici un simple *schera*; elle représente une lettre réellement radicale, puisque dans ܀܀܀, racine zende de géurvayéhé, ce n'est pas l'u, ici épenthétique, qui peut être primitif. En second lieu, quand un (ĕ tombe sur une autre voyelle, c'est la forme (qu'il prend, et cela semble d'autant plus naturel que le (ĕ n'est d'ordinaire qu'un simple *schera* entre deux consonnes. Il paraît que l'emploi du (è donne une consistance plus grande à la voyelle, comme cela doit avoir lieu dans les cas où cette voyelle, quelle qu'en soit l'origine, a besoin de conserver son individualité. Ici le (è représente un *a* primitif, car je ne doute pas que gèurv ne soit la transformation de guru, ou gèrew, orthographe zende du radical védique ग्रभ् gribh (prendre). Ce point une fois établi, le reste du mot s'explique sans peine. Ce radical gèurv se conjugue suivant le thème de la 10ᵉ classe des verbes indiens, ce qui justifie la présence de la syllabe ay; et, quant à la finale éhé, elle représente le sanscrit asé, a étant changé en é par l'influence du y qui précède, et hé pour sé étant la deuxième personne du présent de l'indicatif moyen.

Quelque satisfaisante que soit cette analyse, elle a contre elle cette circonstance, qu'elle donne un présent de l'indicatif, tandis qu'on s'attend à rencontrer ici un impératif, mode qui reparaît deux fois dans la suite du texte. On trouverait cet impératif en faisant au verbe qui nous occupe une correction très-légère, correction qui est même, à ce qu'il semble, indiquée par la glose de Nériosengh. Il suffirait de séparer en deux mots gèurrayéhé, de cette manière gèurvaya ahé, et la variante gèurrayahé, que donnent deux manuscrits, semble même mettre sur la voie de cette correction. Il importe de remarquer que Nériosengh, en remplaçant le mot unique gèurrayéhé par les deux termes grihâṇa tasya (prends de lui) donne un grand poids à cette supposition. C'est pour cela que j'ai cru pouvoir l'introduire dans mon texte, mais seulement entre crochets, et comme une conjecture, en gardant à côté la leçon autorisée par les manuscrits. C'est cependant d'après cette conjecture que j'ai traduit.

Je lis le mot suivant ⟨⟨⟨ *pâdarĕ*, comme le numéro vi S, le numéro ii F et le manuscrit de Manakdji, sauf que je substitue un ⟨ *d* non aspiré au ⟨ *dh* qu'ont ces trois manuscrits. Cette correction est indiquée par les leçons de deux manuscrits de Londres, qui lisent ⟨⟨⟨ *pâdarĕ*, par celle du Vendidad Sadé ⟨⟨⟨ *pâdarĕĕ*, et de l'édition de Bombay ⟨⟨⟨ *pâdaraĕ*; le numéro iii S a, au contraire, ⟨⟨⟨ *pâdhraĕ*. Nous avons ici le datif singulier d'un nom en *u*, *pâdu*, qui dérive certainement du radical *pad* (aller), prenant une forme causale, de sorte que *pâdu* doit signifier « ce qui fait aller, marcher. » On pourrait donc traduire *pâdu* par *pied*, si l'emploi de ce terme au singulier n'était pas aussi peu conforme aux habitudes du style antique; en effet « ôte à son pied la force, » semble être une expression bien plus moderne que celle de : « ôte à ses deux pieds la force, » qu'on trouve dans la version de Nériosengh. Mais comme *pâdarĕ* est un singulier, je suppose que *pâdu* signifie *la marche, l'action de marcher*, et j'en fais un substantif employé au lieu et place de l'infinitif, mode qui manque en zend. Qui sait même si le suffixe *u* seul n'a pu en zend former des substantifs abstraits, caractérisés en sanscrit par le suffi·⟨⟩ de l'infinitif?

Je n'ai pas besoin d'insister sur le mot ⟨⟨⟨ *zâvarĕ*, que tous nos manuscrits lisent de cette manière, excepté le numéro ii F et le manuscrit de Manakdji, qui ont ⟨⟨⟨ *zârrĕ*. Anquetil le traduit ici comme ailleurs, par *force*, et Nériosengh par *vie*. C'est un terme sur lequel je me suis déjà expliqué plus haut.

Les quatre mots qui suivent *zâravê* forment une courte proposition, qui est adressée à Homa sous forme de prière; c'est ce qui résulte de la désinence de l'impératif, sous laquelle paraît le verbe de cette proposition. Le mot qui l'ouvre, *pairi* (autour, complétement), est lu de cette manière dans deux manuscrits seulement, le numéro II F et le manuscrit de Manakdji, auquel il faut ajouter le Vendidad Sadé, en remarquant toutefois que le copiste de ce volume n'a fait qu'un seul mot des trois termes que je vais distinguer tout à l'heure, *pairiséusi*. Cette réunion de trois mots en un seul explique comment il se fait que les copistes n'ont pas reconnu ici la préposition *pairi*, qu'ils voient si souvent dans les textes. Le numéro VI S la lit *pairis*, mais il oublie la voyelle du mot *ché*, mot qui est d'ailleurs diversement écrit, comme nous l'allons voir. Le numéro III S a *pairisé*, et l'édition de Bombay, beaucoup plus fautivement, *përëçus*; on peut affirmer que l'auteur de cette leçon ne s'est pas fait une idée nette du sens des mots qu'il écrivait, car elle nous donne une forme qui rappelle le radical *përëç*, radical qui n'a rien à faire ici. De toutes ces variantes, la seule évidemment qui soit correcte, est celle de *pairi*, préposition qui est ici séparée de son verbe, sur le sens duquel elle n'en exerce pas moins son action.

Ce verbe est *rërënúidhi*, que je lis de cette manière avec le numéro II F, le manuscrit de Manakdji et le Vendidad Sadé ; la leçon du numéro vi S *vĕrĕnvați*, comme le *vĕrĕnvaidha* du numéro iii S et de l'édition de Bombay, sont des fautes de copiste. Nous avons en effet ici la 2ᵉ personne de l'impératif du radical *vĕrĕ* = वृ *vṛi* (envelopper), conjugué suivant le thème de la cinquième classe indienne. Cet impératif doit signifier : « enveloppe complétement, » et comme il s'agit d'intelligence, *trouble*, *offusque* ; Nériosengh le traduit par *renverse*, *bouleverse*.

Le complément de ce verbe est *uchi*, que je lis de cette manière en substituant un *ch* au *s* des manuscrits numéro vi S, numéro ii F, numéro iii S, du Vendidad Sadé, et du manuscrit de Manakdji ; la leçon *us* de l'édition de Bombay est fautive. Nériosengh traduit ce mot par *tcháitanyam* (le sens, la conscience) ; j'ai montré ailleurs qu'il pouvait, dans un grand nombre de cas, se traduire par *intelligence*, *raison*. J'ajoute qu'il doit être du genre neutre, pour paraître ainsi, sans marque d'accusatif, subordonné à un verbe qui le régit.

Reste le monosyllabe *ché*, que je lis de cette manière, en combinant la leçon *chè* du numéro ii F et du manuscrit de Manakdji, avec celle du Vendidad Sadé, *sé*. Les leçons *sè* du numéro iii S, et *çè* de l'édition de Bombay, sont fautives et pour la voyelle et pour la consonne. Si, en effet, ce mot est, comme je le suppose, le génitif singulier masculin du pronom de la 3ᵉ personne *hó* (il lui), dont nous connaissons un autre génitif sous la forme de ҨҨ *hé*, et si la sifflante primitive du sanscrit *sa*, n'a été conservée ici que par l'influence de l'*i* de la préposition *pairi* qui précède, il faut, premièrement, que cette sifflante paraisse telle qu'elle doit être, transformée par l'action de cet *i*, et, secondement, que la voyelle finale soit ҨҨ *é*, substitut fréquent de *ya*, et non pas ҫ, qui ne remplace jamais cette syllabe, du moins régulièrement. L'orthographe *ché* satisfait seule à toutes ces conditions ; mais si on l'admet, il faut reconnaître que ce pronom se comporte comme un enclitique à l'égard de la préposition *pari*, qui le précède. Il faudrait donc réunir ces deux mots en un seul, ainsi que l'ont fait plusieurs copistes, vraisemblablement à l'exemple de quelque ancien manuscrit. J'ai cependant conservé la séparation marquée par le point, parce que cette séparation n'a aucun inconvénient, si on ne la considère pas avec un respect aveugle comme une portion intégrante du texte. Plus nous avancerons dans la connaissance de ce qui nous reste du Zend Avesta, plus nous nous convaincrons qu'il fut un temps où les mots n'étaient pas aussi rigoureusement séparés les uns des autres qu'ils le sont dans les copies imparfaites que nous en possédons aujourd'hui.

En prenant quatre mots à la suite de *vĕrĕnúidhi*, on a une proposition nouvelle que Nériosengh ne traduit pas moins exactement que la précédente. Le verbe qui la domine est ҨҨҨ, que je lis de cette manière avec tous nos manuscrits, excepté le numéro III S, qui a ҨҨҨ, *kĕrĕnvidhi*, leçon qui me paraît fautive en ce que *i*, voyelle épenthétique, ne doit pas exercer d'action sur la voyelle *u* du verbe, et, sauf l'édition de Bombay, généralement si fautive, qui lit ⟨⟩ *kĕrĕnvaêdhê*; cette dernière leçon repose sur la confusion ordinaire des voyelles *i* et ⟨⟩ *é*. Ce mot nous est déjà assez connu pour que les observations précédentes soient à l'abri de toute objection. C'est l'impératif du verbe *kere* ⟨⟩ *kri* (faire), conjugué sur le thème de la cinquième classe des verbes indiens, comme l'est cette racine dans le sanscrit védique.

Le complément de ce verbe est ⟨⟩ *ché manô* (le cœur de lui), que je lis ainsi avec le seul numéro VI S. Les autres manuscrits ont, le numéro II F, ⟨⟩ *sémanô*, le manuscrit de Manakdji ⟨⟩ *çémanô*, le numéro III S et l'édition de Bombay ⟨⟩ *çĕmanô*, le Vendidad Sadé ⟨⟩ *çĕ manô*. Il est bon de remarquer que plusieurs manuscrits unissent le pronom *ché* au mot *manô*, en le considérant comme proclitique, de la même façon que tout à l'heure on en faisait un enclitique à l'égard de la préposition *pairi*; tant il est vrai que l'habitude de séparer les mots par un point, afin de constater plus clairement leur individualité, n'a pu prévaloir entièrement contre les lois orthographiques résultant de la récitation oratoire des textes.

Le sens qui ressort de l'analyse de ces trois mots : « fais, rends son cœur, » est complété par ⟨⟩ *çkañdĕm*, que je lis ainsi avec le numéro II F, le manuscrit de Manakdji, le numéro III S, le Vendi-

27.

dad Sadé et l'édition de Bombay, si ce n'est que, dans la première syllabe, je substitue *a* à la voyelle *ĕ*, qu'ont tous ces manuscrits. Le numéro VI S est le seul qui lise ᚕᚕ ᚕᚕ *çkĕm dĕm*, leçon tout à fait fautive et qui ne fait aucun sens. Au contraire, la leçon *çkañdĕm* donne l'accusatif d'un thème *çkañda*, dérivé d'un radical que je rapproche du sanscrit छिद् *tchhid* (couper), plutôt que de स्कन्द् ou स्कन्ध् *skand* ou *skandh* (aller). C'est par un procédé dont on a fait depuis longtemps l'application au latin *scindere*, et au grec σχίζω, que l'on peut rattacher le zend *skañda* au radical sanscrit *tchhid*, malgré la différence de la voyelle. J'ajoute que la convenance des sens milite en faveur de cette identification, puisque Nériosengh traduit *skañdĕm* par भङ्गम् *bhangam* (l'action de briser). Si l'on n'adoptait pas ce rapprochement, et qu'on voulût se tenir plus strictement à la ressemblance extérieure du son, en identifiant le *çkañda* zend au *skand* sanscrit, ce serait à स्कन्ध *skandha*, et en particulier à la signification de *rameau*, *partie*, qu'il faudrait s'adresser.

De toute manière, le sens du zend *çkañda* n'est pas douteux; c'est seulement sur le rôle de ce mot dans la phrase qu'on pourrait être incertain. Ainsi, *çkañdĕm* se présente fort bien comme un adjectif signifiant *brisé*, *rompu*, de manière que la proposition tout entière signifiera littéralement : « fais son esprit brisé. » Et d'un autre côté, comme *çkañdĕm* ne porte aucune trace de participe, il est également permis, et je crois à plus juste titre, de le prendre pour un substantif en rapport direct avec l'impératif *kĕrĕnúidhi*, et formant avec lui une espèce de verbe nominal, de cette manière : « fais brisement, » pour dire *brise*. Cette explication, à laquelle je donne la préférence sur la précédente, a l'avantage de rendre compte des deux accusatifs *manó* et *çkañdĕm*. Ce n'est pas au verbe *kĕrĕnúidhi* (fais), qu'est directement subordonné le complément *manó*; c'est au contraire à *kĕrĕnúidhi çkañdĕm*, c'est-à-dire à une réunion de termes signifiant ensemble *brise*. Il n'est pas inutile d'ajouter que des compositions de ce genre, où l'idée de *faire* représente l'élément verbal, sont extrêmement communes en persan, et il n'est pas sans intérêt d'en constater la présence en zend, où elles sont cependant beaucoup plus rares, à cause de leur caractère essentiellement analytique, c'est-à-dire relativement moderne. Je ne dois pas, en finissant, oublier de remarquer qu'après avoir interprété exactement cette proposition, Nériosengh la résume en deux mots : « fais impuissance. »

La facilité avec laquelle j'ai pu justifier par l'étymologie le sens traditionnel, ne se retrouve plus dans l'explication des deux dernières propositions qui terminent notre paragraphe. Ces propositions sont formées, l'une de trois, l'autre de quatre mots, dont le dernier est le verbe. C'est par ce terme que je crois utile d'en commencer l'analyse. Ce verbe, que j'écris ⟨⟩ *fratuyáo*, avec le numéro VI S, le Vendidad Sadé et l'édition de Bombay, est lu ⟨⟩ *fratryáo* dans le numéro II F, le numéro III S et le manuscrit de Manakdji. Je crois la première orthographe la meilleure, moins parce qu'elle ne rapproche pas l'une de l'autre, comme fait la seconde, deux semi-voyelles dont la prononciation est difficile, que parce qu'elle laisse voir clairement le radical de ce verbe. En effet, si on retranche la préposition *fra*, on a *tuyáo*, dans lequel *tu* est un radical zend signifiant *pouvoir, faire*, dont je me suis occupé ailleurs, et *yáo*, qui représente le sanscrit *yás*, est la caractéristique de la seconde personne du potentiel d'un verbe qui appartiendrait à la seconde ou à la troisième classe des radicaux indiens. Il résulte, si je ne me trompe, de cette analyse, que le verbe *fratuyáo* doit signifier littéralement : « que tu puisses, que tu aies la puissance d'exécuter. » Tel n'est cependant pas le sens donné par nos deux interprètes, Nériosengh et Anquetil. Le premier rend ce verbe par : « qu'il accoure, qu'il s'élance, » le second par, « qu'il marche. » Mais je dois me hâter de dire que dans la proposition qui termine notre paragraphe, le verbe qui, sauf une différence de forme, sur laquelle je reviendrai tout à l'heure, est le même que *fratuyáo*, est traduit par Nériosengh : « qu'il soit extrêmement puissant, » et par Anquetil : « qu'il soit fort. » Trouvant donc par l'étymologie que *fratuyáo* doit signifier, *que tu prévales*, et reconnaissant cette signification même dans Nériosengh et dans Anquetil, mais seulement à une forme voisine de notre verbe, je me crois autorisé à laisser de côté le sens de *marcher*, que donnent les mêmes interprètes au verbe *fratuyâo*. On va reconnaître tout à l'heure que le sens assigné par la tradition au mot qui sert de complément à notre verbe, a certainement influé sur celui qu'a pris ce verbe même dans notre première proposition.

Le mot que je viens d'expliquer est modifié par la particule négative *mâ*, de sorte que le verbe de notre proposition doit se traduire ainsi : « ne prévaus pas, ou puisses-tu ne pas prévaloir ! » Après *mâ* vient le terme vraiment difficile de cette courte phrase, que je lis *zbarĕthaéibya* avec le numéro II F, le numéro III S et le Vendidad Sadé, sauf que ce dernier manuscrit ne fait qu'un seul mot de ce terme et de la négative *mâ*, de cette manière *mâzbarĕthaéibya*. Cette réunion se retrouve encore dans le numéro VI S, qui lit ce terme avec un *t* au lieu du *th*, que donnent les autres manuscrits, *mâzbarĕtaéibya*, et aussi dans l'édition de Bombay, qui a *mâzbarĕthaébya*. On pensera sans doute, comme moi, qu'il faut abandonner la leçon *zbarĕthaéibyô* du manuscrit de Manakdji. Outre l'accord presque unanime des autres manuscrits, Nériosengh, par la manière dont il traduit ce mot, nous apprend qu'il y faut voir un duel, et cet indice est pleinement confirmé par la désinence *bya*, qui revient, comme on sait, au sanscrit *bhyâm*. Quand on a retranché cette désinence avec les voyelles *éi*, qui sont, l'une la modification de la voyelle du thème devant cette désinence, et l'autre l'*i* épenthétique, attiré par le *y* de *bya*, on trouve pour thème *zbarĕtha*, ou, suivant un manuscrit *zbarĕta*, mot que Nériosengh rend par *pied*, et Anquetil par *avec force*. Il est cependant nécessaire de remarquer, en ce qui touche l'interprétation d'Anquetil, que les mots *avec force* doivent plutôt, dans sa pensée, représenter en partie le préfixe *fra* qui fait partie intégrante du verbe *fratuyáo*, en partie ce verbe même. Cela est prouvé presque aussi clairement que si Anquetil nous en avait averti, par cette circonstance que l'idée de force est répétée dans la proposition qui termine notre paragraphe de cette manière : « qu'il ne soit pas fort, » et que là elle répond au verbe *tûtuyáo*. Il résulte de ces analyses que, pour Anquetil, l'idée de *marche* était contenue dans le mot *zbarĕta*; sa version revient donc, en dernière analyse, à celle de Nériosengh.

Comment maintenant justifier, par l'étymologie, le sens de *pied*, assigné par la tradition au mot zend *zbarĕtha* ? Je ne vois que le radical हृ *hvrĭ* qui puisse rendre compte de ce mot et de ce sens. En effet, le ς zend répondant au ह *h* sanscrit, et le ں *b*, précédé de cette sifflante douce, ayant pour correspondant en sanscrit la semi-voyelle व *v*, un mot comme *zbarĕtha* doit se ramener à *hvarta*, car le *ĕ* bref est ici un simple *scheva*, et le *th* n'est, si je ne me trompe, que le substitut inorganique d'un *t* primitif. Le mot *hvarta* peut être identifié en toute assurance avec le sanscrit हृत *hvrĭta*, participe passé passif du radical हृ *hvrĭ*, et l'on peut, sans regarder *zbarĕ* comme le *guṇa* de *zbĕrĕ*, n'y voir qu'une autre forme de ce même radical ; or, le zend *zbĕrĕtha* serait exactement le sanscrit *hvrita*. Ce mot, qui est fort rare dans les monuments classiques de la langue sanscrite, est d'un assez fréquent usage dans les Vêdas, où il a en général le sens de *courbé, plié*. C'est probablement de cette signification que doit se tirer la notion de *pied*, donnée à *zbarĕtha*. D'après cette étymologie, le pied est considéré comme un membre qui forme, avec la jambe, un angle et une sorte de courbure ; ou encore, la faculté qu'a l'homme de le mouvoir en marchant, explique comment on a pu le nommer le membre qui se courbe ou se plie. Cette notion, je l'avoue, s'appliquerait plus convenablement à une partie comme le coude ou le genou ; mais la tradition, telle que nous l'ont conservée Nériosengh et Anquetil, ne donne que le sens de *pied*. Peut-être concilierait-on la tradition et l'étymologie en traduisant *zbarĕtha* par *jambe*, cette partie se distinguant, comme le bras au coude, par la propriété qu'elle a de se plier au jarret.

Dans la proposition suivante, nous trouvons, outre la négative *má*, le verbe *tûtuyáo*, précédé du préfixe *aiwi*, qui n'est évidemment qu'une autre forme du verbe *fratuyáo*, précédemment analysé. Le préfixe et le verbe sont lus en un seul mot, *aiwitûtuyáo* par le numéro VI S, et c'est la leçon que j'ai suivie. Les autres manuscrits séparent *aiwi* du verbe qu'ils lisent, le manuscrit de Manakdji *tûtuyéao*, où la voyelle *é* est insérée par une erreur de copiste; le numéro II F, ⸺ *tûtaiâo*, et après correction ⸺ *tûtayâo*; le numéro III S, ⸺ *tûtûyâo*; le Vendidad Sadé et l'édition de Bombay, ⸺ *tûtayâo*. Ce verbe appartient manifestement à la même racine que le *fratuyâo* de la proposition précédente. Il n'en diffère, indépendamment du suffixe *aiwi*, employé au lieu de *fra*, que par le redoublement *tû*, dont la suppression laisse voir le même subjonctif *tuyâo*, que j'ai analysé tout à l'heure. Ce redoublement annonce, si je ne me trompe, un verbe de la 3e classe, de sorte que le *tûtuyâo* zend est formé suivant les règles indiennes, sauf l'allongement de la voyelle du redoublement, allongement qui n'est pas admis en sanscrit.

Reste enfin le complément indirect de ce verbe ⸺ *gavaéibya*, que je lis ainsi avec le numéro VI S, le numéro II F, le manuscrit de Manakdji, le numéro III S, le Vendidad Sadé, tous nos manuscrits enfin, sauf l'édition de Bombay, qui a ⸺ *gavaébya*, sans l'*i* épenthétique. Il n'est aucun lecteur qui ne croie devoir rattacher ce mot au même radical que celui de *gao* (vache), que nous trouvons dans plusieurs composés zends, et c'est aussi de cette manière que l'a entendu Anquetil, quand il a traduit : « Qu'il ne soit pas fort contre les bestiaux. » Mais Nériosengh interprète bien différemment ce terme, lorsque, l'opposant au mot *zbarĕthaéibya* (avec, par les deux pieds), il le rend par « avec les deux mains. » J'avoue que je suis fort embarrassé d'expliquer ici l'interprétation traditionnelle. Les seules particularités qui la justifient, sont : 1° la forme de duel que présente le mot *gavaéibya* en commun avec *zbarĕthaéibya*; 2° la vraisemblance qu'à l'idée des pieds est opposée celle des mains. Sauf ces deux points, qui sont tout à fait extérieurs, et qui ne nous donnent rien d'absolu sur le sens de *gava*, thème de *gavaéibya*, je n'ai trouvé, parmi les nombreuses significations du sanscrit गो *gó*, que le sens d'*œil* qui fasse penser à une partie du corps. Devrons-nous admettre ici cette signification, et traduire ainsi la phrase qui nous occupe : « Puisses-tu ne pas prévaloir par les yeux? » Je ne le pense pas, parce que nous verrons, dans le paragraphe 29, la mention des yeux, qui sont désignés par un nom beaucoup plus vulgaire. Mais, quoique le sanscrit ne nous fournisse pas le moyen d'arriver directement à l'interprétation que Nériosengh propose pour *gava* ou *go*, il n'est pas inutile de remarquer que, dans le langage du Bhâgavata Purâṇa, गो *gó* signifie fréquemment *organe des sens* en général. Ne semble-t-il pas que la seule moyenne qui se présente entre cette idée générale d'*organe* et l'idée particulière de *main*, soit la notion de *saisir*, et ne pourrait-on pas supposer que cette notion, qu'expriment dans les langues ariennes des radicaux comme *grah*, *gṛibh*, *gṛi* et autres, a pu être également exprimée par un radical plus bref, comme *gu*, où paraît également la gutturale *g*? Quoi qu'il en puisse être, je conserve, jusqu'à plus ample informé, le sens traditionnel; mais je signale ce mot comme un des termes, heureusement assez rares, que l'analyse étymologique, jointe à nos moyens d'interprétation, n'explique encore qu'incomplétement.

Je terminerai l'analyse de notre paragraphe par une observation nécessaire sur le rapport des deux dernières propositions avec celles qui les précèdent. J'ai dit que, dans ces deux propositions, le verbe était à la seconde personne, et qu'il fallait les traduire ainsi : « Ne prévaus pas par les pieds, etc. » Or, c'est là aussi la forme des autres phrases qui composent l'ensemble du paragraphe, notamment de celle-ci : « Offusque-lui l'intelligence, brise-lui le cœur. » Mais les deux phrases que je cite en ce moment se rapportent à Homa, et elles sont parfaitement placées dans la bouche de celui qui réclame sa protection, tandis que l'on n'en peut pas dire autant de celles qui terminent notre paragraphe : « Ne prévaus pas par les pieds. » Il est clair que ces paroles ne peuvent s'adresser comme les autres à Homa. Pour concilier l'analyse grammaticale avec le sens traditionnel, je suppose que ces deux courtes phrases finales sont placées dans la bouche de Homa, que c'est Homa qui les prononce sur l'invitation de celui qui implore son appui. C'est pour cela que j'ai placé entre crochets les mots [en lui disant], pour exprimer le rapport de la fin de notre paragraphe avec ce qui précède, tel du moins que je crois pouvoir entendre ce rapport. Nériosengh et Anquetil ne prennent pas à cet égard autant de précautions; ils mettent le verbe à la 3ᵉ personne : « Qu'il ne prévale pas, qu'il ne soit pas fort. » Cela n'est pas grammaticalement exact ; mais le sens général, et, si je puis m'exprimer ainsi, la destination des deux propositions, est par là suffisamment indiquée.

FIN DU PREMIER VOLUME.